Andreas Speit
Bürgerliche Scharfmacher

Andreas Speit

Bürgerliche Scharfmacher

Deutschlands neue rechte Mitte – von AfD bis Pegida

orell füssli Verlag

Lektorat: Sigrid Weber
Umschlaggestaltung: Hauptmann & Kompanie Werbeagentur, Zürich, unter Verwendung eines Fotos von © ullstein bild – Robert Michael
Druck und Bindung: CPI books GmbH, Leck

ISBN 978-3-280-05632-5

Die Deutsche Nationalbibliothek verzeichnet diese Publikation in der Deutschen Nationalbibliografie; detaillierte bibliografische Daten sind im Internet unter www.dnb.de abrufbar.

Inhaltsverzeichnis

9   **Zur Einleitung**

23 **Eine Partei für ein anderes Deutschland –
Die »Alternative für Deutschland«**
24 Ein Wahltag und drei Wahlerfolge
29 Entstehung der »Alternative« – Vorläufer und Netzwerke
34 »Gender ist Gotteslästerung« – Familien und Frauen
41 »Relativ viele rechtsextreme Einzelfälle« – Personen und
Positionen
49 »Erfurter Resolution« – Bernd Lucke versus Frauke Petry
54 »Deutsch bleiben« – Volks- und Vaterlandsverlustängste
61 »Unprofessionelle Ressentimentpartei« – Parlamentsarbeit
und Parlamentarier
81 »Pakt mit dem rechten Rand« – Funktionsträger und
Mitglieder aus rechten Parteien und Burschenschaften
88 »Bürgerliche Fassade einer radikalisierten Gruppe« –
Jörg Meuthen und Frauke Petry
99 »Die Stimme der Bürger – unser Programm« – Wahlkampf-
positionen und -programme
106 »AfD ist Gold wert« – Spenden und Staatsgelder
112 »Neue wahrhafte Volkspartei«

117 **Vom Rittergut ins Schlachtengetümmel – Netzwerke
und Vordenker der »Neuen Rechten«**
119 »Graswurzelrevolution« – Institut für Staatspolitik

123 »Konsolidierung dieser Bürgerbewegung« – Meta- und/oder
     Parteipolitik
127 »Political Correctness und Gutmenschen« – Vermeintliche
     Denk- und Sprechtabus
132 »Konservative Revolutionäre« – Definitionen und
     Differenzen
134 »Am Liberalismus gehen die Völker zugrunde« –
     Moderne versus Antimoderne
140 »Spezifisch rechte Revolte« – Konservative Revolution gegen
     Französische Revolution
143 »Häuflein von inspirierten Nichteinverstandenen« – Rekurs
     auf Botho Strauß
149 »Kulturrevolution von rechts« – Erste neue Ansätze und neue
     alte Argumentation
156 »Publizistisches Mutterschiff« – Junge Freiheit
163 »Déclaration de guerre« – Identitäre Bewegung
172 »Oase der geistigen Inspiration« – Rechter Elitismus
178 »Wünschen wir uns die Krise« – Heroismus und Fatalismus

183 **Ganz normale Leute – Pegida, die patriotischen
     Europäer gegen die Islamisierung des Abendlandes**
185 »Greenpeace für Deutsche« – Initiative »Ein Prozent
     für unser Land«
190 »Natürliche Verbündete dieser Bewegung« – AfD-Streit
     um Pegida-Initiator
196 »Retter des christlichen Abendlandes« – Von der Facebook-
     Gruppe zum Orga-Team
201 »Wir sind das Volk« – Debatte um Traditionslinien des
     Wende-Widerstands
209   »Legitime Vertreter des deutschen Volkes« – Führungsstreit
     und Trennungen
214 »Wir sind alle keine Nazis, wir sind Patrioten« – Weitere
     Spaziergänger und neue Hooligans
219 »Dresden zeigt, wie's geht!« – Nachahmer und Nachzieher

231 »Links-grün versifftes Deutschland« – Skandal um
    Akif Pirinçci
239 »Rinks und Lechts« – Jürgen Elsässer und Thilo Sarrazin
249 »Russische Seele und deutscher Geist« – Alexander Dugin
    und Martin Heidegger
255 »Scheiß auf diesen Anstand« – Weihnachtssinger
    und Wutbürger
270 »Festung Europa« – Internationale Gäste und internationale
    Verbündete
276 »Bewegung der Empörung« – Zulauf durch Zuspruch
283 »Lutz von der Straße« – Trennung von Frontfrau und
    Gründung einer Pegida-Partei

289 **Autoritäre Revolte einer sozialen Bewegung
    von rechts**
290 »Causa Gedeon« – Antisemitismusvorwurf und Machtkampf
293 »Partei-DNA« – 5. Bundesparteitag beschließt Grundsatz-
    programm
303 »Selbstpositionierung als rechtspopulistisch« – Affinitäten
    und Arrangements
313 »Thymotische Sehnsüchte« und »Holocaust-Religion«
317 »Extremismus der Mitte« – Kritik in der Faschismus-Falle
325 »Elite und Mob« – Entkultivierung durch Neoliberalismus

333 **Literatur**

349 **Danksagung**

Zur Einleitung

Die Veranstaltung ist gut besucht. Nur wenige Stühle sind bei der Podiumsdiskussion »Islam – Gefahr für Europa« frei. Die Podiumsrunde ist keine offizielle Parteiveranstaltung der »Alternative für Deutschland« (AfD) im mecklenburg-vorpommernschen Landtagswahlkampf 2016. Der gewählte Ort, die geladenen Referenten und der ausgewählte Termin kommt jedoch dem AfD-Kandidaten Holger Arppe im laufenden Wahlkampf entgegen. Am 24. August hat das *Compact-Magazin für Souveränität* ins Amedia Plaza Hotel in Schwerin zur Podiumsrunde geladen. Vor den rund 50 Gästen stellt Chefredakteur des Monatsmagazins Jürgen Elsässer klar: »Ich bin Deutscher und ich werde nicht zulassen, dass unser schönes Land vor die Hunde geht.« Darüber hinaus versichert er, sich sehr zu freuen, hier unterstützend für die »tapferen Kämpfer von der AfD« eintreten zu können, und begrüßt anwesende Kandidaten der Partei. Sie sitzen in der ersten Reihe, stehen nach der Nennung ihres Namens auf, um sich den Gästen zu zeigen. Es ist ein Abend des weit rechts stehenden Magazins für die vermeintliche Alternative. Ein Abend, auf den sich Arppe, der mit Listenplatz 3 zu den Spitzenkandidaten der AfD gehört, laut einem Facebook-Eintrag sehr gefreut hat.

In seinem Vortrag beklagt der Galerist aus Rostock nicht nur, dass »das Unheil« des Dritten Reiches »unser Volk fest im Griff hat«, sondern auch, dass mit »den Gastarbeitern« in der alten Bundesrepublik »die Islamisierung des Gastlandes« vorangetrieben wurde, welche die »Linke« wegen »ihres Hasses auf den gesamten kapitalistischen Westen im Allgemeinen und Deutschland und seiner Kultur im Speziellen« noch weiter forciert habe. »Millionen sogenannter

Flüchtlinge verursachen enorme Kosten, ruinieren unser Sozialsystem, mithin auch unsere gesamte Wirtschaft«, lamentiert Arppe weiter und dass dies zur Folge habe, »dass Amerikas ökonomische, geopolitische und militärische Vormachtstellung auf dem Globus langfristig unangefochten« bleibe. Er warnt, dass nach dem Nationalsozialismus und Kommunismus nun mit dem Multikulturalismus das »dritte Großexperiment am deutschen Volk« durchexerziert werden soll.

Elf Tage später, am 4. September ist der 43-Jährige Landtagsabgeordneter. Einmal mehr ist die erst drei Jahre alte Partei wieder Wahlsieger. Mit 20,8 Prozent der Stimmen zieht die AfD mit ihren Spitzenkandidaten Leif-Erik Holm, Matthias Manthei und Arppe ins Schweriner Schloss ein. 18 Mandate konnte sie erreichen. In Nordrhein-Westfalen, Rheinland-Pfalz und Sachsen-Anhalt hat die AfD bei den diesjährigen Landtagswahlen bereits zweistellige Wahlergebnisse eingefahren. Bundesweit hat die Partei binnen drei Jahren 119 Landtags- und über 700 Kommunalmandate bis zu dem Wahltag gewinnen können.

Schon vor der Wahl um die Mandate im Schweriner Schloss deuteten erste Wahlumfragen diesen Triumph an. Nach den ersten Hochrechnungen bewahrheitet sich die von vielen gehegte Befürchtung: Erstmals bildet die AfD die zweitgrößte Fraktion hinter der großen Volkspartei SPD. In Sachsen-Anhalt hat sie die SPD schon weit überholt.

Die Wahlanalysen zeigten auf, dass die Thematik Flüchtlinge ein Wahlentscheidungsthema war. In den vergangenen Monaten hatte die Bundesregierung um Angela Merkel (CDU) zwar die Asylmöglichkeiten stark eingeschränkt, doch die Stimmte wendete sich nicht. Ein erneuter Erfolg bei einer Landtagswahl, der für die Bundespolitik nicht folgenlos bleiben wird. Der von AfD und Pegida (Patriotische Europäer gegen die Islamisierung des Abendlandes) befeuerte Rechtstrend wird die Mitte der Gesellschaft und die Parteien der Mitte weiter erfassen. Eine deutlichere Kehrtwende in der Asyl- und Flüchtlingspolitik fordert zugleich der bayrische Ministerpräsident Horst Seehofer.

Im Wahlkampf im bevölkerungsarmen Flächenbundesland mit 1,6 Millionen Einwohnern und einem Ausländeranteil von 3,9 Prozent hatten SPD und CDU versucht, potenzielle AfD-Wähler bei sich zu halten – auch dadurch, dass sie sich klassischen Themen der AfD zuwendeten. Vor der heißen Phase des Wahlkampfs griff Ministerpräsident Erwin Sellering (SPD) Merkel wegen ihrer Flüchtlingspolitik an: »Merkel tut bis heute so, als könnte Deutschland alle Verfolgten aufnehmen. Das entspricht nicht der Realität.« Und er beklagte die von der Europäischen Union beschlossenen Sanktionen gegen Russland: »Der Westen lässt sich auf eine Eskalationsspirale ein.« Innenminister Lorenz Caffier (CDU) verschärfte nicht nur in seiner Abschiebepolitik von Asylsuchenden den Ton, sondern machte sich auch für die Forderung nach einem Burka-Verbot stark.

»Nichts hat den Wahlkampf so beherrscht wie die Angst der Etablierten vor der rechten ›Alternative‹«, schrieb Albrecht von Lucke vor den Wahlen in Nordrhein-Westfalen, Rheinland-Pfalz und Sachsen-Anhalt in den *Blättern für deutsche und internationale Politik* (3/2016). In Mecklenburg-Vorpommern verhielt es sich kaum anders. Das »Dauerfeuer« Seehofer und »seiner CSU« gegen die Flüchtlingspolitik der Regierung »mit einer dezidiert rechtsautoritären Ansprache« sei die beste »Wahlhilfe für die AfD«, führte Lucke weiter aus, denn wen wähle man dann? »Natürlich das radikale Original, sprich die AfD.«

Das Aufgreifen von Themen, die die AfD zu ihrer Sache gemacht hat, scheint für die anderen Parteien geboten. Ein Hinterherlaufen ihre Positionen und Übernahme ihres Tenors legitimiert jedoch ihre Intentionen und Forderungen – puscht sie. In der Generaldebatte des Bundestages wird Merkel am 7. September deutlich. »Wenn auch wir anfangen, in unserer Sprache zu eskalieren«, sagt sie »gewinnen nur die, die es immer noch einfacher und noch klarer ausdrücken.« Wenn dabei Fakten beiseite gewischt würden, sei verantwortbare und konstruktive Antworten nicht mehr möglich«. Und sie warnt, »am Ende« könnte die eigene Orientierung verloren gehen.

Seit den ersten Abendspaziergängen von Pegida und den ersten Wahlerfolgen der AfD 2014 hat sich die Bundesrepublik verändert. Eine soziale Bewegung von rechts richtet das bundespolitische Koordinatensystem nachhaltig neu aus. Diese neuen Rechten sind längst eine Bewegung, sie haben eine kollektive Identität, trotz Differenzen, und sind durch mobile Netzwerke miteinander verwoben. Sie kommen nicht aus dem Nichts oder vom Rand, sie kommen aus der Mitte der Gesellschaft. Das ist mit ein Grund dafür, dass sie das »Sag-« und »Wählbare« weit nach rechts verschoben haben, und zwar nicht erst durch parteipolitisches Agieren, sondern auch durch publizistisches Wirken.

2010 legte Thilo Sarrazin *Deutschland schafft sich ab* vor. Ein Bestseller mit rechten Ressentiments, biologistischen Positionen und eugenischen Traditionen. »Sarrazin war ein Rammbock«, betont Götz Kubitschek, Gründer des neurechten »Instituts für Staatspolitik«. Er sei »auf eine vorher nicht zu ahnende Weise durchgestoßen. Das war eine Resonanzbodenerweiterung für uns, Begriffe wurden ventiliert, die wir seit Jahren zuspitzen, aber nicht im Mindesten so durchstrecken können, wie Sarrazin das konnte.« In seinem jüngsten Buch *Wunschdenken* bekräftigt Sarrazin erneut 2016 seine altbekannten Thesen. »Nicht nur die menschliche Intelligenz, sondern auch alle anderen psychischen Eigenschaften [sind] überwiegend erblich« und würden »fortlaufend durch die natürliche Selektion weiter geformt« werden. Die »Ideologie der Gleichheit« führe zu der »utopischen Ignoranz«, die Realität der Ungleichheiten anzuerkennen. Die »Verwirklichung von Gleichheit« würde allerdings die »Einschränkung von Freiheit bis hin zu ihrer Aufhebung« bedeuten. Und weiter führt Sarrazin, ehemaliger Finanzsenator in Berlin (SPD) und einstiges Vorstandsmitglied der Deutschen Bundesbank, aus: »Der wesentliche Einfluss Europas und Nordamerikas auf den Rest der Welt bestand nicht in den Kolonialkriegen und wirtschaftlicher Ausbeutung. Er bestand in der kolossalen Ausweitung der Ernährungsbasis und der Lebenserwartung durch die wissenschaftlich-wirtschaftliche Revolution.« Am »großen moralischen Schuldkomplex«, an dem sich die »westliche Welt unter dem Stichwort ›Kolonialismus‹« abarbeite, habe Deutschland »allenfalls einen minimalen Anteil«.

Wo der einzelne Mensch auf seine biologische Dimension reduziert, die Forderung, dass alle Menschen die gleichen Chancen und Rechte haben sollen, als Einschränkung der Freiheit verstanden und die Geschichte der Warenwirtschaft des »westlichen Abendlandes« als fairer Wettkampf ohne Unterdrückung und Ausbeutung dargestellt wird, ist es nicht verwunderlich, dass von moralischer Empathie, gesellschaftlicher Verantwortung und staatlicher Unterstützung wenig gehalten wird. Mit dem Tenor, das Unsagbare gewagt und gesagt zu haben, stellt Sarrazin im Allgemeinen fest, dass »andere Menschenbilder […] eben auch andere Politikentwürfe« bedingen und im Besonderen, dass »der größte Fehler der deutschen Nachkriegspolitik« die »undurchdachte und utopische Flüchtlings- und Einwanderungspolitik der Bundesrepublik« sei. Ohne die Rhetorik des vermeintlichen Tabubruchs wird in diesem Milieu nicht argumentiert. Dass Sarrazin bei keinem kleinen randständigen Verlag publiziert und zum Bestseller avancierte, wird ignoriert.

In diesem politischen Milieu rechts von der Union gehen Debatten ineinander über, werden Argumentationen voneinander aufgegriffen, zitiert man sich und lädt sich gegenseitig ein. Die Intention ist, in der Bundesrepublik endlich eine wählbare Alternative jenseits von CDU/CSU fest zu etablieren, die die gehobene Mittelschicht wie auch die unteren Schichten anspricht. Neue Protagonisten und altbekanntes Personal rechts der Union haben sich zu einem Netzwerk zusammengefunden. Ganz bewusst betreiben die Akteure eine Entgrenzung im rechten Spektrum. Die Scheu oder Scham, mit diesem oder jenem zusammenzuarbeiten oder aufzutreten, scheint fast gänzlich aufgehoben.

In Schwerin sollte am 24. August neben Arppe, Poggenburg und Elsässer noch ein weiterer Podiumsgast reden: Martin Sellner von der »Identitären Bewegung« (IB). Bei Facebook hatte Arppe den führenden Aktivisten der Identitären Bewegung in Österreich und Deutschland nicht erwähnt, auf der Webseite von *Compact* wurde er jedoch als Redner mit angekündigt. Kurz nach Veranstaltungsbeginn ließ Elsässer aber verlautbaren, dass Sellner erkrankt sei und nicht komme. Für *Compact* ist Sellner der »neue Rudi Dutschke« und die Identitäre Bewegung die »neue Protestjugend«.

Vielleicht war dieser Gast dem AfD-Verband im Norden so kurz vor der Landtagswahl aber auch zu heikel geworden, ist die Nähe zur Identitären Bewegung selbst in der AfD offiziell unerwünscht. »Ja, es besteht ein Unvereinbarkeitsbeschluss zur Identitären Bewegung«, sagt AfD-Pressesprecher Andreas Zöllner. Die Partei befürchtet, wie die Identitäre Bewegung von Verfassungsschutzämtern beobachtet zu werden, und diese Aufmerksamkeit liefe ihrem Image entgegen. An dem Abend lobt Arppe allerdings die Bewegung: »Die Leute von der IB sind intelligent. Die sind klug, die sind gewitzt, die sind kreativ und genau deswegen hat das System Angst vor diesen Leuten und hetzt ihnen den Verfassungsschutz auf den Hals.« Für ihn stehe die Bewegung noch im »sogenannten Verfassungsbogen«, betont Arppe, den das Amtsgericht Rostock 2015 wegen volksverhetzender Kommentare im Internet zu einer Geldstrafe von 2700 Euro verurteilte. Er versichert, »ganz klar« gegen die »Abgrenzerei und Distanziererei« gegenüber der Identitären Bewegung zu sein. In einzelnen Bundesländern ist die Identitäre Bewegung mit der rechtsextremen Szene verwoben. Robert Schnell, Landesvorsitzender der AfD-Jugendorganisatio Junge Alternative (JA), schiebt in der Diskussion nach, dass sich sein Verband, wie auch der in Sachsen-Anhalt, gegen die Abgrenzung ausgesprochen habe – und auch keine Distanzierung erfolgen werde. Das hören die Gäste von der Bewegung im Saal gern. Wie so viele extrem rechte Äußerungen von Funktionsträgern in der Partei dürfte auch das Bekenntnis von Arppe folgenlos bleiben.

Die inhaltliche Affinität zur Identitären Bewegung räumte am 26. Juni 2016 Dubravko Mandic, Vorsitzender des Landesschiedsgerichts der baden-württembergischen AfD auf der Webseite der »Patriotischen Plattform«, einem rechten Netzwerk in der Partei, ein. In Baden-Württemberg seien »sowohl die AfD und vor allem die JA [...] personell mit der IB verbunden«, schreibt er. Dies sei schlicht einer ähnlichen politischen Zielsetzung geschuldet. »Die

Mittel der IB sind dabei außerparlamentarisch, aber nicht weniger wirksam.« Seine damalige Empfehlung – »Zum Schutze unserer Partei dränge ich auf ein Funktionärsverbot. Vorstände der JA oder AfD sollten nicht gleichzeitig in führender Funktion bei der IB tätig sein.« – ein »Tribut an das System«.

Das »System« ist für die neuen Rechten auch immer wieder das »links-rot-grün verseuchte 68er-Deutschland«, bestimmt von »Gutmenschen« und »Feministinnen«, die angeblich das Denken, Sagen und Handeln festlegen und Volk, Familie und Geschlecht auflösen wollen. Auf dem Bundesparteitag der AfD am 30. April und 1. Mai 2016 in Stuttgart hat der Bundessprecher Jörg Meutchen die Bundesrepublik auch als ein »links-rot-grüne-versuchte 68er«-Republik unter Standing Ovations bezeichnet und so die »kollektive Identität« dieser Bewegung umrissen und ihren Kulturkampf von rechts weiter forciert. Mit der Gründung der AfD und den ersten Spaziergängen von Pegida wurde offensichtlich, dass es nicht nur um den Euro und die Angst vor der »Islamisierung« ging. Die Reden, die Programme haben früh auf das gemeinsame Feindbild 68 hingewiesen. Diese neurechten Wutbürger reagieren auf eine vermeintliche allumfassende Kulturrevolution von links, die seit 1968 laufen würde, die aber nur eine »Fundamentalliberalisierung« (Jürgen Habermas) des Gesellschaftlichen ist. Dass die 68-Bewegung keine fundamentale Revolution in der Republik durchsetzen konnte, beruhigt diese Wutbürger wenig, sie sind schon angesichts der vermeintlichen Liberalisierung besorgt. Bereits die Vertreter der Konservativen Revolution – die geistigen Ahnen der neuen Rechten – beklagten ab 1918, dass der »Liberalismus« zur Zersetzung von Volk und Vaterland führen würde.

Im Jahr 2010 offenbarte eine Emnid-Umfrage für *Bild*, dass 18 Prozent eine Partei mit Thilo Sarrazin als Vorsitzendem wählen würden, d. h. fast jeder Fünfte. Eine Überraschung war das jedoch nur dann, wenn man zuvor Wahlergebnisse und Einstellungsstudien nicht wahrgenommen hat. Denn schon 2001 kam die rechtspopulistische »Partei Rechtsstaatliche Offensive« um Ronald Barnabas Schill bei der Hamburger Bürgerschaftswahl von null auf 19,4 Prozent. 2002 ergab die von Wilhelm Heitmeyer geleitete Studie zur gruppenbezogenen Menschenfeindlichkeit, dass bundesweit ein rechtspopulistisches Potenzial von rund 20 Prozent besteht. In ihrer Untersuchung *Wut, Verachtung, Abwertung – Rechtspopulismus in Deutschland* ermittelten Beate Küpper, Andreas Zick und Daniela Krause 2015, dass 20 Prozent der Befragten »eine ganz deutliche rechtspopulistische Haltung« haben und 42 Prozent zu »rechtspopulistischen Einstellungen« neigen, die sich gegen soziale Gruppen richten – von Flüchtlingen und Muslimen über Sinti und Roma bis zu Homosexuellen und Frauen.

In der Kritik am Islam machen sich die neuen Rechten zwar für Homosexuelle und Frauen stark, doch es geht ihnen nicht um deren Rechte und Selbstbestimmung. Der Zweck der Kritik besteht vielmehr darin, bündnisfähiger und wählbarer zu erscheinen. Längst nicht ohne Erfolg, nicht zuletzt deshalb, weil offen homosexuell lebende Akteure für diese Bewegung sichtbar auftreten. Pim Fortuyn repräsentierte als einer der ersten Rechtspopulisten diese Verbindung. Der »Initiator des heute vorherrschenden hybridisierten Rechtspopulismus« (Karin Priester) aus den Niederlanden verband bis zu seinem gewaltsamen Tod 2002 durch einen militanten Umwelt- und Tierschützer vermeintlich emanzipatorische Forderungen mit rechten Vorstellungen.

In ganz Europa haben sich für rechtspopulistische Bewegungen und Parteien die Chancen für politische Erfolge erhöht. Die Ursachen sind komplex. Nicht nur die fortschreitende soziale Spaltung und die anhaltenden fragilen Wirtschaftsentwicklungen kommen ihnen entgegen, sondern auch die Auflösung geopolitischer Strukturen und die starke Flüchtlings- und Migrationsbewegung. Alle Untersuchungen verwiesen auf zwei »wesentliche Faktoren«: einerseits die Tendenz zur Erosion der sozial-ökonomischen Basis der unteren Mittelschicht, andererseits die wachsende Angst vor Statusverlust. Der rechte Populismus ist »eine Bewegung der unteren Mittelschicht in wohlhabenden kapitalistischen Gesellschaften«, so Joachim Bischof und Bernhard Müller in *Neue soziale Bewegungen von rechts* (2016). Ihr Kampf ist denn auch der Verteilungskampf von weißen

Männern mit Bildung und Besitz um das »verlorene Paradies« oder die bedrohte Idylle. Als »Anwälte der kleinen Leute« gerieren sie sich gegen das »Establishment der Eliten« aus Politik, Wirtschaft und Medien. Diese Parteien sind aber keine Kümmerer, sie sind Angstmacher. Überdeutlich bestätigt dies Alexander Gauland, AfD-Bundesvize und Fraktionsvorsitzender im Brandenburger Landtag, im Magazin *Cicero* im Juli 2016. »Wir sind eine Partei von Menschen, die besorgt sind, die Angst haben um ihren sozialen Status, die Angst haben vor Überfremdung. Sie wollen nicht, dass eine Million Fremde in diesem Land herumreist, welche gar nicht politisch verfolgt wurden. Das sind kleine Leute, die ihr Deutschland ein wenig so behalten wollen, wie es einmal war«, sagt er im Streitgespräch zu Wolfgang Kubicki, dem FDP-Bundesvize und Fraktionsvorsitzenden im Schleswig-Holsteinischen Landtag. Der hebt hervor: »Die AfD lebt nur davon, dass es diese Ängste gibt.« Diese Partei bräuchte gar den »Faktor Angst«, um zu überleben.

In der Silvesternacht 2015/16 wurde dieser Faktor massiv verstärkt. In jener Nacht erfolgten in Köln am Hauptbahnhof und auf der Domplatte massive sexuelle Übergriffe gegen Frauen von Männern aus dem nordafrikanischen und arabischen Raum. In Hamburg, Bielefeld, Stuttgart und Düsseldorf sollen in der Nacht ebenfalls Gruppen von Männern Frauen sexuell belästigt und ausgeraubt haben. Der Polizei und den Medien wurde später vorgehalten, die Dramatik der Situation heruntergespielt zu haben. Nach einem Bericht des Bundeskriminalamts sind in der Nacht bundesweit mehr als 1200 Frauen Opfer von insgesamt knapp 900 Sexualdelikten geworden. Die »Willkommenskultur« wurde nun nicht mehr nur von den neuen Rechten hinterfragt, die sich jetzt bestätigt fühlten. Ein Umschwung in der Wahrnehmung der Flüchtlinge setzte auf breiter Ebene ein. Ein Umschwung, der sich im Juli weiter fortsetzte, als der islamistisch motivierte Terrorismus auch in der Bundesrepublik Realität wurde. Am 18. Juli griff ein Flüchtling, Sympathisant des »Islamischen Staats« (IS), in einem Zug bei Würzburg fünf Reisende mit einer Axt an, verletzte vier davon schwer. Sechs Tage später, am 24. Juli, sprengte sich ein Flüchtling und IS-Sympathisant in Ansbach vor dem Haupteingang eines Musikfestivals in die Luft und verletzte 15 Menschen. Erneut fühlten sich die neuen Rechten in der Ablehnung der Flüchtlings- und Asylpolitik im vermeintlich politischen Recht.

Die Realität der komplexen Herausforderung von Einwanderung und Zuzug nicht wahrzunehmen, schafft ein Vakuum für Populismus. Die Realität zu überzeichnen, befeuert indes Ressentiments. Die neuen Rechten wissen, was sie tun – und sie sind dabei erfolgreich.

»Rechtspopulismus ist nicht nur gesellschaftsfähig geworden, er ist auch in der Mitte der Gesellschaft angekommen, beziehungsweise war schon dort«, betonen Küpper, Zick und Krause. Und sie stellen zudem fest, dass »von jenen, die zum Rechtspopulismus tendieren, […] 17 Prozent die Anwendung von Gewalt« billigen und »22 Prozent bereit [sind], selbst Gewalt ›gegen Fremde‹« anzuwenden. Diese kollektive Wut ist nicht nur eine statistische Größe. Der verbalen Hetze im Netz und auf der Straße sind Taten gefolgt und werden folgen.

Im Juni 2016 veröffentlichte das Bundesamt für Verfassungsschutz seinen Bericht für das Jahr 2015. Die rechtsextremistisch motivierten Gewalttaten stiegen um mehr als 42 Prozent auf insgesamt 1408 Fälle. Im rechtsextremistischen Spektrum wuchs die politisch motivierte Kriminalität von Gewalttaten bis Propagandadelikten auf fast 22 000 Fälle. Im Vergleich zum Jahr 2014 verdoppelten sich die fremdenfeindlichen Gewalttaten beinahe und stiegen von 512 auf 918 Fälle. Seit dem Frühjahr 2015 habe sich die Militanz gesteigert, sie reiche von Bedrohung von Politikern, Journalisten, Flüchtlingshelfern über Brandanschläge auf bestehende Flüchtlingseinrichtungen oder geplante Unterkünfte bis hin zu versuchten Tötungsdelikten. Vor allem die Zahl der Straf- und Gewalttaten gegen Unterkünfte stieg dabei dramatisch: 2014 registrierte das Amt insgesamt 170 Straftaten, darunter 25 Gewalttaten. 2015 waren es mehr als fünfmal so viele: 894 Straftaten, darunter 153 Gewaltdelikte. Die Zahl der Brandanschläge gegen Flüchtlingsunterkünfte stieg von fünf auf 75 Fälle.

Anfang 2016 ging die Zahl der Flüchtlinge zurück, die Zahl der Straftaten, die sich gegen sie richten, ist jedoch hoch geblieben. Ein Lagebericht des Bundeskriminalamts registrierte für das erste Quartal 2016 37 Brandstiftungen. Insgesamt wurden 347 Straftaten, darunter drei versuchte Tötungsdelikte und 23 Körperverletzungen festgehalten. Der Bericht geht auch auf die Tatverdächtigen der Straftaten aus dem Vorjahr ein: Von 551 Personen waren 25 Prozent wegen rechtsmotivierter Straftaten vorbestraft, drei Verdächtige wurden von Landesverfassungsschutzämtern als »relevante Personen« eingestuft. Im Vergleich zu 2014 hat sich der Anteil weiblicher Tatverdächtiger verdoppelt. Die Auswertung legt nahe, dass vermeintliche einfache »Wutbürger« zu »Tatbürgern« wurden.

Zur »kollektiven Identität« der neuen Rechten von Pegida über AfD bis zum Institut für Staatspolitik gehört es auch, jegliche Verantwortung für Gewalt weit von sich zu weisen. »Die Politiker der Altparteien« hätten mit ihrer Flüchtlings- und Asylpolitik diese Übergriffe und Anschläge hervorgerufen. »Die vermeintlich klare Abgrenzung gegen Gewalt ist Augenwischerei«, sagen Küpper, Zick und Krause. Ihre Studie zeigt: Wer rechtspopulistische Einstellungen vertritt, billigt mit »einiger Wahrscheinlichkeit auch Gewalt zur Absicherung des eigenen Status«. Gewalttätig seien immer nur wenige Personen, den Anstoß gäben jedoch »viele andere, die diese Gewalt mittragen und befeuern«. Sie selbst sähen sich aber als »die Guten«, als »das Volk«.

In seinem Buch *Was ist Populismus?* hinterfragt Jan-Werner Müller 2016 diese Selbstermächtigung. Die »Populisten« würden immer »behaupten: ›Wir sind das Volk!‹, sie meinten jedoch damit, nur sie und nur alleine sie ›repräsentierten das Volk‹.« Alle Gegendemonstranten auf der Straße oder Abgeordnete im Bundestag werden durch diesen »moralischen Alleinvertretungsanspruch« automatisch aus dem »wahren Volk« ausgeschlossen. Diese Ermächtigung als Volk und die Festlegung dessen, wer zur Gemeinschaft des Volkes gehört, offenbart die inhärente Tendenz des Rechtspopulismus, antidemokratisch, anti-egalitär und antipluralistisch zu sein.

In dieser Bewegung ist die AfD das parteipolitische Gravitationsfeld, das »Institut für Staatspolitik« eines der ideologischen Zentren und Pegida der atmosphärische Anheizer. In ihrem Kulturkampf heben sie selbst teilweise die Grenzen zum Rechtsextremismus auf. Auch Jörg Meuthen: Kurz vor der Landtagswahl sagte der Bundessprecher der AfD, er könne sich im Parlament vorstellen, der NPD zuzustimmen, wenn sie »vernünftige Vorschläge macht.« Die Akteure eint oft, was der neurechte Vordenker Karlheinz Weißmann in seinem jüngsten Buch *Rubikon* (2016) postuliert: In der Bundesrepublik stünde die entscheidende Entscheidung an, ob die »drohende Katastrophe« noch abgewendet werden kann, damit »Deutschland gerettet werden« könnte. Sie stellen so auch oszillierend zwischen Heroismus und Fatalismus die Systemfrage.

In den einzelnen Kapiteln des vorliegenden Buches kommen die verschiedenen Akteure der heterogenen Bewegung ausführlich zu Wort. Bewusst werden viele Reden und lange Textzitate wiedergegeben, um die Dimensionen der jeweiligen Positionierungen deutlich und reflektierbar zu machen. Die Zitate zeigen, dass die Begriffe »Volk« und »Abendland« zu Kampfbegriffen geworden sind. Nicht immer konnten die Recherchen offen geführt werden. »Lügenpresse« ist nicht bloß ein verbaler Drohbegriff.

Im Kapitel »Eine Partei für ein anderes Deutschland – Die ›Alternative für Deutschland‹« wird nachgezeichnet, dass diese Partei von Beginn an nicht bloß eine Einthemenpartei war und ihr Personal schon früh nach weit rechts drängte. In ihrer Kritik am Konservatismus waren schnell rechtspopulistische Positionen und Rhetoriken virulent. Ihr Familien- und »Volks«bild ist eng mit einem extrem rechten Welt- und Menschenverständnis verwoben. Ein ideologisches Bündnis, das auch zu neuen Netzwerken führte. Die Partei wurde zum Hoffnungsträger aller Rechten jeder Couleur, die rechts von der Union eine parteipolitische Alternative herbeisehnten. Sie sehen in der AfD den parlamentarischen Brückenkopf der außerparlamentarischen Bewegung – der gehalten und ausgebaut werden muss.

Die ideologischen Vordenker dieser Bewegung werden im Kapitel »Vom Rittergut ins Schlachtengetümmel« vorgestellt. Die Netzwerke des »Instituts für Staatspolitik« über die »Junge Freiheit« bis hin zur »Identitären Bewegung« greifen oft ineinander. Als »Mutterschiff« wird die »Junge Freiheit« bezeichnet. In der Strategie zwischen Meta- und Realpolitik ist sich dieses Milieu einer »Graswurzelbewegung von rechts« nicht immer einig. Differenzen werden sichtbar, aber auch Affinitäten. Der Rekurs auf die Konservative Revolution mit ihrem radikalen Antiliberalismus und -egalitarismus wird immer wieder wahrnehmbar. Hier liegt das ideologisch-philosophische Fundament, das sie zum Kulturkampf aufruft und bewegt. Über 30 Jahre führten sie im vorpolitischen Raum die ideologische Auseinandersetzung um Begriffe und Debatten. Heute sehen sie ihre Zeit gekommen, die Frucht ihrer Arbeit aufgehen.

Im Kapitel »Ganz normale Leute – Pegida, die patriotischen Europäer gegen die Islamisierung des Abendlandes« wird der Protest auf der Straße gegen die vermeintliche »Islamisierung« und »Flüchtlingsinvasion« skizziert. Pegida mag zu Ende gehen. Ihr Weg zeigt aber, wie eine Bewegung von rechts das Land beeinflusste – nachhaltig. Neue Strukturen wie »Ein Prozent für unser Land« versuchen bereits bundesweit, die Proteste gegen die Flüchtlingspolitik zu vereinen – und thematisch zu erweitern. Das Magazin *Compact* bietet hierbei ein neues publizistisches Forum. Von links haben sich einige Akteure nach weit rechts bewegt. Die Wege zwischen den Projekten sind mittlerweile auffallend kurz. Man kennt sich, man hilft sich. Bewusst stellt man sich in die Tradition des 89er-Widerstands in der DDR. Die BRD erscheint hier vielen auch als eine DDR 2.0.

Im Kapitel »Autoritäre Revolte einer sozialen Bewegung von rechts« wird dargestellt, dass die Feind-Chiffre die »kollektive Identität« der rechten Akteure bestimmt. Die autoritäre Revolte dieser sozialen Bewegung kommt aus der Mitte der Gesellschaft, die sich aber selbst, weil als bürgerliche Mitte verstehend, von Ressentiments freispricht: »Man darf« und »Man muss doch mal sagen dürfen …«. Ausgehend von der AfD nach den Landtagswahlen in Baden-Württemberg, Rheinland-Pfalz und Sachsen-Anhalt 2016 wird dieser Revolte nachgegangen. Der Bundesparteitag und auch die Auftritte der Parteiprotagonisten spiegeln einmal mehr die Entgrenzung nach weiter rechts wider. Ein Streit um Antisemitismus wird fast zum Alibi für weitere Ressentiments. Darüber hinaus zeigt sich, dass die Chancen des Rechtspopulismus eng mit den sozioökonomischen Prozessen verbunden sind. Ein »Extremismus der Mitte«, der auch ein »marktförmiger Extremismus« ist, führt zu Erosionen in der Gesellschaft. Die berechtigten Sorgen, die mit überhöhten Ängsten einhergehen, wurden von renommierten Personen der gesellschaftlichen Mitte am erfolgreichsten entfacht und genährt. Diese Ängste dürfen ängstigen. Sie werden nicht nur die Bundestagswahl 2017 bestimmen.

Andreas Speit
Hamburg, 10. September 2016

Eine Partei für ein anderes Deutschland –
Die »Alternative für Deutschland«

Im Flur des Landtags von Sachsen-Anhalt muss der Tross um André Poggenburg auf die erste Hochrechnung warten. Schon vor dem Wahltag 13. März 2016 war eines aber gewiss: Nach diesem Abend würde die »Alternative für Deutschland« (AfD) in Magdeburg eigene Räume im Parlament haben. Allein wie hoch der Wahlzuspruch ausfallen würde, war unklar. »20 plus x«, hatte Poggenburg angekündet und sich nicht verschätzt. Um 18 Uhr gibt ein Moderator der Wahlsendung des Mitteldeutschen Rundfunks (MDR) ein erstes Ergebnis bekannt: 23 Prozent der Stimmen für die AfD in Sachsen-Anhalt. »Ja«, sagt Poggenburg strahlend. Die Anhänger klatschen begeistert. »Jawohl!«, ruft einer. Björn Höcke, der Landtagsfraktionsvorsitzende aus Thüringen, klopft seinem engen Parteifreund Poggenburg auf die Schulter: »Schön! Das habt ihr gut gemacht!«, und gratuliert dem zukünftigen Landtagsfraktionschef in Sachsen-Anhalt.

Vor dem Fernseher haben sie, beide im dunklen Anzug mit hellem Hemd und Krawatte, auf die erste Hochrechnung gewartet. Ein breites Lächeln erschien bereits auf ihrem Gesicht, als die Ergebnisse für die anderen Parteien genannt wurden: 30,2 Prozent für die CDU, 16,7 Prozent für die Partei Die Linke, 11,9 Prozent für die SPD, 5 Prozent für die Grünen. Zufrieden, fast selbstgefällig quittiert der Spitzenkandidat der AfD das Ergebnis der SPD. »He, he, was ist bloß von der SPD geblieben«, sagt Poggenburg. Auch Höcke lacht und wirkt nicht minder selbstzufrieden. Die Kameras und Mikrofone um sie herum scheinen sie wenig zu stören. Diese Politiker, die gerne den Anti-Politiker mimen, um sich von der vermeintlichen Politikerklasse als die Leute vom Volk zu inszenieren, sind längst medienerfahren. Sie wissen, dass heute Abend jedes Wort, jede Mimik und jede Geste von ihnen ganz genau registriert wird. Bewusst hochmütig nehmen sie die Erfolge ihrer Partei bei den gleichzeitig stattfindenden Landtagswahlen in Baden-Württemberg – 15,1 Prozent – und in Rheinland-Pfalz mit 12,6 Prozent auf. Ein breites Lächeln auch bei Andreas Kalbitz, dem stellvertretenden Landtagsfraktionsvorsitzenden der AfD in Brandenburg, der Poggenburg umarmt. In Stuttgart sagt Bundessprecher und Spitzenkandidat Jörg Meuthen auf der Wahlparty der AfD: »Wir sind stolz. Wir haben dem Druck standgehalten. Wir haben gewonnen.« Uwe Jung, Spitzenkandidat in Rheinland-Pfalz, feiert auf Facebook den Erfolg: »Die AfD Rheinland-Pfalz hat einen grandiosen Wahlsieg errungen und die an uns selbst gestellten Erwartungen noch weit übertroffen!«

Ein Wahltag und drei Wahlerfolge
Am 13. März 2016 ist die AfD um die Bundesspitze Frauke Petry und Jörg Meuthen der Sieger aller drei Landtagswahlen. In Ost und West hat sich an diesem Tag eine Partei rechts von der Union mit zweistelligem Wahlzuspruch festgesetzt. In Sachsen-Anhalt kann sich die AfD später gar mit 24,2 Prozent als zweitstärkste Fraktion mit 25 Landtagsabgeordneten hinter der CDU mit 30 Abgeordneten feiern. Nur noch etwas über 5 Prozent trennen die AfD von der christdemokratischen Volkspartei. Auf dem Weg zu den Fernsehstudios im Landtag sagt Poggenburg: »Ich bin nicht sehr überrascht, aber wir sind sehr dankbar.« In Berlin steht nach den ersten Hochrechnungen Frauke Petry vor den Gästen der Wahlparty. »Das ist ein Abend zum Jubeln, wir sind die gesamtdeutsche Partei, von der wir immer gesprochen haben«, sagt sie unter Applaus. Die katastrophale Politik der Bundeskanzlerin Angela Merkel habe den Bürgern die Augen geöffnet, betont sie, unterbrochen von »Frauke, Frauke!«-Rufen. Es sei »das AfD-Gefühl, es ist das Gefühl zusammenzugehören, nicht alleine zu stehen«, was diese Erfolge möglich gemacht habe. Das Potenzial der Partei läge bei 30 Prozent, die Diffamierun-

gen in den Medien hätten das nicht verhindern können. »Wir sind auf der Siegerstraße«, hebt sie hervor, »auch zur Bundestagswahl 2017.«

In den provisorischen Fernsehstudios im Magdeburger Landtag flimmern die ersten Wahlanalysen zu allen drei Landtagswahlen. Sie hätten schon auch mit so einem Ergebnis gerechnet und »deshalb 36 Kandidaten aufgestellt«, sagt Poggenburg im Flur des Landtags. Man habe das »Malheur« vermeiden wollen, das den Piraten einmal widerfahren sei. In Berlin hatten diese 2011 zur Wahl des Abgeordnetenhauses 15 Kandidaten aufgestellt, nach den ersten Prognosen zu wenig. Die Gründe für den Erfolg seiner Partei sieht der 41-Jährige sowohl im Personal als auch in den Themen: »Wenn man sich die Spitzenkandidaten unserer Altparteien anschaut, haben die trotz der Unterstützung der Medien keine gute Figur gemacht.«

Eine Frage interessiert an dem Abend besonders: Wer hat die AfD gewählt? Roberto Heinrich vom Meinungsforschungsinstitut Infratest dimap legt dar, dass die Wählerwanderungen in allen drei Bundesländern überwiegend von der CDU aus erfolgten. In Baden-Württemberg und Rheinland-Pfalz konnte die AfD aber auch einen erheblichen Stimmenanteil von der SPD gewinnen. In Sachsen-Anhalt verlor zudem die Linkspartei Wähler an die AfD. Ganz besonders erfolgreich, hebt Heinrich beim MDR hervor, war sie bei der Nichtwählerschaft. 101 000 Nichtwähler konnte die AfD in Sachsen-Anhalt gewinnen, 38 000 Wähler kamen von der CDU, 28 000 von der Linken, 20 000 von der FDP und 3000 von den Grünen. In Baden-Württemberg verlor die CDU 190 000 Wähler an die AfD, die SPD 90 000, die Grünen 70 000, die Linke 22 000 und die FDP 18 000. 209 000 Nichtwähler gaben ihr die Stimme für den Stuttgarter Landtag. In Rheinland-Pfalz stimmten von den CDU-Wählern 50 000 für die AfD, 37 000 von der SPD, 12 000 von der Linken, 8000 von der FDP, 5000 von den Grünen sowie 80 000 von der Nichtwählerschaft. Die Zahlen von Infratest dimap widerlegen die gängige Vorstellung, dass je höher der Wahlzuspruch, desto geringer der Wahlerfolg rechter Parteien ist.

In den Wahlumfragen wurde auch gefragt, warum wer welche Partei gewählt hat: aus Überzeugung oder aus Enttäuschung? Bei den etablierten Parteien, stellte Infratest dimap fest, führte Überzeugung von der jeweiligen Partei zu deren Wahl, während bei der AfD Enttäuschung das Hauptmotiv war. Ein Grund, die Partei Protestpartei zu nennen. »Das Bild bei den AfD-Wählern ist ganz augenfällig«, so Heinrich, »eine Mehrheit sagt: Ich habe aus Enttäuschung über die Politik der anderen meine Stimme der AfD gegeben.« Der »typische AfD-Wähler« bei den drei Landtagswahlen sei eher männlich und mittleren Alters. Überdurchschnittlichen Erfolg habe die Partei bei Arbeitern und Arbeitslosen. »Man muss allerdings auch sagen«, betont Heinrich, »dass die AfD in fast allen Bevölkerungssegmenten mindestens 5 Prozent erzielt hat.«

Die Daten korrespondieren mit Analysen zu vergangenen Wahlerfolgen der AfD. Auch wenn sie bei der Bundestagswahl 2013 mit 4,7 Prozent knapp den Einzug in den Bundestag verpasst hatte, war ihr erster Wahlantritt ein Erfolg. Aus dem Stand gelang es ihr, von der CDU 290 000 Wähler zu gewinnen, von der SPD 180 000, von der Linken 34 000, von der FDP 430 000. Zudem konnte sie 210 000 Nichtwähler mobilisieren. Bei der Europawahl 2014 schaffte die AfD mit 7,1 Prozent den Einzug in das Europaparlament. Mit Lucke zogen weiter sechs Mandatsträger ins Europaparlament. Von der CDU konnte sie 510 000 Stimmen auf sich vereinen, von der SPD 180 000, von der Linkspartei 15 000, von den Grünen 30 000 und von der FDP 60 000.

Im selben Jahr übersprang die AfD mit hohen Ergebnissen die 5-Prozent-Hürde bei den Landtagswahlen in Sachsen, Thüringen und Brandenburg. In Sachsen erreichte sie 9,7 Prozent. Die Nationaldemokratische Partei Deutschland (NPD), die zuvor seit zwei Legislaturperioden in Dresden dem Landtag angehörte, scheiterte, allerdings knapp mit 4,9 Prozent. Der Effekt, dass bei der Kandidatur rechtspopulistischer Parteien in Europa die Chancen für rechtsextreme Parteien stark sinken, trat insofern nicht so sehr ein. Vom CDU-Wählerklientel gewann die AfD 33 000 Stimmen, von der SPD 8000, von der Linken 15 000, von den Grünen 3000, von der

FDP 18 000, von der NPD 13 000 und von den Nichtwählern 16 000. In Thüringen kamen von den 10,6 Prozent der AfD-Stimmen 18 000 von der CDU, 12 000 von der SPD, 16 000 von der Linken, von den Grünen 1000, von der FDP 11 000 und von den Nichtwählern 12 000. Bei der Wahl in Brandenburg erreichte die AfD 12,2 Prozent, von der CDU wanderten 18 000 Stimmen zu ihr ab, von der SPD 12 000, von der Linken 20 000, von den Grünen 1000, von der FDP 17 000, zudem konnte sie 12 000 Nichtwähler gewinnen.

Die Wahlwanderungen von links nach rechts sind in den Ostbundesländern wegen der starken Präsenz von der Linken wenig überraschend. Anfänglich bestimmte die Wanderung der Wähler von der Linken zur AfD die Debatte um die Wahlen. In der Extremismusforschung von Eckard Jesse und Uwe Backes wird diese vermeintliche Nähe zwischen Links- und Rechtsextremen gern thematisiert. Diese Einschätzung dürfte allerdings in der Gesamtschau hinterfragt werden. Sie überdeckt fast die später einsetzende Debatte über den Verlust der Bindungskraft der CDU für ein konservativeres Klientel.

Schon bei den Wahlen 2014 stimmten vor allem Männer und weniger Frauen für die AfD. In Sachsen machten 8 Prozent der Frauen ihr Kreuz bei der AfD und 11 Prozent der Männer; in Thüringen lag das Verhältnis bei 9 zu 13 Prozent und in Brandenburg bei 10 zu 15 Prozent. Kein neues Phänomen. »Anders als bei rechtsextremistischen Einstellungen, wo Frauen und Männer gleich betroffen sind«, legt der Parteienforscher Richard Stöss in seinem 2015 veröffentlichten Buch *Rechtsextremismus im Wandel* dar, »neigen Männer wesentlich häufiger zur Wahl einer rechtsextremen Partei als Frauen.« Ein europaweiter Trend auch bei den rechtspopulistischen Parteien. Der Zuspruch von Frauen kann aber steigen, wenn Frauen diese Parteien mitrepräsentieren. In Frankreich gelang es der Vorsitzenden des Front National Marine Le Pen, verstärkt die weibliche Wählerschaft zu gewinnen. Daran ist die AfD trotz der weiblichen Bundessprecherin bisher offensichtlich gescheitert. Auch dass an der Spitze der Partei mit der stellvertretenden Bundessprecherin und

Europaabgeordneten Beatrix von Storch eine weitere gewichtige Frau steht, wirkt sich im Wahlzuspruch von Frauen bisher nicht nachhaltig aus. »Die AfD ist – trotz prominenter Frauen – seit ihrer Gründung eine Männerpartei«, heben Jasmin Siri und Marcel Lewandowsky in ihrer 2015 erschienenen Studie *Alternative für Frauen? Rollen, Netzwerke, geschlechterpolitische Positionen in der Alternative für Deutschland (AfD)* hervor. Der Mitgliederanteil der Frauen lag im Gründungsjahr 2013 bei 15,4 Prozent. »Selbst die CSU – bisher im deutschen Parteiensystem stets das Schlusslicht der Parteien hinsichtlich des Frauenanteils – liegt bei 20 Prozent«, betonen sie. 2016 ist die AfD mit 19 Prozent jedoch fast an die CSU herangerückt.

Eine Studie des Forsa-Instituts von 2014 im Auftrag des *Stern* bestätigt, dass Männer zu 69 Prozent die AfD-Anhängerschaft bilden, nur 31 Prozent sind Frauen. Die Auswertung zeigt aber auch, dass vor allem eine bestimmte Gruppe aus der Ober- und Mittelschicht der AfD anhängt – jeweils 26 und 53 Prozent. 55 Prozent haben Abitur, 44 Prozent verfügen über ein Haushaltseinkommen von 3000 Euro. Die Ausrichtung der Partei zieht besonders Angestellte, 62 Prozent, und Rentner, 34 Prozent, an. 20 Prozent sind Selbstständige, 10 Prozent Beamte und 8 Prozent Arbeiter. »Anhänger der rechtsextremen Parteien sind jünger, eher Geringverdiener, überwiegend Hauptschulabsolventen oder haben mittleren Schulabschluss und gehören in überdurchschnittlichem Maß den unteren sozialen Schichten an«, sagt Forsa-Chef Manfred Güllner dem *Stern*. »Die Trennungslinie zwischen den beiden Lagern ist die soziale Schichtzugehörigkeit«, erläutert er: »Anhänger der AfD stammen eher aus der Ober- und Mittelschicht mit relativ hohem Einkommen und entsprechend hoher Schulbildung, während Sympathisanten der rechtsextremen Parteien dagegen überwiegend aus den unteren sozialen Schichten mit geringem Einkommen und geringer Schulbildung kommen.«

2016, das deuten die Landtagswahlergebnisse an, hat die AfD auch andere soziale Schichten erreicht. Diese Entwicklung ist in Europa nicht untypisch für rechtspopulistische Bewegungen und Parteien, die mit einer Kerntruppe und einem Kernthema starten und mit der Zeit weitere Themen aufgreifen und sich neue Milieus erschließen. Die AfD war aber nie bloß eine »Professoren«- und Einthemenpartei. Bereits beim Gründungsparteitag offenbarten sich beim Führungspersonal unterschiedliche Gesellschaftsvorstellungen, fluktuierend zwischen Neokonservatismus, Marktliberalismus und Rechtspopulismus.

Entstehung der »Alternative« – Vorläufer und Netzwerke

«Jetzt geht's los!«, skandieren die über 1300 Anwesenden. Der Konferenzsaal des Berliner Hotel Intercontinental ist bis auf die letzten Plätze belegt. »Wir erleben hier die Geburtsstunde einer neuen Partei, der Alternative für Deutschland. Einer Partei, die aus der Mitte der Gesellschaft kommt«, sagt Bernd Lucke in seiner Grundsatzrede beim Gründungsparteitag der AfD am 14. April 2013. In den vergangenen Wochen hätten sie »eine enorme Welle der Unterstützung, des Enthusiasmus und des Engagements« erlebt. Der aus »allen Nähten platzende Parteitag« sei der »sichtbare Ausdruck« für diesen Zuspruch. »Dieser Saal fasst 1300 Menschen und doch haben wir rund 400 Mitgliedern, die sich erst nach dem Stichtag angemeldet haben, absagen müssen.« Der Professor für Makroökonomie an der Universität Hamburg, der später die eigene Partei verlassen wird, berichtet, was er in vielen Gesprächen, E-Mails und Telefonaten erfahren habe: »Erstens die Freude, ja die Begeisterung darüber, dass endlich eine neue Kraft sich anschickt, die Zwangsjacke der erstarrten und verbrauchten Altparteien zu sprengen«, und »zweitens den Zorn, den Ärger über das, was CDU, CSU, FDP, SPD und Grüne seit gut drei Jahren in Deutschland und Europa mit ihrer heillosen Euro-Rettungspolitik anrichten«. Die aktuelle Entwicklung, nicht das persönliche Interesse hätten ihn und seine Mitstreiter in die Politik getrieben, darf herausgehört werden, wenn er betont, dass keiner von ihnen »ein Berufspolitiker« sei. Die Umstände hätten sie genötigt, in die Politik zu gehen – eine gängige Figur des Rechtspopulismus. Es müsse interveniert werden, bekräftigt Lucke denn auch, da der Euro »ein Fehler« war, und »das Dümmste« wäre es, »an diesem Fehler in Nibelungentreue bis in die fernste Zukunft festzuhalten«.

Die Euro-Kritik verbindet er sogleich mit der sozialen Frage – und wirbt um die sogenannten einfachen Leute: »Die Euro-Rettungspolitik ist völlig unsozial«, erklärt er. »Es ist unsozial und ungerecht, dass die Kassiererin bei Aldi mit ihren Steuern die Aktionäre von Banken vor Verlusten bewahrt. Und nicht nur die Bankaktionäre, sondern auch die Eigentümer von Hedgefonds, die Zeichner von Investmentfonds und diese Horde von jungen, aalglatten Spekulanten, die mit 30 Jahren schon Millionäre sind.« »Ja schläft denn die SPD, die Lordsiegelbewahrerin der sozialen Gerechtigkeit, einen Dornröschenschlaf«, fragt er, um hinzuzufügen: »Ich kann Ihnen versichern, die Alternative für Deutschland schläft nicht.«

Im Saal kommt bei der Grundsatzrede immer wieder Applaus auf, was den 53-jährigen Lucke zu freuen, gleichzeitig aber auch zu stören scheint. Mit den Armen signalisiert er, nicht zu viel zu klatschen. Der Professor will offenbar dozieren, wie im Audimax der Universität Hamburg, und diese Reaktionen des Publikums scheinen ihm dann doch irgendwie unpassend. In den kommenden drei Jahren wird der Professor bei Parteitagen und Wahlveranstaltungen, zu denen er im Anzug und mit Rucksack erscheint, oft der Professor bleiben. Diese leichte Distanz zur Partei hebt Lucke nie auf. Den Ton der eigenen Anhängerschaft, im August 2016 nach eigenen Angaben 22 000 Mitglieder, treffen andere besser, wie Frauke Petry, Alexander Gauland, Jörg Meuthen, Beatrix von Storch und Björn Höcke.

Die Riege ist in sich unterschiedlich. Der eine neigt zur pathetischen Rhetorik, die eine zur pointierten Volte, der andere zur übertriebenen Gestik, die andere zur zurückhaltenden Mimik. Ihnen allen gelingt das, was Leo Löwenthal in *Falsche Propheten. Studien zum Autoritarismus* einem erfolgreichen »Agitator« zuschreibt: eine Beziehung zu seinen Anhängern nicht durch »die Identität seiner und ihrer Interessen« zu betonen, sondern vielmehr »in der Beschreibung seiner selbst als ›kleiner Mann‹, der wie sie denkt, fühlt und lebt«. Im Bereich der Agitation übernehme die »Betonung der Gefühls- und Gedankennähe die Funktion der Identität der Interessen«. »Ein Mann aus dem Volk«, führt Löwenthal 1948 aus,

»doch über ihm stehend; nah und vertraut und doch unendlich fern und einsam«, zöge die Zuhörerschaft ins Vertrauen, indem er »von Mann zu Mann« spreche. So zerstreue sich auch die Befürchtung, dass das, was er sage, über den Horizont der Anhängerschaft ginge und sich gar »gegen ihre verfestigten Lebensformen richtet«. Die Projektionsfigur »großer ›kleiner Mann‹« würde letztlich kreiert, so der Mitbegründer der Kritischen Theorie der Frankfurter Schule um Max Horkheimer, Theodor W. Adorno und Herbert Marcuse. Eine Projektion, die auch überblendet, dass sich Forderungen in Wahlprogrammen und Programmatik gegen den »kleinen Mann« bzw. die »einfache Frau« richten können. Auf dem Gründungsparteitag wird aber noch keine Programmdebatte geführt.

Laute Töne schlägt auch Alexander Gauland nicht an. An dem Tag führt das ehemalige CDU-Mitglied, das von 1987 bis 1991 die Hessische Staatskanzlei unter Ministerpräsident Walter Wallmann (CDU) leitete, durch den Parteitag. Die Sorge der Parteitagsführung, dass die Gründung durch eigensinnige Personen, unglückliche Reden oder endlose Debatten gefährdet werden könnte, ist schnell verflogen. Im Konferenzsaal herrscht beste Stimmung. In der Eröffnungsrede empfiehlt Konrad Adam, einst Feuilletonredakteur der *Frankfurter Allgemeinen Zeitung* (FAZ) und Chefkorrespondent für *Die Welt* in Berlin, nicht aggressiv, jedoch äußerst provokant, die Vorhaltung »Populist« als Auszeichnung zu betrachten. Mit Gauland hat er die frühere CDU-Mitgliedschaft und einen weit rechts stehenden Konservatismus gemein. Mit Lucke teilt er die neoliberalen Marktvorstellungen. »Entzieht den Nettostaatsprofiteuren das Wahlrecht!«, titelte Adam in der *Welt* am 19. September 2006 und schrieb: »Deutschland ist weit vorangeschritten auf dem Weg hin zu einem neosozialistischen Staat – und ist in sich selbst nicht mehr reformierbar.« Denn inzwischen stellten die »Nettostaatsprofiteure die Mehrheit: Beamte, Politiker, Arbeitslose und Rentner stimmen mit ihren Mehrheiten jeden noch produktiven Menschen nieder und beuten ihn weiter und immer mehr aus. […] Vielleicht sollte ernsthaft über folgende Idee nachgedacht werden: den Entzug des Wahlrechts für alle Nettostaatsprofiteure.

Wählen dürfen demnach in Zukunft nur noch die Nettosteuerzahler, also Arbeitgeber und Arbeitnehmer in der privaten Wirtschaft. Ein solcher Wahlrechtsentzug für die Unproduktiven wurde bereits in den 70er-Jahren von Wirtschaftsnobelpreisträger Friedrich August von Hayek angedacht.« Heute sei »›Weniger Demokratie wagen!‹ der letzte Ausweg vor dem sicheren Gang in den Totalitarismus«. Die Idee von Hayek entnahm Adam einer Polemik von André F. Lichtschlag, die dieser auf der Webseite seines Magazins *eigentümlich frei* veröffentlichte. Lichtschlag gibt selbst an, seit 2008 Mitglied der Friedrich A. von Hayek-Gesellschaft zu sein. Ein Preisträger der Gesellschaft ist auch auf dem Parteitag: der langjährige Präsident des Bundesverbands der Deutschen Industrie (BDI) Hans-Olaf Henkel sowie zwei Mitglieder: Joachim Starbatty, emeritierter Professor für Volkswirtschaft an der Universität Tübingen, und Beatrix von Storch, Mitbetreiberin des Netzwerks »Zivile Koalition e. V.«. Am Ende des Tages bilden Bernd Lucke, Konrad Adam und Frauke Petry die drei Bundessprecher, Alexander Gauland wird einer der stellvertretenden Parteisprecher. Die christlich-konservativ-fundamentalistische Beatrix von Storch, die später für die AfD ins Europaparlament ziehen wird, übernimmt noch kein Bundesamt.

Beim Gründungsparteitag der AfD deutete sich bereits an, dass es um mehr ging als nur um ein »Alternative« zur Euro-Politik. »Neoliberale und Rechtskonservative kamen zusammen mit der Perspektive, die verschiedenen rechten Strömungen zu verbinden«, schreibt Sebastian Friedrich in seiner Studie *Der Aufstieg der AfD. Neokonservative Mobilmachung in Deutschland.* Und dieses Personal ist eng mit bestehenden Netzwerken zur Abwehr der von ihnen ausgemachten Krise des Konservatismus und National-Liberalismus verwoben.

Vor der Bundestagswahl 2005 startete Lucke mit dem Volkswirtschaftsprofessor Thomas Straubhaar und Michael Funke den »Hamburger Appell«. In dem Aufruf, den über 200 Wirtschaftswissenschaftler unterzeichneten, forderten sie die Senkung der Arbeitskosten: »Wer behauptet, Deutschland könne und müsse ein

Hochlohnland bleiben, handelt unredlich und ignorant.« Die »unangenehme Wahrheit« sei, dass eine »Verbesserung der Arbeitsmärkte nur durch niedrige Entlohnung der ohnehin schon Geringverdienenden« geboten sei. Weitere Interventionen in die Debatte um Euro-Rettungsschirme folgten. 2011 unterstützte Lucke einen Mitgliederentscheid bei der FDP gegen den Europäischen Stabilitätsmechanismus (ESM). Eine »Haftungsunion« wurde abgelehnt, doch die Initiative scheiterte. Die Hoffnung auf »Schwarz-Gelb« sank, hebt Sebastian Friedrich hervor.

Im September 2012 gründete Lucke die sogenannte »Wahlalternative 2013«. Mit dabei: Adam, Gauland und Storch. Erneut deutet das Personal an, dass es nicht alleine um den Euro ging. So hatte sich Storch, geborene Herzogin von Oldenburg, schon als Studentin 1996 in der »Allianz für den Rechtsstaat« für die Rückgabe des Bodenreformlands in der ehemaligen DDR in die Hände der früheren Großgrundbesitzer eingesetzt. Der Bundesregierung attestierte die Wahlalternative 2013 ein Komplettversagen. Gauland hielt den etablierten Parteien vor, sie fürchteten sich, antieuropäisch oder deutsch-national zu erscheinen. Das konservative Profil der CDU sei verloren gegangen. »Wir sind unfähig, nationale Interessen zu formulieren«, sagte er in der *Süddeutschen Zeitung* am 4. Oktober 2012. Sie überlegten, die »Freien Wähler« zu unterstützen.

Bei der Bundestagswahl 2013 erreichten die Freien Wähler jedoch nur 1,1 Prozent. Eine Enttäuschung für Lucke, der die Freien Wähler »außerhalb Bayerns [als] schlicht nicht wahlkampffähig« erklärte. Im Interview mit dem Internetmagazin *Deutsche Wirtschafts Nachrichten* am 2. März 2013 kündigte er die eigene Parteigründung an und versprach, dass das Parteiprogramm sehr viel mehr umfasse als nur die Eurokrise: »Aber da müssen Sie sich gedulden.« Schon im Interview mit der *Jungen Freiheit* am 25. Mai 2012 hatte der Vater von fünf Kindern mit dem Gedanken einer eigenen Partei gespielt, um die Politik der Euro-Rettung zu ändern: »Eigentlich müsste dazu eine Parteigründung erfolgen«, sagte er der neurechten Wochenzeitung, die unter Chefredakteur Dieter Stein die Entwicklung der AfD später sehr wohlwollend und eng berichtend begleiten sollte.

In diesem Milieu wurde schon lange beklagt, was Stein im Vorwort des Buches *Aufstieg und Etablierung der Alternative für Deutschland* beschreibt: »Unter Verweis auf die Option zwischen Großer Koalition und Schwarz-Gelb, neuerdings sogar Schwarz-Grün verkauft die Merkel-CDU ihren Anhängern und Stammwählern seit Jahren einen angeblichen alternativlosen Linkskurs, der als ›Modernisierung‹ verbrämt wurde. Hier hat eine kontinuierliche Entfremdung zu bürgerlichen Kernschichten stattgefunden.« Dieses Milieu hoffe seit Jahrzehnten auf eine vermeintlich bürgerliche Partei rechts von der CDU. Die AfD bearbeite ein Feld, so Stein in dem Band des *Junge Freiheit*-Redakteurs Felix Krautkrämer, »das schon viele vor ihr zu beackern versuchten«. In den letzten Jahrzehnten seien aber viele Anläufe gescheitert, »eine bürgerliche, liberal-konservative oder nationalliberale Alternative neben den Unionsparteien zu etablieren«, und er warf der CDU vor, »an vorderster Front mitgewirkt zu haben«, dass kein »intaktes konservatives Milieu« in der Industrie, den Medien oder der Kirche als »organisiertes Widerlager« bestünde. Kein neuer Vorwurf in der Publikation bei der JF-Edition.

Diese Vorhaltung hatte Gauland schon seit Längerem erhoben. Die weitere Stoßrichtung der Partei formulierte er denn auch bei der Gründung der »Wahlalternative« als eine Ablösung von einer CDU unter der Bundeskanzlerin Angela Merkel, die einen »Linkstrend« forciere. Diese Intention verfolgt ebenso Storch. Mit ihrer »Zivilen Koalition e. V.« steht sie ebenso für eine extrem rechtskonservative Orientierung. Die Parole von Lucke auf dem Gründungsparteitag, die bis heute nachhallt, »weder links noch rechts zu sein und nur dem gesunden Menschenverstand« zu folgen, ist reine Public Relation.

»Gender ist Gotteslästerung« – Familien und Frauen

Stuttgart zwei Wochen vor den Landtagswahlen. Kurz nach 14 Uhr betritt unter großem Applaus Hedwig von Beverfoerde die Bühne. Die Initiatorin der Aktion »Demo für alle: Ehe und Familie vor! Stoppt Gender-Ideologie und Sexualisierung unserer Kinder« und Gründerin der »Initiative Familienschutz« schaut auf dem Schillerplatz erfreut in die Menge. An die 4500 Teilnehmer, so die Organisatoren, sind am 28. Februar 2016 in der baden-württembergischen Landeshauptstadt erneut wegen des Bildungsplans »Aktionsplan für Akzeptanz und gleiche Rechte« der Regierung von Ministerpräsident Winfried Kretschmann (Die Grünen) auf der Straße. Die grün-roten Pläne, mit denen Vorurteile gegenüber lesbischen, schwulen, bisexuellen, transsexuellen, transgender, intersexuellen und queeren Menschen abgebaut werden sollen, haben starken Widerstand ausgelöst.

Zum siebten Mal begrüßt Beverfoerde in Stuttgart die Demonstranten gegen eine vermeintliche Frühsexualisierung von Kindern und sagt anerkennend: »Sie lassen sich nicht beeindrucken, Sie lassen sich nicht einschüchtern, nicht abschrecken.« Nicht ohne Grund: Eine Stunde vor der Veranstaltung hat auf dem Schlossplatz das Aktionsbündnis »Shakespeare in Love – ein Kulturfest für alle« mit einer Kundgebung begonnen – mit vielen Regenbogenfahnen, der Fahne für Toleranz und Akzeptanz. An einzelnen Zugängen des Schillerplatzes, der gleich um die Ecke liegt, stehen später die Gegendemonstranten und machen Lärm. Rund um dem Platz hängen Wahlplakate von der Piratenpartei mit dem Slogan: »Vater, Vater, Kind«. »Das ist eine Provokation«, sagt eine Frau, »wir haben sieben Kinder, da haben wir wohl nichts falsch gemacht.« Eine andere Frau lacht sie bestätigend an und meint in Bezug auf die Gegendemonstranten: »Die wissen doch gar nichts von Werten und Glauben, das haben ihnen die 68er ausgetrieben.« Auf einem Plakat von »Demo für alle« steht: »Gender ist Gotteslästerung«. Von der Bühne aus weist Beverfoerde, die CDU-Mitglied ist, ihre Mistreiter darauf hin, dass das Beschädigen der Wahlplakate nicht geboten und strafbar sei. Diese Demonstration sei keine Parteiveranstaltung, betont sie und bittet auch darum, keine Materialien außer ihren eigenen zu verteilen.

Auf Beverfoerdes Webseite heißt es, die »Initiative Familienschutz« sei »Teil einer organisierten bürgerlichen Basisbewegung, der »Zivilen Koalition e. V.« Doch diese Nähe zur Beatrix von Storch-Koalition möchte Beverfoerde in der Öffentlichkeit offenbar nicht mehr. In einer Erklärung vom 15. Februar 2016 sagt die dreifache Mutter, die Wert aufs Muttersein legt: »Vor sieben Jahren, also lange bevor an eine neue Partei AfD überhaupt zu denken war, habe ich die Initiative Familienschutz unter dem Dach des Trägervereins Zivile Koalition e. V., deren Vorsitzende Beatrix v. Oldenburg/Storch war und ist, ehrenamtlich aufgebaut und bis Oktober 2015 geleitet.« Im Sommer 2015 habe sie jedoch mit einigen Mitstreitern – ohne Beatrix von Storch – den Trägerverein Ehe-Familie-Leben e. V. gegründet. »Dieser Verein, dessen Vorsitzende ich bin, hat inzwischen die praktische Organisation von Demo für Alle übernommen«, sagt sie weiter in der Erklärung, die *kath.net* veröffentlicht hat, ein erzkatholisches konservatives Online-Magazin aus Österreich. Die Gründe der Umstrukturierung dürften nicht in den politischen Bemühungen gegen die »Frühsexualisierung« liegen.

Die »Zivile Koalition« besteht seit 2007, zu ihrem Netzwerk gehört seit 2008 auch das Internet-Magazin *Frei.Welt*. Zum Thema Familie, Ehe, Frau und Kinder hat die »Zivile Koalition« eine klare Position. So heißt es gegen die Gleichstellung von gleichgeschlechtlichen Ehen: »Die derzeitige Entwicklung läuft auf eine Aushöhlung der Ehe hinaus. Die Ehe zwischen Mann und Frau muß als Institution für den Staat Vorrang haben vor anderen Lebensgemeinschaften.« Familien würden überdies finanziellen Belastungen ausgesetzt. »Erst nimmt die politische Klasse den Bürgern das Geld ab, dann gibt sie es ihnen in kleinerer Münze als Almosen gönnerhaft zurück. So schmälert und untergräbt sie deren Fähigkeit, für sich selbst zu sorgen, zwingt sie in eine Abhängigkeit von Umverteilungsmaßnahmen«, heißt es weiter.

Beatrice von Storch, gebürtige Lübeckerin, arbeitete bis 2011 in Berlin als Rechtsanwältin für Insolvenzen, um sich dann ganz ihren politischen Anliegen zu widmen. Beim Bundestagswahlkampf 2013 griff sie als AfD-Kandidatin in einem offenen Brief den katholischen Erzbischof Robert Zollitsch an, da er vor ihrer Partei warnte. »Sehr geehrter Herr Vorsitzender der Deutschen Bischofskonferenz, von Ihnen hätten die deutschen Bürger eine Verteidigung christlicher Werte erwartet«, schrieb sie, doch »Sie warnen vor der Wahl der Alternative für Deutschland (AfD) [...], was vertritt die AfD, dass Sie so unkontrolliert gegen sie vorgehen? Für die AfD ist z. B. Familie die Keimzelle der Gesellschaft, also Vater, Mutter Kind. Die Piraten werben mit ›Vater, Vater, Kind‹ und sie [sic] wollen – als katholischer Bischof – dass wir scheitern? Sie missbrauchen Ihr Amt, um vor uns zu warnen?«, mahnte Storch, die auch Mitlandesvorsitzende der Berliner AfD ist. Nicht nur ein bestimmtes Verständnis von Ehe, Familie und Homosexualität klingt an, sondern auch eine klare Zuschreibung der Rolle der Kirche. In der Bundeshauptstadt lief die 45-Jährige an der Spitze der rund 5000 Demonstranten des »Marsches für das Leben« gegen Abtreibung und Sterbehilfe als Europaabgeordnete der AfD mit. Die Veranstalter dieses Marsches, der »Bundesverband Lebensrecht«, prangerten noch ein anderes Thema an: die Sexualerziehung an Schulen. Auf der Bühne vor dem Bundeskanzleramt stand auch Beverfoerde. »An den Schulen werden unsere Kinder einer Desorientierung ausgesetzt, die zum Himmel schreit«, kritisierte sie und forderte eine »Bildungsoffensive« gegen Abtreibung.

2015 wetterte Storch im Interview mit der *Jungen Freiheit* gegen »Gender-Mainstreaming«. Für sie geht es nicht um Gleichstellung von Mann und Frau. »Mein und unser aller Problem ist, dass Gleichstellung etwas anderes als Gleichberechtigung meint. Wir sind uns einig, dass die Gleichberechtigung von Mann und Frau wichtig und richtig ist. Gleiche Rechte bedeuten Chancengleichheit. Gleichstellung aber hat die Ergebnisgleichheit zum Ziel. Es handelt sich wieder einmal um einen linken ideologischen Traum, der die Realität negiert«, erläutert sie und fährt fort: »Gender hebt nicht auf das real existierende biologische, sondern auf das angeblich existierende ›soziale Geschlecht‹ ab. Und das kann je nach Gefühlslage alles Mögliche sein. So kann man heute beispielsweise bei Facebook aus sechzig ›Geschlechtern‹ wählen. Wenn das nun zum Hauptstrom, also Mainstream, allen Handelns erhoben wird, ist höchste Alarmstufe angesagt. Kurz gesagt: Gender ist nichts als grober Unfug. Ein Hirngespinst«. Sie als »Christ«, erklärt sie des Weiteren, wolle sich nicht von »Gender-Ideologen« vorschreiben lassen, »wie wir zu leben haben. Es gibt sie, die kleinen liebenswerten Unterschiede zwischen Männern und Frauen. Das macht das Leben doch so interessant.«

Am 8. März, dem Internationalen Frauentag, griff Storch in einer Rede im Europarlament nicht die Bemühungen um gleiche Rechte von Frauen auf, sondern behauptete stattdessen, dass die EU-Kommission »wieder klargemacht« habe, dass sie »nicht auf der Seite von Frauen steht, die Mütter sind, und auf der Seite von Familien«, da sie sich weigere, »die Wertschöpfung durch Mütter in die Volkswirtschaft« einzubeziehen und anzuerkennen. Wertschöpfung beginne mit Wertschätzung. Die EU-Kommission versage aber den Müttern diese Wertschätzung, da sie deren Wertschöpfung ignoriere. »Vielleicht sollten wir mal über die Diskriminierung von Müttern und Familien reden, das wäre doch wirklich mal was Neues.«

Gerne inszenieren sich die Repräsentanten dieses Spektrums gegen »Frühsexualisierung«, für Lebensschutz und Christentum als die vermeintlich Einzigen, die sich für Mütter starkmachen, ihre Leistung in der Familie und ihren Wert bei der Kinderziehung wahrnehmen und wertschätzen. Die Väter werden indes vor allem als Versorger und Ernährer der Familie gesehen und gelobt. Windeln wechseln, Wäsche machen, bei Schulaufgaben helfen, Essen vorbereiten, zum Sport bringen dürfen die Väter natürlich mal – müssen sie aber nicht. Im Hohelied auf das Muttersein wird die vermeintlich klassisch biologistische Bestimmung der Frau zementiert, die letztlich erst durch das Mutterwerden eine Frau werde.

Bei der »Demo für alle« in Stuttgart sind diese Vorstellungen virulent. Viele Protestierende dürften zu den knapp 200 000 Menschen gehören, die die 2013 von Gabriel Stängle initiierte Online-Petition »Zukunft – Verantwortung – Lernen: Kein Bildungsplan 2015 unter der Ideologie des Regenbogens« unterzeichnet haben. 82 000 Unterschriften kamen aus Baden-Württemberg, schreibt Lucius Teidelbaum in dem Sammelband *Unheilige Allianz*. Der Generalsekretär der Evangelischen Allianz Hartmut Steeb bezeichnet den Bildungsplan bei der »Demo« als eine »gottlose Kulturrevolution von oben«, während der Salzburger Weihbischof Andreas Laun mit den Worten Papst Franziskus vor den »dämonischen« Gefahren der Gender-Ideologie warnt: »Wir müssen unser Menschenrecht auf unser Sosein als Mann, als Frau, als Vater und Mutter verteidigen und die Kinder schützen gegen die ideologische Zwangsverformung durch die teuflische Lüge namens Gender.«

Solche Ideologen bräuchten die Eltern nicht, behauptet ebenso die 41-jährige Juristin und Journalistin Birgit Kelle. Mit verschiedenen Publikationen, wie dem 2015 erschienenen Buch *GenderGaga. Wie eine absurde Ideologie unser Alltag erobern will*, treibt sie die Diskussion für einen »femininen Feminismus« voran, wonach sich Frauen statt für ein Leben aus Karriere und Kindern für ein traditionelles Familienleben entscheiden sollten. In der taz (*die tageszeitung*) wies Simone Schmollack schon 2011 darauf hin, dass Kelle »das Mutterdasein als ein heiliges Frauenideal« propagiere. Kelle steht der erzkonservativen Bruderschaft der Legionäre Christi nahe. In Dresden sprach sie auf Einladung der CDU-Bundestagsabgeordneten Arnold Vaatz und Andreas Lämmel am 22. März 2016 zum Thema: »Mal ernsthaft: Mit Gendergaga gegen das arabische Frauenbild? Wie Ideologien unsere Freiheit bedrohen«. Das »Sosein«, die Kategorien Mann und Frau, ist für sie so bedeutsam, da es die heilige Familie in ihrem angeblich natürlichen Gefüge nicht hinterfragt. Die Kernschmelze, die sie befürchtet, ist letztlich die Auflösung der patriarchalen Verhältnisse mit ihren spezifischen Geschlechterrollen in den Familien.

Alberic Dumont stellt in Stuttgart die neue europäische Bürgerinitiative »Mum, Dad and Kids« vor. Er war Vizepräsident der französischen Protestbewegung »La Manif Pour Tous«. Die Bewegung, die in Reaktion auf die gleichgeschlechtliche Ehe und das Adoptionsrecht für gleichgeschlechtliche Paare entstand, ist das Vorbild der deutschen Bewegung – wie Beverfoerde selbst erklärt. In Paris nahmen 2013 nach Angaben der Veranstalter 1,4 Millionen an einer Demonstration teil, laut Polizei 300 000.

Am Ende der »Demo für alle« in Stuttgart stellen die Veranstalter die Ergebnisse ihrer familienpolitischen Wahlprüfsteine vor, die sie den Spitzenkandidaten zur Landtagswahl in Baden-Württemberg geschickt hatten. Die Botschaft, die fast eine Wahlempfehlung ist: »Demnach stimmten CDU, AfD und Bündnis C unseren Forderungen voll und ganz zu.« Der neu gewählte AfD-Landtagsfraktionsvorsitzende Jörg Meuthen hatte auch versprochen, »bildungspolitische Experimente und Frühsexualisierung der Kinder an Schulen und Kitas [zu] stoppen«. Im Landtagswahlprogramm *Für unser Land – für unsere Werte* 2016 schreibt die AfD, sich »gezielt« für eine »gesellschaftliche Aufwertung des Erfolgsmodells Familie und der Rolle der Mutter« einzusetzen, und Versuche, »Ehe und Familie durch das sogenannte ›Gender Mainstreaming‹ oder andere ideologisch motivierte Eingriffe in volkserzieherischer und damit bevormundender Absicht zu schwächen«, abzulehnen. »Wir respektieren die eingetragene Lebenspartnerschaft. Deren Gleichstellung mit der Ehe lehnen wir aber ab.« Und sie wollen, dass in den öffentlich-rechtlichen Rundfunkanstalten »Ehe und Familie positiv« dargestellt werden.

Im sächsischen Landtagswahlkampf 2014 erklärte Petry, eine »normale deutsche Familie« sollte drei Kinder haben und dass sie sich auch ein Referendum über eine Reform des Paragrafen 218 vorstellen könne. Die vierfache Mutter findet: »Die deutsche Politik hat eine Eigenverantwortung, das Überleben des eigenen Volkes, der eigenen Nation sicherzustellen.« In diesen Aussagen schwingt die Sorge vor dem biologischen Aussterben der Deutschen mit sowie die Vorstellung, dass das deutsche Volk auf der deutschen Familie beruht. Die AfD, so Pascal Beucker überspitzt in der taz am 29. März 2016, sei zwar in der Gesellschaft, im Beruf, im Studium strikt gegen Geschlechterquotierung, »im Bett« jedoch nicht.

Storch ist mit ihren Positionen, zu der auch die Streichung des »›Studienfach[s]‹ Soziologie an der Berliner Humboldt-Uni« gehört, in der Partei nicht alleine. Sie ist aber die Frau, die in diesem Spektrum von christlichen Fundamentalisten, »Lebensschützern« und Anti-Feministen stark verankert ist – auch für die AfD. Glaubt man Krautkrämer, dem Redakteur der *Jungen Freiheit*, halten ihre »Anhänger« sie »für die Lichtgestalt des modernen Konservatismus«. Ein Mann repräsentiert in der Öffentlichkeit lange alleine am sichtbarsten ein weiteres weit rechts stehendes Spektrum seiner Partei: Björn Höcke.

»Relativ viele rechtsextreme Einzelfälle« – Personen und Positionen

Den Landtag von Magdeburg hat der thüringische Landtagsfraktionsvorsitzende Björn Höcke am 13. März 2016 kurz vor den ersten Hochrechnungen forschen Schrittes betreten. Anders als sonst lässt er heute keinen flotten Spruch, keine spitze Anmerkung fallen. Heute Abend hält er sich zurück, im Vordergrund für die Medien soll der neue Fraktionschef stehen: sein politischer Freund und enger Mitstreiter in der Partei für den vermeintlich rechten Weg, André Poggenburg. Es war eine bewusste Entscheidung, dass Poggenburg statt Höcke für den Bundesvorstand kandidierte, um das Machtgefüge nicht zu sehr zu belasten, aber auch weil Höcke mit seinen Aussagen die Bemühungen der Bundesführung, als bürgerliche Partei zu erscheinen, immer wieder konterkariert.

Per E-Mail sprach sich Höcke am 18. Mai 2014 gegen die Strafgesetz-Artikel 130 und 86 aus, die die Verfolgung von Volksverhetzung und Ermittlungen wegen Verwendung von Propagandamaterial verfassungsfeindlicher Organisationen ermöglichen. Für ihn sind die Paragrafen eine Einschränkung der Meinungsfreiheit, und diese zurückzuerobern sei »das zentrale Motiv« seiner politischen Betätigung. Die Einschränkung der Meinungsfreiheit sei der Hebel der sanften Diktatur des 21. Jahrhunderts. »Wir brauchen keine Begriffstabuisierung, keine Antidiskriminierungsgesetze und keine politische Strafjustiz. Hinfort damit – und zwar schnell«, forderte er. Dem MDR erklärte er, die Mail nicht mehr zu finden, bestätigte jedoch die Diskussion zu dem Thema.

Im Landtag sucht Höcke an diesem Abend jedoch nicht die Mikrofone. »Selbstverständlich werden wir die neue Fraktion unterstützen«, lautet seine knappe Antwort auf eine Nachfrage vor der Tür eines Beratungszimmers der Linksfraktion. Nur kurz klingt an, wer bei den Männern den Ton und die Richtung angibt. »Attacke«, sagt Höcke, als Poggenburg aus dem Beratungsraum tritt und langsam an den Kameras und Mikrofonen vorbeigeht, um an einem Fernseher die ersten Hochrechnungen verfolgen zu können. »Sie gelten dem rechten Flügel dazugehörig?« Das möchte Poggenburg, der fast alleine für den sachsen-anhaltinischen Landesverband spricht, gegenüber dem Autor dieses Buches gar nicht abstreiten und antwortet: »Ja, ja.« Der Unternehmer, der ein Autokühler-Fachbetrieb in Stößen, im Landkreis Burgenland betreibt, ist stolz, in der Partei diese Debatte und Richtung mit forciert zu haben.

Seit ihrer Gründung ist die AfD von Wahlkampf zu Wahlkampf geschritten, von Erfolg zu Erfolg, eine organisierte Programm- und Profildebatte fand kaum statt. Bloß keine Störfeuer, die die Wahl-kämpfe erschweren könnten. Doch nicht nur Wahlkampfslogans wie »Mut zur Wahrheit. Wir sind nicht das Weltsozialamt«, die an die Plakate der NPD »Wir sind nicht das Sozialamt der Welt« erin-nern, werfen immer wieder die Frage auf, wie weit rechts die AfD steht, wohin sie sich bewegt, sondern auch Aussagen einzelner Mit-glieder in führenden Positionen – nicht bloß von Höcke.

In Nordrhein-Westfalen hielt bei einer Mitgliederversammlung im Januar 2014 der damalige Landesvize Martin E. Renner den »po-litischen Pseudo-Eliten« vor, die »nationalen Identitäten« durch das »EU-Projekt« zu zerstören, schimpfte über eine »Islamisierung des Abendlandes« und nannte das Europäische Parlament »eine Fassa-dendemokratie«. Eine Zusammenarbeit mit der »United Kingdom Independence Party« (UKIP) konnte er sich vorstellen. Im gleichen Jahr nahm er mit Marcus Pretzell in Köln an einer Veranstaltung der Jungen Alternative mit dem damaligen Vorsitzenden der UKIP, Nigel Farage, teil. 2016 sind sie die Sprecher des Landesverbandes.

Nach den Kommunalwahlen am 25. Mai 2014 in Mecklenburg-Vorpommern weigerten sich die neuen Abgeordneten der AfD im Kreistag Nordwestmecklenburg bei der Konstituierung, einer Er-klärung für Demokratie und gegen Fremdenfeindlichkeit zuzustim-men, mit der eigentlich eine Abgrenzung von der NPD erfolgen sollte. Der AfD-Kreistagsabgeordnete Michael Tauchert er-klärte: »Natürlich grenzen wir uns von der NPD ab«, und räumte dennoch ein, sich vorstellen zu können, einem Antrag der NPD zuzustimmen: »Wenn er zum Wohle unserer Bürger ist, werden wir ihn auch unterstützen.«

Im Kreistag von Vorpommern-Greifswald wurde dies Realität. Am 21. September 2014 stimmten die drei AfD-Mitglieder für die Anträge der NPD. In einer Rede verteidigte der AfD-Abgeordnete Gunter Jess einen Antrag der NPD gegen Kirchenasyl sogar inhaltlich. Die NPD hatte beantragt, dass der Landkreis die evangelische Kirchengemeinde Wolgast dazu auffordern sollte, kein Kirchenasyl zu gewähren. Die Begründung: Kirchenasyl existiere rechtlich nicht. Dass die Kirche einen Mann aus Mali aufgenommen hatte, war in Jess' Augen ein Rechtsbruch. Wenige Tage davor, am 18. September 2014, hatte die Staatsanwaltschaft dem damaligen AfD-Landeschef Holger Arppe eine Anklage wegen Volksverhetzung zugestellt. Der Rostocker Galerist soll im Internet zu Gewalt gegen Araber und Muslime aufgerufen haben. 2015 verurteilte das Amtsgericht Rostock den Beisitzer im Landesvorstand wegen Volksverhetzung zu einer Geldstrafe. 2016 sitzt er für die AfD im Landtag, wird Fraktionsvize.

Im Oktober 2014 stellte das ehemalige AfD-Vorstandsmitglied in Sachsen-Anhalt, Jobst von Harlessem, auf seine Facebook-Seite eine Fotomontage, auf der US-Präsident Barack Obama, dessen Vizepräsident Joe Biden und US-Außenminister John Kerry von maskierten Männern an einem Galgen aufgehängt werden. In einem anderen Kommentar machte er die USA für die Terroranschläge vom 11. September 2001 verantwortlich, »das eigene Volk« sei dort »gesprengt« worden. Ebenfalls auf von Harlessems Facebook-Seite verglich Landesvorstandsmitglied Dirk Hoffmann die Angriffe Israels auf den Gazastreifen mit dem Holocaust. 2016 ist er Direktkandidat der AfD in Wittenberg. Im Oktober desselben Jahres fiel auch die spätere Frontfrau von Pegida, Tatajana Festerling, als Noch-AfD-Mitlied auf, als sie sich wohlwollend im Internet zu Übergriffen bei einer Kundgebung der »Hooligans gegen Salafisten« äußerte.

Lucke sprach nicht nur wegen Vorfällen dieser Art von »relativ vielen rechtsextremen Einzelfällen«. Ein weiterer dieser Einzelfälle ist auch immer wieder der Landtagsfraktionsvorsitzende in Thüringen Björn Höcke. Am 13. August 2014 wirbt die AfD Thüringen auf ihrer Facebook-Seite mit einem Interview von Höcke auf dem Webportal der *Blauen Narzisse*. Auf Johannes Schüllers Frage »Würde Ihnen eine Moschee in Erfurt gefallen?« antwortet Höcke: »Mir wurde zugetragen, dass es bereits eine Moschee in Erfurt gibt.« Und er führt aus: »Dass zunehmend Moscheen gebaut werden, zeugt von einem großen Selbstbewusstsein der Zuwanderer und einem gewaltigen ethnischen sowie kulturellen Transformationsprozess, der vor unser aller Augen abläuft.« Sein »Parteifreund Alexander Gauland« habe gesagt, der Islam sei »kein Teil Deutschlands. Ob das in hundert Jahren der Fall sein werde, wisse er nicht. Ich persönlich hoffe das nicht. Der Islam ist mir wesensfremd.« Vor einer »demographischen Katastrophe« warnt er ebenso: »Um dieser fürchterlichen Entwicklung Einhalt zu gebieten, proklamieren wir im Gegensatz zu allen etablierten Parteien ein klares ›Ja‹ zur klassischen Familie und zum Kind.« Und er verspricht: »Jeder weiteren Auflösung dieser Keimzelle unseres Volkes treten wir energisch entgegen. Dem Konzept des sogenannten Gender Mainstreaming, einem Sonntagskind der Dekadenz, das auf die Auflösung der natürlichen Geschlechterordnung abzielt, haben wir den Kampf angesagt.« Die AfD habe für ihn eine »historische Mission«, fährt er fort und benennt sie auch gleich: »In meinen Augen ist das die Rückeroberung der Meinungsfreiheit. Ich betone, die politische Korrektheit liegt wie der Mehltau auf unserem Land und ich bin angetreten, diesen Mehltau abzuräumen. Bisher wird eine ergebnisoffene, ideologiefreie Erörterung zukunftsrelevanter Politikbereiche wie Einwanderung, Demographie, Währung, Staatsschulden etc. vom Altparteienkartell unterbunden.« Höcke offenbart in dem Interview den extrem rechten Jargon von Kultur und Identität, Volk und Familie. Schüller setzt weder zu einem Widerspruch an noch hakt er kritisch nach.

Die *Blaue Narzisse* um Felix Menzel gehört selbst zum neurechten Spektrum. Sowohl das Webportal als auch das Heft *Blaue Narzisse, lesen und handeln* verantwortet offiziell der »Verein Journalismus und Jugendkultur Chemnitz e. V.«. Dessen Vorsitzender Menzel betont im Januarheft 2015, dass das Schülermagazin aus

Chemnitz weiterhin ein »Jugendprojekt« bleiben soll, auch wenn die Gründungsredakteure »ihr Studium abgeschlossen« hätten, am »Beginn ihres Berufslebens« stünden und – das wird mit »Stolz« vermerkt – viele von ihnen bereits »verheiratet« seien und »eigene Kinder« hätten. Im Jubiläumsjahr 2015 wurde der am 17. Dezember 2009 gegründete Förderverein als gemeinnützig anerkannt. Der Name »ist eine Kombination des literarischen Symbols der ›Blauen Blume‹, welches für die unverfälschte Natur steht, und der Narzisse als Kennzeichen der Individualität und Schönheit«, erklärt Menzel in der Printausgabe der *Blauen Narzisse* im Dezember 2007. Hier führt er auch aus: »Die Dekadenz unserer Tage und die fehlende Freiheit in unserem Lande lässt uns keine Wahl. Ja, wir sind rechts, denn eine rechte Sicht auf die Dinge fehlt«. In der gleichen Ausgabe schreibt Tim Erhardt, die »Moderne« hätte das Engagement für Stolz, Ehre und Selbstbewusstsein völlig ausgelöscht, doch es sei wichtig, sich für »eigene Ideale« einzusetzen. »Kein offener Straßenkampf mit Fäusten oder Waffen, nein, gemeint ist der Kampf des Geistes, eben jener Kampf, der um die Köpfe der Menschen geführt wird«, legt Erhardt dar. Bis heute führt das Projekt den Kampf im vorpolitischen Raum weiter. Die Unterstützung einer Partei schließt das nicht aus. Mit dem Interview erschließt die *Blaue Narzisse* Höcke ein weiteres junges Spektrum. Dass diese Offerte der AfD Thüringen wichtig ist, zeigt ihr Verweis bei Facebook auf das Gespräch. Eine Nähe wurde gesucht und gefunden.

Am 15. Oktober 2014 veröffentlichte die *Sezession* ein Doppelinterview mit Höcke und Stefan Scheil. Das Portal gehört zum Netzwerk des neurechten »Instituts für Staatspolitik« um Götz Kubitschek. In dem Doppelinterview verweist Kubitschek gleich auf die lange Verbindung zu Höcke: »Björn, wir kennen uns nicht erst seit gestern, will sagen: nicht erst, seit du nun die AfD in Thüringen als Fraktionsführer im Landtag und als Vorsitzender des Landesverbandes führst und dadurch zu einer Person immensen öffentlichen Interesses geworden bist«, um fortzufahren: »Ich hätte diesen Schritt nie bei dir vermutet. Wie kommt's?« Höcke antwortet: »Der Leidensdruck, der sich in Anbetracht einer grundsätzlich falsch angelegten Politik in diesem Land aufgebaut hat, wurde irgendwann unerträglich«, und erklärt: »Als Konservativer setze ich Identität gegen Globalismus, Ordnung gegen Auflösung und Differenzierung gegen Gleichschaltung. Diese Grundprinzipien geben mir Orientierung für die politische Bewertung der gesamten Lebenswirklichkeit.« Höcke macht in dem Gespräch die lange gemeinsame Vergangenheit mit Kubitschek gezielt öffentlich und verbreitet das Interview auch auf seiner Webseite. Er strebt eine Entgrenzung der Szene an – nicht bloß zum neurechten Spektrum.

Im Oktober 2014 erscheint in dem extrem rechten Monatsmagazin *Zuerst! Deutsches Nachrichtenmagazin* ein Interview mit ihm. Das Magazin gehört zur Verlagsgruppe Lesen und Schenken GmbH um Dietmar Munier. Verlagssitz ist Martensrade, Schleswig-Holstein, auf dessen Gelände Munier 2012 eine Sonnenwendfeier ausrichtete. Einer der rund 50 Gäste: der verurteilte Holocaustleugner Ernst Zündel. Höcke legt in dem Interview dar, dass sich die CDU unter Angela Merkel dem »Zeitgeist« angepasst habe. »CDU-Konservative«, für die dies »unerträglich« sei, würde er »herzlich empfangen«. Höckes Antworten werden nicht hinterfragt. Dem Interviewer scheint es zu gefallen, dass der Oberstudienrat findet, dass die »demographische Frage« nicht bloß die »sozialen Sicherungssysteme«, sondern auch die »europäische Kultur« herausfordere. »Wir sehen uns selbst als dezidiert unideologische Partei«, betont Höcke, wirft jedoch ein, dass der Begriff »rechts« nicht schlecht sei: »Der Rechtsanwalt ist ein honoriger Mann, wir umgeben uns gerne mit rechtschaffenen Menschen – dafür umso weniger mit linkischen.« Auf die Frage, warum er in diesem Magazin ein Interview gegeben habe, verteidigt sich Höcke: »Ich gebe jedem ein Interview.« Der Hintergrund der *Zuerst!* sei ihm nicht bekannt gewesen. »Aber ich stehe zu meinen Aussagen in dieser Zeitung. Ich habe gesagt, was ich immer sage.«

»Das Interview in der aktuellen Ausgabe der rechtsextremen Zeitung ist ein Skandal«, befand damals Steffen Dittes, stellvertretender Landesvorsitzender der Linken in Thüringen. Im Landtagswalkampf habe sich die AfD noch bürgerlich und demokratisch gegeben. Das Interview offenbare nun »das wahre Gesicht ihres Partei- und Fraktionsvorsitzenden«. Ein weiteres Interview mit Höcke in der *Zuerst!* erscheint im Februar 2015 – nun dürfte er gewusst haben, mit wem er redete. Er führt darin aus: »Eine steigende Anzahl der Menschen, die zu uns kommen, sind Wirtschaftsflüchtlinge. Es handelt sich aber hierbei mehrheitlich um meist schlecht oder gar nicht ausgebildete junge Männer, die ihr Glück in der Fremde suchen.« Eine solche Einwanderung brauche Deutschland nicht. Die Ausbildung dieses Personenkreises sei schwierig, da ein Großteil der Wirtschaftsflüchtlinge »aus einem vorindustriellen Kontext« komme, meint Höcke und empfiehlt, langfristig müssten wir Deutschen »als Volk wieder dahin kommen, uns aus eigener Kraft zu regenerieren und unseren Fachkräftebedarf aus der eigenen Bevölkerung zu decken«. Höcke wird nicht der letzte Gesprächspartner aus der AfD bei der *Zuerst!* bleiben.

Im November 2015 sind auf der Webseite der *Zuerst!* die Sprecher der AfD-Jugendorganisation Sven Tritschler und Markus Frohnmaier Interviewpartner der Redaktion. »Was Grabenkämpfe angeht«, sagt Tritschler, »stehen wir der AfD in nichts nach. Bei der Versöhnung hat uns unfreiwillig Bernd Lucke geholfen, der versucht hat, uns zu beseitigen, und es fast geschafft hätte. An der Stelle haben wir uns zusammengerauft.« Und Frohnmaier offenbart in dem Gespräch, das in der Dezemberausgabe 2015 in voller Länge erscheint, schon den weiten Rechtsschwenk der Partei, wenn er sagt: »Von HC Strache und der FPÖ lernen, heißt siegen lernen.«

2016 greift in der Aprilausgabe der *Zuerst!* Uwe Wurlitzer, Parlamentarischer Geschäftsführer der AfD im sächsischen Landtag, Bundesjustizminister Heiko Maas (SPD) unter dem Titel »Hexenjagd auf Andersdenkende« an. Im Interview macht das ehemalige CDU-Mitglied die SPD mit dafür verantwortlich, dass der Linksextremismus verharmlost werde. Eine seiner Quellen: das 2007 in der Edition JF erschienene Buch *Die offene Flanke der SPD* von Felix Krautkrämer, in dem der Redakteur der *Jungen Freiheit* vermeintliche Netzwerke zum Linksextremismus ausmachen will. Wurlitzer verweist auf Anschläge auf AfD-Büros und meint: »Das Gute an der

Sache ist, dass die immer öfters geschwungene Nazi-Keule, die immer unverhohlener vorgetragene Schmähkritik linker Moralapostel stumpfer wird und weniger zieht. Große Teile des Volkes haben die Umerziehung durchschaut.« Das sei auch der Grund für den Erfolg seiner Partei: »Man traut sich wieder was.«

In der gleichen Ausgabe macht auch Rolf Kahnt, einer von drei Landessprechern der AfD in Hessen, Maas für die Diffamierung seiner Partei verantwortlich, nur weil sie Kritik an der »Masseneinwanderung« habe. »Die Saat der Gabriels, Stegners und Maas' und auch Dreyers dieser Welt« ginge auf. »Sie sind die Hetzer«, meint der Studienrat a. D. Kein Geringerer als der Bundesvize Alexander Gauland gibt im Mai 2016 dem Magazin ein Interview und erklärt einmal mehr, die CDU sei »völlig charakterlos« und die CSU drohe zwar wegen der Flüchtlingspolitik der Bundesregierung, zöge aber »nie irgendeine Konsequenz«. Der Buchversand von *Zuerst!* bewirbt in der Ausgabe überdies einschlägige Titel wie *Getürktes Deutschland. Die Türken-Lobby unserer Republik von A–Z; Das Deutsche Drama. Von den Gastarbeitern bis zur Völkerwanderung aus Afrika; Die Feldzüge 1939/1940* oder *Verschwiegene Schuld. Die alliierte Besatzungspolitik nach 1945.*

In der Doppelnummer des Magazins August/September 2016 erklärt der stellvertretende Landessprecher der AfD Nordrhein-Westfallen, Mario Mieruch, im Interview, dass Merkel die Wünsche des türkischen Regierungspräsidenten Recep Tayyip Erdoğan »von den Lippen« ablese und die Bundesregierung nicht die »deutschen Interessen« vertrete: »Erdoğan fordert, Merkel liefert.« Der niedersächsische Landesvorsitzende Armin-Paul Hempel meint zum Austritt Großbritanniens aus der Europäischen Union, dass diese »EU an ihrer Hybris gescheitert« sei. In derselben Ausgabe wird zum »Unternehmen ›Barbarossa‹«, dem Russlandfeldzug im Zweiten Weltkrieg, angemerkt, dass an der »Legende des ›in der Geschichte beispiellosen und brutalen Vernichtungskrieges‹ gestrickt« werde, »dass es kracht«.

Ende 2014, Anfang 2015, vor und während der Landtagswahlkämpfe in Hamburg und Bremen, spitzt sich ein bundesweit schwelender Richtungsstreit in der AfD zu. Die permanente Wahlkampf-mobilmachung verhindert die aufkommenden Anfeindungen nicht mehr. In der Auseinandersetzung zwischen der Fraktion um Bernd Lucke und Hans-Olaf Henkel und der Fraktion um Frauke Petry und Alexander Gauland geht es darum, wie eng die AfD mit der Pegida-Bewegung gehen könnte und stärkere rechte Positionen beziehen sollte. Ein weiterer Konfliktpunkt sind laut Henkel diese »ganzen Russlandversteher«, wie er seine Kritik an den außenpolitischen Vorstellungen von Gauland pointiert. Die AfD hatte sich in den Wahlkämpfen wegen der »instabilen Lage« in der Ukraine gegen Sanktionen gegen die Russische Föderation ausgesprochen und gefordert, »keine weiteren Maßnahmen der Eingliederung der Ukraine oder Teilen davon in die EU oder in die Russische Föderation zu betreiben«. Im Europarlament hatten sich Lucke und Henkel jedoch nicht an diese Ausrichtung gehalten. Ende Oktober meinte Gauland da auch schon: »Henkel möchte eine Partei, die die Werte von CDU und FDP, wie er sie sieht, weiter verkörpert. Und das wird mit der AfD nicht gehen.« Für den Wahlkampf zur Hamburger Bürgerschaft setzte sich Henkel massiv ein, trat bei Wahlveranstaltungen auf und versicherte, die AfD an der Elbe sei hanseatisch, weltoffen und liberal. Vor Redebeginn räumte er auf einer Ansprache am 10. Januar 2015 im Souterrain des Emporio Hochhauses jedoch ein: »Wir erscheinen wie eine Ostpartei« und gab zu, dass die Verbände dort rechter seien. Am Wahlabend, dem 15. Februar 2015, feiert er die ersten Hochrechnungen für die AfD von 5,5 Prozent mit. Im Restaurant Parlament in der Hamburger Bürgerschaft, in dem die Wahlparty stattfindet, kantet er aber gleich gegen Gauland: Durch die Nähe zu weit rechten Organisationen sei ihr Wahlergebnis geschmälert worden. Diese Analyse sei nicht haltbar, kontert Gauland, der erneut vor einem zu bürgerlichen Kurs warnt.

»Erfurter Resolution« – Bernd Lucke versus Frauke Petry

Am 14. März 2015 befeuert Höcke mit der sogenannten »Erfurter Resolution« der Gruppe »Der Flügel«, die auf dem Landesparteitag in Arnstadt von 100 Mitgliedern beschlossen wurde, die interne Debatte. Er initiierte das Positionspapier mit Poggenburg, in dem ausgeführt wird, dass sich die AfD »ohne Not [...] dem etablierten Politikbetrieb« anpassen würde, »dem Verrat an den Interessen unseres Landes«, während zahllose Mitglieder die AfD als eine »patriotische« Alternative und Bewegung des »freien Wortes« gegen »Gender Mainstreaming, Multikulturalismus, Erziehungsbeliebigkeit« ausgerichtet wissen wollten. Und sie werfen der Partei vor, »sich von bürgerlichen Protestbewegungen ferngehalten und in vorauseilendem Gehorsam sogar distanziert« zu haben, »obwohl sich tausende AfD-Mitglieder als Mitdemonstranten oder Sympathisanten an diesen Aufbrüchen beteiligen«. Gemeint dürften die Aktionen von Pegida gewesen sein.

»Wer die Erfurter Resolution unterschreibt«, moniert Henkel, der wolle eine »AfD der flachen Parolen und der schrillen Töne«. Der damalige AfD-Vize warnt gar: »Wenn wir erfolgreich bleiben wollen, dann [...] nicht als sektiererische Rechtsaußenpartei, die sich auf völkisches Gedankengut reduziert und Ausländerfeindlichkeit unter dem Deckmantel der Opposition gegen die verbreitete ›Political Correctness‹ im Land in Kauf nimmt.« Gauland dagegen will in der »Resolution« kein völkisches Gedankengut erkennen und unterstützt sie.

Im Mai versucht Lucke Höcke, der in der Partei mehr und mehr im Ansehen steigt, zu entmachten. Der offizielle Anlass ist Höckes Aussage zur NPD am 6. Mai 2015 in der *Thüringer Allgemeinen*: »Ich gehe nicht davon aus, dass man jedes einzelne NPD-Mitglied als extremistisch einstufen kann.« Lucke, noch Bundesvorsitzender, fordert die Amtsenthebung von Höcke, eine Forderung, welcher der Landesverband nicht folgt. Auch Poggenburg springt Höcke bei: Auf seiner Facebook-Seite führt er am 8. Mai 2015 aus, dass nicht »pauschal« davon ausgegangen werden könne, »dass nun wirklich jedes weitere NPD-Mitglied auch bereit ist, gewaltbereit gegen Andersdenkende vorzugehen oder sich überzeugt gegen unsere freiheitlich demokratische Grundordnung« stellen würde. Er wisse das, versichert er dem MDR, weil er im Kreistag des Burgenlandkreises die NPD-Abgeordneten kenne. Mit einem von ihnen saß er schon auf einem Podium. Das rechtslastige Magazin *Compact – Magazin für Souveränität* hatte am 7. Mai 2015 in der Tröglitzer Kulturhalle zur Diskussion »Ist die deutsche Einwanderungs- bzw. Asylpolitik gescheitert?« geladen. Neben Poggenburg auf dem Podium: das NPD-Mitglied des Kreistags des Burgenlandkreis Steffen Thiel. Ein weiterer Podiumsgast: Christian Bärthel, seit Jahren in der rechtsextremen Szene aktiv.

Die Auseinandersetzung um Höcke verweist auf den Machtverlust von Lucke in der Partei. In der AfD geht es bei der Führungskraftfrage jedoch nicht um Höcke oder Lucke, sondern um Petry oder Lucke. Längst ist in einzelnen Verbänden auch Kritik am Führungsstil Luckes laut geworden. »Für ihn bedeutet Kompromiss, wenn er seine Position durchsetzt und der andere nachgibt. Und diese Kompromisslosigkeit hat die Partei in den vergangenen Monaten nicht stärker, sondern schwächer gemacht«, sagt Petry im *Handelsblatt* am 15. Mai 2015. Sie hingegen wirke »lieber integrativ als autokratisch. Das unterscheidet mich von Bernd Lucke.« Die Bemühungen Luckes, per Satzungsänderung alleine eine Führungsspitze anzustreben, missfällt zudem.

Laut Initiatoren findet die »Erfurter Resolution« auf der Webseite der Gruppe »Der Flügel« indes schnell breite Unterstützung. Bis zum 25. März 2015, heißt es dort, hätten »über 1900 Mitglieder« die Resolution unterzeichnet – in Ost und West. Die frühe Unterstützung Gaulands, als einer der Granden der Partei, dürfte mit zum Unterschreiben ermutigt haben.

Am 6. Juni 2015 geht »Der Flügel« in die Offensive. Auf dem Kyffhäuser in Thüringen lädt die Gruppe um Höcke zum Sommerfest. Für 20 Euro Eintritt erwarten das geneigte AfD-Mitglied am Grillbüffet »richtungsweisende Reden«, heißt es in der Einladung. Mehr als 350 Anhänger finden sich auf der Sonnenterrasse des Hotel Borghof am Fuße des Kyffhäuserdenkmals ein. Die Presse ist an dem Tag allerdings unerwünscht, obwohl öffentlich eingeladen wurde. Bei der Anmeldung heißt es plötzlich, es sei ein »privates Fest«. Per E-Mail teilt das »Orga-Team« am 2. Juni mit, dass es sich »selbstverständlich« um keine »politische Kundgebung oder Veranstaltung« handele: »Sie werden verstehen, dass in diesem Rahmen keinerlei Presse- oder Medienbegleitung erwünscht ist.« Auf ihrer Webseite berichten sie dann selbst über das Treffen.

Nach der Eröffnung durch Poggenburg spielt Höcke als Hauptredner auf den Barbarossamythos an. Der Sage nach soll in dem Berg Kaiser Friedrich Barbarossa in einem unterirdischen Schloss durch einen Zauber schlafen. Wenn die Zeit reif ist, soll Barbarossa aber aus dem Berg herauskommen und sein Reich wieder neu errichten. Die Sage spiegelt die Sehnsucht nach einem einheitlichen Staat und einem weisen und gerechten Herrscher wider. Keine Überraschung, dass Höcke, der Geschichte und Sportwissenschaften auf Lehramt studierte, angesichts der Situation der AfD diesen Mythos nach neuer Einigkeit und Größe aufgegriffen hat.

Gauland ist nicht erschienen. Doch Andreas Kalbitz, der stellvertretende Vorsitzende der AfD-Fraktion im Brandenburger Landtag übermittelt seine Grüße und hebt zu einem düsteren Lagebericht an: »Draußen brennt das Land, es brennt ab in den Seelen der Menschen, es brennt ab im kollektiven Erinnern an alles, was wir sind, unser Gemeinwesen, unser kollektives Bewusstsein und unsere Kultur und hinterlässt Leere, gefüllt nur noch mit heißer Luft, leidlich verstopft mit Materialismus, Konsum, der Zerstörung unserer ethischen und moralischen Lebensgrundlagen, der selbstzerstörerischen Heuchelei des Gutmenschentums voller Phrasen und ohne Antworten.« Gleich darauf scherzt er über die Vorhaltung, dass die AfD-Freunde einem »heteronormativen Familienbild« anhängen: »Der Schreck saß tief, hört sich ja erst mal nicht gut an und ich habe mir überlegt, ob es in der Apotheke vielleicht etwas dagegen gibt.« Und er spitzt zu: »›Hetero-normativ‹ bedeutet Mann-Frau-Kind oder besser Kinder. Ja, so sind wir!«

Nach dem Mittagessen sprechen Markus Frohnmaier, Bundesvorsitzender der Jungen Alternative, und Hans-Thomas Tillschneider, Sprecher der »Patriotischen Plattform«. »Liebe Kameraden«, begrüßt Tillschneider laut Tondatei auf der Webseite des »Flügel« die Gäste, im veröffentlichten Text heißt es allerdings: »Liebe Parteifreunde«. Die größte Gefahr, »das schlimmste Horrorszenario« sei,

»dass die AfD zur Scheinalternative verkommt«. Dieses Szenario dürfe nicht eintreten. Die Gefahr sei aber real, doch: »Wir sind eine patriotische Graswurzelbewegung, subversiv gegenüber jeder falschen Autorität. Wir verbitten uns den Zeigefinger der Führung, wenn sie sich autoritär aufführt und gegen die Basis handelt, sind aber auch fähig und bereit zum höchsten Respekt gegenüber den Führungspersonen, die echte Autorität verkörpern.« Der Name fällt nicht, eindeutig ist jedoch, wer gemeint ist – Lucke.

Keine vier Monate später ist auf dem außerordentlichen Bundesparteitag der AfD vom 4. bis 5. Juli 2015 der Streit entschieden. In Essen begeistert in der Grugahalle die Vizechefin und sächsische Landtagsfraktionsvorsitzende Frauke Petry die rund 3500 Parteimitglieder. Bei der Wahl zum Vorsitz erreicht sie 60 Prozent der Stimmen (2047 Stimmen), Lucke 38,1 Prozent (1301 Stimmen). Der Erfolg ist auch dem Netzwerk um Höcke und Tillschneider, dem »Flügel« und der »Patriotischen Plattform« geschuldet, die nicht nur dazu aufriefen, Petry und Meuthen zu wählen, sondern zudem eine Liste mit weiteren Wunschkandidaten erstellt haben. Auf der Liste standen nicht nur Namen, auch Bilder ihrer Kandidaten waren abgedruckt, um den Mitgliedern die Wahl zu erleichtern. Sicher ist sicher.

War diese Abstimmung der Grund für die Ausladung der Presse am Kyffhäuser? Wurden auf dem Parteitag, nach Rücksprache mit Gauland, diese Kandidaturen durchgesetzt? Von dreizehn gewählten Vorstandsmitgliedern standen zehn auf der Wunschliste. Ein grandioser Erfolg von Höckes Umfeld, der bis dahin in den Medien kaum wahrgenommen wurde. Die bundesweite Debatte in der medialen Öffentlichkeit hatte sich auf die Spitzen Lucke und Petry konzentriert. Höcke wurde erst durch andere Aktionen über die eigene Partei hinaus einer breiten Öffentlichkeit etwas bekannter. Seit dem 16. September 2015 richtet sein Landesverband in Erfurt einen Aufmarsch aus unter dem Motto »Thüringen und Deutschland dienen – Asylchaos beenden«. Immer mittwochs – auch im Jahr 2016. Die Fraktion um Lucke zog aus den Ereignissen die Konsequenz, trat aus und gründete am 19. Juli 2015 die »Allianz für Fortschritt und Aufbruch« (ALFA).

»Deutsch bleiben« – Volks- und Vaterlandsverlustängste

«Höcke, Höcke, Höcke», skandiert die Menge in den frühen Mittwochabendstunden des 23. September 2015 auf dem Anger, dem zentralen Platz in der Erfurter Innenstadt. Auf einer provisorischen Bühne mit einem Redepult, das eine Deutschlandfahne ziert, steht er – der Bejubelte, der Höcke, der Björn. »Wir...«, ruft der Landtagsfraktionsvorsitzende und Landeschef der AfD in Thüringen den über 5000 vermeintlichen »Mutbürgern« zu, die den Satz lautstark beenden: »... sind das Volk!« Langsam lässt Höcke mit erhobenen Armen den Blick über die Kundgebung der AfD gegen das »Asylchaos« der Bundesregierung schweifen. »Merkel muss weg!«, skandieren die Versammelten. In der kleinen Innenstadt sind längst noch nicht alle Demonstranten auf dem Platz. Am Bahnhof begrüßt der stellvertretende Kreisvorsitzende der AfD-Nordhausen Gerhard Siebold die Menge: »Danke, dass Sie gekommen sind, um ein klares Bekenntnis für unsere deutsche Heimat und gegen das Asylchaos abzugeben. Lassen Sie uns gemeinsam der kommunistischen Landesregierung und ihren willigen Erfüllungsgehilfen bei Presse, Funk und Fernsehen zeigen, was das Volk wirklich bedrückt.« Für ihn stellen sie, die Anwesenden, die »Mitte der Gesellschaft« dar.

Doch nicht wenige Teilnehmer zeichnen sich mit rechten Szenemarken aus und auch einschlägige Tattoos sind zu sehen, die die Nähe zum rechtsextremen Spektrum und rechten Hooliganmilieu signalisieren. Anhänger der »Identitären Bewegung« tragen ein Transparent, auf dem sie den »Austausch« der deutschen Bevölkerung anprangern. Vom Bahnhof aus bewegt sich die Menge Richtung Staatskanzlei und skandiert aggressiv: »Wir sind das Volk!«, »Merkel muss weg!« und »Lügenpresse!«. Ein Plakat mit dem Cover des rechten Magazins *Compact* zeigt eine Fotomontage von Angela Merkel mit einem Kopftuch und dem Slogan »Mutti Multikulti«. Auf einem großen Transparent wird die Landtagsfraktionsvorsitzende Susanne Hennig-Wellsow von der Linkspartei als »Volks(ver)treter« betitelt. Eine Gegenkundgebung beschimpft die AfD-Teilnehmer beim Vorbeigehen als »Volksverräter«. Die Polizei zählt insgesamt 520 Demonstranten gegen die AfD-Aktion.

Am Anger droht die Situation zu eskalieren. Gegendemonstranten haben die geplante Route blockiert. »Nationalismus raus aus den Köpfen!«, rufen sie. »Wir sind keine Nazis!«, halten die Teilnehmer des Marsches dagegen. Noch während die Einsatzleitung der Polizei mit den AfD-Verantwortlichen verhandelt, rufen AfD-Anhänger »Räumen! Räumen!«. Keine zehn Minuten später drängen sich mehrere Teilnehmer durch die lose Polizeikette und fordern die Menge auf, ihnen zu folgen, um selbst die Blockade zu räumen. Die Verantwortlichen der AfD können sie nur mit viel Mühe wieder in ihre Reihen zurückrufen. Höcke verfolgt die Entwicklung mitten in der Menge stehend.

Bis zu seinem Einzug in den Landtag unterrichtete der vierfache Vater als Oberstudienrat an der Rhenanus-Schule in Bad Sooden-Allendorf. Erst mit Beginn des Thüringer Landtagswahlkampfs im Frühjahr 2014 ließ er sich vom Unterricht an der Gesamtschule freistellen. Noch zu Lehrerzeiten siedelte die Familie Höcke vom hessischen Kurort ins 16 Kilometer entfernte Bornhagen, im westlichsten Zipfel des Thüringer Eichsfelds. Ein früherer Kollege berichtet der taz am 23. November 2015, dass Höcke das »Ideal gehabt« habe, »ein guter Lehrer zu sein.« Für seine Verbindlichkeit sei er sehr geschätzt worden, sagt der Lehrer, der nicht möchte, dass sein Name erwähnt wird. Höcke habe »seine Auffassung nicht geändert, nur zurückgehalten«. Über die »demographische Katastrophe in Deutschland« soll er schon damals lamentiert. Vorfälle im Unterricht habe es allerdings keine gegeben. Er war beliebt, galt als engagiert; die Vertreter des Elternbeirats schätzten ihn, doch er hielt sich abgeschottet. Wenig Privates habe er erzählt, berichtet der einstige Kollege, niemand pflegte freundschaftlichen Kontakt zu ihm und Höcke habe schon eine »gewisse Neigung zum Pathos« gehabt.

Der Anger wird wegen der Blockade zum Anschlussort des Marsches. Die AfD-Landtagsabgeordnete Corinna Herold wettert von der Bühne gegen die »vielen Denk- und Sprechverbote«, die Menge skandiert sogleich erneut »Lügenpresse!«. »Wir müssen die Begriffsherrschaft der Alt-68er brechen«, schiebt sie unter Applaus nach.

1990 sei sie als ehemalige DDR-Bürgerin glücklich gewesen, einfach nur deutsch sein zu dürfen, mittlerweile habe sie das Gefühl, in einer DDR 2.0 zu leben, sagt sie. Noch bevor Höcke etwas sagt, braust lautstarker Applaus auf. »Ich sehe nicht 1000, 2000, 3000 Mutbürger, sondern 5000 Mutbürger«, ruft er unter dem Jubel der Zuhörer. »Erfurt ist schön deutsch und Erfurt soll schön deutsch bleiben«, fährt er fort. In Anspielung auf Bundesvizekanzler Sigmar Gabriel (SPD) bekennt er, dass er an einer unheilbaren Krankheit leide, dies sei »die reine, die ehrliche, bescheidene Vaterlandsliebe«. Der Bundeskanzlerin wirft Höcke vor, die Zukunft des Landes zu zerstören. »Merkel muss weg!«, erschallt es prompt wieder. »Wollen wir eine multikulturelle Gesellschaft sein?«, fragt er die Menge, worauf ein lautes »Nein!« ertönt. Masse und Führung sind eins im Pathos des Heroischen.

Im Interview mit Heinrich Formanek legt Höcke in Ausgabe IV/15 des neurechten Periodikums *Neue Ordnung* die Essenz seiner Vision und Position dar: »Ich habe einen Traum: eine Welt freier Völker, in einer multipolaren Ordnung ohne Hegemon. Für mich sind Völker über Jahrhunderte und Jahrtausende gewachsene Einheiten, die Erfahrungs- und Kulturgemeinschaften darstellen. Sie haben ein spezifisches Sitten-, Wert- und Normgefüge entwickelt.« Er habe Geschichte studiert und sei überzeugt, dass sich ein »spezifischer deutscher Volkscharakter ausgeprägt« habe. Und gleich darauf beklagt er wieder die »Umerziehung nach 1945« und den »68er-geprägten hedonistische[n] Individualismus«, der gegenüber »einem verantwortungsbewussten Gemeinschaftsdenken in den Kategorien von Volk und Staat« dominieren würde. Dass das »patriotische Erwachen« in Deutschland in ganz Europa am schwächsten sei, läge auch an der »Dauervergangenheitsbewältigung« und dem »Sperrfeuer, jeden patriotischen Ansatz von rechts als ›nazistisch‹« zu denunzieren. Warum im Osten die AfD so stark sei, fragt Formanek. Und Höcke antwortet: »Hier sind die Erfahrungen aus den Zeiten der friedlichen Revolution von 1989/90 noch sehr lebendig« und seine »thüringischen Landsleute« seien auch »weniger umerziehungsgeschädigt und pflegen voller Stolz, anders als die

68er-deformierten Westdeutschen, Bodenständigkeit und Patriotismus«. Und er wird auch privat: »Ich entstamme einem patriotisch-
weltoffenen Elternhaus, in dem das politische Gespräch zur Tagesordnung gehörte«, schon als 14-Jähriger habe er »aufgrund der
Erzählungen meiner Eltern und Großeltern, aber auch aufgrund
eigener Beobachtung [gespürt], dass die Gesamtentwicklung in unserem Land in eine falsche Richtung geht.« Als Jugendlicher sei er
»gegen den Zeitgeist gerichtet – in die ›Junge Union‹« eingetreten,
habe allerdings gemerkt, dass von »dieser Parteiformation keine
wirklich fundierte Gegenbewegung erfolgen würde«. Er selbst verstünde sich als ein »avantgardistisch gestimmter Nationalkonserva-
tiver«, der in sich »ein großes und ernstes Dienstethos« spüre und
einen »erheblichen Teil« seiner »Lebenszeit dem Einsatz für Deutschland« opfere. Er frage sich, »ob Frau Merkel noch im Vollbesitz ihrer
geistigen Kräfte ist«, diese »Frau muss gestoppt werden«.

Diesen Ton, diese Rhetorik dürfte der ehemalige Lehrerkollege
gemeint haben. Auf der Straße gewinnt Höcke damit die Massen.
Beim Studio- und Fernsehpublikum gelingt ihm dies jedoch weniger. »Pöbeln, hetzen, drohen – wird der Hass gesellschaftsfähig?«
Unter diesem Motto hatte Günther Jauch am 18. Oktober 2015 den
Bundesjustizminister Heiko Maas (SPD), die Journalistin Anja Reschke (Norddeutscher Rundfunk [NDR]), Saarlands Innenminister
Klaus Bouillon (CDU) und Höcke eingeladen. Zu Beginn der
ARD-Talkshow will das AfD-Gründungsmitglied gleich ein »kleines Bekenntnis« ablegen und verkündet, aus einer »tiefen Liebe zu
seinem Land« in die Politik gegangen zu sein. Das »zentrale Symbol
unseres Landes« habe er mitgebracht, um zu zeigen, dass die AfD die
Stimme des Volkes sei, und zieht aus der Innentasche seines Jacketts
eine kleine Deutschlandfahne. Das schwarz-rot-goldene Mitbring-
sel legt er über die Lehne seines Sessels, wo es bis zum Ende der
Show liegen bleibt. Auf Kundgebungen gehaltene Reden von ihm
werden eingespielt. »Das ist widerlich!«, kommentiert Maas Höckes
Aussagen, in denen dieser über Flüchtlinge herzieht und meint: »Ich
will, dass Deutschland nicht nur eine tausendjährige Vergangenheit
hat. Ich will, dass Deutschland auch eine tausendjährige Zukunft

hat.« Höcke klagt in der Show über die angeblich gestiegene Gefahr von Vergewaltigungen für blonde deutsche Frauen durch Flüchtlinge und vermischt dabei eigene Behauptungen mit Berichten über Übergriffe in Flüchtlingsheimen. »Man kann doch nicht einfach etwas sagen, ohne Fakten zu haben«, hält ihm Reschke entgegen.

Der Auftritt in der ARD-Sendung zur besten Sendezeit am Sonntag macht Höcke in der Öffentlichkeit noch bekannter. Nach der Talkrunde wird in einigen Medien diskutiert, ob man Höcke einladen musste, »einen Tag nach dem offenbar fremdenfeindlich motivierten Attentat auf die zur Kölner Oberbürgermeisterin gewählte Henriette Reker?«, fragt am 19. Oktober 2015 in der *Süddeutschen* Ulrike Nimz. »Man kann«, antwortet sie, um dann aber zu fordern: »Was man muss, ist gegenhalten, wenn Verschwörungstheorien gemurmelt werden (Die ARD sei gleichgeschaltet), unterbrechen, wenn es völkisch wird (Der Syrer, der zu uns kommt, habe immer noch sein Syrien. Nur das Vaterland geht unter im Flüchtlingsstrom). Jauch tat nichts davon.« Es sei sein »verdammtes Glück« gewesen, dass »Anja Reschke in dieser Runde saß. Die Innenpolitik-Chefin des Norddeutschen Rundfunks war nach einem kritischen TV-Kommentar selbst Opfer massiver Beschimpfungen geworden« – sie hatte gegen Höcke gehalten. Diese Kritik ist nicht die einzige. Im *Tagesspiegel* vom 19. Oktober des Jahres meint die Medienwissenschaftlerin Sabine Schiffer vom Institut für Medienverantwortung, dass Leute wie Höcke eingeladen werden könnten, aber dann müsse man das »souverän managen«. Doch dafür sei Jauch der falsche Mann.

In der AfD sind nicht alle mit Höckes Rhetorik und Habitus zufrieden. In einer E-Mail erklärten Petry und Meuthen, dass er »nicht legitimiert« sei, »für die Bundespartei zu sprechen«. Sie würden sich »wie die große Mehrheit der AfD-Mitglieder« vom »derzeitigen Stil des Auftretens des thüringischen Landesvorsitzenden Björn Höcke nicht vertreten« fühlen. Parteiinterne Konsequenzen? Zumindest keine für die Öffentlichkeit sichtbaren.

In Erfurt herrscht bei den AfD-Kundgebungen nicht bloß ein anderer Ton. Kurz nach der Kundgebung am 23. September 2015 greifen rund 40 Rechtsextreme auf dem Weg zurück zum Bahnhof zehn Jugendliche aus der alternativen Szene an. Sie schlagen und treten auf sie ein, die Angegriffenen versuchen, sich mit Stühlen aus einem nahe gelegenen Lokal zu wehren und tragen leichte Verletzungen davon. Einer der Angreifer wird ebenfalls verletzt. Am 30. September erfolgt erneut ein Angriff – nun während der AfD-Demonstration. »Mit der Faust wurde mir ins Gesicht geschlagen«, berichtet Denny Möller, Thüringens Verdi-Vorsitzender. Mit einer kleinen Gruppe Gegendemonstranten war er in Erfurt auf dem Weg zurück zum Landtag. »Der Angriff war spontan, doch die etwa zehn Männer hatten offensichtlich nach einer Möglichkeit des Zuschlagens gesucht«, vermutet Möller. Die Angreifer gingen sofort auf die Demonstranten los, schlugen, traten und stießen sie. Mehrere der Angegriffenen erlitten Verletzungen, eine junge Frau musste laut Möller ärztlich versorgt werden. Er selbst trug Prellungen an Nase, Finger und Oberkörper davon. Eine Strafanzeige stellt er noch am selben Abend.

»Während, vor und nach der Versammlung kam es zu kleineren Auseinandersetzungen«, bestätigt eine Polizeisprecherin. Ermittlungen wegen Beleidigung, Verstoßes gegen das Waffengesetz sowie das Betäubungsmittelgesetz seien eingeleitet. Anzeigen wegen Körperverletzungen lägen ebenfalls vor. Am Donnerstagvormittag unterbricht der Landtag eine Sitzung, um wegen der Angriffe den Ältestenrat einzuberufen. Nach der Sitzung erklärt Landtagspräsident Christian Carius (CDU) im Namen des Landtags, dass aus der AfD-Kundgebung heraus Gewalt von AfD-Teilnehmern verübt wurde. Eine harte parlamentarische Intervention. Die Thüringer AfD bedankt sich hingegen in einer Erklärung »bei allen Teilnehmern für das machtvolle und friedliche Zeichen«. Gleichzeitig beklagt die Rechtsaußenpartei, dass ihre Demonstration »durch linksextreme Gegendemonstranten massiv gestört und mit Gewalt« angegriffen worden sei. Die »gewalttätigen und vermummten Linksextremisten« seien »vor der Polizei durch Landtagsabgeordnete der Linkspartei, Grünen und der SPD gesichert« gewesen.

Diese vermeintliche Einheitsfront gegen sie wird schnell im Gegenprotest ausgemacht. Nach dem Protest in Göttingen gegen die AfD am 10. August 2013 hatte der Landesverband beklagt, dass es aus der »linksextremen Szene« unter dem »Deckmantel des ›Protests‹« gegen ein »behauptetes Wiedererstarken des Faschismus« zu »Zerstörungswut« komme. Diese Gruppierungen – also Antifa und Grüne Jugend – erinnerten an »die Sturmabteilungen der späten 20er-Jahre«, der Unterschied sei nur, dass diese »Linksfaschisten« schwarz statt braun tragen würden. Die Grüne Jugend bekam eine Vielzahl von Drohmails in diesem Jargon. »Wir werden als grüne SA und/oder Linksfaschisten beschimpft«, berichtete damals Simon Oehlers, Landessprecher der Grünen Jugend Niedersachsen. In solchen Gleichsetzungen mit der SA, betont Alexander Häusler vom Forschungsschwerpunkt »Rechtsextremismus und Neonazismus« der FH Düsseldorf, schwingt auch eine Verharmlosung der Geschichte mit.

2015 schimpft Ludwig Flocken, damals noch Bürgerschaftsabgeordneter der AfD in Hamburg, bei einem »Abendspaziergang« des Pegida-Ablegers in Schwerin über die Gegendemonstranten: »In Diktaturen werden Kritiker der Regierung von der Polizei niedergeknüppelt. Bei uns brauchen die Eliten euch als Fußvolk, um die Menschen zusammenzuschlagen und einzuschüchtern. Ihr seid die neue SA«. Und er schiebt nach: »… bezahlt von unseren Steuergeldern aus dem Familienministerium; und weil seit einem Jahr auch Verfassungsfeinde im Auftrag der Regierung prügeln dürfen, heißt ihr auch Leibstandarte Adolphine Schwesig.« Das Bundesfamilienministerium unter Manuela Schwesig (SPD) verantwortet auch Projekte für Demokratie und gegen Rechtsextremismus.

2016 hat Flocken die Fraktion verlassen, seine Einschätzung von Gegendemonstranten ist aber weiter virulent. Nachdem ein Demonstrant einen Infostand in Hamburg-Wandsbek beschädigt hat, schreibt die AfD: »Angesichts der Hetze in den meisten Medien – befeuert von Politikern der etablierten Parteien – verwundert es nicht, dass junge Menschen schnell zur Ansicht gelangen, dass die AfD tatsächlich vom Übel sei und dass es geboten sei, gegen sie schlagkräftig vorzugehen.« Weiter heißt es, dass »diese jungen Leute offensichtlich fachmännisch mit Hass gegenüber uns Andersdenkenden indoktriniert« werden. Als Täter kämen »alle möglichen Organisationen infrage, wie linke etablierte Parteien, Gewerkschaften, entsprechende Stiftungen usw.« Auch das Bundesfamilienministerium soll für den Übergriff auf den Hamburger AfD-Anhänger am Infostand mitverantwortlich sein, und zwar, weil es durch die »harmlose Zuweisung von Geldern« den »Kampf gegen rechts« mitfinanziere.

»Unprofessionelle Ressentimentpartei« – Parlamentsarbeit und Parlamentarier

Ganz rechts vom Präsidium hat die AfD-Fraktion in der Hamburger Bürgerschaft ihre Sitze. Bis zu den Landtagswahlen 2016 hatte die AfD 41 Mandatsträger in den Landesparlamenten. Nicht nur in Hamburg, auch in Bremen, Brandenburg, Sachsen und Thüringen sitzen sie am rechten Rand des Plenarsaals. Sie haben auch gemein, dass sie in den Landesparlamenten kaum durch Landespolitik auffallen. In mehreren Kleinen Anfragen wollte die Fraktion in Hamburg um den Fraktionsvorsitzenden Jörn Kruse wissen, ob die Polizei die Straftaten von Flüchtlingen verheimliche oder wie hoch der Anteil von »Asylzuwanderern« an Sexualdelikten sei. Denn, so die Abgeordneten Andrea Oelschläger und Alexander Wolf in der Anfrage vom 9. Februar 2016, die »Asylmigranten« hätten einen »niedrigen Sozialstatus«, geringe Sprachkenntnis und stammten »aus Ländern und Kulturen, in denen sie mit einem patriarchalischen Männerbild« aufgewachsen seien. Das führe dazu, dass diese Männer keine Frauen »außerhalb der Asylgruppen« fänden und »sexuell« frustriert seien.

Die Fraktion stört sich aber nicht nur an Flüchtlingen, die sie schon mit den Bezeichnungen »Asylzuwanderer« und »Asylmigranten« sprachlich abwertet. In einer Kleinen Anfrage vom 3. September 2015 fragten die Abgeordneten Detlef Erbracht, Bernd Baumann, Wolf und Flocken beim Senat an, wie stark die Kulturbehörde in das Popmusik-Festival »Dockville« involviert sei. Der Grund für die Sorge der AfD: Bei Hamburgs größtem Musikevent traten auch Bands »aus dem antifaschistischen, extrem linken Spektrum« auf. Die Intention, rechts und links gleichzusetzen, um selbst als Mitte zu erscheinen, schimmert bei der Anfrage durch. Die Abgeordneten führen an, dass »auf dem Gelände des MS Dockville Festival [...] rassistische, sexistische, homophobe und andere Belästigungen sofort geahndet« würden und mit einem Verweis vom Festivalgelände endeten; rechte Symbole und rechtsextremistische Musik seien ebenfalls »strengstens untersagt!«. Sie fassen nach, ob »diese Bestimmungen beziehungsweise Richtlinien sinngemäß auch für den Linksextremismus« gelten.

Nach den sexuellen Übergriffen in der Silvesternacht zu 2016 in Köln und Hamburg instrumentalisiert Flocken die betroffenen Frauen. In einer Kleinen Anfrage vom 8. Januar 2016 mit dem Titel »Rassistische Ausschreitungen der Silvesternacht in Hamburg« ordnet Flocken, der zu der Zeit noch AfD-Fraktionsmitglied ist, die Vorfälle ins große politische Geschehen ein: »Angehörige verschiedener nach Deutschland eingedrungener Ethnien erniedrigten Menschen unserer westlichen Kultur.« Die Übergriffe bezeichnet er pauschal als eine »Machtdemonstration« der Muslime. Mit den »Ausschreitungen« hätten »sie den Begleitern der Frauen und anwesenden Männern, insbesondere den Polizisten« gezeigt: »Ihr seid zu machtlos, um eure Frauen vor uns, den überlegenen Muslimen zu schützen!« Durch diese »Demonstration« hätten Muslime eine »Überzahl westlich erzogener Männer« ebenso erniedrigt. In den Medien seien die sexuellen Belästigungen als »Trickdiebstahl« verharmlost und nicht als »islamische Verachtung für den Westen und der modernen Frau« behandelt worden. Statt von Rassismus zu sprechen, würde »irreführenderweise« gar von »männertypischem« Verhalten gesprochen, wie Flocken beklagt.

Am 10. Februar 2016 teilt die Fraktion mit, dass Flocken die Fraktion verlässt. Ein Ausschlussverfahren sei schon eingeleitet gewesen, heißt es auf der Webseite der Fraktion und: »Zwischen der AfD-Fraktion und Dr. Ludwig Flocken gab es eine Reihe nicht unerheblicher inhaltlicher Differenzen im Bereich der Zusammenarbeit innerhalb der Fraktionsgemeinschaft; dies betraf insbesondere auch die interne Abstimmung parlamentarischer Anfragen und sonstiger Initiativen.« Die Partei hat er aber nach eigenem Bekunden nicht verlassen. Auf seiner Facebook-Seite »LudwigFlocken #Flaggezeigen« wirbt er im August 2016 weiter für die AfD: »Wir sind deine Stimme! Alternative für Deutschland« und berichtet von erfolgreichen Flugblatt-Verteilaktionen.

Seit Flockens Austritt bilden sechs Männer und eine Frau in der Bürgerschaft für die Alternative die Fraktion. Nach dem Essener Parteitag befindet Kruse: »Das ist nicht mehr meine Partei.« Die Ergebnisse seien eine Katastrophe, »weil sie deutlich machen, dass wir inzwischen zu einer rechten Partei geworden sind und vermutlich auch immer mehr werden.« Gleichzeitig kritisierte er seinen Stellvertreter Nockemann. Das frühere Schill-Mitglied sei »irrelevant«, außerdem verharmlose der ehemalige Kurzzeit-Innensenator wider besseren Wissens, dass die AfD nach rechts rücke. »Die Partei hat ihren Charakter komplett verändert. Herr Nockemann weiß natürlich genau, dass die Partei nach rechts rückt – und zwar sehr stark«, sagt er am 8. Juli 2015 der taz. Als Landesvorsitzender tritt Kruse nicht mehr zur Wahl an. Die Fraktion führt er allerdings weiterhin. Im Wahlkampf schlug er jedoch auch harte Töne an. Der Großteil der Muslime habe sich integriert. Kopftuch und Burka seien für ihn aber »Symbole der Integrationsverweigerung«, bekundet er beim Wahlauftakt am 10. Januar 2015 und fragt, was schieflaufe in den Köpfen von Männern, die ihre Frauen und Mädchen zwängen, als »schwarze Monster« herumzulaufen.

In der CDU heißt es, dass die AfD in der Bürgerschaft ein breites Themenspektrum vermissen lasse. Sie sei einzig auf die Flüchtlingspolitik ausgerichtet. »Die AfD ist monothematisch aufgestellt«, sagt CDU-Fraktionschef André Trepoll. In diesem Punkt teilt die Linkspartei in der Bürgerschaft mal die Einschätzung der CDU: »Die AfD hat außer ein oder zwei Anliegen zu keiner Entwicklung der Stadt etwas zu sagen«, meint Christiane Schneider von der Linken und Vizepräsidentin der Hamburgischen Bürgerschaft. Zwar äußere sie sich auch zur inneren Sicherheit, verbinde diese jedoch wieder meist mit der Flüchtlingspolitik. Eine Unterstellung? Seit ihrem Einzug in die Bürgerschaft stellte die AfD 101 Anfragen, über die Hälfte zu den Themen Flüchtlinge und innere Sicherheit. In den Ausschüssen, so Trepolls Beobachtung, fehle ihr auch nach fast einem Jahr das nötige Detailwissen, man könne nicht »mit Plattitüden arbeiten«.

Nach mehr als drei Jahren parlamentarischer Arbeit fasst Trepoll das Agieren der AfD kurz, aber deutlich zusammen: Die AfD entpuppe sich immer wieder aufs Neue als substanzlose und »unprofessionelle Ressentimentpartei«, ihr Ton und ihr Handeln sei schlicht von »Wut« geleitet: »Der Großteil der AfD-Fraktion besteht aus Politikgrobianen.« Ähnlich die Einschätzung von Schneider: »In den Ausschüssen glänzt die AfD durch nahezu vollständige Abwesenheit.« Von ihren Abgeordneten käme nichts, selbst wenn sie mal »körperlich anwesend« seien. Dass Kruse für drei Monate bei seiner Frau in Kalifornien weilt, die dort eine Gastprofessur an der Universität Stanford hat, wirft bei den anderen Fraktionen Fragen zu seinem Mandatsverständnis auf. Als Fraktionschef erhält Kruse 8000 Euro monatlich. Er sei täglich mit der Fraktion in Kontakt, versucht Kruse die Kritik abzuschwächen.

Eine weitere Person löst selbst im eigenen Landesverband negative Reaktionen aus: Thorsten Prenzler, Geschäftsführer der Fraktion. Vor seiner Wahl wurde Prenzler wegen Betrugs verurteilt. Das frühere CDU-Landtagsmitglied in Niedersachsen hatte sich, so das Landgericht Oldenburg 2006, als Reisejournalist ausgegeben und sich Rabatte oder Gratisübernachtungen in Luxushotels erschlichen. Das Gericht verurteilte ihn zu einer Geldstrafe von 900 Euro. Keine unbedeutende Personalie in einer Partei, die die Presse so gern der Lüge bezichtigt.

Im Internet entfacht die Fraktion via Facebook, wo sie mehr Anhänger als alle andere Parteien hat, immer wieder Shitstorms. Einen dieser digitalen Beleidigungsstürme erfuhr die grüne Mandatsträgerin Stefanie von Berg. Nachdem die AfD-Fraktion das Video einer Rede von ihr über eine multi-ethnische Gesellschaft online gestellt hatte, bekam sie postwendend bösartige Postings und

E-Mails. Hamburgs Justizminister Till Steffen von den Grünen bezweifelt denn auch das bemüht bürgerliche Image der AfD-Fraktion und wirft ihr vor, bewusst Hasskommentare hervorzurufen, »um Andersdenkende einzuschüchtern und zum Schweigen zu bringen«. Diese Einschätzung kommt nicht nur aus der Politik. Kai-Uwe Schnapp, Professor der Politikwissenschaften an der Universität Hamburg, hält fest, dass die AfD in den Social Media »eine bisweilen miese Strategie [verfolgt], indem sie die Debatte stark personalisiert und damit echte Feindbilder schafft.«

In Thüringen vermengt die Landtagsfraktion um Höcke landespolitische Themen vor allem mit ihren politischen Ressentiments. Bei Erwiderungen auf Regierungserklärungen ist Höcke der Hauptredner für die AfD – mit dem »gezielten Tabubruch als Methode«, sagt Astrid Rothe-Beinlich, Parlamentarische Geschäftsführerin der Fraktion der Grünen. Im Plenarsaal in Erfurt ließe er sich gerne mit der *Jungen Freiheit* ablichten. »Besonders verräterisch war die Verunglimpfung des jährlich erscheinenden Thüringen-Monitors, den Höcke in berüchtigter Goebbels-Manier im Novemberplenum 2015 als ›linksideologisches Machwerk‹ bezeichnete«, berichtet Rothe-Beinlich. Der »Monitor« ist eine seit 2000 jährlich stattfindende repräsentative Bevölkerungsbefragung zur politischen Kultur im Freistaat Thüringen mit festen und wechselnden Fragen – auch zu rechtsextremen Einstellungen. Er habe »zu Hause einen Holzofen«, merkte Höcke dazu an. Nach Rothe-Beinlich wollte er damit ganz bewusst an die Bücherverbrennung von 1933 anknüpfen. Am 17. Dezember 2015 sagte er in der Haushaltsdebatte: »Frau Dr. Merkel hat etwas Bedenkliches geschaffen, nämlich dass Deutschland in Europa zum ersten Mal nach dem Zweiten Weltkrieg isoliert ist. Niemand sonst in Europa will die Willkommenskultur. Nur in Deutschland redet eine politische Pseudoelite, die nur in ihrem eigenen Saft schwimmt, davon, diese zu erhalten. Wir als AfD grenzen uns davon ab. Wir distanzieren uns davon in aller Entschiedenheit. Wir wollen endlich eine Verabschiedungskultur in unserem Land. Und als gute Europäer freuen wir uns natürlich über einen Viktor Orbán, den haben wir nämlich hinter uns.«

Mit Höcke zusammen bilden die stellvertretende Fraktionsvorsitzende Wiebke Muhsal, der Parlamentarische Geschäftsführer Stefan Möller und Stephan Brandner, der im Ausschuss für Migration, Justiz und Verbraucherschutz sitzt, die parlamentarische Phalanx. Sie alle treten bei den Demonstrationen am Mittwoch auf – als Redner oder Anmelder. Der Abgeordnete Jörg Henke, innenpolitischer Sprecher der Fraktion, ist einer der fleißigsten Anfragensteller der AfD. Thematisch geht es bei ihm allerdings entweder um oder gegen Linksextremismus, die Flüchtlingsunterbringung oder die Kriminalität, die angeblich ins Land getragen würde. Am 24. März 2016 warnt die gesundheitspolitische Sprecherin der AfD-Fraktion Corinna Herold, dass Flüchtlinge Krankheiten wie Tuberkulose einschleppen. In Thüringen habe sich die Anzahl »der Tuberkulose-Fälle von 88 im Jahr 2014 auf 118 im vergangenen Jahr erhöht.« Laut »den Behörden« seien »acht von zehn Erkrankten Asylsuchende« und Herold fordert Sanktionen bei der Verweigerung der Behandlung. Zu der unterstellten Therapieverweigerung führt die Zahnärztin allerdings keine Fakten an.

Herold, so Rothe-Beinlich, habe sich aber noch einem weiteren Themenkomplex verschrieben: der »Frühsexualisierung« und der von der AfD als Kampfbegriff ausgemachten Gleichstellungspolitik. Sie gehört dem Gleichstellungsausschuss an, den die AfD ebenso wie die Gleichstellungsbeauftragte abschaffen will. Mit einer Kleinen Anfrage am 1. September 2015 wollte sie erfahren, wie hoch der prozentuale Anteil von Lesben, Schwulen, Bisexuellen, Transsexuellen und Intersexuellen in Thüringen sei.

Im parlamentarischen Verfahren hat sich die AfD überwiegend mit Initiativen zu Wort gemeldet, die sich im weitesten Sinne mit dem Thema Asyl beschäftigen. Bis zum 23. Februar 2016 befassten sich 77 von insgesamt 204 Kleinen Anfragen der Fraktion mit dem Thema Asyl, dies entspricht 37 Prozent. 16 von 54 mündlichen Anfragen und vier von 13 Aktuellen Stunden der AfD waren ebenfalls diesem Thema gewidmet, ebenso 35 Prozent aller Anträge dieser Fraktion. Im Märzplenum 2016 stand eine Gesetzesinitiative der AfD zur Änderung des Thüringer Schulgesetzes unter Punkt 2 zur

Beratung auf der Tagesordnung – dabei ging es ausschließlich darum, dass Schulturnhallen nicht zur Unterbringung von Geflüchteten genutzt werden dürfen. »Dieser Fall steht nur exemplarisch dafür, dass es der AfD nahezu alleinig darum geht, das ›Flüchtlingsthema‹, egal bei welchem Tagesordnungspunkt aufzugreifen, um entsprechend Stimmung zu machen und – wie in diesem Fall, den Turnunterricht der ›deutschen Kinder‹ gegen die Bedarfe von Geflüchteten auszuspielen«, sagt Rothe-Beinlich.

Auf ihrer Klausurtagung am 22. März 2016 verabschiedete die AfD-Fraktion »Leitlinien zum Umgang mit dem Islam in Deutschland«, in denen unterstellt wird, dass es Bestrebungen gebe, »die Scharia in Deutschland hinzunehmen oder sie gar in Teilbereichen unserer Gesellschaft als geltendes Recht zu akzeptieren«, und dass es in »der Auseinandersetzung mit dem Islam« eine Einschränkung »der Meinungs-, Presse-, Wissenschafts- oder Kunstfreiheit« geben würde. »Die Religionsfreiheit ist kein ›Supergrundrecht‹, das sämtliche Aspekte des Islam unter den Schutz der Verfassung stellt«, betont die Fraktion, der sechs Männer und zwei Frauen angehören, und macht deutlich, dass letztlich die vollständige Assimilierung erwartet wird: »Wir setzen auf die Kooperation mit denjenigen Muslimen, die den säkularen Rechtsstaat ohne Wenn und Aber anerkennen und die einen Weg beschreiten, ihren Glauben in einer Weise auszuüben, die mit unserer Lebensweise, unseren Traditionen und unserem Rollenverständnis von Mann und Frau nicht kollidiert.« Der letzte Aspekt ist etwas missverständlich, könnte man doch glauben, dass hier von einer emanzipatorischen Vorstellung und vielfältigen sexuellen Lebensformen ausgegangen wird. Doch in der Parlamentsarbeit zeigt sich immer wieder, dass sich die AfD stattdessen auf ein vermeintlich klassisches Geschlechter- und traditionelles Familienverständnis bezieht. Eine traditionelle Rolle der Frau, die, überspitzt formuliert, gar nicht so weit weg ist von der antiquierten Rollenzuschreibung des von ihnen kritisierten Glaubens. Drei Parlamentsdebatten zeugen von diesem Verständnis.

Bei der Debatte um eine Bundesratsinitiative am 17. Juni 2015 zur Unterstützung der »Ehe für alle« warf Muhsal ein, dass sie vermute, dass es »in Wahrheit nicht um die ›Ehe für alle‹ geht, die haben wir ja schon, sondern dass es ihnen vielmehr darum geht, das Institut [sic] Ehe unseres Grundgesetzes grundlegend zu verändern, die Ehe ihres Charakters zu berauben und sie dadurch zu dekonstruieren. Diese Dekonstruktion machen wir nicht mit.« Der Staat schütze die Ehe, »weil sie in ihrer Verbindlichkeit die beste Grundlage für das Bekommen und erfolgreiche Aufziehen von Kindern ist. Hier kommen wir zu dem Unterschied zwischen Eheleuten und Lebenspartnern: Die Verbindung zwischen Mann und Frau ist Grundvoraussetzung für das Entstehen von Kindern und damit auch mit Grundvoraussetzung für den Erhalt des Staatsvolks mit allem, was an Sozial- und Rentensystemen dranhängt.« Eine Verbindung zwischen Mann und Mann oder Frau und Frau schließe das Entstehen von Kindern und damit auch den Beitrag für den Erhalt des Staatsvolkes hundertprozentig aus.

Herold äußert sich am 6. November 2015 in der Debatte zum Thüringer Bildungsplan nicht minder deutlich: »Wir als AfD-Fraktion lehnen diesen Missbrauch der parlamentarischen Instrumente ab, die in der von ihnen angewandten Weise ihrem Zweck als Mittel der Verwirklichung des Volkswillens nicht mehr dienen können. [...] Was es bringen soll, dass die Thüringer Landesregierung den Bildungsplan für Kinder bis zehn Jahre evaluiert, ist mir angesichts der ideologisch verblendeten, familienfeindlichen sogenannten Gleichstellungspolitik der Landesregierung ein Rätsel. Um nur ein Beispiel aus dem Koalitionsvertrag zu nennen: Die Familie hat kein eigenes Kapitel, sondern ist ein Unterpunkt von insgesamt 14 Unterpunkten des Kapitels Soziales, Gleichstellung, Lebensweisen.«

In der Beratung am 25. Februar 2016 erklärt Muhsal in ihrer Rede zur Großen Anfrage der CDU zum Forschungs- und Hochschulstandort Thüringen: »Die Frauenquote bei der Besetzung von Professorenstellen ist Genderquatsch und keine Bestenauslese [...]. Und wenn man Frauen wertschätzt und wenn man Weiblichkeit wertschätzt, dann braucht man keine Quote, sondern man muss toleranter werden, [...] was die Akzeptanz der Notwendigkeit, Zeit in eine Familie zu investieren, angeht. Wir brauchen keine Quote, wir brauchen Toleranz für Familie.« Das »Thema ›Gender‹ ist für die AfD Teil einer gleichstellungspolitischen Umerziehungsmaßnahme«, betont Rothe-Beinlich. »Gender sprechen alle AfDler auch genau so aus, wie es geschrieben wird«, sagt sie, um schon im Aussprechen des Begriffs die Abneigung auszudrücken.

Innerfraktionelle Kritik scheint unter Höcke unerwünscht. Im April 2014 drängte die Fraktion Siegfried Gentele raus. Sie warf ihm »grob fraktionsschädigendes Verhalten« vor und erklärte, dass das Vertrauensverhältnis »nachhaltig zerrüttet« sei. »In der Thüringer AfD steht es schlecht um die parteiinterne Demokratie«, sagt Gentele, der mit acht zu drei Stimmen von der ehemals elfköpfigen Fraktion ausgeschlossen wurde. Die Abgeordnete Oskar Helmerich und Jens Krumpe verließen im Mai des gleichen Jahres die Fraktion. Alle drei hatten die »Erfurter Erklärung« nicht unterzeichnet, sondern sich weiterhin für Lucke eingesetzt. »Ein Pamphlet«, mit dem Höcke und Poggenburg eine »reaktionäre und extrem-konservative Ausrichtung« forderten, sagt Helmerich, der damals von der Resolution überrascht wurde und warnt: »Die AfD ist vor allem gefährlich, weil sie nach der Mitte der Gesellschaft greift und sich dort als eine bürgerliche, konservative, liberale Partei darstellt. Doch das ist sie schon lange nicht mehr. Diese Partei gerät immer stärker unter den Einfluss von faschistoiden Persönlichkeiten. Persönlichkeiten, wie ich sie in Björn Höcke sehe.« »Anstatt dem Vertrauen, das in uns gesetzt wurde, gerecht zu werden«, schreibt Krumpe in einer persönlichen Erklärung am 29. Mai 2015, werde die »wertvolle Zeit« für Intrigen verwendet, »um auf niveaulose Art und Weise meine Kollegen Oskar Helmerich, Siegfried Gentele sowie mich abzustrafen, weil wir uns vehement gegen eine Neuausrichtung der AfD nach Rechtsaußen auf Landes- und Bundesebenen aussprechen.« Nach ihrem Rauswurf besteht die Fraktion aus acht Männern und zwei Frauen.

In Bremen führte der Richtungsstreit zum Auseinanderbrechen der AfD-Gruppe. Drei von vier Mandatsträgern folgten Lucke, gingen zur »Allianz für Fortschritt und Aufbruch«. Alexander Tassis blieb. Der Sohn griechischer Einwanderer ist gegen »Multikulti« und gegen eine »Integrationspolitik, die Islamunterricht an Schulen vorsieht«. Er ist auch Bundessprecher der Interessengemeinschaft »Homosexuelle in der AfD«, der sich »für eine selbstbewusste und neue, konservative Ausrichtung in der ›Schwulenpolitik‹« einsetzt. Was darunter zu verstehen ist? »Der Missbrauch von Minderheiten für das Gender Mainstreaming ist zu beenden!«, sagt er. Es könnte jedoch sein, dass er für die AfD nicht mehr lange in der Bürgerschaft sitzt. Der Landesverband hat im April 2016 ein Ausschlussverfahren gegen ihn eingeleitet. Tassis spalte die Partei, begründet der ehemalige Landeschef Frank Magnitz auf dem Sonderparteitag in Bremerhaven am 29. Mai 2016 die Ausschlussbemühungen. Der Gescholtene und seine Mitstreiter hatten zuvor die Abwahl der Landesführung gefordert. Tassis, bis April selbst Mitglied des Vorstands, war nach eigenen Angaben aber aus Protest gegen dessen Arbeit zurückgetreten, weil er den Führungsstil diktatorisch und indiskutabel fand. Unter Ausschluss der bilderzeugenden Medien Film und Foto wählten die Mitglieder auf dem Sonderparteitag Peter Jadasch zum ersten Sprecher und Susanne Schmidt zur ersten stellvertretenden Sprecherin.

In Dresden bilden 14 Abgeordnete um Petry die AfD-Fraktion. Ihre Parlamentsarbeit wird nicht von Streitereien und Ausschlüssen bestimmt. Bis zu den Landtagswahlen 2016 ist die Fraktion die größte Parlamentsgruppe der Partei. Mit Kleinen Anfragen greift die aus neun Männern und fünf Frauen bestehende Fraktion landespolitische Themen auf – von der Förderung der Feuerwehr über die Arbeit der Finanzämter bis zu Fernbussen. Am 7. Januar 2015 wollte sich Petry im Landtag mit den Pegida-Organisatoren um Lutz Bachmann treffen. Nach angekündigtem Protest verlegte die Fraktion die Gesprächsrunde, die sowohl Gauland als auch Lucke befürworteten, in eine Gaststätte. Ohne scharfe Rhetorik stellte sie sich damals zu Pegida – und verharmloste deren Positionen. Der Dialog mit den Bürgern sei schließlich eine demokratische Pflicht der politischen Parteien. »Wir wollen uns nicht bei denen einreihen, die diese Menschen von vornherein mit Attributen belegen, die wir für nicht legitim halten: ob das die Bezeichnung Rattenfänger oder Fremdenfeinde ist«, sagt sie und betont: »Wir sind ein Volk, eine

Gesellschaft.« Sie hätte aber auch festgestellt, »dass es offensichtlich inhaltliche Schnittmengen gibt«.

Wenige Tage später legt die Fraktion ein Grundsatzpapier zur Asyl- und Einwanderungspolitik vor. Das Ziel der AfD, »die meisten Asylsuchenden wieder loszuwerden, könnte sie nur durch einen Putsch gegen die demokratische Grundordnung und Außerkraftsetzung des Grundgesetzes erreichen«, betont die Landtagsabgeordnete Juliane Nagel von der Linken. »Hinter harmlosen Worten verbergen sich die wahren Ziele. Wer etwa im Zusammenhang von geduldeten Asylbewerbern von einer faktischen ›Selbsteinbürgerung‹ spricht, skandalisiert bewusst und bedient das Bild vom Asylbetrug«, sagt Albrecht Pallas, Landtagsabgeordneter der SPD. Petra Zais, migrationspolitische Sprecherin der Fraktion der Grünen weist zudem auf die falsche Ebene hin: »Mich verwundert der asyl- und einwanderungspolitische Eifer der AfD im Sächsischen Landtag. Schließlich können deren Forderungen ausschließlich vom Bund gesetzlich geregelt werden.« Sie könne diesem Auftritt der Fraktion keine größere Bedeutung beimessen: »Er dient allenfalls der rechtspopulistischen Stimmungsmache.«

Im Parlament habe die AfD bis Sommer 2015 nur das Nötigste getan, wenige Kleine Anfragen gestellt, aber nicht die parlamentarischen Möglichkeiten genutzt, berichtet Andreas Jahnel, Pressesprecher der Grünen Fraktion. Nach der Sommerpause hätten sie langsam begonnen, mehrere Anfragen, auch einmal eine Große Anfrage, zu stellen. »Sie kommen aber immer wieder auf ihren zentralen Punkt zurück: Einwanderungs- und Asylpolitik«, ergänzt Jahnel und verweist auf das »Gesetz zur Änderung des Schulgesetzes für den Freistaat Sachsen« der AfD. Am 17. Dezember 2015 erklärt Petry für die Fraktion unter dem Titel »Turn- und Sporthallen sind keine Asyl-Unterkünfte!«: »Ziel dieser Gesetzesinitiative ist es, Schulkindern und Vereinssportlern die Bestimmung ihrer Sporthallen zu erhalten. Schulsport ist keine Nebensache, sondern stellt in Zeiten zunehmender Bildschirmarbeit oft eine der wichtigsten Möglichkeit zum körperlichen Ausgleich dar.« Und sie führt weiter aus: »Statt Turn- und Sporthallen als Asylunterkünfte zu nutzen, sollte die Unterbringung bevorzugt in leer stehenden Landesimmobilien geprüft werden.« Die Gesetzesinitiative in Sachsen erinnert an die Initiative in Thüringen. Im Landtag ist Petry aber gar nicht so präsent. Selbst bei wichtigen Debatten zur Landespolitik fehlt sie, fiel Kerstin Köditz auf, Sprecherin der Landtagsfraktion der Linken für antifaschistische Politik.

Für ihre Reden verwendet Petry kein ausgefeiltes Manuskript, sondern ein persönliches Notizbuch als Grundlage mit Stichpunkten und Argumentationshinweisen. In ihren bewusst eingelegten Redepausen hebt sie den Kopf leicht nach oben, ganz von sich selbst überzeugt, fast überheblich schaut sie dabei ins Plenum des Landtages.

Ein Streit um die Landesliste der AfD beschäftigt derweil den Landtag. Ein bereits aufgestellter Kandidat soll wieder gestrichen worden sein, da er keine Kreditleistung an die Partei erbringen wollte. Bei den Anhörungen dazu im Landtag hatten sich Petry und ein Mitstreiter mehrmals widersprochen. Beide standen unter Eid, sodass ihnen nun ein Strafverfahren wegen Meineids drohen könnte. »Wir gehen fest davon aus, dass es Anzeigen bei der Staatsanwaltschaft geben wird«, heißt es in einer Rundmail von Petrys Generalsekretär Uwe Wurlitzer, aus der der *Spiegel* am 6. Februar 2016 zitiert. Er sei zwar »fest davon überzeugt, dass die Anzeigen ins Leere laufen werden«, aber »ein wenig« werde »trotzdem an uns haften bleiben«. Am 2. Mai 2016 stellte die Staatsanwaltschaft Dresden die Ermittlungen – laut Presseerklärung – ein. Einen Tag später erklärte allerdings die Generalstaatsanwaltschaft Dresden: Der »Vorwurf des Meineides bzw. der uneidlichen Falschaussage gegen Dr. Frauke Petry und andere wird weiter geprüft.« Die Generalstaatsanwaltschaft Dresden hebe die Einstellungsverfügung der Staatsanwaltschaft Dresden jedoch auf, da sehr wohl auch ein Wahlprüfungsausschuss einen Eid abnehmen dürfte, heißt es in einer Pressemitteilung vom 3. Mai. Die Staatsanwaltschaft informierte später das Parlamentspräsidium, da Petry Abgeordnete ist. Der Sprecher von Landtagspräsident Matthias Rößler bestätigte, dass ein entsprechendes Schreiben eingegangen sei. Von seinem Widerspruchsrecht werde er keinen Gebrauch machen. Ein Antrag auf Aufhebung der Immunität der Abgeordneten müsse erst gestellt werden, wenn die Staatsanwaltschaft Anklage erheben wolle. Sollte es zu einer Verurteilung wegen Meineids kommen, droht Petry eine Freiheitsstrafe von nicht unter einem Jahr, in einem als minder schweren Fall zwischen sechs Monaten und fünf Jahren. Wurlitzer betonte im Mai erneut optimistisch, dass die Beweise zeigen würden, »dass weder Frauke Petry noch ein anderes Mitglied der AfD-Fraktion vor dem Ausschuss eine Falschaussage getätigt« hätte.

In Brandenburg bilden zehn Abgeordnete die Fraktion. Zwei Frauen, acht Männer, die im Landtag Themen des Bundeslandes alleine im Rahmen ihres thematischen Kontextes aufgreifen. Der innenpolitische Sprecher Thomas Jung forderte am 21. März 2016 »mehr finanzielle Anreize für die Ausbildung von Polizisten« in Brandenburg. Bei der Regelung des Mindestlohns machte sich Christina Schade für den Abbau der Bürokratie stark, der Abschaffung des brandenburgischen Vergabegesetzes, denn das »Gesetz regelt den Mindestlohn für Brandenburg neben dem Bundesgesetz ein zweites Mal«. Die CDU teilte die Einschätzung, stimmte aber gegen den Antrag der AfD. In der *Welt* beschwerte sich Gauland in einem Gastkommentar vom 29. März 2016 über diese Praxis der parlamentarischen Distanzwahrung: »Die AfD wird von allen ausgegrenzt. Ihre Anträge werden nicht diskutiert, sondern im Brandenburger Landtag von einem Redner einer Partei für alle anderen verworfen.« Die AfD-Vorschläge würden auch dann abgelehnt, wenn sie Positionen anderer Fraktionen entsprächen oder unumstritten seien. »Der Parlamentarismus, wie er zurzeit praktiziert wird, ist kein Transmissionsriemen gesellschaftlicher Veränderungen mehr«, meinte Gauland, der von 1991 bis 2005 Herausgeber der *Märkischen Allgemeinen* war, und betont: »Nicht wir sind die Halunken im Staatssold, sondern diejenigen, die den demokratischen Meinungskampf mit Macht verhindern wollen.«

»Im September vergangenen Jahres haben sich die Fraktionen von CDU, SPD, Linke und Grüne geeinigt, dass bei besonders absurden Anträgen der AfD auch mal nur eine Gegenrede gehalten wird«, bestätigt der Parlamentarische Geschäftsführer der SPD Björn Lüttmann und erklärt, dass auf diese Weise unterbunden werden soll, dass die sich wiederholenden Anträge der AfD einen ganzen Parlamentstag bestimmen. Denn selbst bei Anträgen, die thematisch nichts mit Asyl- und Einwanderungspolitik zu tun haben, konnten, »wir im Parlament darauf warten [...], wann die AfD-Mandatsträger dennoch dieses Thema aufgreifen würden. Erst in den vergangenen Monaten hätte die AfD begonnen, sich im Parlament thematisch etwas breiter aufzustellen. »Wir werden sie deswegen inhaltlich in die Auseinandersetzung zwingen«, verspricht Lüttmann. Auf Fehler und Unkenntnis der AfD in den Sachlagen werde in den eigenen Debattenbeiträgen ausreichend hingewiesen.

Auf die Vorhaltung von Gauland, dass Anträge der AfD abgelehnt werden, obwohl sie Positionen der anderen Parteien beinhalten, kontert die Parlamentarische Geschäftsführerin der Grünen, Ursula Nonnemacher: »Taktische Spielchen wie diese sind typisch für die Arbeitsweise der AfD im Plenum. Sie bringt Anträge, die ursprünglich von uns, SPD oder CDU stammen, mit kleinen Veränderungen neu ein, um sich bei einer Ablehnung als Opfer der vermeintlichen Altparteien gerieren zu können.« Entscheidend seien jedoch die Details der Anträge der AfD und die damit verbundenen Motive. »Wenn wir uns gegen TTIP aussprechen, dann nicht, um Vorurteile gegen Europa zu schüren, wenn wir mehr direkte Demokratie fordern, nicht um Flüchtlingsheime zu unterbinden«, sagt Nonnemacher. »Für sich genommen ließe sich gegen manche Überschrift eines AfD-Antrags nichts einwenden, beispielsweise wenn dort Gewalt gegen ›Politiker aller Fraktionen‹ verurteilt wird. Merkwürdig mutet dann aber an, wenn in der Antragsbegründung ausschließlich auf im Internet kursierende Drohungen der Antifa eingegangen wird, und das, wo rechtsextreme Gewalttaten so massiv angestiegen sind. Hier soll die Wahrnehmung von Problemen im eigenen Sinn beeinflusst werden.« Die AfD im Potsdamer Landtag verdränge aber auch eigene Positionen: »Jahrelang hat sich die AfD für eine neoliberale Wirtschaftspolitik starkgemacht, für die Kürzung von Sozialleistungen. Jetzt vollzieht sie die Kehrtwende und ist – eine ihrer Wählerschichten im Blick – plötzlich für den Mindestlohn«, führt Nonnemacher aus, »getreu dem Motto: Was interessiert mich mein Geschwätz von gestern.« Die meiste Aufmerksamkeit richte die AfD auf den Knalleffekt nach außen, das Interesse an der parlamentarischen Alltagsarbeit erscheine deutlich weniger ausgeprägt.

Kaum nachdem sie in den Landtag in Potsdam eingezogen waren, brachen in der AfD-Fraktion Streitigkeiten aus. Einer musste gehen: Stefan Hein, da er Informationen über die rechte Vergangenheit der neuen Parlamentarier zusammengetragen hatte. Privat-pikant: Hein ist der Sohn von Gaulands Lebensgefährtin Carola Hein und damit mit ihm »quasi verwandt«, wie Gauland es nennt. Haltlos waren die Vorwürfe nicht: Steffen Königer war beim »Bund freier Bürger« und den Republikanern, Andreas Galau ebenfalls bei den Republikanern, Rainer von Raemdonck und Thomas Jung waren Landesvorstandsmitglieder bei der Partei »Die Freiheit«. Für Gauland kein Grund für ein Ausschlussverfahren, was nicht weiter überrascht, da dieses parteipolitische Milieu rechts von der Union dem früheren CDU-Mitglied nicht fremd ist. 40 Jahre war Gauland in der hessischen CDU beheimatet und galt in der öffentlichen Wahrnehmung lange als besonnener AfD-Politiker. Schließlich arbeitete er damals beim Presse- und Informationsamt der Bundesregierung in Bonn, war Presseattaché am Generalkonsulat im schottischen Edinburgh, wirkte bei der CDU/CSU-Bundestagsfraktion in Bonn mit und diente auch als Staatssekretär und Chef der Hessischen Staatskanzlei. Konservativ, aber integer, fassen die Politikwissenschaftler Gideon Botsch, Christoph Kopke und Alexander Lorenz das Profil zusammen. In dem von Andreas Zick und Beate Küppers 2015 herausgegebenen Buch *Wut, Verachtung, Abwertung – Rechtspopulismus in Deutschland* erinnern sie an Gaulands »Brief an konservative Parteifreunde« vom 29. Dezember 2013, der diese Beschreibung etwas untermauert. Gauland schrieb darin: »Die AfD ist nach wie vor auch eine Partei für Wertkonservative, wie sie eine Partei für Liberale, Christsoziale und unorthodoxe Linke ist«, und warnt: »Eine Partei der Wüteriche, Zukurzgekommenen und Denkfaulen darf sie nicht werden.« Schon lange setze er sich für einen Konservatismus ein, der vermeintlich noch konservativ sei.

Ein vermeintlicher Personenstreit, der in den Medien als »Affäre Gauland« betitelt wurde, offenbart aber früh eine politische Dimension. Anfang 1989 wollte Gauland als Leiter der Staatskanzlei den Leitenden Ministerialrat Rudolf Wirtz (SPD) von der Verbindungsstelle Landesregierung und Kirche versetzen, da Kirchenvertreter mit dessen Amtsführung angeblich unzufrieden waren. Wolfgang Egerter sollte der neue Kirchenkoordinator werden, wissenschaftlicher Mitarbeiter der CDU-Fraktion und Bundesverdienstkreuzträger. Die Opposition und auch Kirchenvertreter sahen nicht bloß einen »schwarzen Filz«, sie machten auch auf braune Verbindungen aufmerksam. Egerter war von 1955 bis 1985 Mitglied und zuletzt stellvertretender Bundesvorsitzender des völkisch-nationalistischen »Witikobundes« und von 1972 bis 1988 erster Vorsitzender der extrem rechts stehenden »Deutschen Gildenschaft« (DG). Aus ihr kommen führende Vertreter der heutigen Neuen Rechten: Dieter Stein, Chefredakteur der *Jungen Freiheit*, Karlheinz Weißmann, »der Vordenker« und Götz Kubitschek, Gründer des »Instituts für Staatspolitik«.

Mit Gauland hat Kubitschek gemein, Autor in der neurechten Zeitschrift *Criticón* gewesen zu sein. Unter dem Titel »Am Anfang war die CDU ...« bemängelte Gauland im Sommer 2001, dass es in der Berliner Landespolitik nicht »um Moral, Anstand und Kompetenz, sondern alleine um die Macht« ginge. Ab 2007 entstand der »Berliner Kreis«, der den Kurs der Bundeskanzlerin Angela Merkel ablehnte, da er den Konservatismus entleere. Eine Merkelisierung der CDU beklagte der Kreis, dem Gauland mit angehörte. Mit dabei auch die umstrittene Erika Steinbach, ehemalige langjährige Vorsitzende des »Bundes der Vertriebenen« und Mitglied der CDU/CSU-Bundestagsfraktion.

Die neurechten Kontakte Gaulands verheimlicht die AfD Brandenburg nicht. Auf der Fraktionswebseite berichtet sie über einen Vortrag ihres Fraktionsvorsitzenden am 26. November 2014 bei der »Bibliothek des Konservatismus« in der Fasanenstraße in Berlin-

Charlottenburg. Thema der Veranstaltung: »Junge Konservative«. Als zweiter Referent trat vor den rund 45 Gästen Markus Frohnmaier auf, damals Vorsitzender der Jungen Alternative Baden-Württemberg und Mitglied des Vorstands der AfD Baden-Württemberg. Die Bibliothek wird von der von Schrenk-Notzing initiierten »Förderstiftung konservative Bildung und Forschung« (FkBF) getragen. Ihr Vorsitzender ist Stein. Zusammen mit der *Jungen Freiheit* vergibt die Stiftung seit 2007 den Gerhard-Löwenthal-Preis. Im November 2013 erhielt Birgit Kelle den mit 5000 Euro dotierten Preis für Journalisten.

Den vermeintlichen Linkstrend der CDU beklagt auch die »Staats- und Wirtschaftspolitische Gesellschaft« (SWG). Am 20. März 2015 referierte Gauland bei der SWG im gediegenen Ambiente des Logenhauses in Hamburg. Auf ihrem Seminartag wollte die SWG »angesichts des ganz normalen politischen und gesellschaftlichen Irrsinns« von Einwanderung bis EU-Vereinheitlichung über das »nationale Bewahren« diskutieren. Nach dem Erbseneintopf und vor dem Sekt sprach Gauland als einer von drei Referenten zum Thema »Ein Europa selbstbestimmt vereint wirkender Vaterländer«.

Seit 1962 setzt sich die SWG für Volk, Vaterland und Familie ein, will das »konservative« Milieu stärken. Der Gründungsvorsitzende Hugo Wellems, einst Referent im »Reichsministerium für Volksaufklärung und Propaganda« von Josef Goebbels, wetterte gegen die »alliierte Umerziehung« und die »68er-Wertezersetzung«. Der Vorsitzende Manfred Backerra, Oberst a. D., befand, dass die Waffen-SS »ritterlich« gekämpft habe. Und zu den sechs Millionen ermordeten Juden schrieb Menno Aden, einst SWG-Chef und ehemaliger AfD-Kommunalpolitiker: »Seriöse Historiker nennen heute ganz andere Zahlen.« Zu ihren Veranstaltung hatte die SWG als Referentin auch Gisa Pahl geladen, vom Verfassungsschutz als rechtsextreme »Szeneanwältin« eingestuft.

Bis zu diesem Zeitpunkt hatte die AfD an der Elbe bislang bewusst Distanz zur SWG gehalten. Kurz vor der Bundestagswahl 2013 war der damalige Hamburger AfD-Kandidat Kay Gottschalk bei der SWG geladen, was er auf Nachfragen zunächst abstritt. Mit der Einladung konfrontiert, auf der er als Redner stand, erklärte er, nicht genau zu wissen, wer die SWG sei, und sagte seinen Auftritt kurzfristig ab. Gauland versicherte indes 2015, dass der Auftritt mit Kruse abgesprochen gewesen sei: »Herr Kruse hatte keine Bedenken.«

In dem »Brief an konservative Parteifreunde« skizziert Gauland seinen Konservatismus indirekt mit Bezug auf die AfD: »Es ist wahr, dass sich in der AfD auch Menschen zusammengefunden haben, deren Vorstellungen von gut und richtig, von einer intakten Gesellschaft kaum noch einen Widerhall in der veröffentlichten Meinung finden. Menschen, für die eine Familie aus Vater, Mutter und Kind besteht, und die noch immer selbst erziehen und die Verantwortung dafür nicht an den Kindergarten delegieren wollen. Menschen, die Zuwanderung besonders in unsere Sozialsysteme nicht automatisch als einen Gewinn ansehen und denen die Buntheit mancher Lebensformen für ein Land, in dem die Kinder fehlen, zu bunt erscheint. Und wir haben Menschen, die den Frauen auch ohne Quote jede Spitzenposition zutrauen und denen deshalb Zwangsmaßnahmen ein Gräuel sind. Schließlich gibt es gerade unter den Älteren viele, die das Ganze [sic] Gender Mainstreaming (Was ist das überhaupt?) für eine große Narretei halten und korrekte Märchen, eine feministische Bibel oder die weiblichen Schriftformen für die Ausgeburt von Menschen, die sonst keine Sorgen haben und folglich gern aufs Eis tanzen gehen.«

Und er greift nicht nur die gegenwärtige Familien-, Geschlechter-, Einwanderungs- und Sozialpolitik an, sondern auch die Erinnerungskultur: »Die Älteren unter unseren Mitgliedern sind es meist auch, die erleichtert und erlöst von einem australischen Professor hören, dass Deutschland am Ersten Weltkrieg nicht mehr und nicht weniger schuldig war als die anderen.« Gauland, der auch gerne die außenpolitischen Positionen der Partei formulieren will, spielt auf den Historiker Christopher Clark an, der 2014 mit seinem Buch *Die Schlafwandler. Wie Europa in den Ersten Weltkrieg zog* auf den Bestsellerlisten landete. In der *Zeit* verweist Heinrich August

Winkler am 31. Juli 2014 schon im Titel seines Artikels auf den Grund des Erfolges: »Und erlöse uns von der Kriegsschuld«. Das Buch beruhe auf »umfangreichen Archivstudien in acht Ländern« und sei »glänzend geschrieben«, schreibt der Professor für Geschichte an der Humboldt Universität zu Berlin, aber: Clark schiebe mit »seiner Behauptung von der immanenten Kriegslogik des Vorkriegssystems die Schuldfrage beiseite«, und das erkläre »die überwältigende Zustimmung, auf die er in Deutschland, und nur hier, stößt.«

Beim Auftakt zur Landtagswahl in Stuttgart wirft Gauland nicht bloß ein geschichtspolitisches Thema mit historischem Kontext auf: das Verhalten der Europäischen Union, der Nato und der Bundesrepublik zu Russland. Der russische Präsident Wladimir Putin lebe nicht in einer anderen Welt, poltert er im Kleinen Saal beim 3. Alternativen Königstreffen am 6. Januar 2016 : »Ich habe manchmal den Verdacht, Frau Merkel lebe in einer anderen Welt.« Großer Applaus von den rund 250 Gästen im Kursaal Cannstatt. Die Annahme, in einem post-historischen Zeitalter zu leben, sowie die Annahme vom Ende der Geschichte sei falsch, mahnt Gauland, er wisse auch noch, dass Bismarck nicht nur ein Hering und Leibniz nicht nur ein Keks seien, sondern historische Persönlichkeiten. Mit dem Witz will er dazu überleiten, dass die Geschichte gezeigt habe, dass nur eine Einbindung Russlands, eine Öffnung Deutschlands nach Osteuropa Sicherheit gewähre. Die »Sieger der Geschichte« hätten Russland jedoch nach der Wiedervereinigung Deutschlands, nach dem Ende des Kalten Krieges bloß eine neue Ordnung ohne es angeboten. Los vom Westen meint in der rechten Gedankenwelt, schon vor dem Ersten Weltkrieg, nicht allein gegen die Aufklärung und Französische Revolution zu sein, es meint auch, für eine Annäherung an Russland zu sein. Erst das sowjetische Russland wird zum Interimsfeind.

In Potsdam zeichnete sich die Entwicklung der AfD nach dem Einzug in den Landtag unverzüglich ab. »Alle Fraktionen waren zu Beginn der Legislaturperiode sehr gespannt, in welche Richtung sich die Fraktion entwickeln würde, ob sie der Linie von Lucke folgen würden«, sagt Lüttmann, der Parlamentarische Geschäftsführer der SPD. Aber es sei schnell erkennbar geworden, dass unter Gauland ein weit rechts stehender Kurs eingeschlagen wurde; von den Abgeordneten der AfD hätten nur vier keine rechtsextreme Vergangenheit. Nonnemacher beschreibt die Situation so: »Gauland mimt im Landtag gerne den gut situierten, konservativ gebildeten Herren, hält den Frauen die Türen auf. In seinen Reden sucht er dann aber gezielt die Provokation, strebt sie geradezu an, um aufzuregen.« Im Plenum trage er gelassen vor, doch seine Wortwahl provoziere: So bezeichne er Flüchtlingsheime als »Brutstätte der Gewalt« und Flüchtlingshelfer vor Ort als »nützliche Idioten«.

Über die Fraktion setzte Gauland am 25. August 2015 eine dieser bewussten Provokationen ab. In einer Erklärung zu einem Brandanschlag, den Rechtsextreme in Nauen im Havelland auf eine Turnhalle verübt hatten, sagte er: »Sollte es tatsächlich Brandstiftung gewesen sein, verurteilen wir als AfD-Fraktion eine solche Tat natürlich auf das Schärfste.« Die »Verantwortung für solche Taten« läge jedoch bei der »gesamten Gesellschaft und in erster Linie bei den Politikern der Altparteien, die zur jetzigen Eskalation der Flüchtlingsproblematik beigetragen haben.«

Spätestens mit Beginn der Asyl- und Flüchtlingsdebatte schlug die Fraktion ab Sommer 2015 zunehmend härtere rechtspopulistische Töne an. Die Politikwissenschaftler Botsch, Kopke und Lorenz betonen in *Wut, Verachtung, Abwertung – Rechtspopulismus in Deutschland* zur Rolle von Gauland: »Die Entwicklung der AfD in Brandenburg macht deutlich, dass unter der Führung von Alexander Gauland eine nationalpopulistische Rechtspartei entstanden ist.«

In der eigenen Familie kommen seine harten Töne – »Man kann sich nicht einfach überrollen lassen. Einen Wasserrohrbruch dichten Sie auch ab« und »Wir müssen die Grenzen dichtmachen und dann die grausamen Bilder aushalten. Wir können uns nicht von Kinderaugen erpressen lassen« – nicht gut an. Seine Tochter Dorothea Gauland, die evangelische Pfarrerin in Rüsselsheim ist, spricht sich im Magazin *Die Zeit* am 24. Februar 2016 gegen ihn aus. Im

Pfarrhaus hat die 33-Jährige einen Flüchtling aus Eritrea aufgenommen. Sie vermutet bei ihrem Vater eine kalkulierte Strategie: »Er hat gemerkt, er kommt damit an.«

»Pakt mit dem rechten Rand« – Funktionsträger und Mitglieder aus rechten Parteien und Burschenschaften

Seit dem Essener Parteitag warnt der AfD-Gründungsvorsitzende vor der einst eigenen Partei. »Die AfD ist nicht zu retten«, sagt Lucke im Interview mit der *Huffington Post* am 27. August 2015. Die »rechten Demagogen um Petry [...] und Gauland« hätten alles »im Griff«: »Bis zum Schluss glaubte ich, dass das nur eine laute Minderheit ist, und dass die stille Mehrheit der Mitglieder einen gemäßigten Kurs stützt. Aber da habe ich mich geirrt. [...] Dass die Partei sich so stark radikalisiert haben könnte, hatte ich nicht erwartet.« Politisch habe Petry »eine riesige Fehlentscheidung getroffen, indem sie mit dem rechten, Rand paktiert hat, um die Macht ergreifen zu können«, sagt er, und »leider waren ihre Bundesgenossen von rechtsaußen ja auch deutlich mehr als nur ein Rand. Weil sie mich verdrängen wollte, hat sie es in Kauf genommen, dass der gesamte moderate Teil die Partei verlässt. Jetzt hat sie niemanden, auf den sie sich stützen kann, um den rechten Flügel in die Schranken zu weisen. Falls sie das überhaupt will.« Bis zum Schluss habe er immer gegen »diese Strömung« angekämpft, betont Lucke. Ein Selbstbild, das ausblendet, dass er nicht bloß mit Gauland eng zusammenarbeitete. Der Parteigründer störte sich auch nicht daran, dass Mitglieder aus den vielen kleinen Parteien und Parteiversuchen rechts von der Union kamen: Bund freier Bürger, Republikaner, Die Freiheit und »Partei Rechtsstaatliche Offensive« (Schill-Partei). Von Anbeginn an war allein die Mitgliedschaft in der NPD und der »Deutschen Volksunion« (DVU) ein sofortiger Grund, den Parteieintritt abzulehnen. Die AfD Brandenburg bildet hierbei keine Ausnahme. In anderen Landesverbänden schlossen sich ebenfalls ohne Probleme ehemalige Mitglieder von anderen rechten Parteien an.

In Hamburg ist Nockemann nicht das einzige Ex-Schill-Mitglied in der AfD. An der Elbe gelang es der Partei um den sogenannten »Richter Gnadenlos« Ronald Schill bei der Bürgerschaftswahl 2001, von null auf 19,4 Prozent der Stimmen zu kommen – und gleich in die Landesregierung mit der CDU zu ziehen. Nur kurz war die Schill-Mitgliedschaft im Hamburger Verband umstritten. Kruse setzte schnell ein Signal und unterstützte die Bürgerschaftskandidatur von Nockemann für Listenplatz 3. Dieser machte da weiter, wo er damals aufgehört hatte. Im Wahlkampf sprach der ehemalige Schill-Parteifunktionär und kurzzeitige Innensenator von »gleichgeschalteten Feministen« und bezeichnete Hamburg als »Hauptstadt des Linksextremismus«. Die Partei, versicherte zu diesem Zeitpunkt noch der Bundesvorsitzende Lucke, sei nicht von Schillianern unterwandert: »Wir sind eine Bundespartei, ein paar Leute aus der Schill-Partei fallen da nicht auf.« Diese Relativierung scheint für Michaela Merz indes Strategie gewesen zu sein. Das ehemalige Bundesvorstandsmitglied, das von der FDP kam, berichtet, dass Lucke verzweifelt gewesen sein soll, als die AfD am 22. September 2013 mit 4,7 Prozent bei der Bundestagswahl knapp an der 5-Prozent-Hürde scheiterte. Vor der Presse ließ sich die damalige Führung die Enttäuschung nicht anmerken. Sie soll aber unmittelbar danach begonnen haben, darüber nachzudenken, sich weit konservativer und rechtspopulistischer auszurichten.

Aus E-Mails, die dem *Spiegel* vorliegen, geht hervor, dass Lucke am 31. Juli 2013 bereits überlegte, Thilo Sarrazin im Wahlkampf einzuspannen: »Wir müssen noch einmal einen Tabubruch begehen, um Aufmerksamkeit zu kriegen. Das machen wir, indem wir Herrn Sarrazin vereinnahmen. Das kann uns viel Aufmerksamkeit, Kritik der linken Presse und viel Zuspruch in der Bevölkerung einbringen«, schrieb er am 31. Juli 2013 an seine Vorstandskollegen Gauland und Adam, und weiter: »Selbst wenn ›Bild‹ dann negativ über uns schreibt, wird sich das auf unser Wahlergebnis positiv auswirken, weil genug ›Bild‹-Leser mit Sarrazin Positives assoziieren.« Merz, so schreibt Sebastian Friedrich in seiner Studie *Der Aufstieg der AfD*, konnte die offene Werbung mit und für Sarrazin damals im Bundesvorstand verhindern. Ihm gegenüber behauptete sie, dass Lucke maßgeblich für die weitere Entwicklung nach rechts verantwortlich sei.

Am 15. September 2014 erklärt Merz ihren Parteiaustritt auf ihrem Blog – mit harten Vorwürfen: »Besonders in den letzten Wochen ist es klar geworden, wie weit sich die AfD von der ursprünglich wirtschaftlich orientierten, liberal-konservativen und Euro-kritischen Partei entfernt hat. [...] Ganz bewusst werden Ängste geschürt, gegen unsere Nachbarn in Ost-Europa, gegen kriminelle Ausländer, gegen Moslems, gegen ›Sozialschmarotzer‹ – Lucke sprach gar von einer dramatischen Sicherheitslage und Staatsversagen im Osten Deutschlands und lässt sich dazu hinreißen, die innere Sicherheit der DDR im Vergleich zu West-Deutschland als ›besser‹ zu bezeichnen. Damit kann man Protestwähler gewinnen – Deutschland braucht aber keine weitere Protestpartei.« Sie greift nicht nur Lucke an, dem sie attestiert, kein Mensch zu sein, der »mal aus Versehen etwas sagt, sondern er weiß genau, welches Wort zu welchem Zeitpunkt welche Wirkung hat«. Sie zeigt auch auf Höcke, dem Lucke zu diesem Zeitpunkt öffentlich noch nicht widersprochen hat, wenn sie schreibt: »Diese grundsätzlichen liberalen Philosophien haben in der AfD keine Bedeutung mehr. Im Gegenteil: Der Vorsitzende der AfD Thüringen sagt: ›Und tatsächlich ist es eine Überlegung wert, ob ein Mehr an Freiheit, ein Mehr an Liberalismus nach insgesamt drei Generationen des Liberalismus, noch eine drängende Frage der Zeit ist. Wir leben bereits in einer sehr liberalen Gesellschaft, die im Namen des ‚Ich‘ in Jahrzehnten dem ‚Wir‘ fast alles abgerungen hat. Jeder Spaß ist gemacht, beinahe jedes Tabu gebrochen!‹.« Ihr Fazit 2014: »Die AfD ist zu einer konservativen Partei rechts der CDU geworden. Und diese Reise von einer Partei der Mitte hin zu einer identitären Bewegung mit einer ›historischen Mission‹ ist aus meiner Sicht noch lange nicht zu Ende.« Am 9. September 2014, wenige Tage vor ihrer Mahnung, greift Lucke Merz in einem Interview in der *Thüringer Allgemeinen* an und wischt jede Kritik weg: »Ich glaube, das ist vor allem verletzte Eitelkeit. Frau Merz ist als Landessprecherin gescheitert.« Danach sei »eine sehr gute neue Führung gewählt worden, die den Landesverband befriedet hat« – gemeint ist die Gruppe um Höcke. Und Lucke schiebt nach: »Und daran hat Frau Merz offenbar zu knapsen.«

In einem Mitgliederschreiben vom 31. Oktober 2013 entwirft Lucke jedoch schon »10 Thesen« zum Islam und macht ihn damit in der Partei zum Thema: »Wenn der Satz ›Der Islam gehört zu Deutschland‹ nur die faktische Existenz des Islam in Deutschland feststellen sollte, ist er überflüssig, weil der Sachverhalt offenkundig ist. Wenn er die Toleranz und Weltoffenheit Deutschlands betonen sollte, ist unverständlich, warum er die vielen anderen in Deutschland praktizierten Religionen nicht erwähnt. Wenn er aber als eine implizite Bejahung des Islam in Deutschland gemeint ist, ist er falsch und töricht, weil er sich pauschal und undifferenziert zu einem komplexen Phänomen äußert, das viele unterschiedliche Strömungen und Aspekte umfasst. Was zu Deutschland gehört, muss präzise benannt werden und sollte von Deutschland her gedacht werden.«

Die E-Mail von Lucke zur Vereinnahmung Sarrazins belegt ebenso, dass er selbst die Partei nach rechts öffnen wollte. Bereits einen Monat zuvor, im September 2015, gab Lucke dem weit rechts stehenden Monatsmagazin *Compact* ein Interview, in dem er sagte: »Wir sind keine Ein-Thema-Partei«, gerade die von Thilo Sarrazin »aufgegriffenen Probleme Bildung, Zuwanderung und Demographie werden auch in unserer Programmatik sehr stark betont.« Den Autor von *Deutschland schafft sich ab* lobte Lucke ganz direkt: »Sarrazin gebührt das große Verdienst, mit seinem Buch auf wichtige Missstände in Deutschland hingewiesen zu haben.« In derselben Ausgabe des Magazins äußerte Sarrazin, »schwul-lesbische Lebenspartnerschaften« als Ehe zu bezeichnen, das sei »ungefähr so, als würde, man ein Faultier als Löwe bezeichnen«. Und der ehemalige SPD-Finanzsenator in Berlin wusste auch zu berichten, »dass Kinder überwiegend die Eigenschaften ihrer leiblichen Eltern erben«, und warnte vor einem Deutschland mit Menschen, die sich nicht »als Deutsche fühlen«.

Von weit rechts kommen etliche Mitglieder der AfD, und zwar nicht bloß aus den Parteien rechts von der Union, sondern auch aus den Burschenschaften. Einige von ihnen sind längst Funktions- und/oder Mandatsträger. In Rheinland-Pfalz ist Joachim Paul einer der neuen 14 Landtagsfraktionsmitglieder der AfD. Der Gymnasiallehrer gehört der »Alten Breslauer Burschenschaft der Raczeks« an. Die schlagende studentische Verbindung löste 2011 im Dachverband der »Deutschen Burschenschaft« einen nachhaltigen Streit aus, da sie auf dem »Deutschen Buschentag« indirekt durchsetzen wollte, dass nur Männer deutscher Abstammung Mitglied werden durften.

Einer, der früh auf die Entwicklung bei den »Raczeks« hingewiesen hat, ist ihr ehemaliges Mitglied Christian J. Becker, der zudem auf andere einschlägige Ausrichtungen aufmerksam machte. Früher hätten Burschenschaftler einen solchen Streit vermutlich mit einem Duell geklärt, später zumeist in verbandsinternen Gremien. Heute kann es auch vor dem bürgerlichen Gericht enden. So entschied am 11. Juli 2012 das Landgericht Bonn, dass Christian J. Becker seinen Verbandsbruder Norbert Weidner als »höchstwahrscheinlich einer der Köpfe der rechtsextremen Bewegung« bezeichnen darf, die aus Burschenschaften, NPD und Kameradschaften besteht. In der Begründung legten die Bonner Richter dar, dass Beckers Bezeichnung Weidners, damals Chefredakteur der einflussreichen *Burschenschaftlichen Blätter* des Dachverbandes »Deutsche Burschenschaft« (DB), eine »zulässige Meinungsäußerung« sei. Das Gericht entschied zudem, dass Becker, der die Initiative »Burschenschafter gegen Rechtsextremismus« mitgründete, weiterhin sagen darf, dass Weidner mit Kartellburschenschaften die Gründung einer rechtsextremen Studentenpartei nach dem Vorbild des österreichischen »Rings Freiheitlicher Studenten« anstrebe. Im April 2011 hatte Weidner in der Mitgliederzeitung der »Raczeks« mit einem Leserbrief auch eine andere Diskussion ausgelöst. Unter dem Titel »Nicht als Vorbild geeignet« führte er aus, dass der NS-Widerstandskämpfer Dietrich Bohnhoeffer »zweifelsfrei [als] ein Landesverräter« bezeichnet werden könne. Aber nicht Weidner, sondern Becker schlossen die »Raczeks« im September 2012 aus. Von den »Raczeks« kommen ebenso das AfD-Mitglied Ralf Spitzl in Nordrhein-Westfalen sowie Alexander Jungbluth, der 2014 dort Vizevorsitzender der Jungen Alternative war.

In Hamburg hat der AfD-Bürgerschaftsabgeordnete und Landesvize Alexander Wolf eine burschenschaftliche Verankerung. »Ja, ich bin Alter Herr der Burschenschaft Danubia«, bestätigte Wolf. Für ihn sei das »kein Skandal, keine Geschichte«. In Bayern stuft der Verfassungsschutz die »Danubia« in München als »rechtsextrem« ein. Die Aktivitas, also die Gruppe der studierenden Mitglieder, wird 2014 im Landesverfassungsschutzbericht als rechtsextremistische Organisation geführt. Dort engagieren sich »einzelne Personen, die Beziehungen zur rechtsextremistischen Szene unterhalten oder in der Vergangenheit unterhalten haben«. Im Haus der »Danubia«, einst in der Möhlstraße 21, fanden die sogenannten »Bogenhausener Gespräche« immer wieder mit rechten Referenten statt. 2014 war Alain de Benoist geladen, der Vordenker der französischen Neuen Rechten. Jahre vorher, am 28. November 2010, kam dort auch die rechtsextreme »Gemeinschaft Deutscher Frauen« zum »Regionaltreffen« zusammen. Diese Vorfälle lägen alle nach seiner Zeit als aktiver Burschenschafter, behauptet Wolf, der nach der Beendigung des Studiums 1994 Alter Herr wurde: »Mit gutem Gewissen kann ich sagen, kein Mitglied einer beobachteten Struktur zu sein.« Eine Abgrenzung, die ihm wichtig sei. Auf ihrer Webseite erklärt seine alte Burschenschaft, sich »zur deutschen Kultur- und Volksgemeinschaft« zu bekennen. Ihn störe allerdings, dass der Verfassungsschutz die Burschenschaft beobachte. Im Wahlkampf wetterte er aber auch gegen »die ›Political Correctness‹, die wie ein Mehltau über unserem Land hängt«, und befand, dass »Deutschland […] kein Einwanderungsland« sei. Er war sich zudem sicher, dass »Multi-Kulti« dazu führe, den deutschen Nationalstaat aufzulösen, und dass bei »Immigranten« das »Messer häufig deutlich lockerer« sitze.

In Brandenburg hat der stellvertretende AfD-Fraktionsvorsitzende und stellvertretende Landesvorsitzende Andreas Kalbitz einen burschenschaftlichen Hintergrund: Er gehört der »Pennalen Burschenschaft Saxonia-Czernowitz zu München« an. Auf ihrer Facebook-Seite verweist diese auf die unterschiedlichsten neurechten Projekte von der *Jungen Freiheit* bis zur *Blauen Narzisse*. Kalbitz, der auch AfD-Landesvize ist, war zudem als Vorsitzender des rechtsextremen Vereins »Kultur- und Zeitgeschichte, Archiv der Zeit« eingetragen, legte aber 2015 sein Amt nieder – nachdem die Kontakte publik wurden.

In Thüringen wollte die AfD-Fraktion im November 2015 Torben Braga, den damaligen Sprecher der Deutschen Burschenschaft, in den Innenausschuss des Parlaments schicken. Erst ein interfraktioneller Beschluss verhinderte, dass Braga, der der »Burschenschaften Germania Marburg« und »Germania Jena« angehört, dort platziert wurde. Seit Jahren sei bekannt, dass die Deutsche Burschenschaft mit ihren Diskussionen um Arierparagrafen und Abstammungsprinzipien immer weiter nach rechts rücke, erklärt die Linke-Abgeordnete Katharina König in Erfurt. Bei der Burschenschaft Germania Marburg wiesen selbst führende Mitglieder Verbindungen zur Rechtsextremen-Szene auf. Die Entsendung Bragas in den Innenausschuss sei für sie ein weiterer Beleg für die »Rechtsaußen-Verbindung der AfD unter Björn Höcke«.

Ein ehemaliger Sprecher der Deutschen Burschenschaft ist 2014 in der sächsischen AfD aufgefallen: Gordon Engler. Das Mitglied der »Aachen-Dresdner Burschenschaft Cheruscia« kandidierte in Dresden für die Partei zur Kommunalwahl am 25. Mai 2014. Auf Anfrage des *Spiegel* schreibt er, dass die Deutsche Burschenschaft demokratisch ausgerichtet sei wie seine Burschenschaft. Zu ihrer Rechtslastigkeit soll er sich nicht geäußert haben. Am 31. März desselben Jahres trat Benjamin Nolte leise ab. Der ehemalige stellvertretende Vorsitzende der Jungen Alternative war im Februar gerade erst gewählt worden. Er gehört der »Danubia« an. 2009 soll er den Mitgliedern eines Bundes, der einen Dunkelhäutigen in seinen Reihen hatte, eine Banane hingehalten haben. Beides war damals zu viel für den Jugendverband der AfD. Wolfs Mitgliedschaft in derselben Münchner Burschenschaft stört in Hamburg nicht.

Die Bestrebungen der weit rechts stehenden Burschenschafter verwundern Becker kaum. »Sie sind schon lange auf der Suche nach einer parteipolitischen Heimat, die sich deutlich rechts orientiert, aber dennoch breite Wählerschichten erreicht«, sagt der Mitinitiator von »Burschenschafter gegen Rechtsextremismus«, der sich heute in der Unterstützung von Flüchtlingen engagiert. Die NPD sei nicht diese Heimat, obwohl auch bei ihr Burschenschafter aktiv sind. Die »Freiheitliche Partei Österreich« (FPÖ), glaubt Becker, sei für sie ihr Vorbild, um politischen Einfluss und Macht zu gewinnen. Gezielt würden sie deshalb Ämter in der Partei und Mandate in den Parlamenten anstreben, und zwar insbesondere Burschenschafter aus der Deutschen Burschenschaft.

Auch unter Lucke ist dieses Engagement für die AfD kein Problem. Einen Unvereinbarkeitsbeschluss werde es nicht geben, erklärte sie 2014. Im selben Jahr beschloss die SPD, dass eine Parteimitgliedschaft und Zugehörigkeit zu einer Burschenschaft, die dem Dachverband Deutsche Burschenschaft angehört, unvereinbar sei. Das freute insbesondere den SPD-Parteinachwuchs. Für dieses Zeichen gegen rechts hätten sie lange gestritten, sagt die damalige Juso-Bundesvorsitzende Johanna Uekermann: »Wer Mitglied in einer Burschenschaft ist, kann die Grundwerte der SPD – Freiheit, Gerechtigkeit und Solidarität – nicht vertreten. Rassismus, Antisemitismus und Sexismus prägen die DB und ihre Mitgliedsburschenschaften. Rechtsradikales Gedankengut ist tief in den Grundsätzen der DB verankert.«

»Bürgerliche Fassade einer radikalisierten Gruppe« – Jörg Meuthen und Frauke Petry

Hannover, knapp vier Monate vor den Landtagswahlen: Im Saal der Niedersachsenhalle des »Congress Centrum Hannover« (CCH) herrscht Siegesstimmung. Die Hoffnung: 2016 in die Landtage von Baden-Württemberg, Rheinland-Pfalz und Sachsen-Anhalt einzuziehen und 2017 in den Deutschen Bundestag. »Wir werden uns da durchsetzen. Wir schaffen das. Wir werden nicht aufgeben«, versichert Jörg Meuthen am Redepult. »Niemand sieht uns mehr bei fünf Prozent, sondern bei acht bis zehn Prozent«, begrüßt der Co-Bundesvorsitzende und Spitzenkandidat in Baden-Württemberg die etwa 600 Delegierten und Gäste des Bundesparteitags, der vom 28. bis 29. November 2015 stattfindet. Der vierte Parteitag ist aber mehr als nur ein Satzungsparteitag. Es ist die erste Versammlung nach der Trennung vom ehemaligen Gründer und Vorsitzenden Bernd Lucke. Ein Zusammenkommen, das von dieser Trennung in Essen geprägt wird, ohne dass dies negativ nachwirkt. Wer politische Streitereien, persönliches Nachtreten erwartet hat, wird enttäuscht. Einigkeit und Geschlossenheit will der Bundesvorstand ausstrahlen und die Parteitagsdelegierten folgen diesem Ziel. 2015 sei das Jahr der »zweiten Geburt unserer Partei«, sagt André Poggenburg, Landeschef und Spitzenkandidat in Sachsen-Anhalt, unter großem Applaus: »Nichts schadet uns mehr als ein Bild der inneren Zerrissenheit.« Meuthen sagt das Gleiche, nur mit anderen Worten: »Wir lassen uns nicht auseinanderdividieren«, und beschwört die parteiinterne »Meinungspluralität«.

Seit dem Essener Parteitag ist das seine neue Rolle – zusammenhalten und vereinen. Lucke ging, er blieb. Der ehemalige Bundesvorsitzende wollte zu viele aus der Partei ausgrenzen, hält Meuthen diesem vor. Lucke, der ihn auf seiner »Seite« wähnte, wirft ihm indes vor, dass er die bürgerliche Fassade sei, »hinter der eine radikalisierte Gruppe steht«. Diese Vorhaltungen wehrt der Professor für Volkswirtschaft an der Hochschule für öffentliche Verwaltung in Kehl routiniert ab. In Hannover ist der bekennende Katholik noch kein Redner, der durch Provokationen und Angriffe Stimmung macht, aber mit seiner ruhigen und nüchternen Rede kann er Gäste und Delegierte in den Bann ziehen. Rechts? Rechtspopulistisch? Nein, das sei die AfD nicht, sagt er seit Monaten ganz gelassen. In den Medien inszeniert sich der Beamte, der Beamte ausbildet, als Garant dafür, dass sich seine Partei nicht weiter nach ganz rechts entwickeln werde. Wäre die Partei rechtsextrem oder rassistisch, behauptet er immer wieder, wäre er kein Mitglied. »Ich bin kein Hetzer und schon gar kein Rassist«, hebt er regelmäßig hervor, er habe auch fünf afrikanische Patenkinder. Die AfD möchte er da stehen sehen, sagt er, wo die CDU früher stand, bevor Merkel sie sozialdemokratisiert habe. Eine Einschätzung der CDU und Kritik an ihrer Parteivorsitzenden, die auch Gauland äußert. Meuthen wünscht sich aber zudem ein wenig FDP in der AfD.

Mit Storch hat er gemein, dass für ihn ebenso der Schutz der Ehe und Familien »zentral« ist. In der Rhetorik ist er nicht so hart, in den Positionen allerdings. Auf seiner Webseite »jmeuthen.de« nennt er seine Ziele, die deckungsgleich mit denen seiner Partei sind: von »keine Einwanderung in die Sozialsysteme« bis »Beendigung der Förderung der unsinnigen Gender-Mainstream-Ideologie«. »Toleranz und Offenheit auch gegenüber anderen Formen des sozialen Zusammenlebens« benennt er dort ebenfalls als Ziel, die gleichgeschlechtliche Ehe lehnt er allerdings ab. »Meine Liberalität gebietet mir: Die sollen machen, was sie wollen«, sagt er der *Süddeutschen Zeitung* am 24. Juli 2015, »aber ich finde diese plakative Zurschaustellung der Sexualität eher geschmacklos«, und beklagt: »Kaum jemand hat eine derart starke Lobby wie die Homosexuellen.« Er lobt aber auch sein »kollegiales Verhältnis« zu Gauland. Den drohenden Verlust der »deutschen Leitkultur« beklagte er ebenso.

Meuthen wurde am 29. Juni 1961 in Essen geboren und wuchs in einem Arbeiterviertel auf. Eine »prima Kindheit«, sie seien weder reich noch arm gewesen, schwärmt er. »Wir waren irgendwo mittendrin im Mietshaus«, zitiert *Die Welt* am 5. Januar 2016 den Vater von fünf Kindern, der zum zweiten Mal verheiratet ist. Seine Frau ist nicht Parteimitglied und teile auch nicht alle seine Positionen. Mit 16 gründete er in seinem Pfälzer Wohnort einen Ortsverband der CDU-Jugend »Junge Union«. Als Schüler verteidigte er 1980 die Kanzlerkandidatur von Franz Josef Strauß gegenüber Mitschülern, kam mit dem *Bayernkurier* in den Geschichtsunterricht, auf sein erstes Auto klebte er einen Strauß-Aufkleber. Provokation, sagt Meuthen, der in Köln studierte und promovierte. Im hessischen Finanzministerium arbeitete er als Referent, bevor er 1997 zur Hochschule wechselte. Über die theologischen Schriften des späteren Papstes Josef Ratzinger kam er zu seinem Katholizismus.

Bernd Kölmel, vor ihm Landesvorsitzender (er ging mit Lucke), hinterfragt Meuthens Selbstbild von »aufgeklärt-konservativ« im Gesellschaftlichen, liberal im Wirtschaftlichen und klar abgegrenzt zu rassistischem und/oder völkisch-nationalistischem Gedankengut. Ein hartes Vorgehen gegen rassistische Äußerungen würde er zwar bekunden, so Kölmel, aber nicht danach handeln. Den damaligen Vorsitzenden des Landesschiedsgerichts, Dubravko Mandic, wollte Meuthen ausschließen, da er den US-Präsidenten Barack Obama als einen »Quotenneger« bezeichnet haben soll. Das Ausschlussverfahren stoppte aber nach dem Parteitag in Essen die neue Parteiführung um Petry und Meuthen. Nachtreten eines ehemaligen Parteifreundes? Auffällig: Auch für Höcke fand Meuthen harte Worte, und im Wahlkampf durfte der Thüringer Fraktionschef für die baden-württembergische AfD auf Stimmenfang gehen. Meuthen gelingt es in den Medien, sich von den weit rechts Stehenden in seiner Partei abzugrenzen, ohne sie aus der Partei auszugrenzen.

In seiner Eröffnungsrede im CCH will Meuthen, im schwarzen Anzug, kombiniert mit hellgrauem Hemd und passender Krawatte, die Linie vorgeben. Auf die Rückwand der Bühne sind Slogans der Partei projiziert: »Ändern Sie nicht Ihre Meinung. Ändern Sie die Politik«. Meuthen versichert mit fester, ruhiger Stimme: »Wir besetzen die politischen Themen und Problemfelder unserer Zeit mit alternativen Antworten zu dem Einheitsbrei der übrigen Parteien.« Bei bis zu 20 Prozent läge ihr Wählerpotenzial. »Das werden wir sicher nicht voll ausschöpfen können, denn wir sind immer noch eine lernende, junge Organisation, die, wie sollte es anders sein, auch Fehler macht.« Aber es sei klar, in welche Richtung ihre Reise gehe: »Nach oben, in die parlamentarische politische Verantwortung.« Buhrufe ertönen, als er gelassen berichtet, dass Gastronomen, die »uns beherbergen«, bedroht würden. Unmittelbarer Applaus, als er resümiert: »Wenn wir also die Monate zwischen dem letzten Bundesparteitag in Essen und unserem heutigen hier in Hannover einmal Revue passieren lassen und eine nüchterne Bestandsaufnahme machen, dann kann man doch nur sagen: Es war richtig, unbeirrt diesen Weg zu gehen, und wir haben seit Essen als Partei das genau Richtige getan. Wir haben nämlich einfach beharrlich und tüchtig weitergearbeitet, wir haben an unseren Positionen festgehalten, und wir haben neue Positionen zu neuen sich dramatisch stellenden Zeitfragen entwickelt.« Stolz sei er auf ihre »Partei, die von ihren vielen so engagierten und tüchtigen Mitgliedern lebt und quicklebendig ist!« Dass sie »Profiteure der Flüchtlingskrise« seien, spielt er etwas herunter, aber: »Wir sind als in der Partei AfD zusammenge-schlossene Gemeinschaft vor allem auch eine Vereinigung von Menschen, die ihr Land mit einem guten und weltoffenen Patriotis-mus lieben und in ihm auch in Zukunft mit unseren Kindern und Enkeln leben wollen.«

Sie würden jedoch gar nicht daran denken, das Thema, das allen »auf den Nägel brennt«, wegzulassen. Keine Kritik an den Rechts-außen in der Partei, keine Bitte um Mäßigung. Mit Schwung, wenn auch leicht dozierend, hat Meuthen, der zuerst gar nicht Parteivor-sitzender werden wollte, im Saal die Delegierten und Gäste erreicht, geradezu mitgerissen. Vor dem Essener Parteitag, als er Henkel in einem offenen Brief kritisiert hatte, sei ihm nahegelegt worden, das Amt alleine zu übernehmen, was er für keine gute Idee gehalten habe. Petry und weitere Mitstreiter hätten ihn bekniet, dann für den Co-Vorsitz zu kandidieren.

Petry bekommt in Hannover stehenden Applaus. Am Redepult steht sie im dunklen Blazer mit heller Bluse und Rock, dem Outfit, das sie sonst meist mit einer Hose kombiniert. Fast wirkt dieser immer gleiche Look bei Partei- und Landtagsveranstaltungen wie eine Uniform. Ein Kampfanzug, wie auch Männer gerne ihre dunk-len Anzüge wahrnehmen. Der Applaus hält an, die Parteitagsteil-nehmer stehen auf, als wenn es sich einfach so gehöre, wenn die Chefin spricht. Im Saal reißt Petry die Delegierten jedoch nicht mit. Die Unterhaltungen im hinteren Saalbereich hören nicht auf, sind so laut, dass Petrys Rede in den letzten Stuhlreihen kaum zu hören ist. Sie sucht allerdings Pointen und spitzt Positionen bewusst zu. Mitnichten sei ihre AfD »rechtspopulistisch«, und sie führt aus, dass der »Hass«, den manche Deutsche in der Flüchtlingsdebatte zeig-ten, ein »Symptom« und nicht »Ursache« eines Problems sei: »So-lange die anderen Parteien, solange die Öffentlichkeit, die Medien, nicht bereit sind, Hass als Symptom einer nicht vorhandenen Dis-kussion, nicht vorhandener Lösungsansätze der Bundesregierung zu sehen, kommen wir in der Diskussion keinen Schritt weiter.« Sie beklagt den vermeintlichen Hass, der gegen ihre eigene Partei bestehe. »Den Hass zu beklagen, ist die eine Sache, ihn selbst zu schüren, durch Vokabeln, durch unkritische Etiketten, aber eine sehr viel ernstere Angelegenheit. Wenn es dann Theaterstücke gibt, die ganz offensichtlich Vertreter politischer Parteien kriminalisieren, dann müssen sich die Vertreter dieser Öffentlichkeit selbst fragen, ob sie nicht die Ursache des Hasses sind.«

Die Behauptung der falschen Etikettierung greift sie ebenso auf, um die Presse direkt anzusprechen, die doch auch nicht falsch bezeichnet werden wolle – gar als »Lügenpresse«. Ihre Volte, »mit etwas Humor« könnte die vierte Gewalt auch als »Pinocchio-Presse« betitelt werden, lässt mal Applaus aufkommen, dafür hat sie auch extra innegehalten. Applaudiert wird auch, als sie der Bundesregierung eine gescheiterte Flüchtlingspolitik vorwirft und Bundeskanzlerin Angela Merkel zum Abdanken auffordert: »Treten Sie zurück, Sie schaffen das!«

Frauke Petry kam am 1. Juni 1975 in Dresden zur Welt. Vor der Maueröffnung blieb ihr Vater nach einem Besuch in der Bundesrepublik, erst später zogen ihre Mutter und sie aus der DDR nach. Die promovierte Chemikerin und Unternehmerin kennt Ost und West. Eine Ostalgie pflegt sie aber nicht, auch keine Westalgie. Beides scheint ihr zuwider. Schon beim »Weckruf 2013« ist die vierfache Mutter, die sich nebenberuflich zur Chorleiterin und Organistin ausbilden ließ, mit dabei. In der Öffentlichkeit beginnt das ehemalige CDU-Mitglied erst später, eines der Gesichter der AfD zu werden. Sie hat auch keine Scheu, auf Parteiveranstaltungen mit dem jüngsten ihrer Kinder auf die Bühne zu gehen. Die Botschaft lautet: Familie, Beruf und Politik, das ist zu vereinen. Dass das geht, heißt für sie aber nicht, dass es gehen muss. Vater, Mutter und drei Kinder, das wird sie nicht müde zu betonen, sei eine wahre Familie, nicht ohne hervorzuheben, dass die Arbeitswelt männlich geprägt sei.

Diese Ambivalenz führt bei ihr nicht dazu, laut eine bessere Vereinbarung von Beruf und Familie zu fordern. Vor ihrem politischen Engagement gründete sie im März 2007 das Unternehmen »PU-Rinvent GmbH« in Leipzig, das ein neuartiges, von ihrer Mutter und ihr entwickeltes Reifendichtungsmittel herstellte. Mehrfach

wurde die Unternehmerin für die innovative Firmengründung ausgezeichnet. 2011 erhielt sie für die »erfolgreiche Existenzgründung
in einer männerdominierten Branche« den Gründerinnenpreis des
Landes Sachsen und 2012 die Verdienstmedaille des Verdienstor-
dens der Bundesrepublik Deutschland. Sie investierte eigenes Geld
in das Unternehmen und nahm Kredite auf. 2013 musste sie Insolvenz beantragen. Auch Privatinsolvenz, da sie privat gebürgt hatte.
Ein süddeutsches Investorenkonsortium erwarb das Unternehmen
und nannte es in PURinvent System GmbH um. Vor der Wahl in
Sachsen 2014 berichteten Medien, dass die Staatsanwaltschaft gegen
die Spitzenkandidatin der AfD wegen Insolvenzverschleppung er-
mittle. Nach kurzer Zeit stellte sie die Ermittlungen ein. Der Zeitpunkt – drei Tage vor der Wahl – ist für Petry ein Indiz für ein politisches Motiv.

Private Entwicklungen und persönliche Entscheidungen – von
Firmenentwicklungen bis zu familiären Auseinandersetzungen –
sind in den seriösen Medien der Bundesrepublik eigentlich ein
politisches Tabu. Privates bleibt privat. Wenn sich politische Persönlichkeiten aber mit wirtschaftlicher Fachkompetenz selbst darstellen oder familiäre Ideale einfordern oder wenn sie sich in diesem Kontext selbst zuvor mit Firmen- und Homestorys vorstellten,
kann das private Leben jedoch thematisiert werden. Petry kam
nicht nur mit der Insolvenz in die Medien. Anfang Oktober 2015
machte die Trennung des Ehepaars Petry Schlagzeilen. Per E-Mail
ließ sie selbst alle Mitglieder wissen: »Nach über 14 Jahren Ehe
werden mein Mann und ich zukünftig getrennte Wege gehen!«
Einer der Gründe ist auf dem Parteitag in Hannover zu sehen:
Marcus Pretzell, AfD-Landesvorsitzender in Nordrhein-Westfalen
und Europaabgeordneter. Die Lovestory erzählen beide im Interview mit dem Boulevardmagazin *Bunte*. Pretzell, Vater von vier
Kindern, die nicht bei ihm leben, sagt am 23. März 2016: »Ich
fand Frauke immer attraktiv. Sie hat so was dämonenhaft Schönes. Ich habe eine Schwäche für intelligente Frauen. Das finde ich
sexy. Aber es dauerte dann noch eine ganze Weile bis zum ersten
Kuss.« Petry ergänzt: »Liebe auf den ersten Blick war es jedenfalls

nicht. Aber mir fiel auf, dass Marcus etwas zu sagen hat. Das gefiel mir.«

Schon vor dem Parteitag ist Pretzell in der Presse in die Kritik geraten, weil der Rechtsanwalt über den Gebrauch von Schusswaffen bei einem gewaltsamen Grenzübertritt von Flüchtlingen spekuliert – als »Ultima Ratio«. Auf einer Parteiveranstaltung soll das frühere FDP-Mitglied gefragt worden sein, so die AfD-nahe Zeitung *Politfakt*, was zu tun sei, wenn die Grenzzäune überrannt würden. Wenn alle anderen Möglichkeiten, wie Polizeipräsenz, Wasserwerfer und Tränengas, ausgeschöpft seien, wäre der Schusswaffeneinsatz gerechtfertigt, soll er geantwortet haben. Und nach der von dem AfD-Mitglied Josef Konrad verantworteten Zeitung führte Pretzell weiter aus, »dass es momentan überhaupt nicht infrage kommt, auf Flüchtlinge zu schießen«.

In der *Bunten* darf Pretzell seine neue Lebensgefährtin vor dem Vorwurf, eine »Eiskönigin« zu sein, in Schutz nehmen. In der Politik müsse man sich einen Panzer zulegen: »Gerade emotional verletzliche Menschen können sich im Politikzirkus ohne Schutz nicht behaupten«, um gleich von sich zu weisen, dass er der »Mastermind« hinter ihr sei. »Wer Derartiges behauptet, kennt Frauke Petry nicht.« Sie selbst geht in der Antwort gleich zum Angriff über: »Ich bin gewohnt, dass alle Klischees bedient werden, wenn es um mich geht: Frau aus dem Osten, zierlich, jung – da wird man gern unterschätzt.«

Petry lebte mit ihrem Mann, dem Pfarrer Sven Petry, und ihren Kindern in Tautenhain, einem Dorf südlich von Leipzig. Schon zu Schulzeiten waren sie ein Paar. Ihr Mann war ihre Jugendliebe, doch sie hätten sich auseinandergelebt. Ihr ehemaliger Chemielehrer Harald Sparringa am Städtischen Gymnasium in Bergkamm erinnert sich, dass die Mitschüler sich über die Verbindung zu Sven Petry gewundert hätten, denn sie sei wegen ihres Ehrgeizes etwas weniger beliebt gewesen, während er zu den beliebtesten und akzeptiertesten Schülern der Stufe gehört habe. In *Als sie noch zur Schule gingen* berichtet er Constantin Magnis, dass Petry eine liebenswerte, nette, aber eben »extrem ehrgeizige« Schülerin war, die weinte, wenn eine

Klausur nur mit einer »Zwei plus« bewertet wurde. Eine »politische Schülerin« sei sie überhaupt nicht gewesen. Wie ihre Mutter kritisierte sie allerdings das »westdeutsche Schulsystem«. Ihre Mutter hätte sie auf die »Wahlalternative 2013« um Lucke aufmerksam gemacht, erzählt Sparringa, der lange noch Kontakt zu ihr hatte. Als er ihr schrieb, wegen ihres politischen Weges Angst um sie zu haben, antwortete sie nicht mehr.

In der Mitteilung an die Parteimitglieder erklärt Petry, dass sie mit ihrem jetzt ehemaligen Mann nach der Trennung weiterhin »neben einer aufrichtigen Freundschaft, die Liebe zu unseren gemeinsamen Kindern« verbinde. »Marcus war vielleicht der Anlass, aber nicht der Grund«, sagt sie der *Bunten*. Als sie auf dem Weg zur Bundesvorsitzenden war, trat ihr Mann der CDU bei. »Das tat weh«, gesteht sie dem Boulevardmagazin.

In den Medien wollte sich der Ehemann lange nicht zur Politik seiner Frau äußern, als Pfarrer musste er sich jedoch in der Gemeinde verhalten und trat offen für Flüchtlinge ein, predigte Nächstenliebe und Willkommenskultur. Am 26. November 2015 sagt er in der *Zeit*: »Meine Frau muss damit klarkommen, dass ihre Politik jetzt als rechtspopulistisch bezeichnet wird.« Einen Rosenkrieg wollten sie vermeiden. In der *Bunten* erklärt Petry, die Kinder würden nun die Hälfte der Zeit bei ihrem Vater und ihr leben. Für die vier wäre sie weiterhin da, mache morgens das Frühstück, bringe sie zur Schule – »wie jede Mutter«. Wie Pretzell schwärmt sie von der neuen Liebe. »Männliche Stärke und die Fähigkeit, Gleichberechtigung zu leben«, schätze sie an ihrem neuen Lebenspartner: »Bei Marcus kann ich mich anlehnen. Das brauche ich auch hin und wieder.«

Eine schwache Seite zeigte Petry in der internen Auseinandersetzung der Partei nicht. Spätestens ab November 2014 begann sie Lucke zu hinterfragen – und sich selbst als Pol zwischen den Fronten zu inszenieren. Im Konflikt mit Lucke, der sich zu dieser Zeit gegen eine zu extreme rechte Positionierung starkmachte und in der Partei die organisatorische Führung mit Satzungsänderungen straffen wollte, kritisierte sie jedoch nicht die Inhalte, sondern vielmehr die

Form seines Handelns in der Partei als zu autokratisch, zu bevormundend. Statt den Dialog mit den verschiedenen Spektren der Partei zu suchen, hätte er die Differenzen betont und Ausschlussvorstellungen gehabt. Diese Position zum Kommunikationsstil ließ sie in Essen als einende Kraft in einer zerstrittenen Partei für alle Lager erscheinen, zumal Lucke mit der Initiative »Weckruf« vor dem Parteitag die Sorge befeuert hatte, dass er die AfD spalten wollte.

In Hannover kann die neue Führung nach Essen gleich erste Erfolge nachweisen. Der befürchtete große Mitgliedereinbruch nach Luckes Austritt war nicht eingetreten. Die Mitgliederzahl sei wie die Umfragewerte gestiegen, verkündet die Siegerin des Machtkampfes. In Anspielung auf die Band »Wir sind Helden« versichert Petry: »Wir sind gekommen, um zu bleiben.« Und sie erklärt: »Wir sind aber auch ein Stück weit immun geworden gegen eine Debatte, die offensichtlich den politischen Kampf von sogenannt ›links‹ gegen sogenannt ›rechts‹ zum Kampf zwischen Gut und Böse erhebt.«

In der sich verschärfenden Flüchtlings-, Asyl- und Einwanderungsdebatte hat die Partei jedoch eine eindeutige Haltung entwickelt. Unter großem Applaus im Saal schlägt der niedersächsische Landesvorsitzende Armin-Paul Hampel, bis 2012 ARD-Korrespondent in Bonn und Berlin und zuletzt Leiter des ARD-Asienbüros in Indien, eine allgemeine Wehrpflicht für alle syrischen und irakischen Männer zwischen 18 und 45 Jahren – also Bürgerkriegsflüchtlinge nach der Genfer Konvention – vor, um sie in den bewaffneten Kampf gegen den IS zurückzuschicken.

Björn Höcke ist lange Zeit nicht im Saal zu sehen. Seine Positionen vertritt Poggenburg umso deutlicher. Mit der »geliebten wie bitter gehassten notwendigen Erfurter Resolution« hätte die AfD Thüringen und Sachsen-Anhalt die Partei aufgerüttelt und Grenzen klar werden lassen. Er hebt hervor, dass mit der »Resolution« die Partei in Essen von Luckes Vereinnahmung bewahrt worden, die AfD »zurückgeholt« worden sei. Lauter Applaus brandet auf, kein Widerspruch. Die Aussage könnte auch als Anspruchserhebung für einen stärkeren Machteinfluss in der Partei verstanden werden. Als der »Björn« dann doch eintrifft, wird er von den Mitgliedern begeistert begrüßt. »Schön, dass du da bist«, begrüßt Petry Höcke und umarmt ihn herzlich. Im Saal gibt Höcke ein Interview nach dem nächsten, lobt die Zusammenarbeit in der Partei, fordert, Fehlanreize in der Asylpolitik abzubauen, also weg von Geldleistungen, sagt Ja zum Asylrecht, das aber vor Wirtschaftsflüchtlingen geschützt werden müsse. Und betont für ihn schon moderat: »Wenn wir den Asylorkan jetzt nicht kontrollieren, dann werden wir in eine Phase des Staatsverfalls einmünden.« Höcke scheint sich Petry zu beugen, hält sich mit völkischen Äußerungen zurück, um in den kommenden Wahlkämpfen keine bürgerlichen Wähler zu verschrecken.

Der Parteitag folgt diesem Ansatz der Bundesführung aber nicht. Krachend fällt die Resolution des Bundesvorstands zur Asylpolitik durch. Ohne lange Diskussionen beschließt der Parteitag vielmehr eine Gegenresolution des nordrhein-westfälischen Landesvorsitzenden Martin E. Renner. Dabei ist der Resolutionsentwurf des Bundesvorstands nicht irgendeiner, sondern das sorgfältig formulierte Manifest der Parteiführung zur Flüchtlingskrise. Die Resolution von Renner, die zuvor von einem Landesparteitag in Nordrhein-Westfalen beschlossen worden war, ist in zentralen Punkten jedoch schärfer formuliert. Das Asylrecht müsse eingeschränkt, der Familiennachzug »muss und kann begrenzt« oder gestrichen, Asyl-Obergrenzen eingeführt, die »nationale Identität« geschützt werden, heißt es darin. »Die Sicherheit des Staates und seiner Bevölkerung« dürfte dem Asylrecht »nicht untergeordnet« werden. Alle Flüchtlinge, die Deutschland auf dem Landweg erreichen und somit über sichere Herkunftsländer einreisen, sollen in Zukunft abgelehnt werden, heißt es weiter. Flüchtlinge, die nicht registriert oder identifizierbar sind oder, wie viele von ihnen, keine Papiere vorlegen können, sollen das Recht auf Asyl verlieren. Ein Erfolg für Renner, der gerne deutlich wird: Die Entnazifizierung durch die Alliierten, die »Re-Education« ist für ihn ein »Instrument der psychologischen Kriegsführung« gewesen, bei der auch »die Tradition, die Sprache, die Kultur in Deutschland zerstört« werden sollten.

Der AfD-Bundesvorstand reagiert im Saal nicht auf die Niederlage. Im Verlauf des Nachmittags beschließen die Delegierten die

Angliederung der Jungen Alternative als offizielle Jugendorganisation der Partei. Am Ende des ersten Tages verkündet die AfD bereits: »Erster Tag des Delegiertenparteitages zielorientiert und konstruktiv«. Die späteren Missstimmungen zwischen Petry und Partei bahnen sich hier schon an. Die Parteivorsitzende bekam nicht allzu großen Zuspruch von ihrer Partei. Großer Zuspruch erfolgt aber später in der Märzausgabe 2016 der *Compact*, auf deren Titelbild Petrys Gesicht mit dem Titel »Die bessere Kanzlerin« abgebildet ist. Chefredakteur Jürgen Elsässer schreibt zu einem Talkshowauftritt von Petry: »Am Ende wird es ein Lächeln sein, das den Gegner besiegt – das Lächeln von Frauke Petry. An diesem 27. Januar ist es ihre schärfste Waffe bei Sandra Maischberger: Ihre Mundwinkel besuchen die Ohren, kräuseln sich am Ende, ihre Augen blitzen schelmisch, ihr Kinn hebt sich mit verhaltener Arroganz – wer denkt da nicht an Audrey Hepburn in Frühstück bei Tiffany?« Und er schwärmt weiter im Vergleich zur Bundeskanzlerin, die er missfällig als »Mutti« bezeichnet: »Im Unterschied zu ›Mutti‹ hat die 40-Jährige wirkliche Kinder [...], ohne dabei ihre frische Jugendlichkeit verloren zu haben.«

Auf dem Parteitag in Hannover deutete die Intervention von Martin E. Renner an, dass die Programmdebatte nicht einfach wird. Später wird er einen Gegenentwurf zum Entwurf eines Grundprogramms der AfD der Bundesprogrammkommission und des Bundesverstands mit verantworten. Erst knapp drei Jahre nach der Parteigründung plant die Partei, am 30. April und 1. Mai 2016 in Stuttgart ein Programm zu beschließen. Mit einer der Gründe, warum einzelne Aussagen von Führungsmitgliedern und vereinzelte Passagen aus den Wahlprogrammen in der politischen Debatte eine besondere Gewichtung bekommen haben.

»Die Stimme der Bürger – unser Programm« – Wahlkampfpositionen und -programme

In den Wahlkämpfen in Baden-Württemberg, Rheinland-Pfalz und Sachsen-Anhalt bestätigt sich, dass das Selbstbild, eine bürgerlich-konservative Partei und Partei der kleinen Leute zu sein, nur Eigenbeschreibungen sind. Unter dem Slogan »Für unser Land – für unsere Werte« führt der Landesverband Baden-Württemberg im Landtagswahlprogramm 2016 aus: »Rot-Grün« habe »zunehmend zu Sprech- und Denkverboten« geführt, »zu einem Klima der Repression und Intoleranz im Namen von trügerisch wohlklingenden Begriffen wie ›Vielfalt‹, ›Buntheit‹, ›Toleranz‹ und ›Gleichstellung‹«. Und in der Präambel heißt es weiter: »Der grün-roten Multi-Kulti-Ideologie, die schon jetzt grandios gescheitert ist, setzt die AfD ein Bekenntnis zu Baden-Württemberg als Heimat – für Einheimische und gut integrierte Eingewanderte – mit deutscher Leitkultur entgegen. Die aktuelle Massenzuwanderung – von Grün-Rot ideologisch vorbereitet, von der Merkel-CDU gefördert und ›verwaltet‹ – betrachtet die AfD als Katastrophe für Deutschland und als schwere Belastung für die künftigen Generationen.«

Im Programm betont der Landesverband, dass »der Islam […] nicht zu Deutschland gehört«, und fordert »als Ansporn für eine erfolgreiche wirtschaftliche Integration die Umstellung der Sozialleistungen für Zuwanderer für einen bestimmten Zeitraum vom Gastlandprinzip auf das Heimatlandprinzip«. Integration sei »eine Bringschuld« und der Landesverband warnt: »Eine unheilvolle Koalition aus dem Kartell der Altparteien und den Medien versucht, die Bevölkerung zu manipulieren, um ihre utopischen Vorstellungen von einem ›Schmelztiegel Deutschland‹ durchzusetzen.« Die Willkommenskultur für Flüchtlinge stellt die baden-württembergische AfD ihrem Einsatz für eine »Willkommenskultur für Un- und Neugeborene« gegenüber. Sie wendet sich auch »gegen alle Versuche, Abtreibungen zu bagatellisieren, sie staatlicherseits zu fördern oder sie gar zu einem ›Menschenrecht‹ zu erklären. Schwangeren in Not müssen konkrete Hilfen angeboten werden, damit sie sich für ihr Kind entscheiden können.« Sie lehnt »den ideologischen Ansatz der Gleichmacherei, wie er in der Gemeinschaftsschule Programm« sei, ab und will »die Autorität des Lehrers stärken«. Die AfD will »›Mut zur Familie‹ mit mehreren Kindern machen. Deshalb setzen wir uns für eine gezielte gesellschaftliche Aufwertung des Erfolgsmodells Familie und der Rolle der Mutter ein. Versuche, Ehe und

Familie durch das sogenannte ›Gender Mainstreaming‹ oder durch andere ideologisch motivierte Eingriffe in volkserzieherischer und damit bevormundender Absicht zu schwächen, lehnt die AfD entschieden ab«, heißt es.

Diese Verbindung von Lebensschutz und Familienförderung im Parteiprogramm dürfte dem starken Einfluss des »Pforzheimer Kreises« und der »Christen in der AfD« geschuldet sein. In ihrer gemeinsamen Grundsatzerklärung vom 15. November 2013 stellen sie ihre »Arbeit unter das Motto, unter das auch Papst Benedikt XVI. im Jahre 2011 seinen Deutschlandbesuch gestellt« hatte: »Wo Gott ist, da ist Zukunft!«

Die wirtschaftspolitischen Vorstellungen des Landesverbandes sind ein klares Bekenntnis zu Unternehmern, Arbeitgebern und Mittelständlern. Eine »Deregulierungsoffensive« sei geboten, um unnötige Vorschriften abzubauen, die seit Jahren »jede Vision für unsere Zukunft« ausbremsen. Deshalb fordern sie in ihrem Programm Steuersenkungen und eine Flexibilisierung des Arbeitsmarkts, um global wettbewerbsfähig zu sein. Diese Offensive solle auch den Selbstständigen mehr Freiraum von Bürokratien und Verwaltung schaffen. Als »Partner der Wirtschaft« möchten sie sich anbieten.

In Rheinland-Pfalz stellte der Landesverband sein Wahlprogramm 2016 unter den Titel »Mit Herz und Verstand für unser Land«. Auf der Webseite kann die geneigte Wählerschaft zwischen einer Kurzfassung und einer »ausführlichen Version« wählen. Auch hier wird betont, dass das Land »keine Zukunft« habe, wenn es nicht gelänge, »Familien mit Kindern wieder zum Fundament der Gesellschaft zu machen«, die »demographischen Probleme lassen sich nicht durch Zuwanderung lösen. Wir brauchen eine ›Willkommenskultur‹ für Kinder und eine größere Wertschätzung für Familien!« Die AfD fordert deshalb die Einführung eines Familiensplittings zur steuerlichen Entlastung von Familien mit Kindern und bei der Rentenversicherung müsse die elterliche Erziehungsleistung angemessen berücksichtigt werden. Den »Missbrauch des Asylrechts« will sie verhindern: »Bootsflüchtlinge aus Nordafrika müssen gerettet und dann zurückgeführt werden«, denn »Einwanderung kann für Deutschland nur ein Gewinn sein, wenn sie im deutschen Interesse gesteuert wird«.

Als »Partei der Sozialen Marktwirtschaft« sieht die rheinland-pfälzische AfD in der »Vollbeschäftigung« die »beste Sozialpolitik. Nicht das Verteilen von Almosen, die uns vorher über Steuern genommen wurden, sondern staatliche Rahmenbedingungen, die allen Bürgern eine freie Entfaltung ihrer Möglichkeiten sowie ein selbstbestimmtes Leben ermöglichen, sind für uns erstrebenswert«, heißt es und es wird versichert, »die Steuerverschwendung des Landes zu verringern«. Alle Ausgaben des Landes sollten hinsichtlich ihrer Notwendigkeit überprüft werden. »Die Bezahlung von Gleichstellungsbeauftragten, Gender-Lehrstühlen an Hochschulen oder Fußballstadien gehören nicht zu den Landesaufgaben.« Die AfD sei eine »bürgerliche Volkspartei«, versichert der Landesverband um Uwe Junge. Der Oberstleutnant, von 2014 bis 2016 Dezernatsleiter im Zentrum Operative Kommunikation der Bundeswehr (ZOp-KomBw) in Mayen – früher Psychologische Kriegsführung, heute Psychologische Verteidigung –, war allerdings selbst zuvor bei der Partei »Die Freiheit«.

Mit dem Slogan »Die Stimme der Bürger – unser Programm« überschrieb der Landesverband Sachsen-Anhalt sein Wahlprogramm. In der Präambel stellt sich der Ostverband in die Tradition der »friedlichen Revolution von 1989«, um sogleich zu betonen, damals nicht das »Recht auf Meinungsfreiheit« erkämpft zu haben, um es heute auf »dem Altar einer abstrusen ›politischen Korrektheit‹ zu opfern«. Und hier legen die Parteimitglieder in ihrem Programm auch gleich dar: »Eine einseitige Konzentration auf zwölf Unglücksjahre unserer Geschichte verstellt den Blick auf Jahrhunderte, in denen eine einzigartige Substanz an Kultur und staatlicher Ordnung aufgebaut wurde.« Eine gängige Relativierung der gebotenen Auseinandersetzung mit den Verbrechen des Nationalsozialismus. Darüber hinaus wird angedeutet, dass in Deutschland eine Politik herrsche, »die mit gekrümmten Rücken fremde Vorgaben« erfülle, »anstatt sich aufrichtig für die Interessen unseres Landes einzusetzen«. Die Politik, heißt es in der Präambel weiter, sei im »Zeitgeist gefangen«. Diesem »linken Zeitgeist halten wir unseren gesunden Menschenverstand und unsere Heimatlieben entgegen«, so das Versprechen. Im Programm fordern sie, was die beiden Westlandesverbände auch einforderten, aber in der Wortwahl etwas deutlicher: eine »Willkommenskultur für den Nachwuchs der einheimischen Bevölkerung« und eine »Begrenzung von Zuwanderung und Asyl«, sodass nicht »unser geschichtliches Bewusstsein, unsere Kultur und unsere Lebensweise« verdrängt werden und die Reallöhne sinken und die Belastung für die Sozialsysteme steigen.

Immer wieder wird im Wahlprogramm die vermeintlich deutsche Identität aufgegriffen: »Unsere kulturelle Identität ist die Antwort auf die Frage, wer wir sind. Identität ist nichts Nebensächliches, kein Mantel, den man an und wieder ablegen kann, wie es einem beliebt, sondern der Kern unserer Existenz. [...] Eine gefestigte Landesidentität garantiert Leistungs- und Opferbereitschaft, Gesetzestreue und Solidarität.« Diesem Identitätsverständnis folgend führen sie weiter aus, dass die »Internationalisierung aller Lebensbereiche, die Herausbildung einer multikulturellen Gesellschaft auf deutschem Boden und der fehlende Mut zu unserer deutschen Leitkultur« den »gesellschaftlichen Zusammenhalt« schwäche, darum wollen sie mit einer »Kulturpolitik gegensteuern, die in der Pflege einer deutschen Leitkultur eine sehr wichtige Aufgabe begreift«. Deshalb fordern sie: »Museen, Orchester und Theater sind in der Pflicht, einen positiven Bezug zur eigenen Heimat zu fördern. Die Bühnen des Landes Sachsen-Anhalt sollen neben den großen klassischen internationalen Werken stets auch klassische deutsche Stücke spielen und sie so inszenieren, dass sie zur Identifikation mit unserem Land anregen.« Nicht zur »deutschen Identität« gehöre der Islam, halten sie fest und schieben nach: »Die private Religionsausübung muslimischer Mitbürger ist in Sachsen-Anhalt auch ohne Großmoscheen mit Minaretten möglich. Derartige Bauprojekte, insbesondere wenn sie tief in historisch gewachsene Stadtbilder eingreifen, müssen erst von der ansässigen deutschen Bevölkerung akzeptiert« werden. »Das gesellschaftspoli-

tische Experiment der Gender-Ideologie lehnen wir strikt ab, da es
unserer Wertevorstellung entgegensteht«, schreiben sie ähnlich wie
die beiden Westverbände und versuchen, die Spannung zwischen
Emanzipations- und Erwerbsgeschichte von Frauen im Osten mit
ihrem Rollenbild abzufangen, wenn sie betonen: »Wir setzen uns
dafür ein, dass Eltern frei zwischen einer Kinderbetreuung im Elternhaus oder in der Kindertagesstätte wählen können.« Der öffentlich-rechtliche Rundfunk müsse »drastisch verschlankt« und
die GEZ abgeschafft werden. Die »aktuelle Massenzuwanderung«
verschlechtere die Sicherheitslage noch mehr, deswegen fordern
sie, dass Kommunen eine »freiwillige Bürgerwehr auf kommunaler
Ebene« einführen dürfen. Die Bürgerwehr solle dem Ordnungs-
amt unterstehen und als »eine Hilfspolizei« der Landespolizei zuarbeiten.

In den drei Wahlprogrammen der Landesverbände lassen sich
deutliche Unterschiede, aber auch zentrale Gemeinsamkeiten identifizieren, schreiben Alexander Hensel, Lars Geiges, Robert Pausch
und Julika Förster 2016 in *Die AfD vor den Landtagswahlen 2016 –
Programme, Profile und Potentiale.* Die AfD versuche »einerseits, in
allen drei Ländern als rechtskonservative Kraft eine Lücke im Partei-
enwettbewerb« zu besetzen; »andererseits reüssiert sie mit einem
rechtspopulistischen Politikstil, der in der rigorosen Freund-Feind-
Rhetorik sowie in der lautstarken Verachtung der etablierten Politik
offen hervortritt«. Den ideologischen Kern bilden eine Reihe von
Positionen, »die in traditionell-rechtskonservativen Gesellschafts-
und Politikentwürfen« verwurzelt seien und »in der derzeitigen asyl-
politischen Krisendynamik aktualisiert und zugespitzt werden«. Der
übergreifende Deutungsrahmen sei ein Szenario der unkontrollierten Auflösung von Sicherheit und Recht, gesellschaftlicher Ordnung sowie Identität und Gemeinschaft. Für die AfD hätten »diese
Prinzipien und Werte schon länger – forciert durch Modernisie-
rungsprozesse sowie ein vermeintliches linkshegemoniales Kartell –
an Prägekraft eingebüßt und durch die unkontrollierte Masseneinwanderung kulturfremder Flüchtlinge« seien diese hergebrachten
Ordnungen »nun vollends aus den Fugen« geraten. Dieser AfD-

charakteristische Dualismus »aus drakonischen Bedrohungsbildern und reaktionären Antworten« zeige sich »besonders deutlich bei ihren Kernthemen Innere Sicherheit, Familien- und Geschlechterpolitik sowie Zuwanderungspolitik«.

In Rheinland-Pfalz, konstatieren Hensel, Geiges, Pausch und Förster, fielen im Wahlprogramm radikalere Forderungen »weithin aus«, sodass der »Korridor rechtskonservativer Forderungen« nicht verlassen werde, hier bliebe man lieber im Vagen und Unverbindlichen. Das Programm in Baden-Württemberg betone »zwar schärfer und ausführlicher die Bedrohung europäischer Werte durch den Islam, vermeidet jedoch weitgehend nationalistische Chiffren«. Der Landesverband Sachsen-Anhalt positioniere sich deutlich »völkisch-nationalistisch« und entwerfe eine »rückwärtsgewandte, bisweilen biologisch anmutende Leit-Erzählung«, resümieren sie. Dieses Fazit zum Landesverband Sachsen-Anhalts teilen David und Pascal Begrich in der Publikation *Die AfD vor den Landtagswahlen*. Sie weisen auf »starke strukturelle Parallelen zum Programm der Thüringer AfD« zur Landtagswahl 2014 hin und heben hervor, dass dieses in einem Politikansatz verankert sei, der »Staat, Gesellschaft und Politik von den Begriffen Volk, Nation und Identität her denkt. Alle politischen Handlungsfelder werden diesen Begriffen primär zugeordnet.« In dem Themenheft von »Miteinander e. V.« bezeichnen sie die AfD als eine »völkische Bewegungspartei«. Der Landesverband um Poggenburg mahnt auf Facebook in seinem Weihnachtsgruß 2015 so auch recht eindeutig: »Gerade in dieser Zeit ist es angebracht, einmal über gemeinsame Werte, Verantwortung für die Volksgemeinschaft und nächsten Generationen sowie die eigene Pflicht und Courage vor dem Hintergrund großer gesellschaftlicher Umbrüche und Gefahren nachzudenken.«

Der Begriff »Volksgemeinschaft« sei kein genuiner Begriff der »Sprache des Dritten Reiches«, wie sie Victor Klemperer in LIT (Lingua Tertii Imperii) 1947 ausmache. Die Vorsilbe »Volk« war für den deutsch-jüdischen Romanisten, der den Holocaust überlebte, jedoch ein Zeichen für die Entstehung der Sprache des Nationalsozialismus. Bereits in der völkischen Bewegung ab 1871 war der Begriff virulent. Nach 1945 stand er in Deutschland in einem besonderen Kontext mit der NS-Zeit. Auf eine Kritik antwortete Poggenburg jedoch, dass er sich nicht gefallen lassen wolle, dass heute »einige völlig unproblematische und sogar äußerst positive Begriffe nicht benutzt werden« sollen. Der Politikwissenschaftler Samuel Salzborn von der Universität Göttingen betont indes, dass der Begriff »eindeutig durch den Nationalsozialismus belegt« sei. Ebenso fragwürdig ist Poggenburgs Feststellung zum Holocaust-Mahnmal in Berlin: »Das finde ich ästhetisch völlig daneben und der Sache auch nicht zuträglich.«

»AfD ist Gold wert« – Spenden und Staatsgelder

Mit den ersten Wahlerfolgen kam die staatliche Finanzierung. Zur Bundestagwahl 2013 hatte die AfD noch keinen Anspruch auf Zuschüsse, konnte ihren Wahlkampf aber über Mitgliedsbeiträge und Spenden finanzieren. Ein Indiz, dass die Partei ihren Zuspruch nicht alleine aus den mittleren und unteren Einkommensschichten erhält. Bis August 2013 will die AfD, so Joachim Starbatty, der später Lucke in die ALFA folgte, insgesamt 2,3 Millionen Euro von Mitgliedern erhalten haben. Ende 2013 wird Folkard Edler als einer der größeren Geldgeber bekannt. Der Hamburger Reeder hatte zuvor schon Zweifel am Euro und am angeblich menschengemachten Klimawandel geäußert – unter anderem in einem Leserbrief an die *Junge Freiheit* 2010. 2006 unterschrieb der Reeder, der mit Charterschiffen Geld machte, einen »Appell für die Pressefreiheit« gegen die Ausladung der *Jungen Freiheit* von der Leipziger Buchmesse. Zwei Darlehen à 500 000 Euro gewährte er der Partei. Das erste Darlehen sei für ein halbes Jahr gewährt gewesen. Die AfD sicherte ihm 40 Prozent der Einnahmen aus der Wahlstimmenerstattung als Sicherheit und zur Tilgung zu. Vom zweiten Darlehen muss die AfD nach Auskunft Luckes jährlich 100 000 Euro zurückzahlen, sofern sie mindestens 200 000 Euro in der Kasse hat. Sollte der Partei das Geld ausgehen, würde ihr Edler nach fünf oder acht Jahren die restlichen Schulden erlassen. Zu dieser Kreditpraxis hatte Jörn Ipsen, Professor für öffentliches Recht, starke Kritik geäußert, da nur ein

Zins von 2 Prozent pro Jahr bezahlt werden musste. Diese Zinshöhe ließe es fraglich erscheinen, ob es sich um ein echtes Kreditgeschäft handele. Den Einwand wehrte Lucke mit dem Verweis auf das allgemein niedrige Zinsniveau ab, sollte dennoch ein »geldwerter Vorteil« entstehen, würde dieser als Spende bewertet. Eine Woche vor der Bundestagswahl soll ein Spendenaufruf der Partei weitere 430 000 Euro eingebracht haben.

Durch die Ergebnisse bei der Bundestagswahl sowie der Landtagswahl in Hessen erfüllte die AfD die Bedingungen für die staatliche Zuwendung für das Jahr 2013. Nach dem Parteiengesetz ist dem Präsidenten des Deutschen Bundestags die Exekutivaufgabe übertragen, jährlich zum 15. Februar die Höhe der staatlichen Mittel festzulegen, die den anspruchsberechtigten Parteien zufließen. Von den Wählerstimmen ausgehend wurde für die AfD ein Höchstsatz von 1 856 307,35 Euro festgesetzt. Im Parteiengesetz ist auch vorgeschrieben, dass Parteien den Nachweis von eigenen finanziellen Mitteln erbringen müssen. Im Jahr 2013, dem Jahr der Gründung, hatte die AfD Einnahmen in Höhe von 7,72 Millionen Euro. Der Rechenschaftsbericht, den sie dem Bundestag vorlegte, weist zudem Ausgaben in Höhe von 5,39 Millionen Euro auf. Den größten Posten bildeten die Wahlkampfkosten von 3 819 937,41 Euro. Für den laufenden Geschäftsbetrieb und für Personalausgaben entstanden Kosten von 701 333,46 Euro und 200 888,77 Euro. 2013, so heißt es im aktuellen Bericht des Bundestagstags aus dem Jahr 2015, erwirtschaftete die AfD 2 338 125,40 Euro Überschuss. Als größerer Spender taucht neben Edler auch die Wahl-Bau GmbH aus Ottenbach mit 50 000 Euro auf. Der Rechenschaftsbericht weist des Weiteren Spenden von natürlichen Personen in Höhe von 4,41 Millionen und juristischen Personen in Höhe von 170 000 Euro auf. Ein weiterer Geldgeber: Hans-Olaf Henkel.

Henkel outete sich am 30. April 2014 als Spender. Beim Europawahlkampf bot der ehemalige Präsident des Bundesverbandes der Industrie einen Kredit in Höhe von einer Million Euro an. Zuvor hatte er der Partei schon 640 000 Euro zur Verfügung gestellt. »Ich habe dieses Darlehen gewährt, weil die AfD gegenüber den Altparteien noch immer finanziell schwer benachteiligt ist. Ich habe in den vergangenen Monaten erlebt, wie vorbildlich die AfD-Mitglieder diese Benachteiligung durch persönlichen Einsatz und durch materielle Opferbereitschaft auszugleichen versuchen«, schreibt er in einer persönlichen Erklärung. Und er nennt auch einen weiteren Grund für das Darlehen:»Die AfD ist nicht nur gewalttätigen Übergriffen durch Linksradikale ausgesetzt. In weiten Teilen der Bundesrepublik zerstören durch Fehlinformationen aufgewiegelte Bürger systematisch die Plakate der AfD – in manchen Gemeinden die gesamte Plakatwerbung, kaum dass sie aufgehängt wurde.«

Der Großaktionär der Anlagen- und Maschinenbauer SMS Group Heinrich Weiss und der Gründer des Berliner Außenwerbers Wall AG Hans Wall gehören ebenfalls zu den Spendern der AfD. »Die Alternative sei die Partei des deutschen Mittelstandes«, erklärte Wall am 14. Oktober 2014 gegenüber dem *Manager Magazin* seine Spende an die AfD. Und Weiss warnte damals gleich:»Die Rechten muss die AfD wieder ausschwitzen, um mittelfristig erfolgreich zu bleiben.«

Aus dem Mittelstand erfuhr die Partei von Lucke anfänglich noch weiteren Zuspruch. Im Mai 2014 hatte der Verband »Familienunternehmen – ASU« Lucke zu einem großen Treffen in Dresden eingeladen. Dem Dachverband können sich Unternehmen anschließen, die »maßgeblich in Besitz« ihrer Familien und/oder weiterer Familien sind und mindestens eine Millionen Euro Jahresumsatz und zehn Mitarbeiter haben, heißt es auf der Webseite unter »Portrait«. Am 9. Mai durfte Lucke auf der Tagung über »Der Euro und die Zukunft Europas« sprechen. In der Einladung erklärten Präsident Lutz Goebel und Hauptgeschäftsführer Albrecht von der Hagen:»Mit einem regelrechten Stress-Test setzt die Große Koalition die Wettbewerbsfähigkeit unserer Unternehmen aufs Spiel. Steigende Energiekosten; Abkehr von der Rente mit 67; Mütterrenten, die in der kommenden Legislaturperiode nur mit Steuern finanzierbar sind; große Einschränkungen bei den wenigen flexiblen Arbeitsmarktinstrumenten wie Zeitarbeit und Werkverträge – alles das gleichzeitig eingeführt wird kräftige Bremsspuren in unserer

Volkswirtschaft ziehen.« Von der parlamentarischen Opposition sei »vorerst nur wenig Besseres zu erwarten. Daher diskutieren wir ausführlicher mit der publizistischen und politischen APO: von Wirtschaftswoche-Chefredakteur Roland Tichy über den AfD-Gründer Bernd Lucke bis zum neuen FDP-Vorsitzenden Christian Lindner.« Hagen legte zudem dar, dass sie mit der Einladung Luckes zeigen wollten, »wie unzufrieden wir mit der jetzigen Bundesregierung sind«. Viele Fragen der AfD würden auch die Familienunternehmen beschäftigen. Im Unterschied zu den international ausgerichteten Großkonzernen sähen die mittelständischen Unternehmen die europa-wirtschaftspolitische Ausrichtung der Regierung für sich äußerst kritisch.

Im Jahr 2014 hoffte die AfD auf Einnahmen von Mitgliedsbeiträgen und Spenden in Höhe von drei Millionen Euro, um durch die Bundestagsverwaltung die volle staatliche Wahlkampfkostenerstattung von fünf Millionen ausgezahlt zu bekommen. Dass die AfD über staatliche Finanzunterstützungen herzieht, ist für sie kein Grund, sie selbst nicht anzustreben. Ihr fiel überdies eine besondere Geschäftsidee ein, um die nötige Selbstbeteiligung für die staatliche Höchstzuwendung zu erhalten – der Verkauf von Gold. Einer ihrer Verkaufsslogans: »AfD ist Gold wert.« Auf der Webseite der Partei erklärte sie die Intention offen: »Politische Parteien erhalten abhängig vom jeweiligen Wahlergebnis staatliche Gelder. Das Bundesverfassungsgericht hat aber festgelegt, dass die staatlichen Geldzuweisungen immer nur eine Teilfinanzierung der Parteiarbeit sein dürfen. Das bedeutet, dass Parteien mindestens die Hälfte ihrer Einnahmen aus anderen Quellen beziehen müssen als der staatlichen Parteienfinanzierung.« Der Goldhandel stieß auf Kritik aus Wissenschaft und Politik.

»Es ist ein Tiefpunkt unserer Parteienkultur«, sagte der Jurist Jörn Ipsen am 2. November 2014 dem *Spiegel* und meinte überdies: »Dass eine Partei ihren Status so kapitalisiert, ist verfassungspolitisch sehr bedenklich.« Doch die Erlöse aus dem Goldhandel, stellte im selben Monat die Bundestagsverwaltung fest, seien rechtens. Der Parlamentspräsident Norbert Lammer (CDU) schlug allerdings eine Änderung der Rechtsgrundlage vor. Die Kritik beschränkte sich nicht allein auf die Praxis, sie betraf auch den Preis. Bei den spezialisierten Edelmetallhändlern konnte Gold günstiger erworben werden. Lucke hatte fein unterschieden und betont: »Wir verkaufen günstiger als die Banken.« Die *Wirtschaftswoche* legte am 28. November 2014 dar, dass die klassische Goldmünze, eine Zehntel Unze Krügerrand, bei der AfD derzeit 113,30 Euro zuzüglich Versandkosten koste. »Beim Frankfurter Online-Händler CoinInvest sind es nur 110,87 Euro. Mit 109,70 Euro beziehungsweise 109,50 Euro sind sowohl der Online-Shop von Degussa als auch der Münchener Anbieter pro aurum noch günstiger«, schrieb die Wirtschaftszeitung.

»In den Jahren 2014 und 2015 dürfte die AfD jeweils rund zwei Millionen Euro durch ihren Goldverkauf eingenommen haben«, sagte Lucke am 8. Dezember 2015 der *Welt* und beschwerte sich über eine geplante Änderung der Parteienfinanzierung. Denn die Regierungskoalition von CDU/CSU und SPD hatte den Vorschlag Lammers aufgegriffen. Am 17. Dezember vergangenen Jahres votierten die Bundestagsabgeordneten für einen Gesetzesentwurf der Großen Koalition, nach dem die Parteien für staatliche Zuschüsse ihre Einnahmen aus unternehmerischer Tätigkeit mit ihren Ausgaben verrechnen müssen. Der Gesamtumsatz darf nicht mehr länger Maßstab für die Höhe der Teilfinanzierung sein.

Vor der Gesetzesänderung verschickte der Vorstand der AfD ein Schreiben an die Mitglieder, in dem gewarnt wurde: »Wenn die Änderung des Parteiengesetzes in wenigen Tagen verabschiedet wird – und davon müssen wir ausgehen –, entsteht eine Finanzierungslücke für das Jahr 2017, die sich direkt auf den Bundestagswahlkampf auswirken würde. Zudem laufen wir durch die rückwirkende Geltung des Gesetzes in Gefahr, zu viel erhaltenes Geld eventuell rückzahlen zu müssen.« Beatrix von Storch sah gleich die Partei gefährdet: »Das ist kein Gesetz«, das sei ein Anschlag auf ihre Existenz. In dem Schreiben baten Meuthen und Petry auch gleich um Spenden. Mit großem Erfolg: Binnen knapp zwei Wochen gingen bei der AfD Spenden in Höhe von 2,1 Millionen ein. Der heraufbeschworene Angriff auf die Existenz blendet aus, dass die Fraktionen in den Landtagen durch die Gesetzgebung finanziell abgesichert sind.

In Sachsen erhält die AfD-Fraktion, so die Landtagspressestelle, pro Monat einen Grundbetrag von 74 153 Euro, plus einen Oppositionszuschlag von 27 497 Euro sowie für ihre 14 Abgeordneten je 2617,79 Euro. Pro Jahr bekommt die Fraktion an die 1 659 588,72 Euro. Im Haushaltsplan sind die Summen festgelegt. Die Fraktion in Brandenburg kann im Jahr mit 1 089 012 Euro aus dem Landeshaushalt rechnen. In Thüringen bekommt die Fraktion pro Monat einen Grundbetrag von 43 768,45 Euro, plus einen Oppositionsbonus von 10 942,11 Euro und für ihre acht Mandatsträger je 3180,66 Euro. Im Jahr erhält die Fraktion an die 961 870,08 Euro. Die Fraktion in Hamburg nach dem Fraktionsgesetz jährlich rund 610 860,00 Euro, die sich aus dem monatlichen Grundbetrag vom 47 440,00 Euro, dem Steigerungsbetrag von 1383,00 Euro für jedes Fraktionsmitglied und dem Oppositionszuschlag von 462,00 Euro ergibt. Mit dem Austritt eines Mitglieds aus der Fraktion an der Elbe sinkt die Bezuschussung leicht. In manchen Fraktionen sei es zudem üblich, dass die Abgeordneten einen Teil ihrer direkten Mittel an ihre Fraktion zahlen, erklärt Ulfert Kaphengst, Pressesprecher der Hamburger Bürgerschaft. In der Auflistung der Fraktionsgelder sind die Mittel der Mandatsträger nicht berücksichtigt – Diäten und Gelder für Mitarbeiter und Bürgerbüro.

Nach den Wahlerfolgen in Nordrhein-Westfalen, Rheinland-Pfalz und Sachsen-Anhalt hat sich für die AfD durch die neuen Fraktionen der finanzielle Spielraum massiv erweiterter. In Magdeburg erhält die AfD-Fraktion mit ihren 25 Mandatsträgern monatlich als Grundbetrag 56 176 Euro plus 3277 Euro Oppositionszuschlag und für die 25 Abgeordneten je 2622 Euro. Die Fraktion um Poggenburg hat damit rund 1 500 036 Euro jährlich für die parlamentarische Arbeit. Der Fraktionsvorsitzende erklärte aber am Wahlabend, was für eine Parlamentsarbeit ihm vorschwebte: »Natürlich wollen wir Politik im Parlament machen, aber das ist nur die Hälfte der Arbeit. Wir wollen uns nicht in ausgefeilten Anträgen und Gesetzesentwürfen verstricken und dafür viel Zeit investieren.«

Sie müssten ebenso »den Protest auf der Straße weiter vorantreiben«. Das Parlament könnte so für diese Fraktion eine bloße Propagandabühne werden.

In Deutschland wären sie nicht die ersten Rechten, die im Parlament gegen den Parlamentarismus agieren. Poggenburgs enger Parteifreund ist da auch schon mal bei einem Vortrag beim Institut für Staatspolitik am 21. November 2015 in Schnellroda deutlich geworden: »Wir können uns in Anbetracht der Staatskrise«, sagte Höcke, »in Anbetracht des einsetzenden Staatszerfalls nicht mit der Landtagsarbeit überbeschäftigen. [...] Wir müssen, und da kann es nur eine deutliche und ganz klare Ansage geben, das gilt für jeden Abgeordneten, [...] wir müssen raus auf die Straße und aufklären, aufklären, aufklären.«

»Neue wahrhafte Volkspartei«

Magdeburg, knapp drei Stunden nach den ersten Hochrechnungen. Kurz nach 21 Uhr trifft Poggenburg im Event- und Tagungscenter (ETC) ein, wo die Wahlparty der AfD stattfindet. Dort hat sie am 11. März bereits ihre Wahlkampfabschlussveranstaltung mit Gauland und Höcke ausgerichtet. Auch Wiebke Muhsal hat gesprochen. Zwei Tage später ist der nicht sehr große Saal voll.

Über 100 Mitglieder und Sympathisanten, meist Männer, einige junge, schauen zur Bühne. »André, André, André«, skandieren sie, als ihr Spitzenkandidat schnellen Schrittes die Bühne betritt. »Dieser Tag ist unser Tag«, verkündet Poggenburg mit hochgestrecktem linken Arm unter lautem Applaus. »Wir haben Rekorde gebrochen«, betont er am Redepult, an dem ein Plakat mit der Aufschrift »Es reicht! Sachsen-Anhalt wählt AfD« hängt. Am Abend des 13. März nicht mehr bloß ein Wahlslogan. »Wir haben das geschafft, was die Etablierten seit Jahren versuchen. Wir haben Politik wieder interessant gemacht. Wir haben die Leute an die Wahlurne bekommen«, sagt er bemüht kämpferisch und: »Wir sind Zeuge gewesen einer Entwicklung, nämlich dem Entstehen einer neuen wahrhaften Volkspartei.« Unter starkem Applaus verlässt er nach der kurzen Rede die Bühne, an deren Seite Aufsteller mit dem Wahlslogan »Die

Stimme der Bürger – unser Programm« stehen und auf deren Rückwand zuvor die Wahlberichterstattung übertragen wurde. »So sehen Sieger aus, schalalalala«, tönt es aus den Boxen und die Gäste stimmen mit ein. Ein anderer sprach vorher länger und deutlich politischer – sein Parteifreund Björn Höcke.

Lachen und Jubeln kam bei den Besuchern der Wahlparty gleich bei der ersten Hochrechnung zu den Ergebnissen der anderen Parteien auf. »AfD, AfD, AfD«, wird da schon unter rhythmischem Klatschen skandiert. »Jetzt geht's los«, rufen sie, als Höcke die Bühne betritt. »Das ist unser bester Mann«, ist auf einem Video auf der Facebook-Seite des Landesverbandes von einem Mann deutlich zu hören. »Was für ein großartiger Tag«, beginnt Höcke und begeistert sofort die Gäste. Wieder erschallen »AfD, AfD, AfD«-Rufe und er hält inne. Lässt den Moment wirken. Er wartet. Im Gegensatz zu Poggenburg ist er ein guter Redner, der weiß, wann Pausen für die Reaktionen geboten sind. Ihr habt gekämpft »wie die Löwen für euer Land«, sagt er und betont: »Ich habe gesagt, das Gute wird siegen. Und das Gute hat gesiegt.« »Jawohl«-Rufe erfolgen. Diese Dichotomie von »Gut und Böse«, »Schwarz und Weiß«, »Freund und Feind«, »Einheimische und Fremde« gefällt. Eine vermeintlich einfache Welterklärung für angeblich einfache Lösungen. »Wir haben eine neue Epoche in der Parteiengeschichte in der Bundesrepublik eingeleitet«, fährt Höcke fort und sendet seine Glückwünsche nach Rheinland-Pfalz und Baden-Württemberg, alle Ergebnisse seien »so gigantisch«. Die »Altparteien«, von den ganz Linken bis zur links-liberalen CDU, hätten heute von den Wählern, von »unserem Volk«, das ein gutes und gutmütiges sei, die »Gelbe Karte gekriegt«. Diese Landtagswahlen seien keine gewöhnliche Wahlen gewesen, sagt er: »Das waren Abstimmungen über die Politik der Bundeskanzlerin Angela Merkel.« »Merkel muss weg!«-Rufe folgen. Noch niemals habe »eine Kanzlerin, ein Kanzler« seinem Land so schweren Schaden zugefügt »wie diese Frau«, sagt er: »Unter der Kanzlerschaft von Angela Merkel ist etwas versucht worden, was es in dieser Form und Intensität noch nicht gab, nämlich ein gewachsenes Volk mit Gewalt in eine multikulturelle Gesellschaft zu transformieren. Das wollen wir nicht!« Erneut skandieren die Besucher »Merkel muss weg!«. Die »Altparteien« hätten die Gelbe Karte gezeigt bekommen, greift er die Metapher wieder auf, um dann hervorzuheben: »Frau Angela Merkel hat heute ihre Rote Karte bekommen«, und fordert, unterstützt von den Gästen, die den Satz gleich mitsprechen: »Treten Sie zurück!«

Im Saal wird mit Bier und Sekt weiter angestoßen. Die ersten Wahlanalysen von Infratest Dimap können schon genauer den »typischen AfD-Wähler« umreißen. Bei allen drei Wahlen wurde erkennbar, sagt Roberto Heinrich vom Meinungsforschungsinstitut Infratest dimap, dass »der AfD-Wähler« ein Zukunftsskeptiker sei, »also sehr beunruhigt über die Verhältnisse im Land«, und »eine ausgeprägte Ausländerangst bis Ausländerfeindlichkeit« sowie »eine ausgeprägte Islamangst beziehungsweise Islamfeindlichkeit« verinnerlicht habe.

Aus dem Kongresszentrum berichten nicht nur öffentlich-rechtliche Medien live, auch rechte Medien sind online. Einem Medium hat der Landesverband besondere Möglichkeiten für die Berichterstattung geschaffen. Gleich am Eingang durfte *Compact* um Jürgen Elsässer ein Sendestudio einrichten. Für Elsässer hat Poggenburg auch Zeit und lässt sich ausführlich interviewen – die anderen Pressevertreter dürfen warten. Vor der Glastür des provisorischen Studios stehen Security-Männer. Im Raum führt Elsässer mit Poggenburg ein Gespräch, das live im *Compact-TV* auf ihrem Youtube-Kanal verfolgt werden kann – mit dabei: Götz Kubitschek. Alle drei kennen sich bestens und schätzen sich. Im Gespräch, das in Auszügen später in der Aprilausgabe von *Compact* dokumentiert ist, gibt sich Kubitschek ganz als neurechter Denker, der die Realpolitik zurückhaltend betrachtet. Zusammen mit seiner Frau Ellen Kositza, die sich ebenso stark in diesen Netzwerken engagiert, ist er zu der Party erschienen. Beide unterhalten sich angeregt mit den anderen Gästen. Vor der Kamera sagt Kubitschek: »Vor drei Jahren hätten wir nicht daran gedacht, dass es so was wie die AfD oder Pegida mal geben könnte. Wir hätten niemals gedacht, dass es ein Bundesland geben könnte, wo eine Partei, die rechts der Mitte steht, Direktmandate holt.« Bei der Wahl gewann die AfD allein in Sachsen-Anhalt 15 Mandate direkt. Er warnt aber davor, alles, was der Fraktion jetzt zuarbeiten könne, ins Parlament reinzusaugen, und befürchtet, dass auch das »eherne Gesetz der Oligarchie« die AfD erfassen könnte. Diese Partei, hofft er allerdings, müsse weiterhin eine »Bewegungspartei« bleiben. Das sei der »große Verdienst« der Verbände in Thüringen, Sachsen-Anhalt und Brandenburg, »und das ist auch Teil der Aufgabe, die man dieser großen Fraktion jetzt auch von außen nahelegen muss«. Elsässer fragt gleich, ob die AfD jetzt nicht die Kraft zu einer Demonstration in Berlin hätte, »mit 500 000 und dann hat Mutti fertig«. Im Gespräch widerspricht Poggenburg nicht, sie hätten schon immer auf einen Schulterschluss mit Pegida hingewirkt und meint: »Wir haben nicht nur ein Ostdeutschland, sondern auch West-Bundesländer, die doch noch ein wenig anders ticken.« Kubitschek ergänzt, die AfD sei ein »Baustein eines Widerstandsmilieus. Natürlich ein großer und prominenter Baustein, ein richtiges Fundament«, wie auch »publizistische Initiativen«, die Parteien »gar nicht stemmen« könnten, sie blieben wichtig, so notwendig wie Bürgerinitiativen.

Eine Bürgerinitiative, die Kubitschek und Elsässer schon gegründet haben, unterstützt von dem neu gewählten AfD-Landtagsabgeordneten Hans-Thomas Tillschneider, ist »Ein Prozent für unser Land«. Einträchtig verfolgen auch Kubitschek und Tillschneider im ECT die Fernsehwahlberichterstattung. Von der Wahlparty berichten für die Initiative »Ein Prozent« Martin Sellner und Philip Stein online. »Ein Prozent« hatte für den Wahltag eine Kampagne zur Wahlbeobachtung initiiert, da sie eine mögliche Benachteiligungen der AfD befürchtete. Mit großem Erfolg, wenn man Sellner und Stein glauben mag, die auch bei der »Identitären Bewegung« stark involviert sind. Sie berichten, dass sich »rund 3000 Wahlbeobachter« auf den »Weg gemacht« hätten, um eine sichere und faire Wahl zu gewährleisten. Ihr Fazit: »Die Wahlergebnisse sprechen für sich. Wir sagen Danke.« Danke sagt an dem Abend ebenso Poggenburg, der später nicht müde wird zu betonen, »gemeinsam mit Björn Höcke und Alexander Gauland einen gradlinigen nationalkonservativen Kurs in der Partei« erfolgreich eingehalten und durchgesetzt zu haben, sodass die »wirtschaftsliberalen Transatlantiker die AfD nicht vereinnahmen konnten und auf dem Essener Bundesparteitag hinausgebeten wurden«.

An dem Wahlabend teilen die langjährigen Freunde Höcke und Kubitschek auch eine neue große Hoffnung. Wenn die »Altparteien« weiterhin keine Politik für das Volk machen, so prophezeit Höcke im Saal, werde bei der Bundestagswahl 2017 »diese neue Volkspartei, diese neue seriöse bürgerlich patriotische Kraft, auf die unser Volk so lange gewartet hat, zur stärksten Fraktion«. Das sei die »Zielmarke«, die sie sich setzen sollten und »keine andere«. Im Studio sagt Kubitschek nach diesen Wahlerfolgen in drei Bundesländern: »Noch ein, zwei solche Schritte und diese Republik bebt.«

Vom Rittergut ins Schlachtengetümmel – Netzwerke und Vordenker der »Neuen Rechten«

Die Küche in dem 700 Jahre alten Gebäude ist etwas dunkel. Nur durch ein Fenster fällt Licht auf einen großen Holztisch, einen Kachelofen und eine Küchenzeile aus Holz und Stahl. Eine gemütliche Küche, die mehr als ein funktionaler Kochraum ist. An dem Tisch mit Stühlen und Sofa dürfte lebhaft über Politisches und Privates gesprochen und gestritten werden. Das Brennen für eine Sache, in der das Private ins Politische und das Politische ins Private ineinander übergehen, ist fast spürbar. Auf dem Tisch steht ein Holzkerzenständer aus zwei Lebensrunen gebildet, am Kachelofen prangt ein Aufkleber von »Ein Prozent für unser Land«. Links und rechts an den Stirnseiten des Tisches sitzen Hausherrin und Hausherr des Ritterguts Schnellroda: Ellen Kositza und Götz Kubitschek – zwei der führenden Vertreter der Neuen Rechten. »Auf einen Kaffee« hat sich das Paar spontan für ein Gespräch am 26. Januar 2016 eingelassen. Mit der Presse reden sie eigentlich nicht so gerne. Bei einem Kaffee auf dem Rittergut, das Familienwohnsitz ist und auch die Räume des »Instituts für Staatspolitik« (IfS) sowie des Verlags Antaios beherbergt, wird es denn auch bleiben.

In der tiefsten sachsen-anhaltinischen Provinz führen Kositza und Kubitschek die vermeintlich letzte Trutzburg gegen die egalitäre Totalität. Das Rittergut mit mehreren Gebäuden und den sauber verputzten sandfarbenen Fassaden liegt etwas nach hinten versetzt an der Hauptstraße. Im Mai 2000 gründete Kubitschek zusammen mit Karlheinz Weißmann das IfS. Der Erfolg des Hamburger Instituts für Sozialforschung (HIS) um Jan Philipp Reemtsma hatte sie inspiriert. Dem HIS war es 1995 gelungen, mit der von

Hannes Heer mitkonzipierten Ausstellung »Vernichtungskrieg. Verbrechen der Wehrmacht 1941 bis 1944« im vorpolitischen Raum nachhaltig die Diskussion über die deutsche Armee zu beeinflussen. Vom »sauberen Krieg« der Wehrmacht und den »ehrlichen Soldaten«, die angeblich nichts von der Vernichtung der europäischen Juden und der russischen Zivilbevölkerung wussten und nicht beteiligt waren, konnte von da an nicht mehr gesprochen werden. In wissenschaftlichen Expertenkreisen waren die Verbrechen längst bekannt, in der breiten Öffentlichkeit wurden sie bis dato aber kaum wahrgenommen. Vom 5. März 1995, fünfzig Jahre nach Ende des Zweiten Weltkriegs, bis zum 4. November 1999 war die Ausstellung in 34 Städten zu sehen.

In der neurechten Wochenzeitung *Junge Freiheit* (JF) ging am 5. November 1999 Karlheinz Weißmann im Gespräch auf das HIS ein: Das »Institut« sei »vor allem ein Versuch institutionalisierter politischer Beeinflussung der Öffentlichkeit«. Weißmann warf die Frage auf, inwieweit ein »Reemtsma-Institut ›von rechts‹« geboten sei. Diese Bezeichnung gefiel Kubitschek. »Das ist ein griffiges Etikett, in dem so der richtige Angriffsgeist steckt«, sagte er am 21. April 2000 in der *Jungen Freiheit* und sprach von der geplanten Institutsgründung im Mai desselben Jahres. Kubitschek, der Germanistik, Geografie und Philosophie auf Lehramt studiert hatte, führte damals aber auch gleich aus: »Wenn wir uns ganz ohne Eitelkeit die Frage stellen, was wir mit unseren Vorträgen, Büchern und Zeitungsartikeln treiben, lautet meiner Meinung nach die Antwort: Wir beteiligen uns an einem Spiel. Das bedeutet: Obwohl wir selbst unsere Arbeit sehr ernst nehmen, werden wir derzeit nicht wirklich gebraucht. Unsere vollkommen abgesicherte Gesellschaft wird durch unsere Warnrufe und Forderungen nicht berührt«, doch das würde »nicht immer so bleiben; weil es in meiner Generation sehr, sehr viele Leute gibt, die von diesem saturierten Spiel die Nase voll haben; weil wir unser Pulver trocken halten müssen; und weil die Stimmung für uns arbeitet: Es liegt etwas in der Luft.« In einem Schreiben des IfS – noch »im Aufbau« – führte Kubitschek am 1. Juni 2000 aus: »Deutschland befindet sich in einer existentiellen Krise«, es habe »im

Zuge der Kulturrevolution von 1968 den letzten Rest seines politischen Selbstbehauptungswillens verloren. Positives Nationalbewusstsein und der Glaube an die Zukunft der eigenen Nation wird jungen Menschen systematisch ausgetrieben.« Die »Wehrmachtsausstellung« sei ein Beispiel für diese Politik. »Jahrgangsweise wurden Schüler durch die Ausstellung geschleust, mit effektvoll platziertem Bildmaterial überrumpelt und so ihren Großvätern entfremdet«, lamentierte er und warb auch gleich um Spenden.

2016, 16 Jahre nach der Gründung des IfS, das zunächst in Bad Vilbel seinen Sitz hatte, sieht die Neue Rechte ihre Zeit gekommen. »Wir sind im Aufwind, unsere Ideen finden großen Widerhall«, sagt Kositza am Küchentisch mit einer Zigarette in der Hand. 2003 war das Paar in das Rittergut in die Gemeinde Steigar mit rund 460 Einwohnern gezogen. An diesem Ort zwischen Halle und Jena, am Rand der Müchelner Kalktäler, kommt man nicht einfach zufällig mal vorbei. Doch räumliche Distanz ist im virtuellen Zeitalter keine politische Begrenzung mehr. Ihr Verlag Antaios würde wachsen, erzählt Kositza, Jahrgang 1973, eine schmale blonde Frau, die Germanistik und Geschichte studiert hat. Ihre Webseite hätte 30 000 Zugriffe. Sie seien meistens hier, sagt Kubitschek.

»Graswurzelrevolution« – Institut für Staatspolitik

In den letzten Jahren verließ das Spektrum um das IfS seine Schreibtische und brachte sich bei Pegida und der AfD ein. Sie eint nicht nur das äußere Feindbild, die angebliche Bedrohung der deutschen Nation durch Flüchtlinge und Asylsuchende, sie teilen auch das innere Feindbild: »die 68er« und »Gutmenschen«. »Viel Kraft und Zeit« hätten sie in die »Konsolidierung dieser Bürgerbewegung« gesteckt, schreibt Kubitschek in dem von ihm und Kositza 2015 herausgegebenen Gesprächsband *Tristesse Droite. Die Abende von Schnellroda*. Andreas Lichert, der im Verein des IfS involviert ist, sagt im Herbst 2014 auf dem neurechten »Zwischentag« in den Räumlichkeiten der »Alten Breslauer Burschenschaft der Raczeks zu Bonn«, dass die AfD eine »ganz wichtige Funktion« innehabe, die sie auch wahrnehmen müssten. In einem Mitschnitt der Rede, die

dem ARD-Politikmagazin *Monitor* zugespielt wurde, führt er weiter
aus: »Sie ist überhaupt das Maximum an Resonanzraum für unsere
Ideen, das wir uns vorstellen können.« Der »Zwischentag« ist eine
Messe mit Vorträgen und Verlagspräsentationen, die auf eine Initiative von Kubitschek zurückgeht. Auf der Webseite zum »Zwischentag« stellt sich auch der Organisator Felix Menzel vor, Gründer des neurechten Internetprojekts *Blaue Narzisse*.

Der Veranstaltungsort der Messe verwundert nicht. 2011 wollten
die »Raczeks« auf dem Deutschen Burschentag beim Dachverband
der »Deutschen Burschenschaft« (DB) per Antrag indirekt durchsetzen, dass weiterhin nur Männer deutscher Abstammung Mitglied
werden dürfen. Ein deutscher Pass, eine deutsche Staatsbürgerschaft
macht für sie noch keinen Deutschen aus. Der Dachverband sollte
die »Burschenschaft Hansea zu Mannheim« ausschließen, weil diese
Kai Ming Au, einen Deutschen mit asiatischen Gesichtszügen, aufgenommen hatten. Dass Au in Mannheim geboren worden war, die
vorgeschriebenen Fechtmensuren geleistet und bei der Bundeswehr
gedient hatte und sich zum »deutschen Vaterland« bekannt, reichte
nicht. Nicht deutsch genug? Au, der der Sprecher seiner Burschenschaft war, wollte das nicht glauben. »Als ich das erfahren habe, war
ich sauer, verärgert, fassungs- und sprachlos«, sagte er. Der Konflikt
löste einen nachhaltigen Streit aus. Mehrere Burschenschaften verließen die DB, da der Dachverband für sie zu weit nach rechts gerückt war.

Vor der Tür des Ritterguts, in dem das Paar mit sieben Kindern
lebt, muss erst einmal gewartet werden. Auf die Frage, ob er und
seine Frau Zeit und Lust auf ein Gespräch hätten, es müsse auch
nicht unbedingt jetzt sein, meint Kubitschek: »Warten Sie, ich frage
meine Frau.« Nach kurzer Rücksprache bittet der groß gewachsene
45-Jährige mit kurzem hellen Haar und Dreitagebart ins Gebäude.
Im hinteren Teil des Hauses geht es die Treppe hoch in einen Saal
mit Sitzgelegenheiten, einfach und rustikal, daran schließt sich das
Lager des Verlages an. Vor sechs Jahren, im Zuge der Auseinandersetzung um Thilo Sarrazins Buch *Deutschland schafft sich ab*, ge-
langte ihre schmale Publikation aus der »Wissenschaftlichen Reihe«

des IfS *Der Fall Sarrazin – Eine Analyse* auf die Bestsellerliste von Amazon. Über 15 000 Exemplare der Schrift, in der die vermeintliche Tabuisierung der Thesen und ihr Scheitern dargestellt werden, konnte der Verlag nach eigenen Angaben verkaufen. In den Regalen liegen Publikationen des 2000 anfänglich als Edition Antaios gegründeten Verlags Antaios. Den Namen für seinen Verlag hat Kubitschek der griechischen Mythologie entliehen. Der Mythologie nach ist Antaios, Sohn von Poseidon und Gaia, ein Riese, den Herakles immer wieder beim Ringen zu besiegen versucht. Herakles gelingt es auch, Antaios auf den Boden zu drücken, doch der Niedergerungene empfängt aus der Erde neue Kraft. Dieser Bezug dürfte zu einem Projekt passen, dessen Inhaber über sich selbst sagt: »Ich bin organisch aufgebaut.« Er ist vielleicht aber doch unpassend, denn Herakles gewinnt, nachdem er die Erde als Kraftquelle erkannt hat und Antaios in der Luft haltend erwürgt. Ohne Erdung, ohne Verwurzelung, das dürfte Kubitscheks Botschaft in der Namenswahl sein, droht das Ende des Einzelnen, das Verschwinden des Volkes.

In den Regalen liegt auch ein erneut stark beachtetes Werk: *Das Heerlager der Heiligen* von Jean Raspail. Das Buch zur rechten Zeit für ein bestimmtes Klientel. Der Inhalt des 1973 bereits in Frankreich erschienenen Romans: Eine Flotte mit einer Million verhungernder Inder bricht, vor Not und Elend fliehend, nach Europa auf. Weitere Menschen aus der sogenannten Dritten Welt folgen, viel zu viele für den Romanautor. »Auf diese drohende, waffenlose Invasion«, so der Verlagstext, reagierte das »realitätsblind gewordene Abendland« mit einem »utopisch-humanitären Taumel, der letztlich seinen Untergang zur Folge hat«.

«Bitte entschuldige Sie die Unordnung«, sagt Kubitschek, als das Büro mit Computern und voll beladenen Schreibtischen betreten wird. Das IfS habe gerade erst seine 16. Winterakademie zum Thema »Widerstand« mit rund 130 »jungen Leuten« ausgerichtet. Die Winterakademie ist ein integraler Bestandteil der Arbeit des IfS im vorpolitischen Raum, neben der wissenschaftlichen Reihe, der Zeitschrift *Sezession* und des gleichnamigen Webblogs. Institut und

Messen, Verlage und Internetportale, Zeitungen und Schriften-reihe – das IfS hat in den vergangenen Jahren vieles aufgebaut und angestoßen, oft von den Medien lange unbeachtet. Es wurde eine politische Strahlkraft entwickelt, die Mitbegründer Weißmann schon vor Jahren strategisch angedacht hatte. 1988 schrieb der Stu-dienrat eines Northeimer Gymnasiums in *Criticón*: »In einer plura-listischen Gesellschaft definiert sich der Einfluß einer Gruppierung nicht alleine und vielleicht nicht einmal zuerst durch deren sichtba-ren Anteil an der politischen Macht. Worauf es ankommt, das ist zunächst die Besetzung von Feldern im vorpolitischen Raum: nur eine vitale Subkultur garantiert längerfristig die Durchsetzung eige-ner Zielvorstellungen.« Das »Problem für die Konservativen«, so zitiert Helmut Kellershohn in der von ihm 1994 herausgegebenen Studie *Das Plagiat. Der völkische Nationalismus der Jungen Freiheit* Weißmann weiter, bestünde »nun darin, dass sich eine solche Sub-kultur nicht ›machen‹ lässt. Man hat hier von Hause aus Probleme mit dem Spontanen und dem Improvisierten. Und nicht zuletzt deshalb gibt es eben kein rechtes Straßentheater, keine konservati-ven Liedermacher, kaum nationale Buchläden und eben auch nicht jenen Wald von Blättern und Blättchen, der der linken und alterna-tiven Szene zur Verfügung steht, um Information und Lebensgefühl durch ein ganzes Kapillarsystem sickern zu lassen.«

Den Verweis auf die linke Szene griff Weißmann 1989 in dem neurechten Theorieorgan *Criticón*, das seit 2005 nicht mehr er-scheint, erneut auf und wurde noch deutlicher: »Der Formation und dem Machterwerb der Linken in West-Westdeutschland ging eine erfolgreiche kulturelle Umwälzung voraus, die Deckung im vorpolitischen Raum schuf [...] Eine derartige ›Graswurzel-Revolu-tion‹ von Seiten der Konservativen hat bis heute nicht stattgefun-den.« Sein Credo: Eine »konservative Basisbewegung« müsse ange-strebt werden, die »innerhalb und außerhalb des parlamentarischen Raumes« agiert. In der *Jungen Freiheit* bezog sich der Blattgründer und Chefredakteur Dieter Stein am 4. April 1992 in einem Beitrag mit dem Titel »Niederwerfung der Konservativen« auf Weißmann, um die damalige Strategie des Blattes darzulegen: »Inzwischen scheint sich die Erkenntnis wieder durchzusetzen, dass das Zentrum nicht eine Partei sein kann, sondern ein vielfältiges politisches, kulturelles und publizistisches ›Kapillarsystem‹ (Weißmann), durch das konservative Vorstellungen in breitere Schichten sickern können. Eine Partei, die sich als konservativ versteht, wäre diesem Vorfeld nicht überzustülpen, sondern diesem als parlamentarischer Arm unterzuordnen.« Offen benannte er den Doppelcharakter der Strategie, Bewegung und Partei zu unterstützen.

»Konsolidierung dieser Bürgerbewegung« – Meta- und/oder Parteipolitik

Im neurechten Spektrum löste nicht erst die Entwicklung der AfD Diskussionen über die Unterstützung einer Partei aus. »Die Republikaner«, der »Bund freier Bürger« und »Die Freiheit« waren schon einmal die Hoffnungsträger für eine Partei rechts von der Union. Im Gesprächsband *Tristesse Droite* tauschen sich Kubitschek und Kositza mit Erik Lehnert, Thorsten Hinz, Martin Lichtmesz, Nils Wegner und Raskolnikow über die AfD aus. Die Partei hätte das »JF-Milieu« aufgerollt und vor sich her getrieben, sagt Kubitschek und führt wohlmeinend aus: »Die Leute hatten plötzlich das Gefühl, dass hier das Sprechen über bestimmte Probleme möglich wird, ohne dass man das nur hinter vorgehaltener Hand tun kann, dass man also auf einen Schlag offen über eine politische Alternative und damit über Probleme sprechen kann, die es in diesem Land zweifelsohne gibt.« Die AfD als Türöffner für ihre politischen Positionen, aber, so schiebt Kubitschek nach: »Jeder, der sich jetzt gegen diese Partei wendet und sagt, Moment mal, auch diese Partei ist erst einmal grundsätzlich eine Partei, die sich verhalten wird wie jede andere Partei – die wird die gleichen Typen hervorbringen, in die gleichen Schwierigkeiten taumeln, die wird sich programmatisch abschleifen wie jede Partei und so weiter – jeder, der das sagte, galt gleich als ein Artillerist, der friendly fire auf die eigenen Reihen legt.« Lehnert, der seit 2014 Geschäftsführer des IfS ist, bestärkt Kubitschek: »Die Heilserwartungen wurden nicht zuletzt von der Jungen Freiheit geweckt, wenn ich da so an die Aufmacher denke, immer so: Jetzt oder niemals, jetzt AfD wählen.« Im Hinterkopf, so Lehnert weiter, stehe die »linke Erfolgsgeschichte« der Grünen.

Auf die Ambivalenz zwischen Meta- und Parteipolitik ihrer Strategie verweist 2007 das Heft Nummer 10 der wissenschaftlichen Reihe des IfS: *Parteigründung von rechts.* »Der Herausgeber dieser Studie, das [...] IfS, will nicht verhehlen, dass es mit seiner Arbeit stets auch versucht hat, junge Leute von einem Engagement in einer Partei abzubringen«, heißt es in der Einleitung. Übereinstimmend hätten ihnen Parteipolitiker »selbst der unteren Ränge« erklärt, dass »über 80 Prozent der Arbeitszeit für den Aufbau von Seilschaften oder der Zerstörung der Personalstruktur des ›Parteifreundes‹ drangegeben werden« müsse. Die »ursprünglichen Motive für das Engagement, seien es Idealismus oder Verantwortungsbewusstsein« spielten »keine Rolle mehr! Es ist nicht die schlechteste Aufgabe, einen jungen Mann von diesem Lebenskonzept und der Verschwendung seiner Kraft zu bewahren!« 33 Seiten weiter wird allerdings im Fazit dargelegt: »Das politische System der BRD kann sich eigentlich nur noch nach rechts ausdifferenzieren. Grob gesehen gibt es für jede soziale Schicht eine linke und eine an der Mitte orientierte Partei (Oberschicht: Grüne/FDP, Mittelschicht: SPD/CDU), lediglich die unteren gesellschaftlichen Schichten sind derzeit nur durch die Linkspartei« auf Bundesebene vertreten. »In Kombination mit der zunehmenden Relevanz typisch rechtspopulistischer Themen wie Zuwanderung und Integration steigen die Chancen für Rechtsparteien aber weiterhin. Historisch ist die Situation derzeit vergleichsweise günstig für eine neue Partei rechts von der Union.« 2016, neun Jahre später, scheint sich die Einschätzung des IfS mit der AfD zu bestätigen. Doch diese Prognose formulierten auch andere.

Schon seit Jahren warnten Parteienforscher, Rechtsextremismusexperten und Einstellungsforscher wie Richard Stöss, Frank Deckert und Wilhelm Heitmeyer vor einer rechtspopulistischen Partei, die sich in Deutschland etablieren könnte. Am Abend des 2. September 2001 offenbarte der Erfolg der »Partei Rechtsstaatliche Offensive« um Ronald Barnabas Schill bei der Hamburger Bürgerschaftswahl, dass diese Sorge begründet war. Aus dem Stand schaffte die erst im Juni des Jahres gegründete rechtspopulistische Partei den Sprung von null auf 19,4 Prozent. Die Partei, die vor allem als »Schill-Partei« bekannt war, zog nicht nur in die Hanseatische Bürgerschaft, sondern bildete mit der SPD auch gleich die Landesregierung.

Das Forschungsprojekt »Gruppenbezogene Menschenfeindlichkeit« um den Soziologen Heitmeyer untermauerte 2002 in der Studie *Deutsche Zustände, Folge 1*, dass diese Entwicklung unter bestimmten Voraussetzungen keine Ausnahme sein muss. In Westdeutschland, stellten die Wissenschaftler in einer empirischen Untersuchung fest, könnten 18,3 Prozent der 3000 Befragten dem »rechtspopulistischen Potential zugerechnet werden«; in Ostdeutschland 24,8 Prozent. 2015 offenbarte die Studie *Wut, Verachtung, Abwetung* von Andreas Zick und Beate Küppers, dass im Erhebungsjahr 2014 »fast 42 Prozent der Deutschen zu rechtspopulistischen Einstellungen« neigten. Diese Zustimmung sei im Osten mit 28 Prozent wesentlich höher als im Westen mit 18 Prozent.

In *Tristesse Droite* wird der Konflikt zwischen Meta- und Parteipolitik in der Neuen Rechten überdeutlich. Wegen seiner anfänglichen Zurückhaltung gegenüber der politischen Praxis wurde das Umfeld des IfS massiv kritisiert. Das legt zumindest Lehnert nahe, wenn er sagt, dass sie »sogar in eine Rechtfertigungsposition gekommen [seien]. Denn am Ende hieß es dann: Jaja, ihr macht schöne Theorien, aber jetzt können wir was bewegen, wo seid ihr eigentlich? Ihr kritisiert nur rum, friendly fire.« Ein Vorwurf aus dem Milieu, der seit geraumer Zeit nicht mehr für alle aus dem IfS-Spektrum zutrifft. Längst sprach Kubitschek in Dresden und Leipzig bei Pegida und Lichert versuchte im Januar 2015, Referent der Landtagsfraktion der AfD in Thüringen zu werden, um im Arbeitskreis »Asyl und Einwanderung« mitzuwirken. Der Vertrag als Honorarkraft für die Fraktion kam aber nicht zustande, da drei Abgeordnete ihn als zu »weit rechts« einordneten. Später mussten sie die Fraktion um ihren Vorsitzenden Björn Höcke verlassen. In Hessen ist Lichert seit einiger Zeit in der AfD aktiv. Er ist Beisitzer im Vorstand Kreis

Wetterau und eröffnete 2013 in Karben eine »Projektwerkstatt« an der Bahnhofstraße, wo er Gesprächskreise ausrichtete – einer der Referenten: Felix Menzel.

Auf dem Weg zur Küche durch den Gebäudekomplex des IfS trifft man keineswegs auf spießiges Ambiente und biedere Ordnung. Kubitschek erscheint bei Veranstaltungen auch nicht wie Weißmann und Stein in Anzug, Krawatte und Hemd. Ihr Habitus unterscheidet sich ebenfalls. Gemein haben Kubitschek, Weißmann und Stein aber schon ihr Engagement in der bündischen Studentenverbindung »Deutsche Gildenschaft« (DG). Dieser Bund für die »akademische Jugend« wurde 1958 gegründet, die ersten Vorläufer reichen aber bis 1920 zurück. In ihrer »Salzburger Erklärung« versichert die DG, sich für das »deutsche Volkstum« auch außerhalb der Bundesrepublik einzusetzen. Eine gesellschaftliche Offenheit, die die »nationale Identität« gefährdet, lehnen sie ab. Die innere Einheit könnte nur eine »Aussöhnung des deutschen Volkes mit sich selbst« ermöglichen, indem man sich der Wahrheit der Geschichte stelle, heißt es weiter. Vom Nationalsozialismus wird hier nicht gesprochen, sondern nur von »SED-Diktatur«. Die DG ist ein »Zusammenschluss von Personen aus völkisch-nationalistischen und radikal nationalen Bünden«, sagt der Politikwissenschaftler Gideon Botsch, der am Moses Mendelssohn Zentrum in Potsdam zu bündischen Jugendgruppen forscht. Die Nähe des IfS zu diesem Spektrum zeigte sich auch 2009, als Lehnert Referent beim Gildentag der »Gorck Fock zu Hamburg« war, einer der aktiven DG-Gilden.

Das Bündische hin zur Natur, zum bodenständigen Leben scheint die Raumgestaltung des Rittergutes beeinflusst zu haben. Viel Holz, vieles wirkt liebevoll selbst gemacht. Aktuelle Trends der Raumgestaltung, neueste Mode? Nein, danke. Veränderung sei ihr zuwider, sagt Kositza in *Tristesse Droite* und erzählt: »Bloß keine Modeeinkäufe. Mein Onkel ist gestorben vor ein paar Jahren, Götz [gemeint ist ihr Ehemann Kubitschek, A. S.] hat schon zig seiner Schuhe aufgetragen, Arbeitsstiefel, Turnschuhe, Sandalen, bis die zerfallen sind. Unsere Bettwäsche, die Handtücher: alles aus Omas Beständen. Wir lassen alles reparieren. Geht 'ne Armbanduhr kaputt, sagt mir der Juwelier, das wird zu teuer, kaufen Sie sich lieber 'ne neue. Sag ich: Nee, lieber reparieren. Wir haben einen uralten Sattler im Nachbardorf. Der ist schon wegen uns dauernd beschäftigt. Sessel, Stiefel, Lederhosen.« In der Küche räumt die Autorin des Buches *Gender ohne Ende – oder was vom Manne übrigbleibt,* veröffentlicht bei Edition Antaios, den Tisch auf. »Mit Milch, Zucker?«, fragt sie. »Nein, danke«. Ein Kaffeebecher mit durchgestrichenem »PC« – gegen Political Correctness – wird überreicht.

»Political Correctness und Gutmenschen« – Vermeintliche Denk- und Sprechtabus

In den vergangenen Jahrzehnten hat die Neue Rechte verschiedenste Kampagnen gegen die von »den Linken«, »den Feministinnen«, »den 68ern« und »den Gutmenschen« vermeintlich forcierte herrschende Political Correctness gefahren, die mit ihren Sprachregelungen und Tabuisierungen angeblich Meinungen und Diskussionen unterdrücken und verhindern wollen. Den Begriff Political Correctness prägten in den 1960er Jahren anfänglich Linke, Schwarze und Feministinnen in den USA. Mit ihren Kampagnen wollten sie, ausgehend von gesellschaftlichen Minderheiten, auf der semantischen Ebene eine Gleichberechtigung erstreiten, um damit Diskriminierungen abzubauen und Gleichberechtigung auch in anderen Lebensbereichen zu erreichen. Für die Rechte ein No-Go. Wie Martin Dietzsch und Anton Maegerle vom Duisburger Institut für Sprach- und Sozialforschung schon 1996 hervorgehoben haben, brachten »die Forderungen nach einer besseren Artikulation der Interessen und Sichtweisen der an den Rand gedrängten sozialen, ethnischen und kulturellen Gruppen, insbesondere von Frauen und Minderheiten, […] mit sich, daß die gleichsam selbstverständliche Dominanz der angelsächsischen männlichen ›mainstream‹-Kultur und ihrer Träger im öffentlichen Leben infrage gestellt wurde«. Damit benannten die beiden Autoren den bis heute subkutanen Konflikt unter dem oberflächlichen Beklagen, dass man angeblich nicht alles sagen und diskutieren könne – dass man »einen Neger-

kuss« nun »Schokokuss« nennen müsse und ein »Zigeunerschnitzel«
kein »Zigeunerschnitzel« bleiben dürfe.

Seit 1989, dem Ende der Regierungszeit des US-amerikanischen
Präsidenten Ronald Reagan, formierte sich eine immer stärker wer-
dende Bewegung mit dem Label »Anti-PC« gegen eine plurale multikulturelle Gesellschaft, in der auch Geschlecht, Lebens- und Lie-
besweisen frei verhandelt werden können. In Deutschland befeuerte
Klaus Rainer Röhl mit seinem 1995 erschienenen Buch *Deutsches
Phrasenlexikon. Politisch korrekt von A bis Z* diese Auseinandersetzung. Mit dem Werk wollte der ehemalige Verleger der linken Zeitschrift *Konkret* und frühere Ehemann der RAF-Terroristin Ulrike
Meinhof vermeintlich humorvoll die »wichtigsten Worte und Re-
dewendungen des politisch korrekten Jargons« vorführen und diskreditieren. Nach der Wiedervereinigung, schreibt Röhl, hätten die
»guten Menschen von links« begonnen, eine politische Korrektheit
in Deutschland zu etablieren, da sie eine »nationale Selbstwahrnehmung, ja ein nationales Selbstbewusstsein« und die Wiedervereinigung als »narzisstische Kränkung« erlebt hätten. Ein »neuer innenpolitischer Gegner wurde gesucht – und gefunden«, nämlich, so
führt er aus: »was man längst vergessen geglaubt hatte: den Terror
von rechts, die Neonazis, die Brandstifter und [...] die neuen Rechten«. Statt »Schlag-Stock ein Schlag-Wort: Political Correctness«.

Nicht wahrgenommen hat Röhl offenbar, dass ein paar Jahre
zuvor in Mölln in der Nacht zum 24. November 1992 drei Menschen durch einen Brandanschlag starben und in Solingen in der
Nacht zum 29. Mai 1993 fünf Menschen durch einen Anschlag getötet wurden. In den Jahren 1992 und 1993 verübten nach Statistiken des Bundesamtes für Verfassungsschutz rechtsextrem motivierte
Täter 2939 bzw. 2232 Gewalttaten. 311 Brand- und Sprengstoffan-
schläge registrierte das Bundesamt 1993 zudem. Im Jahr 1994 wurden 1489 Gewalttaten gezählt. Diese deutsche Wirklichkeit aus-
blendend, führt Röhl auf 230 Seiten bemüht lustig einzelne
Schlagwörter der Political Correctness an: »Diskriminierung [...]:
Alt68er-Schlagwort, synonym verwendet für ›kriminalisiert‹«; »He-
terozentrismus: Toskanadeutsches Schimpfwort für die Annahme

der meisten Menschen, Heterosexualität, Liebe zwischen Mann und Frau [...] sei das Normale« oder »Rasse: PC-Verbot. Nur möglich als Hunderassen, Pferderassen usw.«

Zur Zeit der Veröffentlichung bewegte sich Röhl schon lange im neurechten Milieu, gehörte zu den Autoren des 1994 herausgegebenen Standardwerks der Szene *Die selbstbewusste Nation* von Heimo Schwilk und Ulrich Schacht. Im *Phrasenlexikon* verteidigt er auch das Buch. Mit Bezug darauf führt er zu »Rechte, Die Neue« aus: »neutoskanisch negativ für jüngere Rechtsintellektuelle«. Die vermeintliche Ironie dient auch dazu, sich einer nüchternen Auseinandersetzung zu entziehen. Im folgenden Jahr initiierten Schwilk, Schacht und Röhl, unterstützt von Rainer Zitelmann, ebenfalls Autor in *Die selbstbewusste Nation*, zum 8. Mai 1995 einen Aufruf »8. Mai 1945 – Gegen das Vergessen«. Die Aussage des am 7. April 1995 in der *Frankfurter Allgemeinen Zeitung* (FAZ) abgedruckten Aufrufs ist eindeutig: »Einseitig wird der 8. Mai von Medien und Politik als ›Befreiung‹ charakterisiert. Dabei droht in Vergessenheit zu geraten, dass dieser Tag [...] auch den Beginn von Vertreibungsterror und neuer Unterdrückung im Osten und den Beginn der Teilung unseres Landes« bedeutete. Und weiter: »Ein Geschichtsbild, das diese Wahrheit verschweigt, verdrängt oder relativiert, kann nicht die Grundlage für das Selbstverständnis einer selbstbewussten Nation sein.«

In *Die selbstbewusste Nation* wird Röhl noch ein wenig deutlicher: Nach 1945 hätten die Alliierten eine »Umerziehung« des »deutschen Volkes« angestrebt, »vornehmlich« mithilfe von »Emigranten aus Deutschland«, letztlich sei eine Kollektivschuld verankert worden und ein »wahnhafter Nationalmasochismus« entstanden. Vor allem der Einfluss der Frankfurter Schule um Max Horkheimer und Theodor W. Adorno sei »schier unübersehbar«, beklagt er.

Das »Lamento« über die Political Correctness wurde in Deutschland zunächst von »eindeutig geschichtspolitischen Kreisen gepflegt«, schreibt Volker Weiß 2011 in *Deutschlands Neue Rechte. Angriff der Eliten – Von Spengler bis Sarrazin*. Das *Phrasenlexikon* von

Röhl »bereitete die ›Anti-PC‹-Kampagne der *Jungen Freiheit*« im darauffolgenden Jahr vor. »Dessen [Röhls] Katharsis vom linken Verleger zum Nationalkonservativen diente recht offensichtlich der Aufarbeitung seines Lebenstraumas, der Ehe mit Ulrike Meinhof«, überlegt Weiss. Der vermeintliche Clou der Anti-PC-Akteure: Eine Tabuisierung wird zuerst selbst suggeriert, um sich dann als Tabubrecher zu inszenieren – inklusive kommerziellem Merchandising.

PC-Kaffeebecher, wie sie bei Kubitschek und Kositza in der Küche stehen, hatte die *Junge Freiheit* im Angebot. Auf Facebook warb sie 2014 vermeintlich witzig für den Becher: »JF-Chefredakteur Dieter Stein stärkt sich erst einmal mit einer Tasse Kaffee ... ahhhhh!!! ... politisch garantiert unkorrekt! Übrigens sind die legendären JF-Tassen mit den Sinnsprüchen und dem Anti-PC-Logo neu aufgelegt worden und jetzt wieder in limitierter Auflage über den JF-Buchdienst erhältlich. Schnell zugreifen!« Das Logo, Kürzel PC im roten Kreis durchgestrichen und im Kreis stehend: »Political Correstness. Nein Danke«, nutzt auch der rechtsextreme Versand »PC-Records«. Auf Facebook weist ein Kommentar darauf hin. Die *Junge Freiheit* reagierte jedoch ohne inhaltliche Distanzierung: »Die haben das Logo geklaut. Es ist leider von uns nicht rechtzeitig urheberrechtlich geschützt worden.« Beim Buchdienst der Wochenzeitung aus Berlin findet sich eine Neuauflage von Röhls *Deutschem Phrasenlexikon* im Angebot. »Ärgern Sie unverbesserliche Alt-68er. Einfach zum Schieflachen, Vorlesen und zum Weiterverschenken«, so wird das Buch beworben. Mit im Angebot sind auch zwei JF-Magnete gegen »PC« für 2,75 Euro.

Die Anti-PC-Kampagne gehört fest zum rechten Kanon. Ein extrem antiislamisches Webportal spielt schon bei der Namenswahl mit dieser angeblichen Vorherrschaft: *pi-news.de* – Politically Incorrect. Das Portal gegen die »Islamisierung Europas« schreibt über sich selbst: »Wir schätzen uns glücklich, Politically Incorrect als den größten deutschsprachigen politischen Internetblog bezeichnen zu dürfen. PI gibt es seit 2004 und hat heute rund 75 000–100 000 Besucher täglich.« Gern greift man auf neurechte Strukturen zurück und schaltet Anzeigen. Und gern wird auf den Antaios Verlag verwiesen. Im Verlagsangebot findet sich seit 2015 ein neues Lexikon von Manfred Kleine-Hartlage gegen die Political Correctness: *Die Sprache der BRD. 131 Unwörter und ihre politische Bedeutung.* Das Buch liefert die Vorlage für eine Serie in *Compact.* In dem rechtslastigen Magazin druckte die Redaktion um Jürgen Elsässer in der Aprilausgabe 2016 die Definitionen von »Ängste ernst nehmen« und in der Maiausgabe »Einfache Antworten« aus dem Lexikon von Kleine-Hartlage ab – immer auf der vorletzten Seite 65. Schon diese Nutzung zeigt eine Nähe zwischen Kubitschek und Elsässer, die über das bloß Geschäftliche zwischen Verlag und Magazin hinausgeht.

Die Annahme, dass durch »die Linke« und »die Gutmenschen« in der Bundesrepublik Denkverbote und Sprechtabus in der Einwanderungs- und Asyldebatte, der Geschichts- und Erinnerungskultur vorherrschen, strahlt längst über das rechte Milieu in den Mainstream hinein. Als Thilo Sarrazin 2014 das Buch *Der neue Tugendterror. Über die Grenzen der Meinungsfreiheit in Deutschland* vorlegte, landete er einen Spiegel-Bestseller. Von »einem Tugendterror«, den »die Wächter der political correctness« etabliert hätten, hatte Röhl fast 20 Jahre vorher auch schon gesprochen. »Das muss man doch mal sagen können« und »Das muss doch auch erlaubt sein auszusprechen« – so lautet der heute gängige Jargon für Ressentiments. Was hier eingefordert wird, ist ein Recht auf Hass und Hetze, Verdrehung und Verharmlosung, das unwidersprochen bleiben soll. Jegliche Kritik soll mit der Vorhaltung der Political Correctness entwertet werden. Die vermeintlichen Tabubetroffenen tabuisieren, nicht nur um sich als Tabubrecher immer wieder zu gerieren, sondern auch um durch einen Tabuaufbau die eigenen Positionen zu legitimieren. Der Vorwurf der Political Correctness wird so zur Anti-Kritik-Keule. »Lügenpresse« kann als die globale Anti-PC-Parole von bekennenden Rechtsextremen, lauten Rechtspopulisten bis hin zu besorgten Bürgern verstanden werden. »Pinocchio«-Presse heißt es seit dem 4. Bundesparteitag der AfD in Hannover, als Frauke Petry unter Applaus den neuen Kampfbegriff für die Medien in Anspielung auf die Kinderbuchfigur des italienischen Autors Carlo Collodi prägte, der, wenn sie lügt, eine immer längere Nase wächst.

»Konservative Revolutionäre« – Definitionen und Differenzen

Schon zu »Schulzeiten« schrieb Kositza »vor allem« für die *Junge Freiheit*. 2008 erhielt sie den Gerhard-Löwenthal-Preis, den die Wochenzeitung seit 2004 verleiht und seit 2007 zusammen mit der »Förderstiftung konservative Bildung und Forschung« (FKBF) vergibt. Bei der *Sezession* ist Kositza seit 2008 Redakteurin. In *Tristesse Droite* wird in der Selbstdarstellung allerdings betont: »Kositza ist vor allem Hausfrau und im Nebenberuf Redakteurin.« Die Geschlechterrollen möchte die »aufgeklärte Reaktionäre«, wie sie sich selbst bezeichnet, nicht ins Rollen bringen. In der Szene ist sie aber eine der wenigen Frauen, die durch ihre publizistische Arbeit politischen Einfluss gewinnen konnte. Hat sie bei der Becherauswahl für den spontanen Gast bewusst den Anti-PC-Becher ausgesucht? Sollte durch eine Provokation eine Reaktion hervorgerufen werden? Oder hat sie nur zufällig zu dieser Tasse gegriffen? In der Küche beim Übereichen des Kaffees ist eines ganz schnell klar: Ein entspanntes Gespräch wird es nicht, aber ein konzentriertes. Schon die erste Frage – »Verstehen Sie sich noch als ›Neue Rechte‹?« – nutzt Kubitschek zur ersten Gegenfrage: »Was verstehen Sie unter dem Begriff?«

Die inflationäre Verwendung des Terminus beklagt Samuel Salzborn in *Rechtsextremismus: Erscheinungsformen und Erklärungsansätze*. »Das Etikett ›neu‹« würde in Medien und Politik viel zu schnell und unreflektiert verwendet, wenn es »einfach nur meint, anders als das, was (irgendwann) vorher war«, mahnt der Professor für Grundlagen der Sozialwissenschaften am Institut für Politikwissenschaft der Göttinger Georg-August-Universität 2014 und erinnert daran, dass in der Rechtsextremismusforschung zwei politische Intentionen die Neue Rechte ausmachen: die Intellektualisierung und Modernisierung der eigenen Ideologie und Argumentationen sowie die Etablierung und Manifestierung einer »kulturellen Hegemonie« im vorpolitischen Raum. Mit dieser Definition greift er auf eine Skizzierung von Armin Pfahl-Traughber zurück. Der Professor an der Fachhochschule des Bundes für öffentliche Verwaltung beklagte in ›Konservative Revolution‹ und ›Neue Rechte‹ 1998 ebenfalls: »Die Neue Rechte wird in der öffentlichen wie wissenschaftlichen Diskussion kontrovers diskutiert«, sie könne aber »als eine geistige Strömung« erfasst werden, »die sich primär am Gedankengut der Jungkonservativen, also der Konservativen Revolution der Weimarer Republik orientiert. Darüber hinaus bilden die Ideen von intellektuellen Sympathisanten und Wegbereitern des italienischen Faschismus, aber auch der französischen Neuen Rechten die ideologischen und strategischen Leitlinien der Neuen Rechten«, die »mittels der Diffamierungen und Umwertung demokratischer Begriffe« eine »Delegitimation des demokratischen Verfassungsstaats« beabsichtigen. Das »letztendliche Ziel« sei die »geistige Wegbereitung« für die Aufhebung des Verfassungsstaates, führt er weiter aus und meint, insofern könne »auch diese Strömung als rechtsextremistisch« eingestuft werden.

In *Kippt die Republik* beschrieb Wolfgang Gessenharter bereits 1994 die Neue Rechte als ein »Scharnier zwischen Neo-Konservatismus und Rechtsextremismus«. Der emeritierte Professor für Politikwissenschaften an der heutigen Helmut-Schmidt-Universität in Hamburg warnt vor einer schleichenden Erosion der Grenzen zum Konservatismus. Diese Prozesse werden leider viel zu oft nicht in langen, kleinen Verschiebungen gedacht. Ein Text, eine Rede muss nicht gleich merklich nachhallen und wirkt sich doch aus. Rechtsextrem? Scharnier zum Rechtsextremismus? In den unterschiedlichen Einordnungen, die Gessenharter Pfahl-Traughber auch wegen seiner früheren Anstellung beim Bundesamt für Verfassungsschutz vorhält, ist aber eine gemeinsame Zuordnung erkennbar: Es gibt keine kritische Fachliteratur zur Neuen Rechten, die nicht die starke Berufung auf die Konservative Revolution und den italienischen Faschismus hervorhebt.

Die »inhaltliche Unbestimmtheit«, stellen Martin Langebach und Jan Raabe im *Handbuch Rechtsextremismus* 2016 ebenso voran,

sei auf die »wissenschaftliche Literatur zum Thema selbst zurückzu-
führen, der kein einheitlicher Begriff zu Grunde« liege. Unbestreit-
bar sei bei der Neuen Rechten aber, resümieren sie ebenso, dass
»sich in weiten Teilen« die Protagonisten und Akteure, ihre Medien
und Strukturen an den »Texten aus dem ›Kanon‹ der so genannten
Konservativen Revolution geschult haben«. Mit dieser Berufung,
schreiben 1997 Kurt Lenk, Günter Meuter und Henrique Ricardo
Otten in *Vordenker der Neuen Rechten,* soll die in der Bundesrepublik bis 1989 kaum beachtete Tradition einer antiwestlichen, antilibe-
ralen und antiparlamentarischen Rechten neu belebt werden. Bewusst werde eine Trennlinie zwischen den von ihnen verehrten
Konservativen Revolutionären auf der einen Seite und den Nationalsozialisten auf der anderen Seite gezogen, um die Konservative
Revolution von jeglicher Beteiligung an der ideologischen und kulturellen Vorbereitung des Nationalsozialismus reinzuwaschen.
Schließlich wollen die Neuen Rechten aus dem Schatten des Nationalsozialismus heraustreten.

»Am Liberalismus gehen die Völker zugrunde« –
Moderne versus Antimoderne

Die Neue Rechte kann nicht ohne ihre geistigen Ahnen. Der Bezug
zur Konservativen Revolution ist omnipräsent und wird nicht relativiert. In diesem Spektrum erscheinen die Konservativen Revolutionäre – alles Männer, zu denen u. a. Arthur Moeller van den Bruck,
Carl Schmitt, Oswald Spengler, Edgar Julius Jung, Hans Freyer,
Othmar Spann, Ernst Niekisch, Ernst Jünger und Hans Zehrer gezählt werden – als missverstandene Einzelkämpfer, denen in der
Geschichte doppelt Unrecht geschah: sei es, weil im Nationalsozialismus ihre Ideen missbraucht wurden, sei es, weil manche ihrer
Protagonisten verfolgt oder in der Bundesrepublik gar als theoretische Wegbereiter des Nationalsozialismus bezeichnet wurden und
teilweise Lehrverbote erhielten. Nicht selten umgibt heute Ernst
Jünger und Carl Schmitt der Habitus von Märtyrern.
 Die geistig-politische Strömung der deutschen Rechten formierte
sich nach dem verlorenem Ersten Weltkrieg und dem Zusammen-

bruch des Kaiserreiches 1918/19 in Abgrenzung zu der als reaktionär verachteten Monarchie und ihren Repräsentanten. Ihre Vertreter starteten einen ideologischen »Generalangriff« auf das verhasste »Weimarer System« und wollten nichts Geringeres vollbringen, als die Spuren der Französischen Revolution (1789) zu verwischen und neue Werte an ihre Stelle zu setzen. Der durch Säkularisierung und Rationalisierung »entzauberten Welt« (Max Weber) stellten sie ein geistreiches Sein und Reich entgegen.

In *Der Untergang des Abendlandes. Umrisse einer Morphologie der Weltgeschichte* führte Oswald Spengler 1918 aus, dass der Parlamentarismus »eine Fortsetzung der bürgerlichen Revolution mit anderen Mitteln« sei, »die die Revolution des dritten Standes von 1789 in gesetzmäßige Form gebracht« habe, die eine »Form ohne Tiefe und Vergangenheit« sei. Die »Wendung« des Politischen war eingetreten, als mit »der großen Stadt der Nichtstand, das Bürgertum die Führung« übernahm. Die politische Form sei einst »gereift«, jetzt solle sie »geschaffen« werden. »Gegen Blut und Tradition erheben sich die Mächte des Geistes und Geldes. An Stelle des Organischen tritt das Organisierte, an Stelle des Standes die Partei«, schreibt er und legt weiter dar, dass der Begriff der Parteien »immer mit dem unbedingt verneinenden, auflösenden, gesellschaftlich einebnenden der Gleichheit verbunden« sei.

Die Kritik an Parlamentarismus und Partei zielt sogleich auf die Idee, dass alle Menschen die gleichen Rechte und gleichen Entwicklungschancen haben sollen. In der Argumentation schwingt die Verachtung der modernen bürgerlich-marktwirtschaftlichen Gesellschaft mit. Die Entwicklung von der vermeintlich naturgewachsenen zur angeblich künstlichen, modernen Gesellschaft versteht nicht bloß Spengler als eine Dekadenz ohne Sinn und Werte. Dieser Weltekel war weit in den gebildeten Milieus und künstlerischen Szenen virulent. 1918 fragte Thomas Mann in seinem Buch *Betrachtungen eines Unpolitischen* recht deutlich politisch: »Offenbar aber ist die Humanität des emanzipatorischen Fortschritts entweder nicht die wahre und nicht die ganze Humanität [...]?«, und antwortet: »Der Mensch ist nicht nur ein soziales, sondern auch ein metaphysisches Wesen: der Deutsche zuerst.« Mann, der nicht zur Konservativen Revolution gehörte, revidiert später diese Radikalität gegen den Humanismus.

Das rechte Unbehagen gegen die Moderne stellte auch immer wieder Ernst Jünger kurz dar. Den Ersten Weltkrieg hinterfragte der »beste Feind der Moderne« (Thomas Assheuer), da dieser Krieg als erster mit modernsten Technologien und immensem Material geführt wurde – nicht ohne sogleich einen heroischen, pathetischen und mythischen Ton anzuschlagen. In seinem Kriegserlebnisbericht *In Stahlgewittern* schreibt Jünger 1920: »Wie gewaltig auch die Menschen- und Materialmengen waren, so wurde die Arbeit an den entscheidenden Punkten doch nur von wenigen Kämpfern vollbracht.« In »diesen Männern« macht er ein »Element« aus, das »die Wüstheit des Kriegs unterstrich und vergeistigte, die sachliche Freude an der Gefahr, der ritterliche Drang zum Bestehen eines Kampfes. Im Laufe von vier Jahren schmolz das Feuer ein immer reineres, ein immer kühneres Kriegertum heraus«, führt er aus und unterscheidet seine Kameraden in den Gräben. »Für den eigentlichen Stoß konnte man nur noch auf wenige Leute rechnen, die sich indessen zu einem Schlag von besonderer Härte entwickelt hatten, während die Masse der Mitläufer höchsten als Feuerkraft infrage kamen.« Jeder habe im August 1918 gewusst, »dass wir nicht mehr siegen konnten. Aber wir würden standhalten«. In *Das Wäldchen 125. Eine Chronik aus den Grabenkämpfen* schreibt der 1918 mit dem Orden Pour le Mérite ausgezeichnete Jünger 1925: »Ich hasse die Demokratie wie die Pest«, und meint, gegen das »geschäftsmäßige Literatenpack«, das sich für die Aufklärung, den Pazifismus und die Demokratie einsetze, müsse »sofort die Prügelstrafe wieder eingeführt« werden. 1933 streicht der ehemalige Frontsoldat diesen Satz, hält Helmuth Kiesel 2007 in *Ernst Jünger. Die Biographie* fest.

Diese tiefe Ablehnung formulierte Jünger erneut 1929 in *Das abenteuerliche Herz*. »Die Zeiten der Aufklärung sind vorbei«, erklärt er, schon früh sei ihm »gefühlsmäßig klar« gewesen, dass »die Einführung der Technik in ein solches Gebiet [Deutschland, A. S.] zugleich die Einführung der modernen Humanität und damit die

Einebnung der unerbittlichen Rangordnung des natürlichen Lebens bedeutete.« Nicht die Technik lehnt er grundsätzlich ab, aber die universelle Humanität – die allgemein gültige Menschlichkeit. »Das Zeitalter der Humanität ist das Zeitalter, in dem die Menschen rar geworden sind«, notiert Jünger, der »Wollüstling der Barbarei« (Thomas Mann), am 23. November 1941 in sein Tagebuch.

Auch Carl Schmitt verwarf die Humanität, aber mit einer anderen Argumentation. »Wer Menschheit sagt, will betrügen«, betont er 1932 in *Der Begriff des Politischen*. Der »humanitäre Menschheitsbegriff des 18. Jahrhunderts« sei eine »polemische Verneinung der damals bestehenden aristokratisch-feudalen oder ständischen Ordnung und ihrer Privilegien«, schreibt er: »Die Menschheit der naturrechtlichen und liberal-individualistischen Doktrinen« sei eine universalistische, »alle Menschen auf der Erde umfassende soziale Idealkonstruktion«. Das Konstrukt liefe aber der Realität entgegen, denn »die politische Welt ist ein Pluriversum, kein Universum«. Allgemeingültige Rechte, die alle Menschen haben könnten, erscheinen als blankes Phantasma, würde doch »die spezifische politische Unterscheidung, auf welche sich die politischen Handlungen und Motive zurückführen lassen«, nicht wahrgenommen: die »Unterscheidung von Freund und Feind«. Dieses vermeintlich absolute Postulat will Schmitt damit untermauern, dass »der politische Feind [...] nicht moralisch böse« oder »ästhetisch hässlich« sein müsse, er müsse auch »nicht als wirtschaftlicher Konkurrent auftreten [...]. Er ist eben der andere, der Fremde und es genügt zu seinem Wesen, dass er in einem besonders intensiven Sinn existenziell etwas anderes und Fremdes ist.«

Große Distanz zur NSDAP hielt Schmitt nicht. Das am 24. März 1933 im Reichstag beschlossene Ermächtigungsgesetz, das »Gesetz zur Behebung der Not von Volk und Reich«, bezeichnete er als »vorläufige Verfassung der deutschen Revolution«. Dieses Gesetz, gegen das allein die SPD-Abgeordneten stimmten, die Mandatsträger der KPD waren bereits verhaftet, führte mit zur Beseitigung des Rechts- und Verfassungsstaates der Weimarer Republik. Keine zwei Monate später, am 1. Mai 1933, trat Schmitt in die NSDAP ein. Im Juni 1934 rechtfertigte er die Morde der Regierung unter Adolf Hitler in der Ernst Röhm-Affäre. In der *Deutschen Juristen-Zeitung* schrieb er am 1. August des Jahres: »Der Führer schützt das Recht vor dem schlimmsten Missbrauch, wenn er im Augenblick der Gefahr kraft seines Führertums als oberster Gerichtsherr unmittelbar Recht schafft.« In der »Nacht der langen Messer« zum 1. Juli 1934 waren auf Anweisung von Hitler der Führer der Sturmabteilung (SA) Ernst Röhm und etwa 90 weitere Personen zum Selbstmord gezwungen oder ermordet worden. Unter ihnen auch der Schmitt politisch nahestehende Reichskanzler Kurt von Schleicher.

Die vermeintlich staatsrechtliche Legitimation solcher Aktionen nahm Schmitt schon 1922 abstrakt in der Schrift *Politische Theologie. Vier Kapitel zur Lehre von der Souveränität* vorweg: »Der Souverän schafft und garantiert die Situation als Ganzes in ihrer Totalität. Er hat das Monopol dieser letzten Entscheidung. Darin liegt das Wesen der staatlichen Souveränität. [...] Der Ausnahmefall offenbart das Wesen der staatlichen Autorität am klarsten. Hier sondert sich die Entscheidung von der Rechtsnorm, und (um es paradoxer zu formulieren) die Autorität beweist, dass sie, um Recht zu schaffen, nicht Recht haben braucht.« Kurz: »Souverän ist, wer über den Ausnahmezustand entscheidet.« Umsturz und Revolte gegen das Bestehende und Sinnentleerte.

In *Die Herrschaft der Minderwertigen. Ihr Zerfall und ihre Auflösung* rechtfertigt auch Edgar Julius Jung 1927 die »Zertrümmerung einer morschen Welt« und die »Befreiung der großen Brach, auf der die neue Saat aufgehen« soll, wobei »gerade das deutsche Volk das leise Wehen eines neuen ›Heiligen Geistes‹ am lebhaftesten spürt«. Dem »Zeitgeiste« sei zu widerstreben und der Presse, denn »was sie will, ist wahr«. Ein »Brückenkopf« des »neuen Geistes« sei von einer »unüberwindlichen Truppe« zu bilden, der das »Überschreiten« eines »siegreichen Heeres« ermögliche. Die »Revolution des Geistes« für ein »organisches Zeitalter« werde einsetzen, »der Aussaat muss« jedoch »die Pflugschar vorangehen. Wo dies nicht geschieht, wartet statt der Ernte Unkraut«.

Ohne Mythos und Gewaltvision kommt auch der italienische Kulturphilosoph Julius Evola nicht aus, der die »humanistische Soße« überwinden und stattdessen ein »spirituelles initiatisches Königtum« errichten wollte, angelehnt an der »indo-arischen Kultur« und der »indischen Kastengesellschaft«. In seiner Schrift *Heidnischer Imperialismus*, so Armin Pfahl-Traughber, beklage Evola 1928 den kulturellen Niedergang Europas und behaupte die Unmöglichkeit demokratischer Selbstregierung sowie auch die Irrationalität des Gleichheitsgedankens. Evola, der Ernst Jünger und Oswald Spengler ins Italienische übersetzte, schrieb: »Wir machen Schluss mit jedem Kompromiss: jeder Schwäche, jeder Nachsicht gegenüber allem, was von der semitisch-christlichen Wurzel herkommt, unser Blut, unser Vaterland infiziert hat [...] Anti-Europa, Anti-Semitismus, Anti-Christentum – das ist unsere Losung.« Die Erstveröffentlichung, schreibt Pfahl-Traughber, erregte in Italien relativ großes Aufsehen, allerdings nicht wegen der Ablehnung des Demokratieprinzips und des Herbeisehnens eines Führerstaates, sondern wegen der Verneinung des Christentums. Den Übergang von der traditionellen zur modernen Welt beschreibt Evola 1934 in *Revolte gegen die Moderne* als kulturellen Verfall durch den Verlust der transzendenten Dimension. Diesen Gedanken von ihm griff Edgar Julius Jung auf, der mit ihm in Kontakt stand. In seinem1953 erschienenen Buch *Mensch inmitten von Ruinen* macht Evola erneut seine Demokratieaversion und Modernismuskritik deutlich: »So ist jede Demokratie in ihren eigenen Prinzipien eine Schule der Immoralität, eine Beleidigung der Würde und der inneren Haltung.«

Mit einer Kampfansage beginnt Arthur Moeller van den Bruck in seinem Hauptwerk *Das dritte Reich*: »Ein Krieg kann verloren werden. Ein unglücklicher Krieg ist niemals unwiderruflich. Der ärgste Frieden ist niemals endgültig. Aber eine Revolution muss gewonnen werden«, um gleich festzuhalten: »Wir wollen die Revolution gewinnen.« Die Hauptfeinde benennt er direkt: die Aufklärung, die Französische Revolution und der Liberalismus. Schon in der Aufklärung sah Moeller van den Bruck den »Aufstieg des ›liberalen‹ Menschen«, arbeitet Volker Weiß in seiner 2012 erschienenen

Dissertation *Moderne Antimoderne. Arthur Moeller van den Bruck und der Wandel des Konservatismus* heraus. In *Das dritte Reich* warnt Moeller van den Bruck: »Es ist die zersetzende Anschauungswelt eines Liberalismus, der Auflösung bringt, der eine moralische Erkrankung der politischen Völker verbreitet und in dem Grade, wie er seine Herrschaft in einer Nation antritt, den Charakter derselben verdirbt.« Der Grundschwindel, so Moller van den Bruck, beruhe »auf einem mehr oder weniger stillschweigendem Übereinkommen von gleichgerichteten Menschen«, dies sei die »graue Magie der Aufklärung«. Der Liberalismus würde zwar behaupten, alles »für das Volk« zu tun, er schalte aber »das Volk aus und setzt ein Ich an die Stelle«, beklagt er und mahnt: »Die Linke hat die Vernunft. Die Rechte den Verstand.«

Die Verwirrung begann für Moeller van den Bruck denn auch »mit dem Verstandesbeschluss: ›Ich denke, also bin ich.‹« »Die Aufklärer« hätten daraus abgeleitet: »›Ich bin ein Aufklärer, also denke ich klar.‹« Das sei ein »Trugschluss«, so Moeller van den Bruck, der es in seiner Ablehnung nicht für nötig hält, auf den Philosophen René Descartes namentlich hinzuweisen. »Am Liberalismus gehen die Völker zugrunde«, warnt er aber gleich. »Der Liberalismus ist Ausdruck einer Gesellschaft, die nicht mehr Gemeinschaft ist.« Er räumt aber ein, dass der »Aufstieg des liberalen Menschen, der Verantwortung abschiebt und Zersetzung überall hineinträgt«, nur möglich sei, »wenn der konservative Gedanke schwach ist«. Das Wahrhafte und Ewige müsse durch eine Revolution wiederbelebt und erhalten werden: »Wir wollen diese revolutionären Ideen mit den konservativen verbinden, die sich immer wieder herstellen, und wollen sie konservativ-revolutionär dahin treiben, wo wir Zustände erreichen, bei denen wir leben können.« Kurz: Moeller van den Bruck geht es darum, »Dinge zu schaffen, die zu erhalten sich lohnen«.

»Spezifisch rechte Revolte« – Konservative Revolution gegen Französische Revolution

In seinem erstmals 1950 erschienenen Buch *Die Konservative Revolution in Deutschland 1918–1932. Ein Handbuch* verschweigt Armin

Mohler die politische Dimension nicht. Bis heute gehört es zum Grundkanon der Neuen Rechten, stellt es doch das Personal und die Ideen der unterschiedlichen Strömungen der Konservativen Revolution dar. Deren Beginn als politischen Vorgang macht Mohler, ehemaliger Privatsekretär von Ernst Jünger und Briefpartner von Carl Schmitt, »am ehesten mit der Französischen Revolution« aus. »Jede Revolution gebiert mit sich selbst zugleich die Gegenkraft, welche diese Revolution rückgängig zu machen sucht. Und mit der Französischen Welt kommt *die* [Hervorheb. im Original, A. S.] Welt zum Sieg, die der ›Konservativen Revolution‹ als der eigentliche Gegner erscheint«, schreibt Mohler, der sich selbst als »einer der Väter der Neuen Rechten in Deutschland« bezeichnete. Kürzer hätte der 2003 verstorbene Mohler den fundamentalen Angriff auf die grundlegenden Werte und Ideen der Aufklärung sowie die Ziele dieser Revolte für die Neue Rechte nicht formulieren können. Der Wahlspruch der Französischen Revolution »Liberté, Égalité, Fraternité« ist ihnen zuwider – Freiheit, Gleichheit, Brüderlichkeit, das man heute wohl mit Menschlichkeit beschreiben würde, löst für ihre Vertreter das Gewachsene, das Ewige, die Hierarchie auf und führt zum Niedergang. In den Strömungen der Konservativen Revolution »ist die Welt der ›Ideen von 1789‹ mit einer unbedingten Verneinung ihrer Werte konfrontiert worden«, schreibt Mohler. Und er prognostiziert: »Die Auseinandersetzung ist noch nicht zu Ende.« Sie läuft bis heute, die Diskussion der Neuen Rechten über die Einwanderungs- und Flüchtlingspolitik ist die anvisierte Angriffsebene für die tiefer gehende Auseinandersetzung.

Das gesamte Spektrum der Neuen Rechten bezieht sich primär auf die politische Mentalität der Konservativen Revolution, was sich in ihren Denk- und Verhaltensmustern zur Welt, ihrer Sehnsucht nach Schicksal und Tiefe ausdrückt. Nur sekundär greifen sie auf die politischen Konzepte der Konservativen Revolution zurück, die oftmals nur in der Negation der realpolitischen Bedingungen Gemeinsamkeiten aufzeigen. Denn die positiven Vorstellungen der Konservativen Revolutionäre sind zu disparat, arbeitete Stefan Breuer in seinem 1993 erschienenen Buch *Anatomie der Konservativen Revolu-*

tion heraus. »Dieser rein negative Konsens reicht aber nicht aus, um der Konservativen Revolution ein eigenes Profil zu verleihen«, resümiert der emeritierte Professor für Soziologie am Departement Wirtschaft und Politik (DWP) der Universität Hamburg. Die tief greifende Darstellung des »Gruppenbilds ohne Dame« (Breuer) fand wegen des inhaltlichen Herausarbeitens der Positionen bei der Neuen Rechten große Aufmerksamkeit. Die Ablehnung der Bezeichnung aber weniger, läuft sie doch Mohlers Kunstgriff der kreierten heterogenen Konservativen Revolution entgegen, ohne den die Neue Rechte ein Identifikationsproblem hätte – keine Basis und Tradition.

Die Publikationen des IfS offenbaren die Relevanz. Im Verlagsangebot von Antaios findet sich Mohlers *Konservative Revolution* in der sechsten Auflage, die, so die Verlagsankündigung, von »einem der profundesten Kenner der Materie, Karlheinz Weißmann, überarbeitet und auf den Stand der neuesten wissenschaftlichen Forschung« gebracht worden sei. Auf dem Cover erscheint Weißmann neben Mohler als Autor. Auf seiner Webseite wirbt der Verlag auch für das von Weißmann selbst herausgegebene Buch *Die Konservative Revolution in Europa* und die von Alain de Benoist verfasste Schrift *Carl Schmitt – Internationale Bibliographie* sowie sein Buch *Carl Schmitt und der Krieg*. Unter der Rubrik »Quellentexte zur Konservativen Revolution« werden auf der Webseite nicht nur die Standardwerke ihrer geistigen Vorbilder angeboten. In der *Sezession* Nummer 42, Juli 2011, widmen sich die Autoren Carl Schmitt und in der Nummer 44, Oktober 2011, der Konservativen Revolution. In der *Sezession* Nummer 22 zu Ernst Jünger greift Karlheinz Weißmann im Februar 2008 die Bedeutung von Schmitt und Jünger für Mohler – und somit auch für die Neue Rechte – auf: »Den Unterschied hat Mohler auf die Begriffe ›Idol‹ und ›Lehrer‹ gebracht: Schmitt war der ›Lehrer‹, Jünger das ›Idol‹«. Auf den Tagungen der Neuen Rechten sind diese Geister auch präsent.

»Man rüstet sich zum Generationenkampf mit den Waffen der Großväter«, schreiben Lenk, Meuter und Ricardo Otten in *Vordenker der Neuen Rechten*, »um sich von der vermeintlich allgegenwärtigen Bevormundung eines ›politisch korrekten‹ linken Establishments zu emanzipieren.« Im Mittelpunkt stehe ein »Verständnis des Politischen, das nicht mehr als Feld der demokratischen Gestaltung sozialer Verhältnisse« verstanden werde, »sondern in Kategorien eines schicksalhaften Wirkens höherer Mächte, als fortwährendes Kampfgeschehen«. Den Bekenntnisschriften der Konservativen Revolution, heben sie hervor, sei ein bestimmtes Lebensgefühl gemein, das zwischen »Fatalismus, Angst und Ekel« oszilliere. Eine »pathetische Wendung« charakterisiere diese »spezifisch rechte Revolte«. Der moderne Mensch, vermeintlich gequält von der Sinnlosigkeit seines vereinzelten Daseins und der arbeitsteiligen Zersplitterung aller Lebensbezüge, solle wieder von einer »höheren, ›substantiellen‹ Ordnung in Dienst und Zucht genommen werden. Volk, Staat und Nation sind die Begriffe, mit denen gegen den berechnenden Egoismus des Konsumbürgers die Einheit des großen ›Über-Dir‹ eingefordert wird«, umreißen Lenk, Meuter und Ricardo Otten das Programm der Konservativen Revolution und der Neuen Rechten. Was zähle, sei eine »diesen Ideen dienstbare ›große Politik‹, welche die gewaltsame Vollstreckung der eigenen Ziele restlos von der vorgeblichen ›Weltfremdheit‹ und Schwächlichkeit humanitätsethischer Beurteilungen und Kritik freistellen« wolle. Das Nein gegen eine »egalitäre Illusion« gehe in ein Ja zum »Kult der heroischen Gemeinschaft« über, der in der »arbeitsteiligen Differenzierung in der Moderne verloren ging: eine neue ekstatische Verschmelzung«. Getreu der Formel: »›Bataille statt Debatte«. Eine mythische Aufladung hin zum Schicksal klingt an. In *Criticón* geht Weißmann in der März/April Ausgabe 1988 der Frage »Geht es nicht ohne Mythen?« nach und antwortet mit Verweis auf »Pankraz«, dem Pseudonym von Günter Albrecht Zehm, der später Kolumnist der *Jungen Freiheit* wird: »Eine Politik ohne mythische Letztbegründung ist gar nicht möglich.«

»Häuflein von inspirierten Nichteinverstandenen« – Rekurs auf Botho Strauß

Am Küchentisch im Rittergut gehen Kubitschek und Kositza auf die Frage, ob sie sich als Neue Rechte mit Bezug auf die Konservative Revolution und den italienischen Faschismus verstehen, nicht lange ein. »Wir wollen nicht einfach eine Tradition weiterführen, die KR [Konservative Revolution, A. S.] ist eher ein Leitbild: So vielfältig kann ein Denkmilieu also sein«, sagt Kubitschek. Und er erzählt, jemand habe mal behauptet, das IfS sei in Anlehnung an das »Politische Kolleg« von Martin Spahn gegründet worden. Der Name dieses Historikers und Politikers aus dem Umfeld der Konservativen Revolution, der später der NSDAP beitrat, sei ihm aber völlig unbekannt gewesen. In der *Jungen Freiheit* erinnerte jedoch der Mitgründer des IfS Weißmann 1999 im Gespräch über ein mögliches eigenes Institut daran, dass »die Jungkonservativen« um Spahn »ein ›Politisches Kolleg‹ geschaffen« hätten, »eine Art privater Hochschule, die Forschung, Information und Orientierung ausdrücklich miteinander verknüpfen sollte«. Kositza geht am Küchentisch auf die Frage nach neurechten Bezügen gar nicht ein.

Im Gesprächsband *Tristesse Droite* antwortet Kositza auf die Frage nach der politischen Einordnung Intellektuelle Rechte oder Neue Rechte kurz und knapp: »Letzteres.« In den dokumentierten Gesprächen suchen die geladenen Gäste der vier Abende in Schnellroda allerdings immer wieder nach dem, was sie für sich selbst als rechts oder konservativ verstehen. Eine Identitätssuche auch für die eigene Person. Nicht ohne sich auf die Werke von Jünger *In Stahlgewittern*, *Der Arbeiter* oder *Auf den Marmorklippen* und auf einen noch lebenden Literaten – Botho Strauß – zu beziehen. Im Vorwort des Gesprächsbandes hebt Kositza die Bedeutung von Strauß besonders hervor: »Ein weiterer, höchst prominenter Vordenker hat 1993 einen so schillernden, dichten, für unsere Lage und Bestimmung wahren Text verfasst, dass er uns bis heute als eine Art Credo, als eine politische Poetologie gilt«. Gemeint ist Strauß' Aufsatz »Anschwellender Bocksgesang«.

Strauß hatte den Essay am 8. Februar 1993 im *Spiegel* veröffentlicht. Später lieferte der Text den Impuls und die Basis für den von Schwilk und Schacht herausgegebenen Sammelband *Die selbstbewusste Nation* und wurde in voller Länge als Einführung abgedruckt. Der renommierte Autor und Dramatiker hinterfragt in seinen demokratie- und zivilisationskritischen Essays seit den 1980er Jahren das Bestehende und sucht nach dem Verlorengegangenen. Kositza zitiert Strauß' Eingrenzung des Begriffs »rechts«: »Rechts zu sein, nicht aus billiger Überzeugung, aus gemeinen Absichten, sondern von ganzem Wesen, das ist, die Übermacht einer Erinnerung zu erleben, die den Menschen ergreift, weniger den Staatsbürger, die ihn vereinsamt und erschüttert inmitten der modernen, aufgeklärten Verhältnisse, in denen er sein gewöhnliches Leben führt [...]. Der Rechte – in der Richte: ein Außenseiter. Das, was ihn zutiefst von der problematischen Welt trennt, ist ihr Mangel an Passion, ihre frevelhafte Selbstbezogenheit, ihre ebenso lächerliche wie widerwärtige Vergesellschaftung des Leidens und des Glückens.«

Der modernen Welt wird eine antimoderne Sehnsucht entgegengestellt. Schon mit dem Titel spielt Strauß auf die griechische Mystik an, die er verdichtet: »Wir hören nur den lauter werdenden Mysterienlärm, den Bocksgesang in der Tiefe unseres Handelns. Die Opfergesänge, die im Inneren des Angerichteten schwellen. Die Tragödie gab ein Maß zum Erfahren des Unheils wie auch dazu, es ertragen zu lernen. Sie schloss die Möglichkeit aus, es zu leugnen, es zu politisieren oder gesellschaftlich zu entsorgen. Denn es ist Unheil wie eh und je; die es trifft, haben nur die Arten gewechselt, es wahrzunehmen, es anzunehmen, es zu nennen mit abgetönten Namen.« Dem Mangel an Tradition und Transzendenz sei es geschuldet, dass der Liberale, der Intellektuelle, der Westler nicht mehr verstehen könne, dass »ein Volk sein Sittengesetz gegen andere behaupten will und dafür bereit ist, Blutopfer zu bringen«, und wir hielten »es in unserer liberal-libertären Selbstbezogenheit für falsch und verwerflich«. Es würden jedoch Konflikte heraufziehen, »die sich nicht mehr ökonomisch befrieden lassen; bei denen es eine nachteilige Rolle spielen könnte, daß der reiche Westeuropäer sozusagen auch sittlich über seine Verhältnisse gelebt hat [...]. Es ist gleichgültig, wie wir es bewerten, es wird schwer zu bekämpfen sein: daß die alten Dinge nicht einfach überlebt und tot sind, daß der Mensch, der einzelne wie der Volkszugehörige, nicht einfach nur von heute ist. Zwischen den Kräften des Hergebrachten und denen des ständigen Fortbringens, Abservierens und Auslöschens wird es Krieg geben«, prognostiziert Strauß, um letztlich zu empfehlen, sich nicht in die großen flachen Massen einzureihen, sondern zu einem eigenen tieferen Einzelnen zu streben – mit Leidens- und Gesinnungsgenossen am beklagten Weltverlauf: »Man muß nur wählen können; das einzige, was man braucht, ist der Mut zur Sezession, zur Abkehr vom Mainstream. Ich bin davon überzeugt, daß die magischen Orte der Absonderung, daß ein versprengtes Häuflein von inspirierten Nichteinverstandenen für den Erhalt des allgemeinen Verständigungssystems unerläßlich ist«. Das Netzwerk um das IfS dürfte sich so verstehen.

In *Tristesse Droite* wird auch der Begriff »Traditionskompanie« verhandelt, für Kubitschek bedeutet er »eine Kompanie, ein Laden im Marsch«. Martin Lichtmesz hebt die Bedeutung des »Anschwellenden Bocksgesangs« für sich selbst hervor, über »hundertmal« habe er den Text »durchgekaut«. Martin Semlitsch alias Lichtmesz schreibt und schrieb auch für *Neue Ordnung*, *eigentümlich frei*, *Sezession* und *Junge Freiheit*.

Hat der Essay das IfS zum Namen ihrer Zeitschrift und ihres Blogs *Sezession* inspiriert? Am Küchentisch in Schnellroda wird die Stimmung langsam angespannter. Vielleicht fragen sich Kositza und Kubitschek, warum sie diesen Gast überhaupt auf einen Kaffee hereingelassen haben. Inwieweit die am 2. Oktober 2015 im *Spiegel* erschienene neue Glosse von Strauß sie nachhaltig beeindruckt und beeinflusst hat, kann deshalb nicht mehr gefragt werden.

Der Titel der Glosse ist gleichzeitig Programm: »Der letzte Deutsche. Uns wird die Souveränität geraubt, dagegen zu sein«. »Manchmal habe ich das Gefühl, nur bei den Ahnen noch unter Deutschen zu sein. Ja, es ist mir, als wäre ich der letzte Deutsche. Einer, der wie der entrückte Mönch von Heisterbach oder wie ein Deserteur sechzig Jahre nach Kriegsende sein Versteck verlässt und in ein Land zurückkehrt, das immer noch Deutschland heißt – zu seinem bitteren Erstaunen«, schreibt Strauß angesichts der Flüchtlings- und Asyldebatte und erklärt: »Der letzte Deutsche, dessen Empfinden und Gedenken verwurzelt ist in der geistigen Heroengeschichte von Hamann bis Jünger, von Jakob Böhme bis Nietz-

sche, von Klopstock bis Celan.« Doch wer davon frei sei »wie die
meisten ansässigen Deutschen, die Sozial-Deutschen, die nicht weniger entwurzelt sind als die Millionen Entwurzelten, die sich nun
zu ihnen gesellen, der weiß nicht, was kultureller Schmerz sein
kann. Ich bin ein Subjekt der Überlieferung, und außerhalb ihrer
kann ich nicht existieren«, legt er dar, »ich möchte lieber in einem
aussterbenden Volk leben als in einem, das aus vorwiegend ökono-
misch-demografischen Spekulationen mit fremden Völkern aufge-
mischt, verjüngt wird, einem vitalen.« Und er beklagt: »Uns wird
geraubt die Souveränität, dagegen zu sein. Gegen die immer
herrschsüchtiger werdenden politisch-moralischen Konformitäten.
Ihre Farbe scheinen parlamentarische Parteien heute ausschließlich
in der Causa Schwulenehe zu bekennen. Es ist, als gäbe man mit
jeder libertären Bekundung, jeder Weisung politischer Korrektheit
Verhaltensbefehle aus, denen die meisten Einwanderer nur nachkommen können, wenn sie sich von ihrem Glauben und Sittengesetz verabschieden und also eine weitere Entwurzelung hinnehmen
müssen.« Nach den Einheimischen würden also nun auch die Ein-
reisenden in die wertlose Warengesellschaft getrieben. Mehr noch:
»Dank der Einwanderung der Entwurzelten wird endlich Schluss
sein mit der Nation und einschließlich einer Nationalliteratur. Der
sie liebt und ohne sie nicht leben kann, wird folglich seine Hoffnung allein auf ein wiedererstarktes, neu entstehendes ›Geheimes
Deutschland‹ richten«, meint er und mag auf Stefan George anspie-
len.

Im Ersten Weltkrieg, so Stefan Breuer 1995 in *Ästhetischer Fundamentalismus*, sorgte sich George »um das Geheime Deutschland,
das Geistige Reich, das der Furie des Krieges so viele Opfer bringen
musste«. Das »Geheime Deutschland«, so auch der Titel eines Ge-
dichts von George, solle den Weg in eine andere Moderne aufzeigen, in »das neue Reich«. 1928 veröffentlichte George den Gedicht-
band *Das Neue Reich*, in dem sich auch dieses Werk findet. Einer
seiner Jünger, Claus Schenk Graf von Stauffenberg, legte am 20. Juli
1944 eine Bombe, mit der Adolf Hitler im Führerhauptquartier
Wolfsschanze bei Rastenburg getötet werden sollte. Noch in der

Nacht des gescheiterten Attentats wurde Stauffenberg in Berlin im Hof des Bendlerblocks hingerichtet. Seine letzten Worte sollen gewesen sein: »Es lebe das geheime Deutschland.«

In der Glosse führt Strauß einen anderen Gedanken weiter aus: »Der Hass Radikaler richtet sich wohl vordergründig gegen die Flüchtlinge – er ist vor allem eine unkontrollierte Reaktion auf das Vakuumempfinden, das ›die Politik‹, wie man heute sagt, der Bevölkerung zumutet. Verantwortliche, die das Ende nicht absehen.« Ein Verständnis, das als Entlastung der Täter von Brandanschlägen verstanden werden könnte. Doch das dürfte nicht Strauß Sphäre sein.

In *Sezession im Netz* greift Erik Lehnert den Text wohlwollend auf. Am 5. Oktober 2015 schreibt der Geschäftsführer des IfS, dass Strauß sich erneut mit dem Gedanken tröste, »mit dem sich große Geister oft über ihre dürftige Zeit hinweggetröstet haben: dass ihre eigentliche Gegenwart all die Geistesverwandten der vergangenen Jahrhunderte seien, mit denen man so etwas wie einen überzeitlichen Geheimbund geschlossen hat. Nicht umsonst spricht Strauß von der ›Konspiration‹ und dem ›Geheimen Deutschland‹ und verwendet damit Signalwörter, die für all die bestimmt sind, die darauf gewartet haben.«

Diesen Gedanken bettet Lehnert sogleich in den eigenen Kreis ein: Das sei eine »Erinnerung an das Konzept der Traditionskompanie, die die Überlieferung durch die harte Zeit trägt«. Ihn stört aber, dass Strauß die Glosse im *Spiegel* veröffentlichte: »Was hat so ein Text, der sich mit jeder Zeile die Neugierigen und Effekthascher vom Leib halten will, im Spiegel zu suchen?« Und er hält Strauß auch die Ausführungen zum »Hass Radikaler« vor. Lehnert sieht hier einen »Obolus an die herrschende Konformität«. Strauß würde zwar offen lassen, wen er meine, »da es diesen ›Hass Radikaler‹ (von kriminellen Einzelfällen abgesehen) nur in den Medien gibt, die ihn zur Disziplinierung des Volkes herbeischreiben müssen [...], doch letztendlich kann sich also auch ein unabhängiger Geist wie Strauß den Gesetzen der Medien nicht entziehen, wenn er sie zu benutzen meint.« Die Kritik deutet eine Differenz an, eine Nuance, die die Relevanz von Strauß für die Neue Rechte jedoch nicht mindert.

»Kulturrevolution von rechts« – Erste neue Ansätze und neue alte Argumentation

Am Küchentisch in Schnellroda scheint für Kubitschek und Kositza die Frage nach der politischen Verortung als Neue Rechte mit der kurzen Einlassung beantwortet. Die Frage, inwieweit sich alle Neuen Rechten noch als Neue Rechte verstehen, bleibt ebenfalls offen. Denn die Neue Rechte ist schon recht alt. Der Vordenker der »Nouvelle Droite«, Alain de Benoist, schrieb schon 1985 in *Kulturrevolution von rechts*: »Die alte Rechte ist tot. Sie hat es wohl verdient. Sie ist daran zugrunde gegangen, daß sie von ihrem Erbe gelebt hat, von ihren Privilegien und von ihren Erinnerungen. Sie ist daran zugrunde gegangen, daß sie weder Wille noch Ziel hatte.« Benoist verwies auf einen ideologischen Transformationsprozess innerhalb der europäischen extremen Rechten, deren Ausgangspunkt die »theoretische Unzulänglichkeit und Unglaubwürdigkeit der alten Rechten« war, die auf die aktuellen gesellschaftlichen Prozesse nicht mehr reagieren konnte wie die 68er-Bewegung.

Über Frankreich wurden die alten Vordenker der »Konservativen Revolution« in Deutschland wieder populär. Ein Reimport, den Mohler und Benoist anschoben. Die beiden waren seit den 1970er Jahren befreundet. Als »mein Freund« bezeichnete Benoist Mohler in *Sezession* Nummer 22, Februar 2008. 1977 besprach Mohler in *Criticón* erstmals einen Sammelband der »Groupement de recherche et d'études pour la civilisation européenne« (GRECE), einem Netzwerk, das Benoist 1968 mit gegründet hatte. In einem Interview 1995 mit der *Leipziger Volksstimme* bestätigte Mohler, der im Alter von 20 Jahren in die Schweizer Armee einberufen wurde – allerdings 1942 desertierte, um sich der Waffen-SS anzuschließen –, dass es im benachbarten Frankreich eine faschistische Grundströmung gebe, und verwies auf den Kreis um Benoist. Auf die Frage, ob er ein Faschist sei, erklärt er: »Ja, im Sinne von Primo de Rivera.« Der spanische General hatte 1923 eine Militärdiktatur errichtet und 1933 die Bewegung Falange gegründet. Und als der Interviewer fragt, was ihm Faschismus bedeute, führt Mohler aus: »Faschismus ist für mich, wenn enttäuschte Liberale und enttäuschte Sozialisten sich zu etwas neuem zusammenfinden. Daraus entsteht, was man konservative Revolution nennt.« In der *Wochenzeitung* antwortet er im selben Jahr auf die Frage, ob er heute Hitler immer noch wie in seinen Jugendzeiten bewundern würde: »Was heißt bewundern? Er hat immerhin eine richtige Führung geschaffen. Die Kader, die er heranzog, hatten Stil.« Immer wieder beklagt er einen »Demutskonservatismus« und macht den Liberalismus als Hauptfeind aus. Sein Selbstverständnis: »Ich verstehe mich als einer der Väter der Neuen Rechten in Deutschland. Ich winsle nicht, ich sei ein Konservativer, der die Grundwerte hochhalte. Diese Haltung finde ich zum Kotzen.«

Diese Stilnoten zu Rivera, Mussolini und Hitler stören die Neue Rechte nicht. Kubitschek hebt 2006 in *Provokation* die Bedeutung von Mohler hervor. »Utopien« seien »Verschiebebahnhöfe in die Zukunft«, das »Entlarven und Abkanzeln der beliebten linken Vokabel ›Utopie‹« habe in dieser Form nur von Armin Mohler kommen können. Der »Vordenker und Mentor unseres politischen Milieus wusste genau, dass er mit solchen Formulierungen nicht nur etwas beschrieb, sondern natürlich etwas beförderte und einforderte, um manchen jungen Mann ein zweites Mal in die Welt zu setzen.« Auch für ihn persönlich sei er bedeutsam gewesen: »Was Mohler mir beigebracht hat, ist unverzichtbar für den Sprung über die Mauer aus Kautschuk. Es sind fünf Lehren: die Unbekümmertheit des raschen Vorstoßes, die Befreiung der Gestalt, die Bewaffnung der Sprache, die Hochschätzung der Form, die Taktik der Nonkonformität.«

Der Begriff »Neue Rechte« tauchte in der Bundesrepublik weit vor Benoists provokanter Pointierung auf. 1968/69 war er eine Selbstbezeichnung von jungen Rechtsintellektuellen bei der NPD, der auch synonym mit »Junge Rechte« verwendet wurde. Sie warfen der »alten, erstarrten Rechten« vor, es nicht zu schaffen, aus dem Schatten des Nationalsozialismus herauszutreten. In der Auseinandersetzung mit der »neuen Linken« bemühten sie sich um eine Neuorientierung und Neuformierung des extrem rechten Spektrums.

Ein erster Versuch fand bereits 1964 in Hamburg statt. Unter Leitung von Lothar Penz traf sich der »Arbeitskreis Junges Forum«, der eine gleichnamige Publikation herausgab mit der Absicht, »die theoretische Basis eines neuen Denkgebäudes zu schaffen«. Der »intellektuelle Führungskreis«, zu dem Henning Eichberg gehörte, betonte sowohl eine »geistige« und »sittliche Erneuerung« als auch eine »organische sozialistische Nation« und »Weltordnung«. Die Struktur verlor sich, Eichbergs Argumentationsvariante jedoch nicht. Er soll mit dem Begriff Ethnopluralismus forciert haben, dass jede Ethnie eine unabänderliche natürliche Identität habe. Diese homogenen Ethnien könnten sich aber nur in ihrer angestammten Heimat erleben und entfalten. Letztlich, so schreibt Margret Feit in ihrem Buch *Die ›Neue Rechte‹ in der Bundesrepublik*, würde so ein Nebeneinander der Völker nach ihren vermeintlich ethnisch bedingten Eigenarten gefordert. »In der Ausländerproblematik«, kritisiert sie schon 1987, »heißt das in der Konsequenz: Ausländer raus«. Auch Benoist hatte bereits in *Kulturrevolution von rechts* dargelegt, dass »die Menschheit nur die Gesamtheit der Kulturen und Volksgemeinschaften« sei und dass »das Individuum« alleine »durch seine organische Zugehörigkeit zu ihr« bestimmt sei. »Der Einzelmensch besteht nach unserer Auffassung nur in Verbindung mit den Gemeinschaften, in die er eingeschlossen ist [...]. Jede individuelle Tätigkeit stellt einen Akt der Teilnahme am Leben eines Volkes dar. Dem Interesse des Einzelnen kommt ›an sich‹ keine Wertschätzung zu.«

In der Argumentation wird der Ethnopluralismus aber nicht bloß verwendet, um sich vom »wertenden Rassismus« abzugrenzen und dem Multikulturalismus zu unterstellen und folglich das »Verschwinden der Ethnien« befördert und somit zum »Ethnozid« beigetragen zu haben, schreibt Armin Pfahl-Traughber. In *›Konservative Revolution‹ und ›Neue Rechte‹* betont er, dass der Ethnopluralismus auch »die Gültigkeit universeller Werte, wie die Menschenrechte« leugne: »Da es eine ethnische Begründung von Menschenrechten allenfalls auf die jeweiligen ›Völker‹, aber nicht auf das Individuum gemünzt geben kann, wird das individualistisch geprägte, naturrechtlich begründete und universell gültige Verständnis von Menschenrechten direkt oder indirekt negiert.« Angesichts des ideologischen Kanons der Neuen Rechten keine Überraschung. In *Der*

Begriff des Politischen hatte Schmitt schon Jahrzehnte vorher geschrieben: »Die politische Welt ist ein Pluriversum, kein Universum«, und wenn »ein Volk nicht mehr die Kraft oder den Willen« habe, sich in der »Sphäre des Politischen zu halten«, verschwinde nicht das Politische: »Es verschwindet nur ein schwaches Volk.«

Die Argumentation des Ethnopluralismus begrenzt sich schon lange nicht mehr auf die Neue Rechte. Auch die Alte Rechte hat inzwischen für sich die Chance erkannt, rassistische Ressentiments auf diese Weise vermeintlich moderater zu präsentieren. 1969 aber noch nicht. Nach dem damaligen Scheitern der NPD bei der Bundestagswahl mit 4,3 Prozent an der Fünf-Prozent-Hürde kam es zu weiteren Gründungen neurechter Strukturen und Projekte. Die NPD hatte den Einzug verfehlt, da sich CDU und CSU beim Bundestagswahlkampf in der Debatte um die Ostverträge nicht von rechts überholen ließen wie bei der Diskussion um »Freiheit statt Sozialismus«. Der CDU/CSU-Wahlkampf verschärfte sogleich die Rechtsentwicklungen, wie sie zur Zeit der Großen Koalition von der CDU/CSU und der SPD gegen die Außerparlamentarische Opposition (APO) betrieben wurde.

In den 1970er und 1980er Jahren entstanden und verschwanden die verschiedensten Projekte: die Deutsch-Europäische-Studien-Gesellschaft (DESG), das Periodikum *Junges Forum*, die Solidaristische Volksbewegung (SVB), der Nationalrevolutionäre Koordinierungsausschuß (NR-KA) und das Magazin *wir selbst*. Von 1970 bis 2005 erschien die von Casper von Schrenk-Notzing gegründete Zeitschrift *Criticón*, die ein Linksdriften des Konservatismus in der Evangelischen Kirche befürchtete und beklagte. Einer der Autoren der Zeitschrift mit einer Auflage von zeitweise 8000 Exemplaren: Alexander Gauland, der heutige stellvertretende Bundessprecher der AfD und Landtagsfraktionsvorsitze der Partei in Brandenburg. Unter dem Titel »Am Anfang war die CDU ...« beklagt Gauland im Sommer 2001, dass es in der Berliner Landespolitik nicht »um Moral, Anstand und Kompetenz, sondern alleine um die Macht« gehe. Ein weiterer Autor war Götz Kubitschek. Zusammen mit Peter Felser berichtete er unter dem Titel »Raki am Igman« im Dezember

1999 über den Bundeswehreinsatz in Bosnien, wo er sich als Reserveoffizier von Dezember 1997 bis März 1998 freiwillig im Rahmen des SFOR-Mandats aufhielt. Er war Zugführer des Taktischen OpInfo-Zuges (vulgo: Einheit für psychologische Kriegsführung). Während seines Einsatzes veranstaltete er eine Lesung zum Todestag von Ernst Jünger am 17. Februar 1998. Die Bundeswehr trennte sich von ihm. In *Criticón* schreiben Kubitschek und Felser, dass der »Ruf der deutschen Soldaten in Bosnien« hervorragend sei, »vermutlich werden sich Leute diesen Erfolg anrechnen, die überhaupt nichts dazu getan haben: Denn die gute Haltung der deutschen Soldaten ist nicht das Ergebnis der Inneren Führung. Hier wirkt eine andere Substanz«, aber auch »der Einsatz selbst wirkt, er erzieht die Soldaten nachhaltiger als jede Feierabendkaserne«. Sätze, die wohl der Lektüre von Jünger mit geschuldet sind: »Bürger versus Soldat«.

In Anlehnung an GRECE gründete Pierre Krebs 1980 in Kassel das »Thule-Seminar – Arbeitskreis für die Erforschung der europäischen Kultur e. V.«. Die erste große Veröffentlichung des »Seminars« war *Das unvergängliche Erbe. Alternativen zum Prinzip der Gleichheit*, 1981 von Krebs herausgegeben. Unter den Autoren des Bandes befinden sich der damalige GRECE-Kader Guillaume Faye, Alain de Benoist sowie Armin Mohler und Jörg Rieck. Hinter dem Namen Rieck verbarg sich Jürgen Rieger, Rechtsanwalt und »eine Schlüsselfigur des europäischen Rechtsextremismus«, wie Margret Feit in *Die ›Neue Rechte‹ in der Bundesrepublik* schreibt. Bis zu seinem Tod 2009 verteidigte Rieger Holocaustleugner, leitete die »Artgemeinschaft – Germanische Glaubens-Gemeinschaft wesensgemäßer Lebensgestaltung«, wollte eine Fruchtbarkeitsklinik aufbauen, erhielt in der NPD den Posten des Bundesvize und wurde wegen Körperverletzung verurteilt. Bei einem Trauermarsch am 14. November 2009 in Wunsiedel zu Riegers Ehren sprach Krebs. Die Neue Rechte kann eben auch nicht immer ohne die Alte Rechte. Krebs betreibt das Thule-Seminar bis heute, eine große Bedeutung hat es aber in der Szene nicht mehr, auch wenn er gelegentlich noch Vorträge hält. In der im Grabert-Verlag erscheinenden Schriftenreihe des Thule-Seminars finden sich auch Schriften von Benoist.

Die Projekte offenbaren die schon in der Konservativen Revolution florierenden verschiedenen Strömungen zwischen nationalrevolutionären Vorstellungen bis hin zu jungkonservativen Visionen sowie von christlichem Glauben bis hin zu heidnischen Ideen. Martin Langebach und Jan Raabe schlagen daher vor, von »den Neuen Rechten« zu sprechen, um das heterogen Spektrum zu erfassen.

Vor über 30 Jahren veröffentlichte Benoist im Sinus-Verlag *Kulturrevolution von rechts*. Eine seiner »wirkungsmächtigen Schriften«, betonen Langebach und Raabe. In dem schmalen Band von 1985 legt Benoist, ausgehend von dem italienischen Marxisten Antonio Gramsci dar, dass die kulturelle Macht parallel zur politischen Macht angestrebt werde, der politischen gar vorausgehen müsse. Dass diese rechte Rezeption des Mitbegründers der Partito Comunista Italiano (PCI), der zur Zeit Mussolinis in Haft saß, wichtige Aspekte ignoriert, merkt Armin Pfahl-Traughber an. Sie blende Gramscis Ausgangspunkt aus, dass die ökonomischen Entwicklungen in einem komplexen Wechselspiel die entscheidende Rolle bei politischen und kulturellen Veränderungen spielen. Benoists Rezeption missachtet ebenso, dass es Gramsci darum ging, die unteren sozialen Schichten und nicht die gesellschaftlichen Multiplikatoren zu gewinnen, die durch ihre Berufstätigkeit die kulturelle und politische Meinung vermitteln können. Dies ignorierend gab Benoist dennoch damals für die Neue Rechte den Impuls, im vorpolitischen Raum die Erweiterung der Kampfzone auf Begriffe und Diskurse auszudehnen. So erklärte das Thule-Seminar in seinem Periodikum *Elemente* in der Januar/März-Ausgabe 1987: »Eine politische Revolution bereitet sich immer erst im Geist vor, durch eine langwierige ideologische Entwicklung innerhalb der zivilen Gesellschaft. Um zu ermöglichen, dass die neue politische Botschaft Fuß fasst (Tätigkeit der Partei), muss erst auf die Denk- und Verhaltensweisen innerhalb der zivilen Gesellschaft Einfluss« genommen werden. Hier klingt an, was später Weißmann und Stein verkünden – und heute längst nicht mehr so gemeint haben wollen. Auch Benoist sucht inzwischen die Distanz. Das Bekenntnis zu dieser strategischen Ausrichtung führte mit zur Beobachtung durch den Verfassungsschutz.

Im Band *Phantom ›Neue Rechte‹. Die Geschichte eines politischen Begriffes und sein Missbrauch durch den Verfassungsschutz* schimpft Dieter Stein 2005 über Pfahl-Traughber, dass sich dieser auf »die Idee, die Theorie der Erlangung einer ›kulturellen Hegemonie‹« versteift hätte. Die »altbekannte Gramsci-Obsession«, moniert der Chefredakteur der *Jungen Freiheit* in der hauseigenen Schriftenreihe Edition JF, sei weder in seiner Zeitung noch anderswo »tiefschürfend« behandelt worden. »Egal, Hauptsache der Begriff ›Hegemonie‹ steht im Raum, kombiniert mit dem Begriff ›Revolution von rechts‹«, wettert er, denn damit sei die Gefährlichkeit für den Staat ausgemacht. Auch Benoist relativiert in dem Band die Bedeutung des Begriffs: »Ich glaube, ich habe in meinem ganzen Leben zwei Aufsätze über Antonio Gramsci geschrieben! Kurioserweise haben sich die deutschen Autoren [...] in Gramcsis Begriff der ›kulturellen Hegemonie‹ verbissen, um ihn zur fantasmagorischen Grundlage einer ›neurechten Strategie‹ zu machen.«

Der Titel des Bandes spiegelt auch die Ablehnung der Bezeichnung »Neue Rechte« wider. »Die ›Neue Rechte‹«, schreibt Stein, sei eine vom nordrhein-westfälischen Verfassungsschutz »lancierte Chiffre, mit der demokratische Konservative, demokratische Rechte in Deutschland unter Extremismusverdacht gesetzt und im öffentlichen Diskurs für indiskutabel erklärt, also mundtot gemacht werden« sollen. Der 49-Jährige räumt aber ein, dass da mal was war: »Nun hat es in den sechziger und siebziger Jahren tatsächlich Strömungen gegeben, die sich in der Selbstbeschreibung als ›Neue Rechte‹ bezeichnet haben«, doch, so führt er weiter aus, »in der Gegenwart geht es aber bei der ›Neuen Rechten‹ nicht um Selbstbeschreibung, sondern um einen Begriff, mit dem seitens linker Politikwissenschaftler und Verfassungsschützer etwas ›Verdächtiges‹ erfasst werden soll.« Ein Kampfbegriff, so darf zugespitzt werden, der »allzu mächtigen political correctness«, wie Stein selbst weiter schreibt und befindet: »Die Begriffe ›Links‹ und ›Rechts‹ sind spätestens seit der Wende 1989/1990 und dem Zusammenbruch des kommunistischen Ostblocks weitgehend sinnlos geworden.« Die Intention der Distanzbemühungen ist offensichtlich: kein Objekt der Betrachtung der Geheimdienste bleiben zu wollen.

Die *Junge Freiheit* ging mit Rechtsmitteln gegen die Beobachtung durch Ämter des Verfassungsschutzes vor. Am 24. Mai 2005 hob das Bundesverfassungsgericht alle bisherigen Urteile der nordrhein-westfälischen Verwaltungsgerichte zur Erwähnung in Verfassungsschutzberichten mit Verweis auf die Pressefreiheit auf. Die Rechtsstreitigkeiten zwischen der rechten Wochenzeitung mit dem Verfassungsschutz in Nordrhein-Westfalen und Baden-Württemberg endeten mit Vergleichen, beide Geheimdienste erwähnen die Wochenzeitung nicht mehr in ihren Jahresberichten, behalten sich aber vor, sie weiter zu beobachten.

»Publizistisches Mutterschiff« – Junge Freiheit

Viel Verständnis bringen in *Tristesse Droite* die Gesprächspartner den Distanzbemühungen der *Jungen Freiheit* zur Bezeichnung Neue Rechte entgegen. »Der Begriff Neue Rechte, er ist aufgeladen, natürlich vom Gegner, aber auch von uns selbst«, der Begriff sei auch am »Rande mittlerweile angefressen«, sagt Kubitschek und betont, zu diesem ein »völlig entspanntes Verhältnis« zu haben. Für Lichtmesz hat er indes »eine Aura, die nicht zerstörbar ist. Und ich hab' auch ein vollkommen selbstsicheres Gefühl, dass er mir gehört.« Dass sich Stein von dem Begriff abwendete, sieht Kubitschek gelassen. »Stein hat ja immer alles abgestoßen, was ihm nicht koscher war, angefangen bei den JF-Lesekreisen«, legt Kositza nach. »Na gut, hatte ja konkrete Hintergründe«, erwidert Lehnert und lässt unerwähnt, dass sich die *Junge Freiheit* 1996 von den angeblich 40 Lesekreisen mit bundesweit 2000 Interessierten trennte, da Verfassungsschützer bei diesen Zirkeln eine »nationalrevolutionäre Komponente« ausmachten, worauf Felix Krebs 1999 in *Jenseits des Nationalismus* hingewiesen hat.

Der moderate Ton zur *Jungen Freiheit* in der Gesprächsrunde verwundert nicht. »Unser Mutterschiff« nennt Lehnert nicht bloß alleine nur in dieser Runde die Wochenzeitung, mit der sie alle unterschiedlich verwoben waren oder sind. »Mutterschiff, ja«, bestätigt Thorsten Hinz. »Darum keine Torpedos«, ergänzt der langjährige JF-Autor, der die Zeitung »92 oder 93« für sich entdeckte. Jahrelang hat er für sie auch unter dem Pseudonym »Doris Neujahr« geschrieben. Kritische Untertöne oder – um in den Kriegsmetaphern der Runde zu bleiben – kleine Warnschüsse bleiben aber nicht aus. Der anhaltende Zuspruch der *Jungen Freiheit* für die AfD sei auch ökonomischen Gründen geschuldet, deutet Lehnert an. »Da kommt was Neues hoch, bürgerlich, Mitte bisschen rechts, da nehmen wir die 2000 möglichen Neu-Abonnenten natürlich mit«, erläutert Lehnert, der in der DDR in einem links-oppositionellen Familienkreis vor dem Zusammenbruch groß geworden ist. Seine Mutter war mit Rudolf Bahro liiert, der damals ein »großer Jünger-Leser« gewesen sei und von seinem Assistenten die *Junge Freiheit* bekommen hat. Auch Kubitschek bezeichnet die *Wochenzeitung* als sein »publizistisches Mutterschiff«, fragt sich allerdings, ob »man das Etikett«, gemeint ist Neue Rechte, wechseln kann, denn »die JF versucht es ja nun«.

Schon 2005 waren sich Stein und Kubitschek in dieser Frage nicht mehr einig. Lange haben sie zusammengearbeitet. Kubitschek war von 1995 bis 1997 Redakteur bei der *Jungen Freiheit*. 2012 gerieten sie aber wegen des »Zwischentags« aneinander. Bei der Vorbereitung der von Kubitschek initiierten »konservativen Messe« intervenierte Stein gegen die offizielle Einladung von Vertretern der NPD-nahen Zeitschrift *hier & jetzt*, die vom »Bildungswerk für Heimat und nationale Identität« herausgegeben wird. Der Chefredakteur Arne Schimmer ist Mitglied der Burschenschaft Dresdensia-Rugia und saß als Landtagsabgeordneter für die NPD von 2009 bis 2014 im sächsischen Parlament. Die geplante Einladung verwundert nicht: Schimmer, der bis 1999 für die *Junge Freiheit* schrieb, war von 2003 bis 2004 Verlagslektor bei der Edition Antaios und nahm an einem Seminar des IfS teil. Ein Jahr später soll Stein den Auftritt der Wochenzeitung beim Zwischentag infrage gestellt haben, da erneut ein sehr weit rechts stehendes Spektrum, das Monatsmagazin *Zuerst!* und die Internetplattform *PI-News* geladen waren, schreibt Sebastian Maaß in dem 2013 im rechtsextremem Regin Verlag erschienenen Buch *Die Geschichte der Neuen Rechten in der Bundesrepublik*. Die Intervention von Stein sei insofern »bemerkenswert«, da sich dieser »in der Vergangenheit immer wieder als Kämpfer gegen die political correctness« profiliert habe. »Nüchtern betrachtet ist die Junge Freiheit damit zu einem Medium geworden, das unbedingt – und das heißt offenbar auch von linker Seite – als dezidiert konservativ und eben nicht als rechte oder neurechte Zeitung wahrgenommen werden möchte«, kritisiert Maass von rechts. Bei »deiner Messe, dem ›Zwischentag‹ eben«, ist »dir die JF schwer ins Kreuz gesprungen«, erinnert Kositza in *Tristesse Droite* Kubitschek, »weil Dieter [Stein, A. S.] meinte, dass du zusammenpackst, was nicht zusammenpasst«. Das sei »eine Zäsur« gewesen, räumt Kubitschek auch ein, beim Begriff »Neue Rechte« sei er deswegen gespalten, »weil er eben aus den eigenen Reihen heraus madig gemacht worden ist«.

Vor dreißig Jahren, 1986, erschien die erste Ausgabe der *Jungen Freiheit*. Stein, damals 19 Jahre alt und Gymnasialschüler, brachte sie als Schülerzeitung in Stegen bei Freiburg im Breisgau heraus. »Wer waren wir?«, fragte Stein 1993 in einem Werbebrief und antwortete: »Eine Handvoll junger Idealisten. Wir hatten eine fixe Idee, aber kein Geld.« Doch sie wollten »Deutschland verändern« und sich für die »Gemeinschaft, unser Volk einsetzen«. Im Laufe der Jahre avancierte die Wochenzeitung zum publizistischen Flaggschiff der Neuen Rechten. Den Bezug zur Konservativen Revolution wollte die Redaktion auch nicht gleich relativieren. Ihr fünfjähriges Bestehen feierte sie am 8. Juni 1991 in Plettenberg, dem Geburts- und Sterbeort Carl Schmitts. Das Treffen mit rund 25 Autoren und Mitarbeitern soll laut Sebastian Maass am Grab ihres Vordenkers abgehalten worden sein. Im April 1993 warb sie in einer Abonnentenkampagne mit dem Slogan: »Jedes Abo eine konservative Revolution«. Seit 1994 erscheint die *Junge Freiheit*, sie heute am Hohenzollerndamm in Berlin sitzt, als Wochenzeitung. Im Januar 1995 konnte Stein den Philosophieprofessor Günter Zehm, einst Feuilletonchef und stellvertretender Chefredakteur der *Welt* dafür gewinnen, seine wöchentliche »Pankraz«-Kolumne in der *Jungen Freiheit* zu veröffentlichen, die zuvor zwei Jahrzehnte lang in der *Welt* und im *Rheinischen Merkur* erschienen war. Immer wieder gelingt es der Redaktion, auch Interviewpartner zu gewinnen, die nicht aus ihrem Milieu kommen.

Diese Entwicklung neurechter Projekte führte 1993 zu einem »Aufruf zur Wachsamkeit« gegen die »Nouvelle Droite«. Der Autor Lothar Baier griff in dem von Hans-Martin Lohmann herausgegebenen Buch *Extremismus der Mitte* 1994 diesen Appell auf. Baier befürchtete, dass Autoren und Interviewpartner aus dem nicht rechten Milieu eine Entgrenzung und Aufwertung der neurechten Publikation bewirken könnten. »Was auch immer sie sagen oder schreiben, sie können nie mehr dementieren, Autoren von [… der] Jungen Freiheit gewesen zu sein. Denn nicht auf Inhalte, sondern auf den Mitarbeiterkatalog kommt es denen an, er ist der einzig greifbare Beleg für das, was sie als Trumpfkarte vorzuweisen haben, ihre angeblich geläuterte Vorurteilslosigkeit«, erläuterte er.

Die Befürchtung Baiers bewahrheitete sich. Im Lauf der Jahre erhielt die rechte Wochenzeitung auch prominente Unterstützung. Auf ihrer Webseite weist sie darauf hin, dass 2004 »der bekannte Publizist Peter Scholl-Latour« sie für das zehnjährige Bestehen als Wochenzeitung lobte: »Die JF bedeutet für mich, dass es noch unabhängige Geister in der deutschen Medienlandschaft gibt und Journalisten, die das Risiko eingehen, gegen den Strom zu schwimmen«, sagte der 2014 verstorbene, nicht ganz unumstrittene Journalist. Auch Ferdinand Fürst von Bismarck, der Urenkel und langjährige Chef des Hauses des früheren Eisernen Kanzlers Otto von Bismarck, wirkte in einer Imagebroschüre des Blattes mit: »Bleiben Sie gesund und wachsen Sie weiter. Sie gehören zu meiner wöchentlichen Lektüre.«

2009 startete die Redaktion mit einer modifizierten Internetpräsenz mit tagesaktuellen Meldungen. Der Internetboom bremste aber nicht ihre Auflagen. Das Jahr 2015 beschließt die Zeitung nach eigenen Angaben, »mit der höchsten verkauften Auflage« ihrer Geschichte. »Derzeit drucken wir wöchentlich 35 000 Exemplare. Allein 23 200 zahlende Abonnenten zählen wir jetzt – fast 3000 mehr als im Vorjahr. Im Zeitschriftenhandel hat sich zusätzlich seit Jahresmitte der Absatz im Schnitt um 1000 Exemplare auf rund 3500 erhöht«, schreibt Stein am 2. Januar in der Wochenzeitung. Auf ihrer Webseite heißt es Anfang 2016. »Dadurch, dass eine Druckausgabe von durchschnittlich 2,5 Personen gelesen wird, erreicht sie wöchentlich mehr als 60 000 Leser.«

In einer Imagebroschüre stellte das Blatt seine Leserschaft vor: »Hoher Bildungsstand, ein Einkommen, das weit über dem Durchschnitt liegt, Reisefreudigkeit, Qualitätsbewusstsein und politisches Engagement«. Die *Junge Freiheit* wirbt gerne damit, dass nach der Analyse der Kinau Mediaforschung 77 Prozent ihrer Leserschaft eine Hochschulreife aufweisen im Gegensatz zu nur 52,8 Prozent der FAZ-Leser. Die größte Leserschaft hat die Wochenzeitung allerdings in der Altersgruppe 60 bis 69 Jahre – was sie weniger weit nach vorne stellt. Der Anstieg der Auflage fällt mit Steins Distanzbemühung zum Begriff Neue Rechte zusammen – was nicht unkritisiert bleibt. »Das Mutterschiff« will den »Anschluss finden«, sagt Kubitschek. Er spricht nicht aus, dass sie sich ohne vermeintliche Aufweichung des Wesentlichen längst nicht mehr von AfD und Pegida fernhalten wollen. Die Rhetorik der *Jungen Freiheit* ist zwar bemüht moderat – doch im Inhalt oft radikal.

»HolocaustReligion®« titelt das Blatt am 13. Februar 2009. Ein Kampfbegriff auf der ersten Seite, den die Redaktion gleich noch weiter zuspitzt: »Ich bin der Herr, Dein Gott. Du sollst keine anderen Götter neben mir haben.« Der religiöse Terminus ist nicht nur wegen des Themas des Artikels von Thorsten Hinz so gewählt worden, sondern auch wegen des Anlasses: der Debatte um die Rückkehr des Holocaustleugners Richard Williamson in die katholische Kirche. Dem langjährigen Autor der Zeitschrift geht es aber auch tatsächlich um Glaubensfragen – ums Grundsätzliche. Der Gesprächspartner von Kubitschek und Kositza führt aus, dass »die Institution der katholischen Kirche« die »leibhaftige Provokation für die moderne Massendemokratie« sei. Alles, was die Kirche repräsentiere, »Tradition, Hierarchie, Askese, Dienst an einem ferneren Ziel«, schreibt Hinz, stehe »konträr zum massenhaften Bedürfnis, die materiellen, ideellen, sexuellen Gelüste schnell und umstandslos zu befriedigen«. »Tradition versus Moderne«, so verortet Hinz das Thema, ganz im Sinne der geistigen Ahnen der Neuen Rechten. Im Aufmacher folgt Hinz den Vordenkern. »Die verlassenen Altäre«, schreibt er im Rückgriff auf Jünger, »werden von Dämonen in Beschlag genommen.« Der Mächtigste der Gegenwart sei »die Zivilreligion, in der Auschwitz an die Stelle Gottes tritt«. Aus dem Holocaust macht der Autor eine Glaubensfrage und spitzt zu: »Der Holocaust wird den Regeln des Wissenschaftsbetrieb entzogen, seiner Konkretheit und seines Kontextes entkleidet.« Bitte? Will Hinz anzweifeln, dass es eine Forschung, eine Debatte um den Holocaust gibt? Ja, in Deutschland dürfe die Wirklichkeit des Holocaust nicht bestritten werden. Oder wie solle es interpretiert werden, dass der »Holocaust [...] mittels Zeremonien, Ritualen, Strafgesetzen und sakraler Sprachgebung auf die Höhe eines Mysteriums gestemmt« wird? Sich hinter der katholischen Kirche versteckend betont er: »Aus ihrem Selbstverständnis heraus kann sie die Holocaust-Religion nicht als gleichberechtigt neben sich dulden, sondern muss sie als Irrlehre zurückweisen.« Der Holocaust eine »Irrlehre«, so könnte der geneigte Leser die Vernichtung der europäischen Juden interpretieren, ohne dass Hinz es so schrieb. Der Tenor passt in die langen Bemühungen der *Jungen Freiheit*, dass Auschwitz nicht zur »Staatsräson«, zum »nationalen Selbstbild« werden dürfe. Diese Räson, so Stein in einer Ausgabe 2005, »stehe für die monströse Anrufung dieser eindimensionalen geschichtlichen Fixierung der Deutschen«.

Nicht minder stark sorgt sich die *Junge Freiheit* um eine falsche Familien- und Geschlechterpolitik. In ihrer Berichterstattung setzt sich die Redaktion nicht nur gegen »Gender-Wahnsinn« und »Frühsexualisierung« ein, unterstützt Proteste der »Demo für alle«, sondern hat selbst eine Kampagne namens »Gender-mich-nicht.de« gestartet. Ihre Broschüre gegen »Gender Mainstreaming« soll über 850 000-mal verteilt worden sein, heißt es in einem Prospekt des

JF-Buchdienstes 2016. Eindringlich wird vor der »sexuellen Vielfalt in den Bildungsplänen« gewarnt, denn diese Pläne wollten nicht aufklären, sondern »gezielt die Frühsexualisierung fördern«. »Fanatische Gender-Ideologen«, heißt es in der JF-Broschüre, würden behaupten, »der Mensch sei frei und könne sein Geschlecht jederzeit selbst frei bestimmen, ein ›soziales‹ Geschlecht also. Dieses Geschlecht heißt dann Gender.« Damit würde jede »angeborene Identität« zerstört, die »normale Beziehung zwischen Mann und Frau« als »›sexuelle Unterdrückung‹« erscheinen und »das Modell Ehe und Familie« infrage gestellt werden. »Alles ist möglich: Aktuell dominiert die Forderung nach der Homo-Ehe, danach kommt die Ehe-zu-dritt«, warnen sie.

Es gibt kein Thema der rechten Wutbürger, das die *Junge Freiheit* nicht aufgreift oder anschiebt. Seit Beginn der Spaziergänge von Pegida in Dresden am 24. Oktober 2014 steht die Zeitung diesem »Geist des bürgerlichen Aufbegehrens« bei. Sie wandte sich gegen den »Kampf gegen rechts«, beklagte das deutsche »Geburtendefizit« aufgrund des »Individualismus« und warnte vor einer multikulturellen Gesellschaft. Am 3. Mai 2015, dem Welttag der Pressefreiheit, schreibt Giselher Suhr auf der JF-Internetseite: »Das Wort ›Lügenpresse‹ wurde von den Gralshütern des politisch-korrekten Gutmenschen-Mainstreams zum ›Unwort des Jahres‹ erklärt«, doch bei den Themen »Ausländerpolitik«, »Kampf gegen rechts, linker Extremismus, Pegida usw.« bestehe ein Meinungskartell. Kürzer hätte Suhr die thematische Ausrichtung der *Jungen Freiheit* hin zur »selbstbewussten Nation« kaum zusammenfassen können.

Am 4. Juni 2016 feierte die Wochenzeitung in Berlin im Palais am Funkturm ihr 30-jähriges Bestehen. Im Vorfeld hatte Stein auf die Frage, ob man sich anmelden könne, abgeblockt: Nein, man wolle unter sich feiern. Einer der 600 Gäste war der ehemalige Staatspräsident Tschechiens Václav Klaus. Er lobte die *Junge Freiheit* gerade in der »antidemokratischen Zeit« der »antidemokratischen politischen Korrektheit«, »in der Zeit der Lügen und Heuchelei«, der staatlichen Manipulation der Menschen, als hochwertig, wichtig und notwendig.

»Déclaration de guerre« – Identitäre Bewegung

Aus Frankreich kam für die Neue Rechte erneut ein weiterer Impuls. In der *Jungen Freiheit* berichtete die Redaktion gleich wohlwollend über die neue Bewegung mit dem auffälligen Symbol, dem in einen Kreis gefassten griechischen Buchstaben Lambda. Auf Webseiten und in sozialen Netzwerken prangt der schwarze Winkel der sogenannten »Identitären Bewegung« auf gelbem Grund. Schon 480 v. Chr. soll sich ein kleines Heer der Spartaner mit dem Lambda am Thermopylen-Pass einer tausendfach stärkeren Armee der Perser entgegengestellt haben. Diesen Mythos des heroischen Abwehrkampfs gegen fremde Mächte und feindliche Einflüsse will die Identitäre Bewegung aufgreifen. In einem Video erklären sie: »Das Lambda, gemalt auf einem Schild stolzer Spartaner ist unser Symbol. Verstehst du, was es bedeutet? Wir werden nie zurückweichen, niemals aufgeben!« Im Internet beteuern sie immer wieder, »nicht links, nicht rechts«, sondern »identitär« zu sein.

Seit 2012 sind die Vertreter der Identitären Bewegung Deutschland (IBD) aktiv. Am 10. Oktober vor vier Jahren traten sie erstmals in der Bundesrepublik mit einem öffentlichen Profil bei Facebook in Erscheinung. Schnell wuchs die Bewegung um Christian Wagner aus dem niedersächsischen Weyhe im Internet an, bildete über 50 lokale oder regionale IBD-Untergruppen, die vor allem anfänglich nur in den sozialen Netzwerken stark waren. Heute tritt Nils Altmieks auf der Webseite der »Identitären Bewegung Deutschland e. V.« als Verantwortlicher auf. In der Öffentlichkeit ist vor allem Martin Sellner für diese Bewegung in Österreich und Deutschland präsent. Ein Video und eine Aktion der »Génération Identitaire« in Frankreich hatte im Oktober 2012 die Bewegung beschleunigt. Am 9. Oktober 2012 stellte die Génération Identitaire das Video *Déclaration de guerre* – Kriegserklärung – online. In schnell geschnittenen kurzen Statements erklären verschiedene Jugendliche, männliche und weibliche, in dem schwarz-weiß gehaltenen Clip: »Wir sind die Bewegung, deren Generation doppelt bestraft ist: Verurteilt, in ein Sozialsystem einzuzahlen, das durch Zuwanderung so instabil wird, dass für uns und unsere Kinder nichts mehr übrig bleibt«, und »unsere Generation ist das Opfer der 68er, die sich selbst befreien wollten von Traditionen, Werten, Familie und Erziehung. Aber sie befreiten sich nur von ihrer Verantwortung.« Die Kriegserklärung erreichte in einer Woche über 60 000 Klicks. Der Clip der Jugendorganisation des Bloc Identitaire wurde schnell in zwölf Sprachen übersetzt. Auf Deutsch ist die Kriegserklärung online zu lesen: »Wir sind die Bewegung, die auf unsere Identität, unser Erbe, unser Volk und unsere Heimat schaut und erhobenen Hauptes dem Sonnenaufgang entgegengeht. [...] Glaubt nicht, das hier wäre einfach nur ein Manifest, es ist eine Kampfansage an diejenigen, welche ihr Volk, ihr Erbe, ihre Identität und ihr Vaterland hassen und bekämpfen! Ihr seid das Gestern, wir sind das Morgen!«

Elf Tage nach der Kriegserklärung besetzten am 20. Oktober 2012 Aktivisten der Génération Identitaire in Poitiers das Dach einer im Bau befindlichen Moschee. Am Dachfirst befestigten sie Transparente mit dem Symbol der Identitären und der Zahl 732. Im Jahr 732 stoppte eine Armee unter dem Kommando von Karl Martell zwischen Poitiers und Tours die aus Spanien vordringenden Mauren, angeführt von Abd ar-Rahman. Diese »heldenhafte Schlacht«, erklärten die Identitären, habe ihr Land »vor der muselmanischen Invasion gerettet«. Ihr symbolischer Begriff »Reconquista« wurde zum realen Akt. Der Begriff selbst bezieht sich auf die Rückeroberung der Iberischen Halbinsel von den muslimischen Eroberern im frühen Mittelalter (ca. 711 bis 719).

Aktivisten filmten die kurze Besetzung der Moschee und stellten sie ins Netz. »Virale Kontagiosität« nennt der Vorsitzende des Bloc Identitaire, Fabrice, Robert das Konzept und führt im Interview mit der *Jungen Freiheit* am 1. März 2013 aus: »Wenn 100 Leute an der Aktion teilgenommen haben, sind es vielleicht 100 000, die davon erfahren.« Die Straßen und die Informationsnetzwerke, hebt er hervor, »müssen beide als unser Terrain erkannt werden, um unserem Volk nahe zu sein«. Um Macht zu gewinnen, müsse »man zuvor erfolgreich den Geist erobern«.

Hier klingt an, was die IBD anfänglich nicht direkt auf ihren Webseiten dargelegt hat: der Bezug zur Neuen Rechten. In der *Jun-*

gen Freiheit führt Robert aus, dass sich dieser Ansatz – dass der politischen Vorherrschaft die Erringung der kulturellen Hegemonie vorausgehen muss – auf Antonio Gramsci bezieht: »In der Tat, wir befinden uns in einer gramscistischen Logik.« Rechts gewendet, getreu dem Spiritus Rector der Nouvelle Droite Alain de Benoist. In dem Video klingt auch der Kanon der Konservativen Revolution und des italienischen Faschismus gegen die Moderne und Aufklärung mehr als an. Die emanzipatorischen Bestrebungen und humanistischen Hoffnungen werden pauschal als Zerstörung der eigenen Tradition und des ureigenen Erbes ausgemacht.

In dem Text »100 Prozent Identität – 0 Prozent Rassismus« der IBD schlägt dieser Tenor direkt durch: »Wir kämpfen gegen den eigenen Identitätsverlust, gegen unseren demographischen und kulturellen Verfall und gegen die allgemeine Entwurzelung und Entfremdung des Menschen in der Moderne. Wir stellen uns gegen einen abstrakten, weltfremden Menschenbegriff, der ihn nur als degenerierte kultur- und geschlechtslose, internationale Ware, als Humankapital betrachtet, anstatt ihn in seiner Ganzheit, als Erbe und Träger einer bestimmten Identität zu betrachten.«

Den Titel des Textes führen sie ad absurdum, da sie hier Kultur und Demographie zusammendenken. Diesen biologistischen Impuls verdichten sie, wenn sie von Menschen als Erben und Träger einer festgelegten Identität sprechen. Zuvor haben sie bereits ausgeführt: »Wir bilden als Glied in einer Kette die lebendige Geschichte und Zukunft unseres ethnokulturellen Erbes. Die Sprach- und Gedankenwelt, die organische Gemeinschaft, in die wir hineingeboren sind, bildet unser Dasein in der Welt und gibt uns eine perspektivische Wahrnehmung der Wirklichkeit, wie sie so kein anderes Volk hat.«

Das Schlagwort »ethnokulturell« verweist wieder auf den politischen Referenzrahmen: die Neue Rechte. In dem Text »Unser Ziel ist demokratisch« heißt es knapp und klar: »Wir Identitäre kämpfen primär für den Erhalt unseres ethnokulturellen Erbes und unserer Identität, gegen demographischen und kulturellen Verfall, gegen Multikulti, Masseneinwanderung und Islamisierung«.

In ihren Texten wird die IBD nicht müde zu betonen, dass sie rassistische Konzepte ablehnt: »0 Prozent Rassismus«. Diese »indigene Jugend« greift aber in ihrem Text »100 Prozent Identität – 0 Prozent Rassismus« selbst auf rassistische Argumentationen zurück. Zuerst schreibt sie: »Wir verwahren uns aber gegen eine Ausweitung des Rassismusbegriffs auf die bloße Feststellung unterschiedlicher verwandter Gruppen und Populationen innerhalb der Menschheit«, und direkt im Anschluss geht es weiter: »Zudem geht heute der größte Rassismus in unserem Land von migrantischen Banden gegen Deutsche aus.« Diesem »antideutschen Rassismus« erklären sie dann auch gleich den »Kampf«.

Im seinem 2013 bei Arktos erschienenen Buch *Die Identitäre Generation* legt Markus Willinger den politischen Bezugsrahmen der Identitären nicht offen, auch auf den Webseiten geschieht dies anfänglich nicht. Willinger, der in Schärding am Inn in Österreich geboren wurde, hat seinem von Pathos und Heroismus durchdrungenen Buch den Untertitel »Eine Kriegserklärung an die 68er« gegeben. Auf den 103 Seiten der »Kriegserklärung« zitiert der Identitäre keinen Neuen Rechten, Konservativen Revolutionär oder italienischen Faschist namentlich. Bei den Buchempfehlungen des Verlags finden sich jedoch: Alain de Benoist, Oswald Spengler, Julius Evola. In der Vorstellung auf der Webseite von Arktos heißt es zu Willinger: »Seit seinem 15. Lebensjahr ist er für die neue Rechte politisch aktiv, und studiert momentan Geschichte und Politikwissenschaft an der Universität Stuttgart.« 2013 war er Referent beim »Zwischentag«.

Nicht rechts, sondern nur identitär? In dem Heft der »Identitären Generation« mit dem Titel *Aufbruch* werden die geistigen Vordenker allerdings offen zitiert. Der Obmann der Identitären Bewegung Österreich Alexander Markovics verantwortet das Heft im eigenen Aurear Aetas Verlag mit Sitz in Wien. In Österreich scheint die Identitäre Bewegung, anders als in Deutschland, ihren politischen Kontext anfänglich nicht verschweigen zu wollen. Im Artikel »Identität. Der Begriff einer Wende« wird in Heft 1/2013 zur Idee der Verschiedenheit ausgeführt: »Das Recht auf Verschiedenheit bedeutet aber nicht, die Gleichheit aller Werte zu postulieren – denn das würde heißen, dass nichts mehr einen Wert besitzt.« Der Gedanke der Gleichheit wird im Artikel »Die Neugeburt des Mythos« offen mit Bezug zu Carl Schmitt angegriffen: »Der Antimythos der Aufklärung und sein aktuelles Ideologie-Amalgam von Ethnomasochismus und Menschenrecht ist also in seinem Kern antistaatlich und anarchistisch. Ihr Ziel ist, wie man nicht oft genug mit Carl Schmitt betonen kann, die Abschaffung des Staatlichen an sich und der Versuch, das Politische zu beseitigen.«

Ohne Hinweis auf Schmitt greift die IBD diese Gedanken in »100 Prozent Identität – 0 Prozent Rassismus« auf: »Wir stellen uns gegen einen abstrakten, weltfremden Menschenbegriff.« In dieser Logik sind die allgemeinen Menschenrechte nicht nur ungültig, sondern auch gefährlich. Benoist als einem »große[n] (Vor)-Denker unserer Bewegung« ist ein Porträt gewidmet. Bis heute gebe »es keinen Autor, der stimmgewaltiger oder gar mit einer schärferen Feder die Vielfalt der Völker und Kulturen gegen den amerikanischen Imperialismus und den Gleichschaltungswahn des Liberalismus verteidigt« habe, heißt es am Ende des Porträts.

In der *Jungen Freiheit* wird am 1. März 2013 Robert nicht nur auf Seite drei interviewt, die Bewegung ist die Titelstory der Ausgabe. Auf Seite eins erklärt Stein auch gleich den Grund: »Dass nun eine neuartige politische Jugendbewegung in Form der ›Identitären‹ von Österreich nach Deutschland schwappt, ist ein Phänomen. Mit einer originellen und modernen Ikonographie« werde »hier mit Aktionsformen experimentiert«, um die »Herrschaft über den öffentlichen Raum« zu gewinnen.

Im Internet und bei ihren Materialien wirkt die IBD nicht rückwärtsgewandt, sondern greift auch auf popkulturelle Elemente zurück. Ein immer wiederkehrendes Motiv-Setting getreu ihres Symbols: spartanische Krieger in der Diktion der Zeichnungen in Frank Millers Comic *300*, das 2007 durch den Film von Zack Snyder populär wurde. Auch Grafiken aus dem Blockbuster *Avatar*, die Zeichnung eines Na'vi, eines Angehörigen der Ureinwohner aus der Welt Pandora, setzen sie ein. Erneut wird der Kampf von Indigenen gegen das Fremde, hier gegen den kapitalistisch-technokratischen Menschen, zur Selbstdefinierung und -idealisierung aufgegriffen. Die Intention ist, mit der Übernahme populärer Motive viele Menschen in ihrer alltäglichen und popkulturell vertrauten Ausdrucksform anzusprechen. Die immer wiederkehrende visuelle Botschaft – »Reconquista«.

In Anspielung auf den linken Slogan »Refugees Welcome« findet sich im Internetshop »Phalanx Europa« auch ein Shirt mit der Parole »Islamists not welcome«, auf dem ein Ritter einen Mann und eine verschleierte Frau verjagt, die Maschinengewehre tragen. Mit im Angebot des Internetversands aus Graz, der auf der IBD-Webseite verlinkt ist, Aufkleber mit Carl Schmitts Satz: »Wer Menschheit sagt, will betrügen«, Hoodies mit dem Slogan »Fortress Europe – My Home, my Castel«, Damenshirts mit dem Bekenntnis »Still not Loving Antifa!« und Literatur aus dem Verlag Antaios.

Am 10. Februar 2012 besetzte die Identitäre Bewegung Österreich die Wiener Votivkirche. In die römisch-katholische Kirche waren Flüchtlinge aus Protest wegen der Asylverfahren eingezogen. »Wir wollten irgendwann nicht mehr nur lesen, sondern auch handeln«, sagt Markovics in der *Jungen Freiheit* vom 1. März 2013. Unter dem Titel: »Wir müssen raus aus dem Internet«, beklagt in der Wochenzeitung ein »Lars«, der die Berliner Gruppe anführt, den mangelnden Aktionismus auf der Straße.

Seit Mitte März 2013 versuchen die Identitären in Deutschland, den Tod von Daniel S. in Weyhe in der Nähe von Bremen mit Aktionen politisch zu nutzen. Im Streit wurde S. ohne eigenes Zutun tödliches Opfer von einem Jugendlichen mit Migrationshintergrund. In Berlin verteilten Identitäre Flugblätter gegen die Umwandlung eines Altenheims in Reinickendorf in eine Flüchtlingsunterkunft. Am 13. März 2013 hielten sie bei der zuständigen Bezirksverordnetenversammlung ein Transparent hoch: »Für unsere Alten Spott und Kälte. Für Asylanten Lob und Knete«. In der Bundeshauptstadt inszenierten sie im Einkaufszentrum Alexa einen Flashmob: Sie tanzten zu Hardbass, einer aggressiven Form der Technomusik, und schwenkten ihre Fahne. Im Begleitschreiben hieß es: »Ich konsumiere, also bin ich.« An dem Tag fand das »Nationale Treffen der Identitären Bewegung« in Berlin statt. Zum »harten Kerne«, schrieb Henning Hoffgaard in der *Jungen Freiheit* am 1. März 2013, gehören »wohl 50 bis 80 Personen«. Den Aktionismus konnte die IBD steigern: 2014 richtete sie ein Sommerlager aus. Ihr am 25. Mai 2014 gegründeter Verein wurde mit Sitz in Paderborn beim Amtsgericht registriert. Am 28. Juni 2015 besetzten Aktivisten kurz die Balkone der Parteizentralen der SPD in Berlin und Hamburg. Schnell entrollten sie am Willy-Brandt-Haus und am Kurt-Schumacher-Haus Transparente gegen den »großen Austausch«. Eine Kampagne, mit der sie vor dem vermeintlichen Bevölkerungsaustausch durch Einwanderung warnen wollten, den die SPD maßgeblich mit vorantreibe. Altmieks, »Bundesleiter« der IBD und Bauingenieur aus dem nordrhein-westfälischen Altenbeken, machte die SPD auch in einem Video auf ihrer Webseite für den »Austausch« verantwortlich. Am 4. Juli 2013 stellte Altmieks die Aktivitäten der IBD bei der Messe »Zwischentag« mit 200 Gästen in Erlangen auf dem Gelände der Burschenschaft Frankonia vor. Auf ihrer Webseite erklären sie, 2015 an der Winterakademie des IfS teilgenommen zu haben. Sie berichten dort auch von kleineren Aktionen in verschiedenen Städten und dem Mitlaufen bei Pegida in Dresden. In der sächsischen Landeshauptstadt sprach am 6. Februar 2016 Martin Sellner, der in Wien Philosophie und Jura studiert, vor den Pegida-Teilnehmern. Am 29. Februar war er Referent beim Stammtisch des identitären Projekts »Kontrakultur Halle«. Wenige Wochen später nimmt der Autor der *Sezession* in Wien an einer Störaktion teil.

Am 14. April 2016 stürmten Identitäre das Audimax der Universität Wien bei einer Aufführung des Stückes *Die Schutzbefohlenen*. Vor rund 700 Zuschauern führten Flüchtlinge aus Syrien, Afghanistan und dem Irak das Stück von Elfriede Jelinek auf, in dem es um die kritische Auseinandersetzung mit der aktuellen Flüchtlingspolitik geht. Knapp 40 Aktivsten der Identitären entrollten Fahnen und Transparente. Sie warfen Flugblätter »Multikulti tötet« ins Publikum und spritzten Kunstblut. Die agierenden Flüchtlinge auf der Bühne und auch Zuschauer wurden attackiert. Sieben Minuten soll die Aktion im Audimax gedauert haben. Acht Anzeigen wegen Körperverletzung nahm die Polizei auf. Wie sie in ihrem Leitfaden »Erste Schritte« darlegen, wollen die Identitären auch mit Schock- und Sympathieaktionen vor der »SAB« (Selbstabschaffung) des eigenen Volkes warnen, auf sie aufmerksam machen. In Deutschland verfolgen einzelne Landesämter des Verfassungsschutzes ihre Aktivitäten. Die Identitären wollen jedoch nicht alleine mit öffentlichen Aktionen Einfluss gewinnen.

In Baden-Württemberg steht der Landesvorsitzende der Jungen Alternative Moritz Brodbeck für klare Positionen jenseits eines konservativ-liberalen Spektrums. Stolz erklärt der Jugendverband, dass er massiv daran mitwirkte, dass in Baden-Württemberg das Lucke-Lager abtreten musste. Brodbeck selbst kommt auch von ganz weit rechts – von der Identitären Bewegung. Und ebenso einer der neuen Landtagsabgeordneten der AfD: Stefan Räpple. Interne Nachrichten, die der taz vorliegen, offenbaren, dass Anhänger der Identitären ganz gezielt in die Junge Alternative Baden-Württemberg eingetreten sind, um sie inhaltlich zu gestalten. In Freiburg versuchte Räpple, eine Ortsgruppe der Identitären zu gründen. Erste Gründungstreffen scheiterten 2013 noch, weil sich der Hypnosetherapeut mit weiteren Initiatoren zerstritten hatte. In diesem Jahr, gibt der 35-Jährige auf seiner Webseite an, gründete er aber die Junge Alternative: »Gründer Junge Alternative für Deutschland«, heißt es dort. Eine Strategie scheint aufgegangen zu sein.

Vor über drei Jahren überlegten Räpple und Brodbeck, wie sich die Identitären zur AfD verhalten könnten. Am 24. April 2013 schrieb Räpple an Brodeck: »Die IB (Identitäre Bewegung) hat ein Problem. Und das ist die Partei AfD. Ich kenne durch die AfD viele, die sich, gäbe es die Partei nicht, den Identitären angeschlossen hätten. Aber warum einen Untergrundkrieg führen, wenn man gesellschaftlich anerkannt Politik gestalten kann, auch wenn man ein wenig vwl pauken muss.« Und weiter: »Ich sehe in der Identitären Bewegung die Jugendorganisation der AfD. Und habe mit vielen von uns schon über die IB gesprochen. Sie sympathisieren, doch fühlen sie sich zu alt.« »Gibt's schon nen Jugendverband?«, fasste

Brodbeck nach, der mehrere Pseudonyme nutzt, und wollte wissen: »Wenn nein, ist eine Gründung absehbar?«»Ich mache mich schlau«, versprach Räpple. »Wäre klasse«, schrieb Brodbeck zurück und meinte: »weil wenns da wirklich nur eine handvoll junge Leute gibt, dann könnten wir das von Anfang an unter unsere Kontrolle bringen. Dann melde ich mich und wir basteln uns ein kleines Netzwerk ;), kenne da noch einen aus der IB, der sicher dafür zu haben wäre.« An gleichen Tag vermerkte Räpple, dass da nichts groß »unter Kontrolle« zu bringen sei, da »die meisten in der AfD [...] alle Positionen der IB vorbehaltlos unterschreiben« würden: »Da lauft ihr offene Türen ein.« In den Unterhaltungen werden im Laufe der Zeit weitere Namen, aber auch Positionen verhandelt. »Heute ist es leider so, dass viele Lehrer selbst keine Werte mehr leben«, wird da geschrieben und: »In den linksverdrehten Universitäten bekommen die unerfahrenen jungen Mädels eine kranke Ideologie eingetrichtert, wo interkulturelle Kompetenz bedeutet, seine eigene Kultur respektlos zu behandeln und eine große Verbeugung vor der fremden Kultur zu machen.«

Der Jugendverband der AfD in Baden-Württemberg »wurde also von Anfang an gezielt von Rechtsextremen aufgebaut und der amtierende Landesvorsitzende war ein Kader der ›Identitären Bewegung‹«, erläutert die Autonome Antifa Freiburg anhand der Fakten. Auf Anfrage der *Badischen Zeitung* wies Räpple die Vorhaltungen zurück und sprach von einer »Verleumdungskampagne der Antifa«. Berichte über eine Nähe zur IB seien »absoluter Unsinn« und die zitierte Korrespondenz nur erfunden, sagte er, der eng mit der »Bürgerwehr Ortenau« verwoben ist, die ihn im Wahlkampf unterstützte. Am Telefon wollte sich Brodbeck gegenüber der taz nicht zu dem Sachverhalt äußern. Die gewünschte schriftliche Anfrage blieb unbeantwortet. Mittlerweile hat die IBD die politische Mimikry aufgegeben. Hatten die österreichischen Identitären ihren Kontext und Kontakt gleich offen benannt, erklärt nun auch ihr deutscher Mitstreiter: Die IB »versteht sich als metapolitischer und aktivistischer Arm der Neuen Rechten«. Im Rahmen von Theoriearbeit und Seminaren, heißt es auf der Webseite, würden sie eng mit den »Zeit-

schriften Sezession und Blaue Narzisse sowie dem Institut für Staatspolitik« zusammenarbeiten.

»Oase der geistigen Inspiration« – Rechter Elitismus

Keine fünf Minuten zu Fuß vom Rittergut durch den kleinen Orts-
teil Schnellroda befindet sich der Landgasthof Zum Schäfchen. Die
ausgehängte Speisekarte zeugt von einer bodenständigen Küche und
niedrigen Preisen: Köstritzer Pils und Cola ab 1,70 Euro, Soljanka
3,50, Gulasch mit Bratkartoffeln 7,90 und Grillhaxe mit Sauerkraut
und Bratkartoffeln 10,90. Das »Zigeunerschnitzel« heißt hier auch
noch »Zigeunerschnitzel« und kostet mit Pommes frites 8,90. In
dem Landgasthof, ebenfalls ein historischer Bau, richtet das IfS seine
größeren Veranstaltungen aus. Auf dem Rittergut, sagt Kubitschek,
hätten sie nicht den Platz für die vielen Teilnehmer. Die Arbeitsgrup-
pen fänden in ihren Räumen statt. »An die 5000 Personen«, so Kositza, hätten über die Jahre an diesen Veranstaltungen teilgenommen.

Im Juni 2011 löste einer ihrer Seminargäste an der Universität der
Bundeswehr München eine Debatte aus. In der eigenen Unizeitung
Campus hatte Chefredakteur Martin Böcker, der Veranstaltungen
des IfS besuchte und Autor der *Sezession* und der *Jungen Freiheit* ist,
kritisch über die Rolle der Frau bei der Bundeswehr geschrieben. Im
Editorial nannte Böcker den »Dienst« der Frauen »dankenswert,
edel und gut«, sprach aber sogleich von »der misslungenen Integration der Frau in den Streitkräften«. Diese These führte im besagten
Heft der Redakteur und Leutnant zur See Felix Springer weiter aus:
»Unbestritten ist, dass sich die körperlichen Anlagen männlicher
und weiblicher Soldaten grundlegend unterscheiden, damit auch
die reale Leistungsfähigkeit. [...] In der militärischen Ausbildung
sind entweder doppelte Maßstäbe oder eine Absenkung des allgemeinen Leistungsniveaus die Folge. Beides wirkt negativ auf den
Kampfwert.« Und Springer, ebenfalls Autor der *Sezession*, wurde
noch deutlicher: »Niemand käme auf die Idee, Frauen im Kampfsport
gegen Männer antreten zu lassen – aber im Krieg?«

Böcker streitet die Nähe zur Neuen Rechten nicht ab. Gegenüber der taz beteuert der Oberleutnant 2011: »Ich bin katholisch-

konservativ.« Frauen spreche er »nicht grundsätzlich ab, Soldatinnen werden zu können«. Aber: »Frauen als Kämpfer einzusetzen, bedeutet einen strukturellen Kampfwertverlust.«

Vier Jahre später löst ein Referent einer Tagung des IfS erneut eine Debatte aus: Björn Höcke. Am 21. bis 22. November 2015 richtete das IfS seinen Herbstkongress »Ansturm auf Europa« im Gasthof Zum Schäfchen aus. Der Kongress für rund 150 Teilnehmer soll schnell ausgebucht gewesen sein, trotz eines Tagungsbeitrags von 65 Euro. Der Landtagsfraktionsvorsitzende der AfD in Thüringen und Initiator der »Erfurter Resolution« dürfte mit ein Grund für den großen Zuspruch gewesen sein. Sein Thema: »Asyl – Eine politische Bestandsaufnahme«. Ein Video auf dem *Kanal Schnellroda* des IfS dokumentiert, dass Höcke nicht bloß Schnellroda als »eine Oase der geistigen Inspiration« sieht, aus der IfS-Lektüre ziehe er auch »geistiges Manna« und für ihn sei es »ein Labsal«, wenn er »hier sein darf, was viel zu selten vorkommt«.

Das Video offenbart auch Höckes Annahme von unterschiedlichem reproduktivem Verhalten von Menschen. »Die Evolution hat Afrika und Europa, vereinfacht gesagt, zwei unterschiedliche Reproduktionsstrategien beschert«, sagt er in dem Video, das das IfS am 10. Dezember 2015 online stellte. In Afrika herrsche die »r-Strategie« vor. Anders in Europa, wo man überwiegend die »K-Strategie« verfolge – »Ausbreitungstyp« gegen »Platzhaltertyp«. Mit dieser Typologisierung bezeichnen Biologen normalerweise Unterschiede bei der Fortpflanzungsstrategie von Lebewesen. Als »r-Strategen« gelten Arten, die möglichst viele Nachkommen zeugen, damit wenigstens einige überleben. Im Gegensatz dazu sprechen sie von der »K-Strategie« bei Säugetieren, die nur wenige Jungen zur Welt bringen, sich aber intensiv um sie kümmern. Höcke führt allerdings aus: »Solange wir bereit sind, diesen Bevölkerungsüberschuss aufzunehmen, wird sich am Reproduktionsverhalten der Afrikaner nichts ändern.«

Der Bundessprecher der AfD Jörg Meuthen fand diese Aussagen anfänglich nicht tragbar. Der *Jungen Freiheit* gegenüber äußerte er am 14. Dezember 2015, dass Höckes Ausführungen »sachlich unsinnig« seien, »wissenschaftlicher Substanz« entbehrten und »zu Fehldeutungen als rassistische Aussagen geradezu« einladen würden. Im baden-württembergischen Wahlkampf trat Höcke dann aber als Redner auf, wie die *Junge Freiheit* am 26. Februar 2016 berichtete.

Höcke und Kubitschek sind per Du. In der Rede bezieht sich Höcke auf ein weit zurückliegendes Gespräch mit Weißmann – auch ihn kennt der AfD-Politiker folglich schon lange. Zu Beginn der Rede offenbart Höcke allerdings auch das Spannungsmoment der Konservativen Revolution, eigentlich nur konservativ sein zu wollen, aber vermeintlich rebellieren zu müssen. Er schwärmt von der »klassischen Dorfkneipe« mit ihrem Saal, das sei »früher der Mittelpunkt des Lebens« gewesen, und führt aus: »Ja, jetzt steht hier der Björn Höcke vor ihnen, das ist jemand, der eigentlich kein Politiker ist, den die Umstände in die Politik getrieben, gedrängt haben« und »wenn wir einen wohlgeordneten Staat hätten, dann wären wir Konservative bestimmt nicht Verleger geworden, wie Götz Kubitschek, oder Politiker geworden, wie jetzt seit einigen Jahren Björn Höcke, sondern wir wären Lehrer an einer Universität geworden oder an einem Gymnasium, wir wären vielleicht Juristen im höheren Verwaltungsdienst geworden oder wir wären Offiziere in der Armee geworden. Das wären wir geworden, wenn man uns dienen lassen würde, denn wir wollen dienen, wir wollen unserem Land dienen und wir wollen unserem Staat dienen.« Er stoppt den aufbrandenden Applaus: »Aber man lässt uns nicht dienen, beziehungsweise der Zustand dieses Staates ist nicht der, dass man sagt, man möchte diesem Staat in seinem jetzigen Zustand auch noch dienen. Nein. Wir sind heute auch hier zusammengekommen, um zusammen ins Gespräch zu kommen, um Lösungen zu finden, um Perspektiven zu eröffnen, wie wir diesen Staat wieder in einen Zustand der Wohlordnung versetzen können.« Hinter dem Wunsch des Dienens für einen anderen Staat liegt der Wunsch zum Aufstand gegen den jetzigen Staat. In Höckes Rede vom aufopferungsvollen Dienen offenbart sich der elitäre Gestus des Auserwähltseins. Das Dienen impliziert Gestalten und Führen im Staate.

Die Rede zum Thema Asyl zeigt erneut, dass es hier nicht allein um die Asyl-, Flüchtlings- und Einwanderungspolitik geht. Zwei

Studien des IfS von 2015 liefern für diesen übergreifenden Diskurs weitere Anhaltspunkte. In *Der Bereicherungsmythos – Die Kosten der Einwanderung nach Deutschland* heißt es: »Einwanderung wird in Deutschland gerne als etwas Positives gesehen. Als Bereicherung, als Chance, als bunte Vielfalt«. Was »Unionspolitiker noch vor 15 Jahren vehement bestritten – dass Deutschland ein Einwanderungsland sei –, gilt heute in der öffentlichen Meinung als Konsens.« Einwanderung erscheine als wirtschaftliche Notwendigkeit. »Für diese Behauptung steht der Beweise heute aus. Es findet keine Kosten-Nutzen-Rechnung der Einwanderung statt. Es gibt jedoch eine starke Lobby, die von der Einwanderung profitiert und über ausreichenden Einfluss in den Medien verfügt«, behauptet das IfS. Diese Lobby reiche »von der Industrie, die gerne kurzfristig günstige Arbeitskräfte« haben wolle, bis »zu den Aposteln des Multikulturalismus, die durch Einwanderung die Positionen der deutschen Mehrheit schwächen wollen«. Nach Rechnung des IfS »hat Deutschland von der Einwanderung« bisher »nicht profitiert« und somit wäre auch ein Einwanderungsgesetz, »das Quoten und Bedingungen für die Einwanderung formuliert, als Instrument ungeeignet, weil dadurch die Einwanderung nur zunehmen würde«.

In der Studie *Die Flüchtlingsindustrie – Wer in Deutschland von der Masseneinwanderung profitiert* führt das IfS allerdings aus, dass unter den verschiedensten Dienstleistern, die staatliche Gelder erhalten für die Aufnahme und Integration sowie Betreuung und Beratung bis hin zum Berufseinstieg der Flüchtlinge, auch deutsche kleine und mittelständische Betriebe und Unternehmen sowie Vereine und Freiberufler zu finden sind. Es stört sie aber grundsätzlich, dass »mit Asylbewerbern und Flüchtlingen viel Geld« zu verdienen sei. Von »schwarzen Schafen«, die für die Unterbringung in ehemaligen Hotels und neu aufgebauten Containern überhöhte Mieten einstreichen, wollen sie nicht ausgehen. Würde es eine große ›Willkommenskultur in der Breite der Bevölkerung‹ tatsächlich geben«, müsste die Unterbringung und Integration von den »erwarteten 800 000 Asylbewerbern« zu bewältigen sein, und zwar kostengünstiger. »Jeder Deutsche darf schließlich seinen eigenen Wohnraum

Flüchtlingen zur Verfügung stellen und bekommt dies sogar vom Staat bezahlt.« Die Subbotschaft: So weit geht es dann aber doch nicht mit der Hilfsbereitschaft. Ausgeblendet wird dabei jedoch, dass rechtliche Möglichkeiten nicht gleich räumliche Möglichkeiten darstellen. Ein Fakt, der aber nicht interessiert. Denn die Bundesrepublik gebe nicht bloß »enorm viel Geld für die Unterbringung von Asylsuchenden aus« und schaffe »so ein Netz von Profiteuren, die am ›Ansturm auf Europa‹ mitverdienen«, sondern es liege gar »die Vermutung« nahe, dass »sich die Bundesrepublik Deutschland durch die Schaffung von Profitmöglichkeiten für die eigene Bevölkerung, eigenen Unternehmen und Behörden die Zustimmung zu ihrer unkontrollierten Einwanderungspolitik erkauft«. Ihre letztlich grundsätzliche Sorge: »Jede gelungene Migration führt [...] zu weiteren Migrationen.«

Auf *Sezession im Netz* schreibt Kubitschek nach der Kritik an Höckes Rede, dass sie ihm mit der Veröffentlichung keinen »guten Dienst erwiesen« hätten. »Diese Kongresse« seien »Orte der freien Rede des unfertigen Sprechens, des Versuchs eines Zurandekommens mit einer gegen unsere Nation gerichteten Wirklichkeit«.

Am Küchentisch in Schnellroda werfen Kubitschek und Kositza dieses vermeintliche Nicht-sprechen-Können im fehlenden herrschaftsfreiem Raum auch ihrem Besuch vor. »Sie denunzieren mit Ihren Texten«, sagt Kositza, sie hetzten die Menschen gegen sie auf, Räume und Konten würden gekündigt. »Sie sind mit verantwortlich, dass mit hassverzerrten Gesichtern Studenten in Leipzig bei Pegida auf ältere Menschen einschlagen oder in Dresden Autos von Pegida-Teilnehmern brennen«, sagt Kubitschek, nicht ganz so gelassen wie sie. Dass die Logik ihrer Vorhaltungen, durch Texte »den Mob« angestiftet zu haben, auch für sie selbst gelten könnte, wollen sie nicht gelten lassen. »Ach, Sie sind doch gar nicht satisfaktionsfähig«, wischt Kubitschek die Überlegung weg. Elite versus Masse – da klingen sie wieder durch, die geistigen Ahnen. In *Tristesse Droite* ereifern sich die Gesprächspartner über »die Mittelmäßigen und Schlechten«, die »nun mal in der Mehrzahl« seien, und die »Halbintellektuellen« und beklagen »ein Menschenrecht auf Abitur«.

In Edgar Julius Jungs Buch *Die Herrschaft der Minderwertigen* war bereits der Titel Programm. Er forderte darin 1927 nicht nur die Überwindung der Demokratie und den Aufbau eines autoritären Staates, geführt von einer elitären Führung, sondern warnte vor dem weiteren Verfall des deutschen Volkes: »Rassenverschlechterung muss verhindert werden, hochwertige Volksbestandteile müssen gepflegt, minderwertige zurückgedrängt werden.« Und er entwarf sozialeugenische Maßnahmen, denn die »Erbmasse« sei der »stoffliche Nährboden, auf welchem eine Kultur erwächst, von welchem sie in ihrer Grundlage bestimmt wird und über dessen Möglichkeit sie nie hinauswachen kann«. Jung, der später beim Röhm-Putsch ermordet wurde und dessen Witwe eine Sonderrente von der SS erhielt, führt weiter aus: »Aber ein Prinzip, welches auch in der Natur bei der Ausgestaltung der Arten eine große Rolle spielt, lässt sich nutzbar machen; das der Auslese. Dadurch, dass unerwünschte Lebewesen an der Fortpflanzung verhindert und die erwünschten gefördert werden, können Rassen wesentlich verbessert werden.«

Diese sozialeugenischen Ideen legen offen, dass in der Konservativen Revolution ein biologistisches Verständnis virulent war. »Jungs Sorge um die deutsche Kultur«, betont Volker Weiß, war auch »sogleich eine Sorge um das deutsche Erbgut als deren Quelle«. Und in *Deutschlands Neue Rechte* hebt er hervor, dass die Ermordung Jungs kaum als »Beleg für einen aufrechten, gegen den Nazismus sich wehrenden Konservatismus taugen« könne, sondern »eher als ein Beispiel für die Diadochenkämpfe der radikalen deutschen Rechten auf ihrem Weg an die Macht«.

Im rechten Magazin *Compact* um Chefredakteur Jürgen Elsässer hält Kubitschek in der November-Ausgabe 2015 der »politisch-medialen Klasse« vor, einen Volksaustausch zu bejahen, indem sie betonen würde: »Unser Volk wird alt, unser Volk hat keine Kinder mehr: Wir müssen dringend frisches Blut zuführen«. Und er wirft dieser »Klasse« des Weiteren vor, dass es ihr »vollkommen egal« sei, »welches Blut«. Die Vorhaltung fällt auf ihn zurück, denn sie zeigt auch: Der neurechte Publizist und Verleger kann nicht ohne Blut.

»Wünschen wir uns die Krise« – Heroismus und Fatalismus
In der Küche hat sich Kubitschek inzwischen mehr und mehr in Vorhaltungen verbissen. Auf Fragen wird nicht groß eingegangen, oft können sie gar nicht mehr ausgeführt werden. Die Auseinandersetzungen um die Proteste gegen die Asyl- und Einwanderungspolitik hätten sie auch bewegt, »Ein Prozent für unser Land« zu gründen. Auf der Webseite des neuen Netzwerks heißt es: »Wir brauchen eine Bürgerbewegung, eine breite Lobby für Deutschland.« Zu den Initiatoren gehören neben Kubitschek Elsässer, früher ein linker Publizist, sowie der Islamwissenschaftler Hans-Thomas Tillschneider, der zudem Vorsitzender der »Patriotischen Plattform« und seit März 2016 für die AfD Mitglied des Landtags von Sachsen-Anhalt ist. Die Patriotische Plattform machte sich auch für eine Mitgliedschaft von Kositza und Kubitschek in der AfD stark, als im Februar 2015 deren Mitgliedsbegehren vom damaligen Bundesvorstand unter Bernd Lucke abgelehnt wurde, und betonte: »Die AfD wird entweder mit Götz Kubitschek sein oder sie wird gar nicht sein!«

Zu diesen Themen gelingen an dem Küchentisch aber keine Diskussionen mehr. Kositza betont allerdings, im Ort gut angekommen zu sein. »Im Dorf haben wir keine Probleme – in den Vereinen, Schulen und Kindergärten. Wer uns kennt, stört sich nicht an uns«, sagt sie. Erst Wochen nach dem Besuch sorgen sich Anwohner, nachdem verschiedene Medien den Einfluss des IfS auf AfD und Pegida aufgegriffen haben.

Auch über Interna mögen die beiden kaum noch sprechen. Warum Weißmann als »wissenschaftlicher Leiter« das IfS verlassen hat, wird nicht beantwortet. »Er kennt sich wie kein anderer mit der Konservativen Revolution aus«, sagt Kubitschek nur. »Einer unserer Vordenker«, schrieb Kositza. War die Nähe zu Höcke einer der Gründe? Im neurechten Milieu sorgt sich vor allem die *Junge Freiheit* wegen des Höcke-Flügels um die AfD. Bei der Wochenzeitung ist Weißmann nicht bloß als Autor sehr geschätzt, er gilt auch hier als einer ihrer Denker. Am 1. Mai 2015 beklagt Stein in seiner Zeitung: »Merkel stell den Sekt kalt«, da die »Höcke-Gruppe« die

Partei »noch weiter nach rechtsaußen in eine Sackgasse führen möchte.«

In seinem Buch *Provokation* schlägt Kubitschek aber vielleicht einen zu deutlichen Ton an. Der Text ist mehr eine Rede, ein Bekenntnis. Die multikulturelle Gesellschaft sei »entgegen aller Behauptungen und Schreibtischentwürfe keineswegs friedfertig oder ein buntes Fest, sondern aggressiv bis zur offenen Gewalt«, so Kubitschek, und weiter: »Wünschen wir uns die Krise! Sie bedrängt, sie bedroht unser krankes Vaterland zwar, aber gerade dies weckt vielleicht seinen Mut, ins Unvorhersehbare abzuspringen und das zu wagen, was den Namen ›Politik‹ verdiente: Nur kein Rückfall ins Siechtum, ins Latente, ins Erdulden!«, denn: »Wir halten nicht viel von langwierigen Begründungen, von Herleitungen, von der systematischen Stimmigkeit unseres Handlungsantriebs. ›Diskussion ist der Name des Todes‹, wenn er beschließt, inkognito zu reisen‹, sagt Donoso Cortes. Schaut Euch doch um! Was gibt es da noch zu fragen und zu quatschen? Uns liegt nicht viel daran, dass Ihr unseren Vorsatz versteht. Wozu sich erklären? Wozu sich auf ein Gespräch einlassen, auf eine Beteiligung an einer Debatte?« Und Kubitschek antwortet selbst: »Nein, diese Mittel sind aufgebraucht, und von der Ernsthaftigkeit unseres Tuns wird Euch kein Wort überzeugen, sondern bloß ein Schlag ins Gesicht.« Ihn treibt jedoch die Sorge um: »Wenn wir Deutschen zu zivilisiert für die Notwendigkeiten des Vorbürgerkriegs bleiben, ist die Auseinandersetzung bereits entschieden: ›Nur Barbaren können sich verteidigen‹«, zitiert er Friedrich Nietzsche.

Eine Rhetorik zwischen Heroismus und Fatalismus, der Sound der Konservativen Revolution und des italienischen Faschismus von Schlachten und Schicksal. Ein feuriges Bekenntnis zur geistigen Brandstiftung. Die *Provokation* von Kubitschek ist eine publizistische Kriegserklärung, das Video der Génération Identitaire ein visualisiertes Angriffsbekenntnis. Das Recht auf Widerstand postulierte Kubitschek bereits am 25. Oktober 2015. An diesem Tag war bei *Sezession im Netz* von Thor von Waldstein eine Abhandlung über das Widerstandsrecht im Grundgesetz im Kontext der »flutartig angestiegenen Masseneinwanderung von Fremden nach Deutschland« zu lesen. Im Januar 2016 erschien beim IfS dessen Buch ›*Wir Deutsche sind das Volk‹. Zum politischen Widerstandsrecht der Deutschen nach Art. 20 IV Grundgesetz in der ›Flüchtlingskrise‹* als erweiterte Fassung. Der Titel beinhaltet keine Frage. Für Waldstein, der von 1979 bis 1982 Vorsitzender des »Nationaldemokratischen Hochschulbundes« war, der NPD-Studentenorganisation, ist die Antwort auch eindeutig: »Ein halbes Jahr nach Beginn der Invasion Deutschlands durch eine Million Fremde, die von den Regierungsverantwortlichen dieses Staates nicht nur nicht verhindert, sondern auch nach Kräften gefördert wurde und wird, können m. E. wenig Zweifel daran bestehen, dass dieses Volk und dieses Land schon in kurzer Zeit verloren sein werden, wenn seine Bürger ihr Schicksal nicht in die eigenen Hände nehmen und das verfassungswidrige inszenierte ›deutsche Rendezvous mit der Globalisierung‹ (Wolfgang Schäuble über die ›Flüchtlingskrise‹) beenden.« Der »Durchsetzung dieses demokratischen Urrechts, Widerstand zu leisten gegen das rechts- und treuwidrige Vorgehen einer auf Zeit gewählten Regierung« sollen denn auch die Ausführungen dienen, schreibt er zu Beginn, um am Ende zu betonen, dass »unter den genannten Voraussetzungen nicht nur ein Recht, sondern möglicherweise sogar auch eine Pflicht des Bürgers zum Widerstand gegen seine verfassungswidrige und rechtsbrecherisch handelnde Regierung bestehen könnte«. Die Losung »Wir sind ein Volk« solle so zu einem wirkmächtigen »Wir Deutsche sind das Volk« konkretisiert werden, meint Waldstein, der als Rechtsanwalt den Holocaust-Leugner Fred Leuchter vertrat, für die NPD kandierte und früher für die *Junge Freiheit* schrieb. Am 13. Dezember 2015 twitterte Stein über die NPD-Vergangenheit seines ehemaligen Autoren Waldstein: »Höckes Hausblatt interviewt Thor von Waldstein zu rechter Strategie. Dann kann die AfD gleich mit der NPD fusionieren.« Im gleichen Jahr erschien im Verlag Antaios auch Waldsteins *Metapolitik*, eine »hochverdichtete Programmschrift«, in der für die »unabdingbare ›Kulturrevolution von rechts‹« zur »Erringung der Lufthoheit« eingetreten werde, heißt es auf der Webseite des Verlags.

Geistige Brandstifter möchten sie nicht sein, vielmehr dienende Verteidiger des bedrohten Volkes und gefährdeten Vaterlandes. Im Garten des Ritterguts herrscht keine biedere Gartenzwerg-Ordnung. An einem Fahnenmast weht eine Wirmer-Flagge, die Josef Wirmer vom Widerstand des 20. Juli 1944 entwarf. Den Hintergrund kennen nicht alle, die die Fahne nutzen, sagt Kubitschek. Ein Symbol kann aber auch aus sich heraus eine Kraft entwickeln – vereinend ausstrahlen. Heute flattert die Fahne bei Aktionen von Pegida, Hooligans gegen Salafisten, der AfD und »Ein Prozent für unser Land«. Ein zweiter Kaffee wird nicht angeboten – es war auch nur einer vereinbart.

Ganz normale Leute – Pegida, die patriotischen Europäer gegen die Islamisierung des Abendlandes

Noch kein Wort gesprochen, doch sofort kommt Applaus auf. Auf dem Lastwagen, der als Bühne dient, begrüßt Lutz Bachmann freundschaftlich den angekündigten Gastredner Hans-Thomas Till-schneider. Kumpelhaft reichen sie sich vor dem Transparent »Stoppt die Islamisierung Europas« die Hände. Ein öffentlicher Handschlag am Hauptbahnhof von Dresden mit politischer Symbolik. Beim »Abendspaziergang« von Pegida ist Tillschneider nicht der erste Gastredner, aber der erste Redner von der AfD. »Heißen wir mit einem Riesenapplaus mit mir willkommen auf der Bühne einen frisch gewählten Landtagsabgeordneten, per Direktmandat in den Sachsen-Anhalt Landtag von der AfD«, fordert Bachmann die An-wesenden auf. Davor hat er erklärt: »Wir müssen diese links-grüne Bande Stück für Stück zu Fall bringen und sie mit allen legal zur Verfügung stehenden Mitteln bekämpfen, enttarnen und den Bür-gern deren hässliche, hassverzerrte Fratzen zeigen, damit auch der Letzte, wirklich der Letzte auf der Couch begreift, dass diese Bagage sich keinesfalls und kein Stück für das Volk einsetzt, sondern ledig-lich die eigene Macht erhalten will.« Diese »gesamte Bande der so-genannten etablierten Parteien, welche mittlerweile ein Einheits-parteideutschland darstellen«, gehörten »auf den Müllhaufen der Geschichte«. Diesen Gedanken greift Tillschneider mit Blick auf die rechten Entwicklungen in zwei europäischen Ländern auf. Mit getragener Stimme erklärt er: »Bürger von Dresden, liebe Freunde, liebe Kameraden! Deutsche! Ungarn ist frei, Österreich befreit sich gerade und ich bin mir sicher, es dauert nicht mehr lange, dann wird auch Deutschland frei sein.« Das trifft die Stimmung und den Wunsch der rund 3000 Abendspaziergänger. Zustimmende Rufe und lautes Klatschen branden auf. Am Montagabend des 9. Mai 2016 sind die Spaziergänger in der sächsischen Landeshauptstadt erneut nicht alleine aus Sorge vor »dem Islam« auf der Straße.

»Ich freue mich sehr, heute vor euch sprechen zu dürfen. Und ich freue mich nicht nur, es ist mir eine Ehre, denn Pegida hat Großartiges für unser Vaterland geleistet«, sagt Tillschneider. Die Zeiten, in denen sie still hingenommen hätten, dass der »Islam zu Deutschland« gehöre, diese »Zeiten sind dank Pegida ein für alle Mal vorbei. Und die Zeiten, in denen wir still hingenommen haben, wenn eine Angela Merkel uns von oben herab erklärt hat, dass wir uns mit mehr Moscheen in unseren Städten abfinden müssten«, fährt er fort, unterbrochen von Pfui- und Lügen-Rufen, als der Name der Bundeskanzlerin fällt, »diese Zeiten sind dank Pegida ein für alle Mal vorbei. Deshalb sage ich heute: Danke Pegida!« Der Islamwissenschaftler Tillschneider, der als Akademischer Rat am Lehrstuhl für Islamwissenschaft der Universität Bayreuth arbeitete, führt weiter aus: »Pegida hat den Boden für die neue Islampolitik der AfD bereitet, das sollten wir nicht vergessen.« Er habe Pegida von Anfang an unterstützt, als es in seiner Partei noch nicht »selbstverständlich« war, und verspricht: »Ich werde Pegida immer unterstützen.«

Tillschneider, der auch Sprecher der »Patriotischen Plattform« ist, soll den Pegida-Ableger Legida in Leipzig beraten haben. In Dresden versichert er in seiner Rede, die im Livestream mitverfolgt werden kann, sich nicht mehr auf das Nein zur vermeintlichen Islamisierung zu beschränken. »Wir sind Patrioten, das heißt, wir streiten für die Interessen unseres Volkes«, der Kampf gelte auch dem antideutschen Establishment. »Wir sind Europa, das heißt, wir sind für ein Europa der Vaterländer und gegen die EU. Und wir sind gegen die Islamisierung, das heißt, wir sind gegen die Herausbildung einer multikulturellen Gesellschaft auf deutschem Boden.« Wenn die großen Islamverbände »hier in unser Land hineinregieren« und »darauf hinarbeiten, mehr und immer mehr Islam umzusetzen, dann ist es die Pflicht jedes Deutschen, sich zu wehren«. »Jawohl!«, schallt es aus der Menge und »Widerstand! Widerstand! Widerstand!« und der Redner skandiert mit. »Und ihr alle, die ihr immer wieder hier in Dresden auf die Straße geht, ihr erfüllt diese Pflicht.« Hier werde nicht nur für Dresden demonstriert, sondern für ganz Deutschland. Die »etablierten Politiker sollten sich ein Beispiel an euch nehmen, statt über euch herzuziehen. Und Lutz Bachmann sollten sie das Bundesverdienstkreuz 1. Klasse verleihen«, schlägt der 38-Jährige unter Applaus vor. Multikulti sei eine Lüge, ziele auf eine einheitliche Welt der Globalisierer und er versichert: »Wir kämpfen gegen Politiker, die uns verwandeln wollen in beliebige verletzbare Individuen, ohne Bindung, Charakter und Identität.« Die große Demonstration von Pegida in Dresden und von der AfD Thüringen in Erfurt, die Bücher von Thilo Sarrazin und Akif Pirinçci, die Identitäre Bewegung, die »vielen Widerstandsnetzwerke im ganzen Land« und die AfD seien »Teil einer großen Bewegung zum Schutz unserer Identität, zum Schutz unseres Reichtums und zum Schutz unserer Freiheit«. Tillschneider, der zwar nicht im Bundesvorstand der AfD ist, in der Partei aber auch durch die »Patriotische Plattform« Einfluss hat, hält kurz inne, um zu betonen: »Ich bin der erste AfD-Abgeordnete, der auf einer Pegida-Demo spricht. Und darauf bin ich stolz. Und ich werde hoffentlich nicht der letzte sein«, der aufruft: »Patrioten vereinigt euch!« Kein bloßer Appell, Tillschneider wirkt auch außerhalb der AfD mit der Initiative »Ein Prozent für unser Land« für eine Vernetzung des Widerstands.

»Greenpeace für Deutsche« – Initiative »Ein Prozent für unser Land«

Auf ihrer Webseite erklärt die Initiative »Ein Prozent für unser Land«: »10 000 Einwanderer pro Tag? Wer zieht die Notbremse? Angela Merkel? Sicher nicht. Aber wir! Ich und Du! Wir! Ein Prozent der Deutschen. Mehr ist nicht notwendig!« Am 12. Mai 2016 schreibt der Mitinitiator Götz Kubitschek in einem Brief an die Förderer, Freunde und »Aktivisten unserer Bürgerinitiative«, dass sie vor einem halben Jahr »Ein Prozent« aus der Taufe gehoben hätten – unsere Bürgerinitiative, die einzig das Ziel verfolgt, die Widerstandskraft in unserem Volk zu sammeln, zu bündeln und zur Wirkung zu bringen, und wie viel ihnen in dieser Zeit gelungen sei. Der Gründer des Instituts für Staatspolitik (IfS) und Leiter des Verlags Antaios benennt die Organisatoren, die »ganze Arbeit geleistet haben: Helge Hilse und Philip Stein«. Sie hätten mitgeholfen, über 50 Ortsgruppen aufzubauen und zu vernetzen. Zudem hätten sie Bürgerinitiativen juristisch, finanziell und personell unterstützt, Filme drehen lassen, auf Veranstaltungen gesprochen und sich an Demonstrationen beteiligt. Bei den Landtagswahlen 2016 hätten sie, so Kubitschek, eine »flächendeckende Wahlbeobachterkampagne organisiert und durchgeführt« und »über 500 000 Prospekte verteilen« lassen. Wer gehofft hatte, dass diese »Bürgerinitiative« nur im virtuellen Raum agieren oder wie ein Start-up-Unternehmen aufploppen und dann verpuffen würde, dürfte enttäuscht sein. Das Projekt, das via Internet auch um Spenden für seine Mission sammelt, scheint sich zu etablieren. Vom Starterfolg ermutigt, schreibt der ehemalige Leutnant der Reserve Kubitschek im gern genutzten militärischen Jargon dieses Milieus: »Wir bilden eine Verteidigungslinie und verstärken sie von Tag zu Tag.«

Bereits im September 2015 brachte Kubitschek die Idee eines »Greenpeace für Deutsche« bei einer Veranstaltung des *Compact*-Magazins ins Gespräch. Dessen Chefredakteur Jürgen Elsässer gehört zu den Initiatoren der »Lobby für Deutschland« gegen die »Flüchtlingsinvasion«. Mit dieser »Art ›NGO‹« für Deutschland wollten sie, schreibt Kubitschek, in »zweierlei Richtungen« wirken: »Zum einen wird der Widerstand sichtbar, und zwar in einer Dimension, die weit über die Kraft einzelner Ortsinitiativen hinausgeht. Zum anderen lernen wir einander kennen, finden zueinander, vernetzen uns und fassen Mut.« Die Sorge ist, dass der sich formierende Protest neben den Pegida-Strukturen gegen die Asyl-, Flüchtlings- und Einwanderungspolitik ins Leere laufen könnte, da die einzelnen Initiativen teilweise diffus organisiert und nicht alle vernetzt sind. Deshalb die Hoffnung, mit »Ein Prozent« nicht bloß den

Druck vor Ort gegen Flüchtlingsunterkünfte und geplante Einrichtungen zu halten, sondern auch zu erhöhen. Der eingetragene Verein hat seinen Sitz im sächsischen Kurort Obyin, wo Hilse, Inhaber einer Garten- und Landschaftsanlagenfirma, auch wohnt. Vorsitzender ist Stein. Auf der Webseite rechnet die Initiative vor: Ein Prozent der Deutschen wären 800 000 Menschen – mehr als die 580 000 Fördermitglieder von Greenpeace, die 460 000 Mitglieder der SPD oder die 258 000 Vereinsmitglieder von Bayern München. Die Subbotschaft: Diese Gruppen hätten mit vergleichsweise wenigen Mitgliedern eine enorme Macht.

Auf ihrer Webseite berichtet »Ein Prozent« über verschiedene Informationsveranstaltungen und Aktionen in Ost und West. Ein Projekt scheiterte jedoch: Der Mitinitiator und Staatsrechtler Karl Albrecht Schachtschneider hatte für »Ein Prozent« am 2. Januar 2016 eine Verfassungsbeschwerde »gegen die verheerende Einwanderungspolitik der Bundesregierung« eingelegt. In dieser wurde ausgeführt, dass die Maßnahmen der Bundeskanzlerin und der Bundesregierung, »Asylbewerber und Flüchtlinge so gut wie unbegrenzt in die Bundesrepublik Deutschland einreisen zu lassen und diese nicht unverzüglich, nachdem sie das Gebiet Deutschlands betreten haben, zurückschieben zu lassen«, die »Souveränität im Kern der Verfassungsidentität Deutschlands und die Rechtsstaatlichkeit als Element der Verfassungsidentität Deutschlands und somit die Freiheit der Bürger der Bundesrepublik Deutschland« verletzt hätten. Des Weiteren wurde beantragt, »notfalls […] die bereichsweise Suspendierung der Bundeskanzlerin […] und der Bundesregierung von den Amtsbefugnissen im Bereich der Grenzsicherung und der Ausländerverwaltung anzuordnen und deren Amtsbefugnisse im Bereich der Grenzsicherung und der Ausländerverwaltung auf einen Sequester zu übertragen«. Die Beschwerde, die laut »Ein Prozent« von bisher »mehr als 22 000 Bürgern Deutschlands ideell und materiell unterstützt« wurde, wies die 3. Kammer des 2. Senats des Bundesverfassungsgerichts in Karlsruhe am 10. Februar 2016 ab.

Schachtschneider ist mit Kubitschek, Elsässer und Tillschneider einer derjenigen, die die Entgrenzungen der verschiedenen Spektren rechts von der Union weiter forcieren. Er klagte bereits gegen den Lissabon-Vertrag, den Euro und das Transplantationsgesetz. Der Ordinarius für Öffentliches Recht a. D. der Friedrich-Alexander-Universität Erlangen-Nürnberg ist Vizepräsident des christlich-konservativen »Studienzentrums Weikersheim«, gehört zu den Unterzeichnern der »Wahlalternative 2013«, referierte beim IfS und »Alternativen Wissenskongress 2015«. Auf diesem Kongress am 22. März 2015 erklärte Schachtschneider, dass der Präsident der Russischen Föderation Wladimir Putin die Krim nicht annektiert habe, sondern völkerrechtlich verpflichtet gewesen sei, die Sezession zu unterstützen. SPD, Grüne, Jungsozialisten und die Junge Union Witten warfen dem »Wissenskongress« mit rund 800 Besuchern vor, ein Forum für Rechtspopulisten und Weltverschwörungsanhänger zu sein.

Auf ihrer Webseite greift »Ein Prozent« am 2. Mai 2016 eine Störaktion der 1.-Mai-Kundgebung des Deutschen Gewerkschaftsbundes (DGB) in Zwickau auf und freut sich, dass Bundesjustizminister Heiko Maas (SPD) von der Menge fast niedergebrüllt wurde. »Es gehört zu den seltenen Augenblicken in den Spättagen der ›Ära Merkel‹, wenn sich das Volk seines ganzen Handlungsvermögens bewusst wird«, schreibt die Initiative und fährt fort: Am »Arbeitertag bekam Justizminister Heiko Maas [...] die Quittung für seine respektlosen Aussagen gegenüber PEGIDA & Co. Er wurde von mutigen Bürgern aus Zwickau regelrecht verjagt.« Der Bericht ist mit einem Video von »Patriotenschau« verlinkt, das die Veranstaltung dokumentiert. Schon als Bürgermeisterin Pia Findeiß (SPD) auf dem Hauptmarkt die Besucher des Internationalen Tags der Arbeit begrüßt, sind Pfiffe und Trillerpfeifen zu hören. Vor der Bühne platzieren sich nach und nach an die 300 Männer und Frauen und skandieren: »Volksverräter! Volksverräter!« Vereinzelt halten sie selbst gemachte Schilder hoch: »Meinungsfreiheit« und »Hier steht das Pack«. Letzteres bezieht sich auf eine Aussage von Bundesvizekanzler Sigmar Gabriel (SPD), der nach den Ausschreitungen gegen eine neue Flüchtlingsunterkunft am 22. August 2015 bei einem Besuch vor Ort die rassistischen Randalierer als »Pack« bezeichnet hatte. An dem Tag sollte eigentlich Gabriel in Zwickau die Rede halten, aus Krankheitsgründen hatte er jedoch abgesagt.

In diesem Milieu vermeintlicher »Mut-« und »Wutbürger« ist Maas einer der stark angefeindeten Bundespolitiker – auch wegen seiner Bemühungen, die zunehmend enthemmte Hetze in der Flüchtlings- und Asyldiskussion in den sozialen Netzwerken einzudämmen. Immer wieder erinnert er daran: »Die Meinungsfreiheit schützt auch abstoßende, geschmacklose und hässliche Äußerungen. Das gehört zu unserer streitbaren Demokratie. Klar ist aber: Die Grenze ist dort erreicht, wo es um Gewaltaufrufe oder um Angriffe auf die Menschenwürde geht, die als Volksverhetzung strafbar sind.« Und er betont: »Wir dürfen den geistigen Brandstiftern nicht das Feld überlassen – weder auf der Straße noch im Netz.« Das sind keine hohlen Worte: Im Dezember 2015 erklärte der Bundesjustizminister: »Wir haben zusammen mit Facebook, Google und Twitter sowie zivilgesellschaftlichen Organisationen eine Task Force zum Umgang mit Hassbotschaften im Internet eingesetzt.« Auf diese Weise würden Internetnutzern schnelle Möglichkeiten zum Melden von Hassbotschaften angeboten werden.

Vor der DGB-Kundgebung in Zwickau hat das »Bürgerforum Zwickau e. V.«, das sich weit rechts in der Asyl- und Flüchtlingspolitik positioniert hat, auf dem Kornmarkt eine Kundgebung veranstaltet. Einer der Gastredner bei einer anderen Veranstaltung des »Bürgerforums«: Jürgen Elsässer.

Auf dem Video ist zu sehen, wie gegen die Akteure auf der DGB-Bühne »Rote Ratte!«, »Hau ab!« und »Wir sind das Volk!« gerufen wird. Kaum steht Maas am Redepult, scheint die Situation zu eskalieren. Die Rufer drängen zur Bühne und skandieren weiter »Hau ab!« und »Volksverräter!«. Polizisten mit Helmen schirmen die Bühne ab. Am Redepult versichert Maas nicht nur, diesen Leuten nicht zu weichen und sich für soziale Interessen einzusetzen, sondern auch: »Wir kümmern uns auch weiter um die Interessen derjenigen Menschen, die da stehen und Volksverräter schreien und gar nicht wissen, was mit ihnen geschieht.« »Maas muss weg!«, brüllen sie prompt noch lauter. Der Minister muss die Rede abbrechen. Von Polizeibeamten abgeschirmt geht er zu seinem Fahrzeug. »Hau ab«, wird ihm hinterhergerufen.

Der Justizminister habe nun seine »tatsächliche Beliebtheit im Volk« realisiert, schreibt »Ein Prozent«. Im Kommentar zum Bericht meint ein Hartmut Amann: »Das macht mich maas-los glücklich!« Und eine Simone Maier-Kaltenbrück findet: »Ja, es war eine jener seltenen Sternstunden der viel zitierten ›gelebten Demokratie‹«. Maas twittert indes: »Erschreckend, wenn Polizei [...] Kundgebungen schützen muss. Wer freie Reden stört, hat nichts verstanden.« In der NDR-Talkshow »3 nach 9« sagt er am 13. Mai, in »der Form« so etwas »noch nicht erlebt« zu haben das sei »der blanke Hass« gewesen. Doch alle, die dort reden sollten, hätten auch geredet. Was ihn »aber echt nachdenklich gemacht« habe, seien die »zwei-/dreihundert rechter Block«, gewesen, die die etwa 300 Besucher der DGB-Veranstaltung stark eingeschüchtert hätten: »Die hatten Angst, die sind immer stiller geworden.«

Die Aktion motivierte das Umfeld von »Ein Prozent« gleich zu weiteren Aktivitäten gegen den Bundesjustizminister. In Zwickau am ehemaligen Hotel Stadt Zwickau und in Dresden direkt vor der Frauenkirche hängten Aktivsten ein Transparent auf mit einer Zeichnung eines rennenden Maas und dem Spruch »Das Maas ist voll – Vorsicht: entlaufener Politiker unterwegs«. Ihre Erklärung: »Heiko Maas ist einer jener Politiker, die durch Zensur, Verleumdung und politische Propaganda immer wieder versuchen, kritische Bürger mundtot zu machen.« Hierzu würden sie sagen: »Läuft nicht, Herr Minister.« Auch in Chemnitz, Pirna, Aue wurde das Transparent aufgehängt. In Berlin entrollten es Aktivisten vor dem Justizministerium. Am 9. Mai führte eine »patriotische Gruppe aus Chemnitz« beim Pegida-Spaziergang das Banner mit.

»Natürliche Verbündete dieser Bewegung« – AfD-Streit um Pegida-Initiator

Am Hauptbahnhof in Dresden verklingt langsam der Applaus für Tillschneider. Auf der Bühne bedankt sich Bachmann für die Rede, schüttelt dem AfD-Politiker die Hand und greift dessen zum Schluss geäußerte Hoffnung, nicht der letzte AfD-Redner bei Pegida gewesen zu sein, auf. »Er war nicht der Letzte«, verspricht Bachmann.

Tillschneiders Auftritt mit der Forderung, Bachmann das Bundesverdienstkreuz zu verleihen, wird von Rüdiger Erben, Innenexperte der SPD-Landtagsfraktion in Sachsen-Anhalt, scharf kritisiert: »Für die Ausrichtung der AfD in Sachsen-Anhalt ist dies ein klares Zeichen«, denn wenn ein AfD-Mann so spreche, »wenige Tage, nachdem Pegida-Chef Lutz Bachmann wegen Volksverhetzung verurteilt worden ist, sagt das viel über die Gesinnung in der Fraktion.« Doch auch aus der AfD kommt Kritik. In einem Brief an die AfD-Landtagsfraktion in Magdeburg vom 11. Mai 2016 wirft die AfD-Fraktion in Sachsen Tillschneider ein »unprofessionelles und unkollegiales Verhalten« vor. Der Auftritt sei ein »bewusster Affront gegenüber der sächsischen AfD« gewesen, moniert die Bundessprecherin Frauke Petry, die auch der Fraktion und dem Landesverband vorsteht. Der Vorschlag der Auszeichnung sei angesichts der Vorstrafen und der jüngsten Verurteilung von Bachmann »völlig unverständlich«. »Aufgrund vieler E-Mails von AfD-Mitgliedern und auch entsprechender Presseanfragen«, heißt es in dem Brief weiter, den alle Fraktionsvorstandsmitglieder unterzeichneten, »müssen wir feststellen, dass Herr Tillschneider unserer Partei« geschadet hat.

Den sachsen-anhaltinischen Fraktions- und Landeschef André Poggenburg scheint der Brief wenig zu beeindrucken. Einen Tag später erklärt er der *Freien Presse*, dass Tillschneiders Forderung einer Auszeichnung Bachmanns eine »vertretbare politische Provokation« sei, und betont: »Die AfD bekennt sich grundsätzlich zu Pegida als Bürgerbewegung.« Ein Disput zwischen zwei Polen? In den vergangenen Jahren sprachen sich zwar andere Funktionäre dagegen aus, wenn sich ein AfD-Funktionär zu weit rechts äußerte. Aber nur selten erfolgten Konsequenzen. Fast erscheint es bei der Debatte um Pegida erneut wie eine Strategie der Führung, die moderatere Anhängerschaft in Partei und Wählerschaft mit dem kritischen Statement weiter bei sich zu halten und das radikalere Klientel nicht durch interne Konsequenzen verlieren zu wollen.

Am 15. Dezember 2014 besuchte Alexander Gauland einen Pegida-Spaziergang. Schon davor hatte der führende AfD-Politiker seine Partei als »natürlichen Verbündeten dieser Bewegung« bezeichnet. Nach dem Besuch in Dresden meinte er, eine »Graswurzelbewegung« erkannt zu haben. Frauke Petry hatte unter der Bundesführung von Bernd Lucke ebenso keine sonderlich große Distanz zu Pegida gehalten. Ein erster Bruch erfolgte jedoch am 25. Januar 2016, nachdem von Bachmann ein Chat-Verlauf auf Facebook bekannt wurde, in dem er Flüchtlinge pauschal als »Viehzeug«, »Dreckspack« und »Gelumpe« bezeichnete. Diese Äußerungen lösten auch Verfahren gegen ihn aus. Ein Jahr später verurteilte das Amtsgericht Dresden Bachmann wegen Volksverhetzung zu einer Geldstrafe von 9600 Euro. Richter Hans Hlavka sah es als erwiesen an, dass der 43-Jährige die Kommentare selbst gepostet und somit Flüchtlinge herabgewürdigt und den öffentlichen Frieden gestört hatte. Vor Gericht hatte der Initiator von Pegida bestritten, die Kommentare selbst geschrieben zu haben. Hlavka hielt Bachmann allerdings vor, nach Bekanntwerden seinen Rücktritt aus der Leitung von Pegida erklärt und sich zudem für die Einträge entschuldigt zu haben. »Ich entschuldige mich aufrichtig bei allen Bürgern, die sich von meinen Postings angegriffen fühlen. Es waren unüberlegte Äußerungen, die ich so heute nicht mehr tätigen würde. Es tut mir leid, dass ich damit den Interessen unserer Bewegung geschadet habe, und ziehe daraus die Konsequenzen«, hatte Bachmann damals in Dresden erklärt. Ein »klares Schuldbekenntnis« für den Richter.

Es war nicht die erste Verurteilung von Bachmann, der mit seiner Frau eine Werbefirma betreibt. Der gebürtige Dresdener ist seit den 1990er Jahren wegen Körperverletzung, Diebstahl, Einbruch und Drogenhandel aufgefallen, schreiben Lars Geiges, Stine Marg und Franz Walter in ihrem 2015 erschienenen Buch *Pegida. Die schmutzige Seite der Zivilgesellschaft*. Bereits 1996 habe *Bild* den gelernten Koch, der gelegentlich in der Fleischerei und am Bratwurststand seines Vaters auf dem Striezelmarkt aushalf, als »Panzerknacker von Dresden« bezeichnet. Das Landgericht Dresden verurteilte ihn 1998 wegen 16-fachen Einbruchs und Diebstahl zu drei Jahren und acht Monaten Haft. Bachmann reiste nach Südafrika, fiel aber nach ein paar Jahren wegen seines ungültigen Visums auf und wurde abgeschoben. Im Jahr 2000 war er wieder in Deutschland und trat eine Haftstrafe von 14 Monaten an, aus der er vorzeitig auf Bewährung entlassen wurde. Er wohnte in der Nähe von Dresden in Kesseldorf und arbeitete im Dresdener Nachtlokal Angels. 2010 verurteilte ihn das Landgericht Dresden erneut, diesmal zu einer Freiheitsstrafe von zwei Jahren auf Bewährung wegen unerlaubten Handels mit Betäubungsmitteln in geringen Mengen. Im Mai 2014 stand der Vater eines Sohnes wegen ausbleibender Unterhaltszahlungen vor dem Amtsgericht Dresden. Das Gericht sprach eine Geldstrafe aus.

Körperverletzung und Diebstahl, Visumsvergehen und Drogenhandel – der vermeintliche Retter des christlichen Abendlandes vor den Flüchtlingen hat sich selbst jener Vergehen schuldig gemacht, die sein Milieu den geflüchteten Menschen pauschal oft unterstellt. Paradox? Nein, nicht für die Pegida-Anhänger. Hier zählt nicht nur, dass er am Bratwurststand der Familie mithalf und von der ehemaligen Dresdener Oberbürgermeisterin Helma Orosz (CDU) 2014 im Auftrag des sächsischen Ministerpräsidenten Stanislaw Tillich (CDU) mit dem sächsischen Fluchthelferorden ausgezeichnet wurde. Hier zählt vor allem auch, dass er einer von ihnen ist: ein Ostdeutscher, der sich in einem westdeutsch geprägten Deutschland zurechtfinden muss, mit Versuchen, Irrungen und Fehlern. Die 1989 begonnene Wiedervereinigung Deutschlands ist längst nicht abgeschlossen. Bis heute wirken die tiefen Einschnitte in der persönlichen und beruflichen Biografie im Osten nach. In ihrer Studie *Pegida. Entwicklung, Zusammensetzung und Deutung einer Empörungsbewegung* heben Hans Vorländer, Maik Herold und Steven Schäller 2016 hervor, dass »viele Pegida-Demonstranten über ein Abitur oder zumindest einen mittleren Bildungsabschluss verfügen«, eine Polytechnische Oberschule oder eine erweiterte Oberschule besucht haben – Bildungsabschlüsse der ehemaligen DDR. Die Mehrheit der Befragten in Dresden kommt also »nicht von den sozioökonomischen Rändern der Gesellschaft«.

Inwieweit ein Zusammenhang zwischen dem »Phänomen Pegida« und der »Nullzinspolitik der Banken« für die soziale Gruppe der prekarisierten Kleinstunternehmer bestehe, »denen nicht nur ihre in 25 Jahren mühsam angesparte Altersvorsorge« wegschmilzt, sondern auch die »gesamte Grundlage ihrer unsicheren Existenz«, fragt David Begrich. Der Rechtsextremismusexperte bei »Miteinander e. V.« aus Magdeburg verfolgt in der sachsen-anhaltinischen Landeshauptstadt die Entwicklung des Pegida-Ablegers Magida, der am 19. Januar 2015 erstmals zu einem Abendspaziergang aufgerufen hat. »Die Gewinnmargen für Tattoo-Studios, Friseurgeschäfte und Fußpflegesalons werden geringer«, sagt er. Aus diesem Milieu kämen auch die Protestinitiatoren aus Dresden. »Das Ausbleiben des sprichwörtlichen Ertrages, der Zins für die ehrliche und fleißige Arbeit verunsichert dieses Milieu zutiefst. Denn es lehrt, dass die Ethik ehrlicher und fleißiger Arbeit eben keine Garantie sozialer Sicherheit und gesellschaftlicher Anerkennung bietet«, so Begrich. Das große Versprechen des früheren Bundeskanzlers Helmut Kohl (CDU) von den »blühenden Landschaften« im Osten nach der Wiedervereinigung ist für viele in den neuen Bundesländern zur großen Verunsicherung geworden. Nicht allein die DDR-Geschichte, sondern auch die Entwicklungen der BRD nach der Vereinigung bewirken eine besondere politische Atmosphäre, analysiert Begrich: »Die Differenzierungen der 25-jährigen Traditionen politischer Kulturen in den neuen Bundesländern zwischen Brandenburg und Sachsen scheinen wirkungsmächtiger zu sein als der Nachhall der DDR und der ost-deutschen Transformationsgesellschaft der 1990er Jahre.« Aus dieser Überlegung heraus möchte er von einer parallelen Öffentlichkeit sprechen, »die sich ihrem Selbstverständnis nach von der Interaktion mit der Öffentlichkeit der institutionellen Politik«, inklusive der Debatten in den Medien, verabschiedet habe. »Diese Parallelöffentlichkeit ist selbstreferentiell und blendet konträre Erkenntniszugänge zu politischen Prozessen konsequent einfach aus.« In dieser Selbstwahrnehmung gibt es so auch nur ein »Die da oben« und ein »Wir hier unten«. Die nötige Rhetorik, das richtige Auftreten für diese Selbstinszenierung liegt Bachmann.

In der Debatte über rechtspopulistische Bewegungen muss vielleicht nicht nur über charismatische Persönlichkeiten als Initiatoren und Motoren diskutiert werden, sondern auch über authentische Charaktere. Ein großer Rhetoriker mit intellektuellem Esprit und überparteilichem Effet ist Bachmann nicht. Nicht alle spricht er an – muss er auch nicht. »Wie die betreffende Qualität [des Charismas, A. S.] von irgendeinem ethischen, ästhetischen oder sonstigen Standpunkt aus ›objektiv‹ richtig zu bewerten sein würde, ist natürlich dabei begrifflich völlig gleichgültig«, schreibt Max Weber 1921 in *Wirtschaft und Gesellschaft*, denn »darauf alleine, wie sie tatsächlich von den charismatisch Beherrschten, den ›Anhängern‹, bewertet wird, darauf kommt es an.«

Am 9. Mai 2016 wird dies einmal mehr deutlich. Bachmann steht auf der Bühne beim Hauptbahnhof. Er trägt eine einfache blaue Jeansjacke, Jeanshose und ein weißes Oberteil. Schlicht, aber gepflegt und ordentlich erscheint er von Beginn an bei Pegida – nie zu fein. Vor der Rede von Tillschneider sagte er kurz und lässig: »Wie ihr alle sicher mitbekommen habt, ich bin am vergangenen Dienstag vom Amtsgericht Dresden wegen Volksverhetzung verurteilt worden.« Das »Du« als Ansprache ist Programm. Als er von einem »Schauurteil« spricht, ertönen laute Pfui-Rufe und Pfiffe. Und er erntet Lacher, als er hervorhebt, dass die Verurteilung »im Namen des Volkes« verkündet wurde. Er witzelt über Ralf Stegner, den stellvertretenden SPD-Bundesvorsitzenden und Landtagsfraktionsvorsitzenden in Schleswig-Holstein, der über Twitter am 8. Mai 2016 veröffentlicht hatte: »Fakt bleibt, man muss Positionen und Personal der Rechtspopulisten attackieren, weil sie gestrig, intolerant, rechtsaußen und gefährlich sind!« Stegner duzend sagte Bachmann: »Hey Ralle, kleiner geistiger Brandstifter, du«, er habe kräftig am Projekt Einstelligkeit für die SPD mitgewirkt, »aber Ralle hör zu, falls du es siehst, und ich weiß, du guckst heimlich Pegida«, mit dieser »neuerlichen Entgleisung« habe er klar zur »Gewalt gegen Andersdenkende« aufgerufen, das wäre Volksverhetzung und Anstiftung zu Straftaten. Er würde bei der Staatsanwaltschaft und Polizei Strafanzeige stellen, sagt er unter Applaus und meint:

»Dass das wahrscheinlich wieder im Sande verläuft, Freund, da brauchen wir uns nichts vormachen, die sitzen am Drücker.« Sie, die Anwesenden, dürften sich das dennoch nicht gefallen lassen und müssten »diese links-grüne Bande Stück für Stück zu Fall bringen«.

Dass sich Bachmann bei der Vorstellung von Tillschneider hier und da mal verspricht, AfT statt AfD sagt, missfällt nicht. Nach der Rede des AfD-Politikers folgt keine weitere. In die Menge schauend fragt Bachmann wieder betont lässig: »Ja, Freunde, wie wär's, gehen wir eine Runde spazieren?« Die Wortwahl und die direkte Ansprache suggerieren der Menge, er stehe zwar oben auf dem Podium, doch gleichzeitig unten in ihren Reihen. Sie sind eins, Familie und Freunde. Aus dem persönlichen Freundes- und Bekanntenkreis Bachmanns hat sich auch das Organisationsteam für die Abendspaziergänge gebildet.

»Retter des christlichen Abendlandes« – Von der Facebook-Gruppe zum Orga-Team

Seit dem 20. Oktober 2014 gehen die selbsternannten Retter des christlichen Abendlandes in der Landeshauptstadt des Freistaates Sachsen spazieren. Über Facebook haben sie zum ersten Event vor die Frauenkirche eingeladen. Der Anlass war eine Kundgebung zehn Tage zuvor in Dresden gegen die Angriffe des Islamischen Staates und die Situation in der kurdischen Stadt Kobane. Die Sorge über diese Entwicklungen hatten die späteren Initiatoren mit den Demonstranten vielleicht noch gemein. Auf der Kundgebung am 10. Oktober 2014 in der Nähe der Prager Straße/Ecke Waisenhausstraße wurde allerdings ihrer Wahrnehmung nach gefordert, der als terroristisch eingestuften Arbeiterpartei Kurdistan (kurdisch: Partiya Karkerên Kurdistanê, kurz: PKK) Waffen zu liefern. Die Kundgebung in Dresden soll Bachmann, der bis heute nicht viel mit der Presse spricht, vor Ort mit dem Handy gefilmt und am 10. Oktober 2014 über Youtube verbreitet haben. Am 11. Oktober gründete er eine Facebook-Gruppe, die sich erst später zu einer geschlossenen Gruppe formierte. In der Gruppe diskutierten neben Bachmann spätere Mitglieder des Organisationsteams: Kathrin

Oertel, René Jahn, Thomas Hiemann, Frank Ingo Friedmann, Tom Balazs, Stephan Baumann, Siegfried Däbritz, Achim Exner, Bernd-Volker Lincke, Thomas Tallacker und Vicky Bachmann, die Frau von Lutz Bachmann. Das ursprüngliche Team, das sich selbst als »Orga-Team« bezeichnet, kommt laut Bachmann aus seinem engsten Freundeskreis, aus der »Partyszene« sowie Sportvereinsfreunden aus Dresden und dem nahen Umland. Auf dem Webportal *blu-News* berichtet Oertel am 13. Januar 2015, Bachmann »seit 22 Jahren« zu kennen, und bezeichnet ihn als einen »Freund«. Über die erste Namensgebung »Friedliche Europäer gegen die Islamisierung des Abendlandes« gerieten sie scheinbar in Streit. »Offenbar auf Migranten und ausländische Mitbürger bezogen, wurde darüber diskutiert, dass man ›überhaupt kein Miteinander‹ wolle«, sie seien »Deutsche« und daher müsste »›national‹ im Namen aufgenommen werden«, schreiben Geiges, Marg und Walter. Die diplomatische Lösung, die alle teilten: »Patriotische Europäer gegen die Islamisierung des christlichen Abendlandes«.

Das Gründungsmotiv, so Vorländer, Herold und Schäller, dürfte durch die in Dresden damals laufende Debatte zur Einrichtung von neuen Unterkünften für Flüchtlinge in Dresden und den umliegenden Landkreisen befeuert worden sein. Beim gemeinsamen Interview mit René Jahn auf *blu-News* schilderte Kathrin Oertel, Wirtschaftsberaterin, ihre Motive. Es könne »nicht sein [...], dass der Konflikt der PKK hier in Deutschland, in Dresden ausgetragen« werde. Und es gehe auch nicht »um den Ausländeranteil. Es geht darum, dass mit zunehmendem Anteil von Muslimen – eigentlich von einer Minderheit von diesen – immer mehr Forderungen an die Gesellschaft gerichtet werden. Auf diese Forderungen wird immer mehr eingegangen.« Und die dreifache Mutter findet überdies, dass sich andere Religionen in Deutschland nicht »ständig durch irgendetwas beleidigt fühlen und sich an der deutschen Kultur auch nicht stören«. Die muslimische Minderheit hingegen nähme »ständig Anstoß an den deutschen Gepflogenheiten und das finde ich nicht akzeptabel«. In der Schule ihres Sohnes ginge es fortwährend »um Ausnahmen für Muslime: Warum sie an diesem oder jenem nicht teilnehmen können. Wenn mein Sohn krank ist, muss ich ein Attest vorlegen, um ihn vom Schwimmunterricht zu befreien. Demnächst werde ich ihm wohl einfach ein Kopftuch anziehen und behaupten, er habe die Religion gewechselt. Dann hat sich das erledigt.« Hinter der laufenden Asylpolitik vermutet sie eine »Asylindustrie«, die Geld verdienen will.

René Jahn, ehemaliger DDR-Soldat und jetzt einen Hausmeisterservice betreibend, beschreibt in dem Gespräch kurz den beruflichen und politischen Hintergrund des Orga-Teams: »Wir sind zu 80 Prozent Selbstständige, meist in der Dienstleistung. Ich persönlich habe 25 Jahre CDU und FDP gewählt. Bei der letzten Wahl habe ich der AfD beide Stimmen gegeben.« Und Oertel grätscht ein: »Die CDU ist ja auch immer weiter nach links gerückt.« »Stimmt«, pflichtet ihr Jahn bei. »Innerhalb des Orga-Teams sind nur ehemalige CDU- und FDP-Wähler. Einen Linken haben wir nicht dabei«, sagt der 49-Jährige und erklärt ihre Struktur: Bachmann sei ihr »Frontmann« und sie seien zwölf Personen im Orga-Team, die alle ihre Aufgaben hätten. »Richtig ist, dass Herr Bachmann oft als Redner fungierte. Aber er hat das gleiche Gewicht und auch nur eine Stimme im Orga-Team wie alle anderen Mitglieder auch.« Frontmann im Sinne einer herausgehobenen Position sei daher »Unfug«. Die Medien würden das aber hervorheben, um sagen zu können: »Der Kriminelle ist der Boss.«

Der Frontmann ist nicht der Einzige mit einem besonderen Werdegang. Balasz ist 1987 aus Mosambik in die DDR eingewandert. Am 19. April 2016 verurteilte das Amtsgericht Dresden den 44-Jährigen zu einer Geldstrafe von 1050 Euro. Der gelernte Hotelfachmann habe Arbeitslosengeld kassiert und gleichzeitig zuerst beim Dresdner Lingnerschloss und dann im Glühwein-Ausschank beim Volksfest Winterzauber gejobbt. Vom »Quotenneger« wurde da auch mal gesprochen. Jahn erklärte jedoch, ihn seit 1988 zu kennen und Balasz habe zu ihm gesagt: »René, ich muss da unbedingt vorne mitlaufen. Ich fühle mich mehr als Deutscher denn als Mosambikaner.«

Laut Dresdner Staatsanwaltschaft hat Däbritz ebenfalls bereits ein »abgeschlossenes Strafverfahren« hinter sich. Der 39-Jährige kandidierte 2009 in Meißen für die FDP für den Stadtrat, betreibt einen Wachdienst und eine Pension. Däbritz, der zu den Hochzeitsgästen von Bachmann gehörte, beschimpfte Muslime als »mohammedanische Kamelwämser« oder »Schluchtenscheißer«. Die Kurden sind für ihn eine »genauso große Gefahr für das zivilisierte Europa/Deutschland wie alle anderen Strömungen innerhalb der Mohammedaner«, hat das Ex-FDP-Mitglied laut *Spiegel* geschrieben, der 2015 eine geschlossene Facebook-Gruppe von Pegida einsehen konnte. Auf seiner Facebook-Seite legt Däbritz dar, dass er ab 2006 begonnen habe, »sich selbst und andere zu informieren«. Diesem Statement ist gleich ein Video der »Identitären Bewegung« beigefügt. »Die Kriegserklärung« der »Génération Identitaire« und den »Stammtisch« der »Identitären Bewegung Sachsen« bewirbt er ebenso.

Thomas Tallacker war für die CDU in Meißen im Stadtrat, musste aber wegen rassistischer Äußerungen sein Mandat niederlegen. 2013 hatte er auf Facebook einen Bericht, dass in einer Schweizer Kleinstadt Asylsuchende nicht ohne Begleitung ins Schwimmbad dürften, wohlwollend kommentiert und geäußert: »Was wollen wir mit dem zu 90 Prozent ungebildeten Pack, was hier nur Hartz 4 kassiert und unseren Sozialstaat ausblutet.« Im September 2014 wurde er wegen gefährlicher Körperverletzung und Nötigung zu einer Freiheitsstrafe von einem Jahr auf Bewährung verurteilt. Mit zwei weiteren Personen hatte er, um Schulden einzutreiben, einen ehemaligen Auftraggeber zusammengeschlagen.

Frank Ingo Friedmann hat das Sauna- und Dampfbad Zum Kleinen Muck betrieben, bis er im März 2014 Konkurs anmelden musste. Achim Exner, AfD-Mitglied, führt einen Wach- und Sicherheitsdienst, der Veranstaltungs- und Objektschutz sowie Detektivdienste mit anbietet. Bei Dynamo Dresden war er bis 2006 »Sicherheitschef«. Anfang März 2015 war er laut *Zeit* beim Pokalspiel von Borussia Dortmund gegen Dynamo Dresden mitverantwortlich für die Sicherheit der Bundesligisten. Eine Nähe zu Dynamo hat auch Baumann.

Geiges, Marg und Walter halten in ihrem Buch fest: »Es ist deutlich, dass das Organisationsteam von Pegida aus benachbarten Milieus, wenn nicht gar aus dem gleichen stammt.« Sie hätten »ähnliche Tätigkeitsfelder« und »gleiche Hobbys als Fan von Dynamo Dresden und den Eisbären Berlins«, seien im gleichen Alter, besuchten die gleichen Schulen, »kämpften teilweise Seite an Seite gegen die Elbehochwasser, wohnen zuweilen in den gleichen Stadtteilen beziehungsweise Gemeinden«. »All dies wird die Gründung von Pegida aus einer Facebook-Gruppe heraus, die Koordinierung der Treffen, die mühsame Abstimmungsarbeit, die Aufgabenverteilung und die Organisierung der Demonstrationen erleichtert haben«, betonen die Sozial- und Politikwissenschaftler am Göttinger Institut für Demokratieforschung.

Weniger wissenschaftlich beschreibt Martin Machowecz im Magazin der *Zeit* am 23. April 2015 diesen Freundeskreis: »Die Facebook-Seiten von Bachmann und seinen Freunden taugen für ein Sittengemälde des deutschen Prolls. Man sieht Bachmann dort auf Partys, mit glasigem Blick, auf den Kopf hat er sich einen Pümpel gesetzt, eine Saugglocke, mit der man eigentlich verstopfte Klos wieder freibekommt. Man kann nachlesen, dass die Bachmanns sich bei der Facebook-Aktion ›Deutschlands schönste Paare‹ bewarben und dass sie ihre Wohnung die ›Königliche Residenz Derer Von Und Zu Bachmann‹ nannten«. Däbritz habe sich mit ihrem Lutz mit Pümpel auf dem Kopf fürs Internet ablichten lassen, Exner die Selfies von Vicky mit Schmollmund und schwarz lackierten Nägeln gelobt, Jahn eine Aufnahme der Bachmanns mit den Worten »Ihr seht geilo aus« kommentiert und Friedemann mit Vicky überlegt, ob Pümpel auch als »Büstenheber« verwendet werden könnten.

Am 19. Dezember 2014 wurde aus dem Orga-Team »Pegida e. V.« gegründet. In einer Gründungsversammlung am 14. November bestimmten die zwölf Anwesenden Bachmann zum Ersten Vorsitzenden, Jahn zum Zweiten Vorsitzenden und Oertel zur Kassiererin. Als Vereinssitz dient ein Postfach in Dresden, als Satzungszweck wird recht allgemein angegeben, »Begegnungen der Bürger zum Gedankenaustausch« durchzuführen sowie »Kultur- und Weiterbildungsveranstaltungen«. Bei der Auflösung von Pegida e. V. oder dem »Wegfall steuerbegünstigter Zwecke« soll das Vereinsvermögen an den Verein Dunkelziffer e. V. gehen. »Das ist uns nicht bekannt«, sagt Vera Falck, die Geschäftsführerin des Hamburger Vereins, der sich gegen sexuellen Missbrauch von Kindern und Kinderpornografie einsetzt. Sie seien »auch nicht gefragt worden«. Bundesweit bietet der Verein Hilfe für Kinder und Fortbildungen für pädagogische Fachkräfte und Eltern an. »Mit der Pegida haben wir nichts gemein«, betont Falck. »Dieses Geld würden wir auch nicht annehmen«.

»Wir sind das Volk« – Debatte um Traditionslinien des Wende-Widerstands

Eine halbe Stunde hat der Auftakt zum Spaziergang am 9. Mai 2016 gedauert. »Ablauf wie immer«, sagt Bachmann, bevor sie losgehen. Längst sind die meist am Montag stattfindenden Abendspaziergänge ritualisiert: Auftaktkundgebung, Demonstration und Abschlusskundgebung inklusive eines Lichtzeichens mittels Feuerzeug oder Smartphone in den späteren Abendhimmel, um den Politikern ein Licht aufgehen zu lassen. Über die Prager Straße, eine der Einkaufsstraßen der Elbmetropole, zieht an diesem Montag der große Pegida-Tross, kaum begleitet von Polizeikräften. Eine Fahne ist immer wieder zu sehen: die Wirmer-Flagge mit einem leicht nach links stehenden schwarzen Kreuz mit goldener Umrandung auf rotem Grund. Sie geht auf den Widerstandskämpfer des 20. Juli 1944 Josef Wirmer zurück.

Seit 2010 taucht die Fahne als Zeichen des Widerstands immer häufiger bei Aufmärschen und Aktionen rechter Bewegungen und Gruppen von AfD und Bürgerwehren über »German Defence League« (GDL) und »Hooligans gegen Salafisten« (HoGeSa) bis »Nein-zum-Heim«-Gruppen und Pegida auf. Anton Wirmer, der Sohn von Josef Wirmer, zeigte sich am 3. August 2015 gegenüber *Spiegel Online* angesichts dieser Nutzung »entsetzt«. Sein Vater, Jurist und Zentrumspolitiker, wurde nach dem gescheiterten Attentat auf Hitler von dessen Gefolge hingerichtet. »Es ist im Grunde die Verdrehung all der Ideen, die seine Flagge darstellt«, sagte er und betonte: »Die Wirmer-Fahne steht nicht für einen abstrakten Widerstandsbegriff. Sie steht vor allem für eine freiheitliche und tolerante Gesellschaft.« Die Farben Schwarz, Rot und Gold sollten eine Rückbesinnung auf die Weimarer Republik darstellen, »die erste deutsche parlamentarische Demokratie«, und das Kreuz stünde »nicht nur für christliche Werte«, es sei auch ein »Kontrapunkt gegen das Hakenkreuz«.

Nicht bloß in Dresden blenden die Nutzer der Wirmer-Fahne die politische Hoffnung dieser Widerstandskämpfer aus. Eine Fahne mit den Reichsfarben Schwarz-Weiß-Rot tragen Spaziergänger auch vor sich her. In der rechtsextremen Szene eine gern gewählte Fahne, um sich von der Flagge der Bundesrepublik Schwarz-Rot-Gold abzugrenzen. Schwarz-gelbe Banner mit dem im Kreis gefassten griechischen Buchstaben Lambda halten andere Spaziergänger hoch – das Symbol der »Identitären Bewegung«.

»Festung Europa – macht die Grenzen dicht«, »Widerstand«, »Merkel muss weg« und »Wir sind das Volk« skandieren die Spaziergänger. Unter der Parole »Wir sind das Volk« begannen 1989 Menschen in der DDR, gegen die bestehenden Verhältnisse regelmäßig am Montag auf die Straße zu gehen. Mit dieser Parole und dem Montagstermin versuchte Pegida von Anfang an, sich in die politische Tradition der Montagsdemonstrationen in der ehemaligen DDR zu stellen.

Diese Linie des friedlichen Widerstands zieht auch Michael Beleites in einem Vorwort für Sebastian Hennigs 2015 erschienenes Buch *Pegida. Spaziergänge über den Horizont. Eine Chronik*: »Es ist nicht zu leugnen: Die Mehrheit der Pegida-Demonstranten sind Menschen, die bereits im Herbst 1989 auf der Straße waren. Dennoch war 1989 eine andere Geschichte.« Der Aufbruch von Pegida 2014/15 sei nicht die Fortsetzung der Revolution von 1989/90, aber es gebe Parallelen. »Viele Parallelen«, betont er, »sogar erstaunlich viele Parallelen: Es haben sich Probleme angestaut, deren ganze Dimension mit den Sprachregeln des herrschenden politischen Systems nicht ausgesprochen werden kann. Diejenigen, die als Erste die offenen Fragen in einer eigenen, volksnahen Sprache öffentlich zu artikulieren suchen, wurden von einer gleichgeschalteten – oder sich so gebenden – Presse als Nazis diffamiert.« Die Rede vom »›Naziaufmarsch‹« sei ein Ausdruck »der Hilflosigkeit der politischen Verantwortungsträger, deren eingeschliffene Denkmuster angemessene Antworten auf die neue Wirklichkeit weder kennen noch zulassen« würden. Er zitiert den ersten Satz des ersten Aufrufs des Neuen Forums vom September 1989: »In unserem Land ist die Kommunikation zwischen Staat und Gesellschaft offensichtlich gestört‹«, und bescheinigt ihm eine »erstaunliche Aktualität«.

In den 1980er Jahren war Beleites in kirchlichen Friedens- und Umweltinitiativen in der DDR aktiv. Ab 1986 recherchierte er illegal zu den gesundheitlichen und ökologischen Folgen des Uranabbaus der SDAG Wismut. Sein Bericht wurde unter *Pechblende – Der Uranabbau in der DDR und seine Folgen* bekannt. 1989 gehörte er zum Bürgerkomitee zur Auflösung des Ministeriums für Staatssicherheit (MfS/kurz: Stasi) in Gera, beriet 1990 das »Neue Forum« und war von 2000 bis 2010 Landesbeauftragter für die Stasi-Unterlagen in Sachsen.

In dem Vorwort macht Beleites aber auch deutlich, dass eine Sache heute völlig anders sei: »Das gewissermaßen ›alte Denken‹ der politischen Klasse hat einen breiten Rückhalt in der Bevölkerung. ›Wer nicht links ist, ist ein Nazi‹. Dieser absurden Logik wird heute kaum noch etwas entgegengestellt.« Es habe »sich wieder ein Klima der Angst breitgemacht [...]. Aus purer Angst davor, als ›Nazi‹ beschimpft zu werden, haben wir jahrelang Unwahrheiten und offenkundigen Schwachsinn einfach hingenommen. Es blieb unwidersprochen, dass jeder, der die D-Mark wiederhaben will, so behandelt wurde, wie einer, der Auschwitz wiederhaben will. Es blieb unwidersprochen, dass jeder, der die biologische Tatsache der geografischen Rassenvielfalt der Menschen als ein bewahrungswürdiges Erbe betrachtet, reflexartig als ›Rassist‹ gebrandmarkt wurde. Es blieb unwidersprochen, dass Kritiker der parasitären Finanzwirtschaft deswegen als ›Faschisten‹ bezeichnet wurden, weil bei den Nazis auch solche Positionen vertreten wurden.«

Belege für diese Anfeindungen folgen nicht. Es wird auch nicht reflektiert, dass nicht die Thematisierung von »Rassen« oder »Parasiten«, sondern vielmehr die damit verbundene Argumentation Kritik auslöste. Beleites weiß zudem: »In besondere Weise führt eine Distanzmigration aber bei den Betreffenden selbst, und oft auch noch bei ihren Kindern, zu Entwurzelung und Entfremdung« und: »Was für die regionale Identität der verschiedenen Bevölkerungsgruppen gilt, gilt selbstverständlich auch für ihre religiöse Identität. Religiöse Entwurzelung desintegriert soziale Beziehungen und bewirkt Haltlosigkeit. Menschen, die eine Vorgeschichte haben – und solche kommen zu uns – können sich nur in die Zusammenhänge der eigenen religiösen und kulturellen Traditionen integrieren.«

Dass die Geflüchteten vielleicht gar nicht so stark in den Lebenswelten eines möglicherweise islamisch geprägten Staates verhaftet sind, wird nicht berücksichtigt. Unbedacht bleibt auch, dass in der Geschichte der Menschheit Kulturen, Identitäten und Religionen sich in den Auseinandersetzungen stetig veränderten. Die Welt als Ganzes, der Mensch als Einzelner wird allein in einer statischen Zuschreibung erfasst. Dass die Verhältnisse sehr wohl zum Tanzen gebracht werden können, die Einzelnen sich bewegen wider ihrer vermeintlichen Festgelegtheit, scheint der Bürgerrechtler trotz historischer Selbsterfahrung in diesen Sätzen vergessen zu haben. Angesichts dieser Positionen ist es keine Überraschung, dass das neurechte Institut für Staatspolitik um Götz Kubitschek Beleites als Referenten zur 17. Sommerakademie in Schnellroda angekündigt hat.

Auch der Maler, Kunstkritiker und Publizist Sebastian Hennig sieht eine Linie des Widerstands von 1989 nach 2014. »Auf eine klare Empfindung der Entmündigung wurde mit der selbstgewissen Feststellung ›Wir sind das Volk!‹ reagiert. Diese ging bald aus taktischen Gründen über in die Forderung ›Wir sind ein Volk!‹«. Das Volk hätte sich »für einige Monate im Aufstand gegen den ›Unrechtsstaat DDR‹ als solches fühlen« dürfen, schreibt der 1972 in Leipzig Geborene, »um dann zur Bevölkerung im besten aller möglichen Deutschländer neutralisiert zu werden«. Das »Zerwürfnis zwischen Regierung und Volk« habe sich »zuerst nach der Durchsetzung der Hartz-IV-Gesetze« bei den Montagsdemonstrationen offenbart. Mit Pegida kämen erneut »Tausende [...] überein darin, dass ihnen die gesamte Richtung nicht mehr passt«. Und er bezieht sich auf das Wirken des Gemeindepfarrers von Coschütz/Gittersee Wilfried Weißflog.

Durch eine Indiskretion hatte Weißflog vom Aufbau eines Reinstsiliziumwerks erfahren. Im Februar 1989 begannen prompt die ersten Einwohnerversammlungen. »Ehrliche Wahlen, saubere Luft statt Gefahr durch Siliziumwerk« soll auf einem Transparent gestanden haben. Hennig sieht darin einen Auftakt der Wendewochen vor den ersten großen Demonstrationen in Leipzig. Jahre später reihte sich Weißflog, Superintendent i. R., bei Pegida ein und erklärte, so Hennig, »mit Nazis und der AfD nichts, aber auch gar nichts gemeinsam zu haben«. Dem Siliziumwerk von 1989 entsprächen »im Herbst 2014 die Zwischenfälle bei der Unterbringung großer Mengen von Asylantragstellern in Großröhrsdorf und Perba«. In Großröhrsdorf war eine etwas heruntergekommene Turnhalle, die schon zum Abriss bestimmt war, zu einer Asylunterkunft umfunktioniert worden. Zwischen vielen Betroffenen kamen Missstimmungen und Anfeindungen auf. In der kleinen Gemeinde Perba, mit rund 180 Einwohnern und kaum öffentlicher Infrastruktur, sollten rund 50 Flüchtlinge untergebracht werden – was ebenfalls Protest auslöste.

Die Parallele von Protest gegen Siliziumwerk und Flüchtlingsunterkunft führt Hennig nicht weiter aus. Vielleicht sieht er in der vermeintlichen Nicht-Beteiligung der Anwohnerschaft bei den Entscheidungen eine Gemeinsamkeit. Manche Gemeindeverwaltungen in Ost und West unterließen es auch, die Bürger bei der Bereitstellung frühzeitig über die geplanten Flüchtlingsunterkünfte zu informieren, auch, weil die Zeit dazu fehlte, da sich Bundes- und Landespolitik zu spät auf die ankommenden Menschen eingestellt hatten. Diese Panne der Politik wurde aber von einer breit getragenen »Willkommenskultur« von ehreamtlichen Helfern aufgefangen. Henning bemüht jedoch schwärmerisch die gesuchte Traditionslinie: Bei seinem ersten Abendspaziergang am 1. Dezember 2014, dem siebten großen Auflauf von Pegida, habe er »das Gefühl des Herbstes 1989« gespürt, diese »Stimmung selbstgewisser Spaziergänger ins Ungewisse«.

Die Distanzlosigkeit zu seinem Beobachtungsobjekt formuliert Hennig offen: »Diese Chronik ruht auf persönlichen Erlebnissen. Freilich kann sie damit keine gründliche Analyse ersetzen. Sie lässt aber zugleich die meisten bisherigen Analysen hinfällig werden. Denn zum ersten Mal wird von den Geschehen im Zusammenhang berichtet.« Die »abseits stehenden Interpreten und Berichterstatter« würden indes in »einer Blase von Vorurteilen« schweben. Soll wohl heißen: Nur wer zu Pegida steht, sich einreiht, kann zu Pegida etwas sagen, sich äußern. Aus »Notwehr« über die Berichterstattung sei er, der lieber zeichne, »zum Schriftsteller geworden« und hätte diese Chronik verfasst. In dieser beschreibt er nicht nur den Besuch der Familie Götz Kubitschek und Ellen Kositza mit ihren Kindern bei ihm, er schwärmt auch von den Reden Kubitscheks, der betont habe, dass »die Verachtung des Eigenen [...] ein »Ende haben« müsse. In Pegida, so Hennig, trete »die Volksgemeinschaft« hervor und er resümiert: »Pegida hat nur wenige Sätze und noch weniger Gedanken, aber Haltung, Mut und Anmut. Pegida ist seit dem Westfälischen Frieden von 1648 das erfreulichste Friedenszeichen, das Deutschland und Europa passieren konnte. In Dresden beginnt die Errettung des europäischen Geistes vor der Europäischen Union und wird die Hoffnung auf jenen Frieden genährt, auf den Deutschland seit 1918 wartet.«

Eine klare Zustimmung, in der auch mitschwingt, dass sich Deutschland seit Ende des Ersten Weltkriegs in einem vermeintlichen Ausnahmezustand befindet. Die *Chronik* reiht sich ganz ins Programmangebot des Kleinverlags Arnshaugk aus Neustadt an der Orla ein, in dem sich Werke aus dem Spektrum der Konservativen Revolution und des italienischen Faschismus finden: Oswald Spenglers *Der Mensch und die Technik* und Julius Evolas *Menschen inmitten von Ruinen*. Vom NS-Bildhauer Arno Breker kann *Über allem Schönheit* beim Verlag erworben werden und vom Anführer der faschistischen Bewegung »Legion Erzengel Michael« Cornelius Zelea Codreanu das *Handbuch für die Nester. Leitfaden für die Legionäre der Eisernen Garde*. Werke lebender weit rechts stehender Autoren werden ebenso angeboten: Björn Clemens *Pascal Ornumait* und *Abendbläue*. Der Rechtsanwalt war früher bei den Republikanern und vertritt vor Gericht Rechtsextreme. Außerdem sitzt er im Vorstand der »Gesellschaft für freie Publizistik« (GfP), laut Bundesamt für Verfassungsschutz die größte rechtsextreme Kulturvereinigung. Bei der GfP referierte Hans-Dietrich Sander und erhielt 2015 deren Ulrich-von-Hutten-Medaille. Mit mehreren Publikationen ist er ebenfalls im Verlagsprogramm vertreten wie mit *Der ghibellinische Kuß* und zusammen mit Sebastian Maaß: *Im Banne der Reichsrenaissance*. Maaß selbst ist mit Büchern zu Persönlichkeiten der Konservativen Revolution im Angebot – unter anderem *Kämpfer um ein drittes Reich. Arthur Moeller van den Bruck und sein Kreis*.

Der Verlagsinhaber Uwe Lammla wird auf seiner Webseite nicht minder deutlich. Unter dem Titel »Zweifrontenkrieg« führt er aus: Auf der Sommeruniversität 1993 der *Jungen Freiheit* von Erik Ritter von Kuehnelt-Leddihn habe er durch dessen Pointierung »Hitler war ein Bruder, kein Vater« und der »prägnante[n] Aussage, das Rechte orientiere sich am Väterlichen, das Linke am Brüderlichen« »Hitler von rechts [...] kritisieren« wollen. Er spricht nicht nur vom »aufgezwungenen Krieg«, sondern redet auch davon, dass damals eine »historisch einmalige Konstellation« bestanden habe: »Die deutsche Rechte« sei damals »komplett von einer linken Partei vereinnahmt« worden. »Nach der militärischen Niederringung wurde mit einem Schuldkomplex systematisch Hand an die Wurzeln des deutschen Volkstums gelegt. Die Bemühungen dieser ›Umerziehung‹ tragen reichlich Früchte.« Und diese verschweigt er auch nicht: »An den Universitäten werden antideutsche Pseudowissenschaften gelehrt, die Kunst ist zu egomanen Spiegelfechtereien verkommen und die öffentliche Diskussion wird als effekthascherische Klischeeanhäufung betrieben. Gleichzeitig wird mit Abtreibung und sexueller Freizügigkeit das Volk biologisch dezimiert und das Vakuum mit raumfremden Migranten gefüllt. Das Christentum wird systematisch zu einer völkerfeindlichen Religion umgedeutet und die Kirchen werden konfessionsübergreifend für den ›Kampf gegen Rechts‹ rekrutiert.« Dieser Sound schwebt in allen rechten

Spektren – auch in Teilen des Milieus, die in Dresden »Wir sind das Volk!« skandieren.

»Liebe DDR-Bürgerrechtler, wo seid Ihr? Wo bleibt Euer Protest gegen Pegida, dieses Bündnis selbsternannter ›Europäer‹, das derzeit so schamlos Eure Geschichte kapert? Kann es denn sein, dass Ihr dazu nichts zu sagen habt?«, fragten am 18. Dezember 2014 in der *Zeit* Maximilian Probst, Judith Scholter und Christian Staas. Wenige Tage später, kurz vor Heiligabend, veröffentlichten ehemalige Bürgerrechtler einen »Weihnachtsgruß von Neunundachtzigern«. In deutlicher Sprache verwahren sich die Unterzeichner des von Reinhard Schult, Thomas Klein und Bernd Gehrke, drei bedeutenden Protagonisten der Wendezeit, initiierten zehnstrophigen Grußes dagegen, dass ihre Ideen der friedlichen Revolution missbraucht werden. Unter dem Titel »Pegida – Nie wieder« schreiben sie:

» Wir sind das Volk ruft ihr
Freiheit Toleranz weltoffen meinte das '89
Visafrei bis Hawaii war die Devise
Und: Die Mauer muss weg.
Ihr aber wollt:
Visafrei nur für uns
Die Mauer muss weg nur für uns
Die Mauer muss her am Mittelmeer
25 Jahre nach Mauerfall
Zusehen wollt ihr, wenn die Elenden
Der Welt an neuen Mauern sterben
An euren Mauern
Oder ihr dreht euch weg
Um in Ruhe Gänsebraten zu fressen
Und Weihnachtslieder zu singen
Jesus hätte gekotzt, hätte er euch getroffen.
[…]
Dabei pfeifen die Spatzen von den Dächern
Es ist das System, das ihr nicht schnell genug bekommen konntet
Dem ihr den '89er-Versuch geopfert habt

Den Versuch einer alternativen Demokratie
Einer freiheitlichen, solidarischen, ökologischen
Doch ihr sprecht nicht über dieses System
Über Kapitalismus, seine Gemeinheiten über Interessen
Dafür protestiert ihr gegen die Schwachen
[…]
Ihr sprecht nicht für '89
Ihr sprecht für keine Freiheitsbewegung
Ihr seid deren Schande
Schämt euch
Auf euer Abendland haben wir '89 gepfiffen
Darauf pfeifen wir auch heute
Unsere Solidarität den Flüchtlingen
Und immer noch sagen wir
Eine andere Welt ist möglich
Eine andere Welt ist nötig
Um alle Mauern zu stürzen.«

In diesem Kontext wird en passant auch eine weitere Differenz zu 89 dargelegt. Pegida wettert zwar gegen Regierung und System, die bestehenden kapitalistischen Bedingungen und ökonomischen Machtgefüge hinterfragen sie jedoch nicht fundamental. Der Tonfall, die Wortwahl offenbarten es, der »Gruß« ist keine Einladung zum Dialog. Im Gegenteil: Der gemeinsame Text, erklärte Schult, sollte »nicht das Gespräch mit den Pegida-Demonstrant/innen suchen, sondern den Widerstand gegen sie ermuntern«. Sie legten in der Phase der Auseinandersetzung keinen Wert auf lange Erörterungen, »sondern macht(en) Front gegen die sich neu formierende rechtspopulistische Bewegung à la Front National«. Deshalb sei er provozierend und frech gehalten.

»Legitime Vertreter des deutschen Volkes« – Führungsstreit und Trennungen

»Alle munter, alle wieder da«, begrüßt Bachmann nach wie vor gut gelaunt an diesem 9. Mai die zurückkehrenden »Spaziergänger«.

Langer Applaus erfolgt, als er sich bei der Polizei bedankt, dass sie »die paar Klappspaten dort entsorgt« hätten – gemeint sind die Gegendemonstranten. Ans offene Mikrofon tritt Peter, »zum ersten Mal«, wie er sagt, und beschwert sich über die Behauptungen, dass Pegida fremdenfeindlich sei. Viele Redner hätten bei den Kundgebungen immer wieder erklärt, dass »Pegida nicht fremdenfeindlich ist, aber der legitime Vertreter der Interessen des deutschen Volkes«. Sie wollten die deutsch-jüdische Kultur hier bewahren, die »nicht durch die zwölf Jahre Hitlerdiktatur entwertet werden könnte«, versichert er und wendet sich gegen die »Zensurmaßnahmen« von Heiko Maas und die »staatlich unterstützen Gewaltattacken der Linksfaschisten«.

Bachmann hatte den Bundesjustizminister 2015 auch schon scharf angegriffen. Maas sei einer der »schlimmsten geistigen Brandstifter seit Goebbels«, befand er und setzte den Bundesjustizminister mit dem Reichsminister für Volksaufklärung und Propaganda im Dritten Reich Joseph Goebbels gleich. So weit geht Peter nicht, berichtet jedoch, einen Tag zuvor bei der Kundgebung von »Marsch des Lebens« auf dem Neumarkt lautstark gegen die Aussagen der Redner protestiert zu haben, die über Pegida Lügen verbreitet hätten. Die Organisatoren dieser Versöhnungsmärsche an Orten des Holocaust in Europa hatten am Gedenktag der Befreiung vom Nationalsozialismus vor Pegida gewarnt. Den Veranstaltern hält Peter jetzt vor, die Gefahr für die »jüdischen Bürger im Land«, die sich aus der »massenhaften Zuwanderung von größtenteils antisemitisch eingestellten Muslimen« entwickle, kaum zu thematisieren und ausschließlich den Deutschen »Judenhass« zuzuschreiben. Großen Applaus erhält er, als er sagt, dass er regelmäßig mit seiner Frau an den montäglichen Spaziergängen teilnehme.

Dem ersten Aufruf der Pegida-Organisatoren via Facebook waren am 20. Oktober 2014 über 300 Sympathisanten gefolgt. Woche für Woche stieg danach der Zulauf in der Dresdener Innenstadt an. Am 12. Januar 2015 versammelten sich an die 25 000 Pegida-Anhänger zum Spaziergang. Keine der folgenden Abendrunden sollte je wieder von so vielen Teilnehmern besucht werden.

Großen Zulauf konnten sie allerdings lange weiterhin für sich verbuchen.

Am Montag, den 19. Januar sagten die Sicherheitsbehörden alle Veranstaltungen mit Bezug zu Pegida kurzfristig ab. Es gebe eine »konkrete Bedrohungslage«, ein Anschlag auf einen der Pegida-Organisatoren wurde befürchtet. Weder bestätigten noch dementierten die Sicherheitsbehörden, dass Bachmann das mögliche Anschlagsziel war. Sechs Tage später, am Sonntag den 25. Januar, kamen etwa 17 500 Spaziergänger zusammen. Letztmalig erreichte Pegida »annähernd das hohe Niveau der Vorwochen«, schreiben Vorländer, Herold und Schäller, die ausgehend von Daten der Polizei die Teilnehmerzahl von Oktober 2014 bis Juni 2015 untersuchten.

Der Erfolg von Pegida scheint im Januar 2015 durch einen internen Streit gebremst zu werden. Die Äußerungen von Bachmann in einem Chat, die später zur erstinstanzlichen Verurteilung wegen Volksverhetzung führen, verstimmten einige im Orga-Team. Ein Bild von dem Frontmann mit Seitenscheitel und Hitlerbärtchen befeuert den Streit. Der *Bild* sagt Bachmann, dass das Foto ein Scherz gewesen sei: »Ich hatte das Foto zur Veröffentlichung des Satire-Hörbuchs von ›Er ist wieder da‹ beim Friseur geknipst und Christoph Maria Herbst auf die Pinnwand gepostet«, erklärt er dem Boulevardblatt. Man müsse sich auch mal »selbst auf die Schippe nehmen«. Christoph Maria Herbst, der in dem Film Adolf Hitler spielt, widerspricht dieser Darstellung in der *Welt* am 21. Januar 2015. Er habe gar keine Facebook-Seite, lässt er über seinen Anwalt ausrichten, ebenso falsch sei, »dass er das Foto von Herrn Bachmann geliked« habe. Später wird trotz der Aussage Bachmanns die Echtheit des Bildes angezweifelt und von der »Hilterbärtchen-Lügengeschichte« gesprochen.

Am 21. Januar tritt Bachmann jedoch zunächst aus der Pegida-Führung zurück, soll aber im Hintergrund weiter gewirkt haben. Eine Presseerklärung der sächsischen AfD befeuert den internen Konflikt. Bereits am Mittwochnachmittag kursiert eine Erklärung der AfD um Petry, in der der Rücktritt von Bachmann begrüßt wird.

Eine Stellungnahme von Pegida sollte allerdings erst zwei Stunden später am Nachmittag erfolgen. Nach sieben Minuten, so der *Spiegel*, zog die AfD die Erklärung schnellstens zurück. Oertel habe sie um Rat gebeten, berichtete Petry dem Magazin, und weiter: »Ich habe ihr gesagt, dass Bachmann nicht mehr zu halten ist.« Bis heute scheint Petrys Reaktion die Beziehung zu Bachmann stark zu belasten.

Dieser Streit fiel bei der Pegida-Führung aber mit einer Auseinandersetzung über die weitere Ausrichtung und Zielsetzung der Bewegung zusammen. Ende Januar verließ Oertel Pegida. Fünf weitere Mitglieder des Orga-Teams folgten. Friedemann stellte sein Engagement ein. Oertel, Jahn, Lincke, Tallacker und Exner gründeten »Direkte Demokratie für Europa« (DDFE) und organisierten zwei Demonstrationen, die jedoch geringen Zulauf hatten. Wenige Wochen später trennten sich die Aussteiger erneut: Oertel und Jahn kündigten die Zusammenarbeit auf, brachten sich bei »193 Friedenstauben« ein, Tallacker und Lincke suchten sich kein neues Projekt und Exner wurde bei »Widerstand Ost West« aktiv.

Die Trennung ließ Hoffnungen auf ein Ende von Pegida aufkommen. In der ZDF-Sendung *Was nun?* meinte Bundesvizekanzler und SPD-Bundesvorsitzender Sigmar Gabriel am 28. Januar 2016, dass die Bewegung wahrscheinlich ihren »öffentlichen Zenit« überschritten habe, »was ja vielleicht auch eine Erlösung für Dresden« sei. Eine vorsichtige Wortwahl. Zu dieser Hoffnung lässt sich Timo Reinfrank allerdings gar nicht erst hinreißen. »Ich glaube noch nicht, dass dies das Aus ist«, sagte der Koordinator der Amadeu Antonio Stiftung, die Initiativen gegen Rechtsextremismus unterstützt. Das Bündnis hänge nicht an einzelnen Personen. Mehrere Mitglieder, die sich nun zurückgezogen hätten, seien bislang ohnehin so gut wie gar nicht in der Öffentlichkeit in Erscheinung getreten. Entscheidend sei nun, so Reinfrank, ob es dem Bündnis gelinge, sich organisatorisch neu aufzustellen, um weitere Demonstrationen zu veranstalten. Keine andere Protestbewegung habe in den vergangenen Jahren derart viel Aufmerksamkeit bekommen und sei derart schnell gewachsen, warnt er und befürchtet: »Auch die große Mobilisierungskraft der Bewegung in den sozialen Netzwerken sollte man nicht unterschätzen.« Außerdem seien die Themen, die die Menschen auf die Straße trieben, nicht verschwunden. Die Pegida-Bewegung werde nicht weiter wachsen und sich in Städten jenseits von Dresden wohl eher verkleinern. In der sächsischen Hauptstadt werde das Bündnis aber wohl eine längerfristige Erscheinung sein. Reinfrank lag mit der Prognose nicht falsch und ebensowenig Gabriel mit seiner Reflexion.

Am 2. Februar 2016 musste Pegida wegen des Streits ihren geplanten Auflauf absagen. Doch am 9. Februar sind die Spaziergänger wieder auf der Straße. Im Vergleich zu den vorherigen Märschen kommen aber nur 2000. Bei dieser für sie niedrigen Teilnehmerzahl wird es allerdings nicht bleiben. Das verbliebene Orga-Team konnte schnell eine neue Struktur entwickeln: Am 5. März 2015 wurde der Pegida Förderverein e. V. gegründet. Den ersten Vorsitz übernahm Bachmann, den zweiten Vorsitz Däbritz und um die Finanzen kümmert sich Stephan Baumann. Zu den Gründungsmitgliedern gehören zudem Vicky Bachmann, Thomas Hiemann, Thomas Balazs und neu mit dabei: Tatjana Festerling. Am 19. März 2015 gab das Amtsgericht Dresden den neuen Verein mit der Vereinsnummer VR 7816 und der Dresdener Postfachadresse 290 109 bekannt. Jeweils zwei Vorstandsmitglieder können laut Vereinseintragung den Verein gemeinsam vertreten. Zu den Finanzen werden keinen Angaben gemacht – muss wegen der Vereinsform auch nicht. Auf der Facebook-Seite bewerben sie am 25. März den Förderverein. Im Unterschied zum ersten Verein können nun Interessierte eine Mitgliedschaft beantragen. »Endlich ist es so weit und Ihr könnt jetzt Mitglied im Pegida Förderverein e. V. werden«, heißt es. Per Link liegt gleich der Mitgliedsantrag zum Downloaden bereit. Wenn dieser an die Postfachadresse gesendet wird, kommt »eine separate Rechnung für den Mitgliedsbeitrag von 12 € per anno als E-Mail (zzgl. 5 € für die personalisierte Mitgliedskarte mit Passfoto, wenn gewünscht). Bitte nicht vergessen, ein Passbild beizulegen, wenn Ihr eine personalisierte Mitgliedskarte MIT Foto haben wollt.« Die Satzung umfasst knapp drei Seiten. Als Zweck des Vereins wird erneut die »Begegnung der Bürger zum Gedankenaustausch« benannt,

»Kultur- und Weiterbildungsveranstaltungen« werden angeführt und »insbesondere die materielle und immaterielle Unterstützung des Pegida e. V.« und der Pegida-Bewegung. Bei Auflösung des Vereins soll das Vermögen an die »Aktion Tier Meißen e. V.« gehen.

Über Google findet man unter dem Namen »Pegida Förderverein e. V.« die Webseite »Pegida Förderverein e. V. Volksgemeinschaft« als ersten Hit. Auch hier kann der Mitgliedsantrag heruntergeladen werden. Für das Spendenkonto ist Rechtsanwalt Hannig Treuhand verantwortlich. Auf der Webseite schreibt ein Gerhard Lemcke, »die verantwortlichen [sic], insbesondere Herr Bachmann sollten einmal klar und deutlich sagen, dass dieser Verein nichts mit Rechtsradikalen zu tun hat«, um gleich darauf zu betonen: »Die ständige Hetze, die von unseren ›Regierenden‹ und von der Presse geschürt wird, ist unerträglich« […]. Wir leben noch immer in einem besetzten Land und unsere ›Regierenden‹ sind Vasallen der USA. Unsere ›Freunde, die Kriegstreiber Nr.1‹.« Die Kritik an der Kritik wird nicht nur durch den Kommentar zweifelhaft. Auf der Webseite werden unter »Alternativen zur Lügenpresse« fünf Publikationen empfohlen: das neurechte Webportal *Blaue Narzisse*, das extrem rechte Nachrichtenmagazin *Zuerst!* und das Magazin *Compact* sowie die noch weiter rechts stehenden UN (*Unabhängigen Nachrichten*) und das Umweltmagazin *Umwelt und Aktiv* (U&A). U&A wird von NPD-Anhängern getragen, wie interne E-Mails bestätigten, die UN von dem »rechtsextremistischen ›Freundeskreis Unabhängige Nachrichten‹«, wie das Bundesinnenministerium erklärt. Mit Spendeneinnahmen wurde später der Wahlkampf von Tatjana Festerling für das Bürgermeisteramt in Dresden mitfinanziert. Mehr als 30 000 Euro sollen als Spende für den Wahlkampf zusammengekommen sein, sagt Festerling. Ihre politische Karriere bei Pegida begann jedoch nicht in Dresden.

»Wir sind alle keine Nazis, wir sind Patrioten« – Weitere Spaziergänger und neue Hooligans

Die Spaziergänge in der sächsischen Elbmetropole ermutigen auch in anderen Städten vermeintliche »Retter des Abendlandes«, auf die

Straße zu gehen. Schon im November 2014 entstand ein Pegida-Ableger in Würzburg, im Dezember in Kassel, Bonn, München und Düsseldorf. Im neuen Jahr 2015 traten Nachahmer in Leipzig, Kiel, Saarbrücken, Nürnberg, Duisburg und Braunschweig auf. In weiteren Städten und Gemeinde folgten Spaziergänge gegen die »Islamisierung«. Eine Rednerin bei den verschiedenen Ablegern: Tatjana Festerling.

In Hannover sprach Festerling am 26. Januar beim zweiten Abendspaziergang von Hagida. Unter einem Regenschirm stehend schimpfte sie, die bis zu einem internen Streit lange das weibliche Gesicht von Pegida sein wird, über die Lautsprecheranlage, dass die Volksvertreter die »friedlichen Pegida-Demonstranten pauschal diffamierten, stigmatisierten und zur Schande für Deutschland erklärten«. Lustig machte sie sich über Parolen der »weltoffenen Freunde«. »Wichsen gegen Nazis« habe sie auf einem Plakat gelesen: »Super, endlich können alle, die für die Islamisierung des Abendlandes sind, auch zu Hause etwas gegen rechts, gegen Nazis tun. Und zwar kostenneutral, klimaschonend und gendergerecht unter der Bettdecke, auf der Bettkante, am Küchentisch, im Klo, wo und wann immer das Bedürfnis auftaucht, es den kleinen völkischen Rassisten mal so richtig zu besorgen. Noch effektiver wäre es natürlich, man lädt zum solidarischen interkulturellen gemeinschaftlichen Fixen ein. Vielleicht macht dann Frau Käßmann, Siegmar Gabriel, Hannelore Kraft und Herbert Grönemeyer dann ja auch mit.« Dafür erntete sie laute Lacher und starken Applaus. Diese Art von Humor kommt in diesem Milieu bestens an.

Schnell avancierte die frühere Redakteurin beim Heinrich Bauer Verlag und Pressesprecherin für die Metronom-Eisenbahngesellschaft mit ihren vermeintlich satirischen Zuspitzungen zu der Rednerin der Bewegung – immer gerne eingeladen, immer lautstark gefeiert. In nur wenigen Wochen etablierte sich die 52-Jährige durch ihre Volten und Pointen bei bundesweiten Auftritten als neues Gesicht der Pegida-Bewegung. Festerling, die nicht zwischen Islam und Islamismus unterscheiden will, weiß aufzutreten, liebt es zu polemisieren. Ihre ersten Auftritte absolvierte sie noch als AfD-Mitglied.

Die ehemalige Hamburgerin und geschiedene Mutter von zwei erwachsenen Kindern war Gründungsmitglied des Landesverbandes in der anderen Elbmetropole. Dort agierte sie als stellvertretende Marketingverantwortliche, soll zur bundesweiten Parteiparole »Mut zur Wahrheit« inspiriert haben und kandidierte auf der Bezirksebene. Im Verlauf des Bremer Bundesparteitags der AfD vom 30. Januar bis 1. Februar 2015 trat sie jedoch aus der AfD aus. Damit kam sie einem möglichen Ausschluss zuvor, nicht ohne ihrer früheren Partei zu bescheinigen, »ein großer politischer Volksbetrug« zu sein. Der Bruch mit der Partei erfolgte jedoch nicht wegen der Pegida-Auftritte, sondern letztlich aufgrund ihrer Haltung zu einer Demonstration der Aktionsgruppe Hooligans gegen Salafisten (HoGeSa).

Im Oktober 2014 machte Festerling nicht nur ihre Teilnahme an der Kundgebung der HoGeSa in Köln bekannt, sondern wollte nach den Ausschreitungen am 26. Oktober in der Domstadt sogleich die vermeintliche Wahrheit über die Aktion der rund 6000 HoGeSa-Fans verbreiten. Auf dem Portal *journalistenwatch – Medienkritik und Gegenöffentlichkeit* schrieb sie: »Ich bin zum ersten Mal in meinem Leben fast 500 km zu einer Demo gefahren. Einer Demo von Hooligans!«, und betonte, vor diesen »Hools« ziehe sie ihren »Hut«. Denn die Eskalation sei »hausgemacht« gewesen, und »als ›normaler‹ Beobachter der Sache gewinnt man den Eindruck, dass [...] die Politik [...] unter Zuhilfenahme [...] der Polizei einen Plot inszenierte«. Die sich neutral gebende Beobachterin wusste auch: »Eure Parolen waren [...] in keinster Weise rassistisch, rechtsextrem oder zur Gewalt auffordernd.« Überhört hatte Festerling offenbar, was in Köln zu vernehmen gewesen war: »Hier marschiert der nationale Widerstand« oder auch »Ausländer raus.« 59 Polizeibeamte wurden verletzt.

Das Netzwerk rechter Hooligan-Gruppen entstand 2014. Vor allem auf Facebook rief das Netz anfänglich gegen Salafisten auf. Erste Aktionen fanden bei Kundgebungen des Salafisten Pierre Vogel in Mönchengladbach und Mannheim statt. Gezielt wollte die HoGeSa die Situation mit dem Gegenprotest eskalieren lassen. Am 5. Mai 2014 berichtete Christoph Ruf bei *Spiegel Online* über ein

»geheimes Internetforum mit dem Titel ›Weil Deutsche sich's noch trauen‹«. Rund 300 rechtsradikale Hooligans hätten sich bundesweit zusammengeschlossen, um gemeinsam zu handeln. Aus der Feindschaft durch ihre jeweilige Nähe zu ihren Fußballvereinen sei Freundschaft geworden. »Alle die eine gesunde Einstellung gegen das Gesindel haben sind Willkommen Es geht hier nicht um Vereins-Farben!! Nur gemeinsam sind wir Stark!!!!« [sic], zitiert Ruf einen Bochumer Hooligan. Jahrelang hätte man sich wechselseitig verprügelt, auch wenn man gewusst habe, dass der Gegner aus der anderen Stadt die gleiche politische Einstellung habe – was sich jetzt ändern solle. Ein Gesinnungsgenosse aus Hessen, schreibt Ruf, habe es so formuliert: »Anstelle uns immer gegenseitig auf die Nase zu hauen, was auch Spaß macht, müssen wir was Deutschland angeht Seit an Seit stehen!« Die einzelnen Gruppen kommen aus fast allen relevanten Fußballstädten – unter anderem Mönchengladbach, Frankfurt, Karlsruhe, Mannheim, Kaiserslautern, Nürnberg, Stuttgart, Dresden, Leipzig, Essen, Bremen, Dortmund, Kassel, Rostock, Osnabrück, Cottbus und Krefeld.

Im Januar 2015 gilt ihr Slogan »Die Familie hält zusammen« nicht mehr. Enttäuschte HoGeSa-Aktivisten haben einen eigenen Verein gegründet: »Gemeinsam-Stark Deutschland e. V.« (GSD). »Sehr geehrte Damen und Herren, liebe Bürger und Stadiongänger, hallo Freunde der dritten Halbzeit«, schreiben sie auf ihrer Webseite, sie seien ein Zusammenschluss von Leuten, die sich für die »Bewahrung der patriotischen Interessen der Bürger in Deutschland« einsetzen, für »Heimat, Freiheit und Tradition«. Nach eigenen Angaben haben am 3. Januar 16 Mitglieder an dem Gründungstreffen in Fulda teilgenommen. Einige der Vereinsmitglieder seien zuvor bei der HoGeSa, Pegida und seinen Ablegern aktiv gewesen. Bereits Ende 2014 sollen bei der HoGeSa-Führung persönliche Differenzen aufgekommen sein und auch der Umgang mit »Finanzen und Merchandise« hätte die Konflikte befeuert. »Es kann und darf nicht sein, dass einige Personen die Sache missbrauchen, um damit auf eigenen Namen und Rechnung einen Fanartikel-Shop aufzubauen«, behauptet GSD und erklärt: »Sollten T-Shirts oder andere

Merchandise-Artikel veräußert werden, wird der Verein den Verkauf auf eigene Rechnung organisieren und damit Sorge tragen, dass 100 Prozent des Erlöses der Sache zugutekommt.« Der Name des neuen Vereins mag moderater als HoGeSa klingen. Auf seiner Webseite offenbart sich aber seine Radikalität. Die Bundesrepublik ist für seine Mitglieder kein souveräner Staat. Die »deutschen Werte und Tugenden« wollen sie erhalten, den »Multi-Kulti-Wahnsinn« und »massenhaften Asylmissbrauch« beenden. Nato und EU lehnen sie ab. »Pass«- und »Biodeutsche« seien willkommen, wenn sie »Patrioten« seien und »unsere Heimat Deutschland« lieben würden.

2016 bestehen diese Szenevernetzungen weiterhin. In diesem Spektrum zwischen Sport, Politik und Dritter Halbzeit bewegte sich nach Information der taz auch Däbritz. Er stünde der HoGeSa-Bewegung nahe, mit Hools von Dynamo Dresden sicherte er die Pegida-Demos ab. Mitglieder der Dynamo-Gruppierungen »Hooligans Elbflorenz«, »Faust des Ostens« und »Dresden-Ost« seien bei Pegida-Demos mitgelaufen.

Schon vor der HoGeSa-Kundgebung in Köln hatte Festerling für die Teilnahme geworben. Wer die »Schnauze von linksgrüner Moral und Bevormundung voll« habe, solle den »Hintern bewegen«, und sie empfahl gleich noch die Lektüre von Akif Pirinçcis Buch *Deutschland von Sinnen*. Als der umstrittene Autor am 18. Oktober 2014 bei der rechtsextremen Hamburger Burschenschaft Germania auftrat, war Festerling auch dabei. Eine Freundschaft, die zu einer Einladung nach Dresden führen sollte. Monate vor Pirinçcis Auftritt bei Pegida, am Ostermontag 2015, hat Bachmann auf dem Dresdener Altmarkt eine neue Aktion zu verkünden: die Kandidatur zur Bürgermeisterwahl ihrer Mitstreiterin Festerling. Mit ihr würde dem »rot-rot-grün versifften Stadtrat ordentlich auf die Finger« geschaut, denn sie sei eine »unabhängige Kandidatin aus dem Volk für das Volk«. Die rund 7100 Abendspaziergänger bat er, für die Marketing- und Kommunikationsexpertin die nötigen 240 Wahlunterschriften zu sammeln.

Bei der Kundgebung in Dresden wetterte die frisch gekürte Kandidatin gleich unter Applaus gegen die »unverschämten Minderheiten aus islamischen Ländern, die uns mit ihrem Koran und ihren Sonderrechten auf den Geist gehen« und gegen die »verkrachten Gender-Tanten mit ihrem überzogenen Sexualscheiß«. Bei nicht wenigen Asylbewerbern handle es sich um »Illegale«, »die nun in intakten sächsischen Gemeinden für Unruhe, Kriminalität und Destabilisierung sorgen«. Viele »Asylbewerber«, führte sie weiter aus, seien »Männer, die ihre Familie und Heimat im Stich lassen« würden. Mit diesen »Asylantenströmen« würden die »Deutschland-vernichter von Merkel und Gabriel bis Tillich unser Dresden, unser Sachsen und unser Deutschland« fluten. Und sie rief den Spazier-gängern ihre politische Selbstverortung zu: »Wir sind alle keine Nazis, keine Rechtsradikale. Wir sind Patrioten.«

Die Mandatsbemühung war vor der offiziellen Bekanntgabe der Kandidatur durchgesickert. Seit Bekanntwerden will Pegida Tau-sende positiver Zuschriften erhalten haben. Am Wahltag, dem 7. Juni 2015, erreichte Festerling 9,6 Prozent – 21 311 Stimmen. Der AfD-Kandidat erzielte 4,8 Prozent – 10 544 Stimmen. Die Kandi-datur von Festerling verstimmt bis heute Teile der sächsischen AfD. Zum zweiten Wahlgang trat Festerling nicht mehr an und rief dazu auf, den amtierenden Bürgermeister Dirk Hilbert (FDP) zu unter-stützen. Pegida müsse diese »Opfer bringen«, um Rot-Rot-Grün in Dresden zu verhindern. Sie warnte ihre Anhänger vor »einem poli-tischen Harakiri-Kurs«, der »das bürgerlich-konservative Lager« weiter spalte. Der amtierende Bürgermeister blieb der amtierende Bürgermeister.

»Dresden zeigt, wie's geht!« – Nachahmer und Nachzieher
Am 9. Mai steht Festerling nicht auf der Bühne. Das Orga-Team verspricht, dass sie beim nächsten Spaziergang wieder vor Ort sei. Die Reden, deren Liveübertragungen im Internet und Videomit-schnitte bestimmen die inhaltliche Selbstdarstellung von Pegida. Weniger Beachtung findet das »Positionspapier von Pegida« seit der Veröffentlichung am 10. Dezember 2014. Die 19 Punkte sind teil-weise sehr vage, teilweise stehen sie den Redebotschaften entgegen. In dem Papier betonen die Verfasser, »für die Aufnahme von Kriegs-

flüchtlingen und politisch oder religiös Verfolgten« zu sein, beklagen »menschenunwürdige Heime«, fordern eine »dezentrale Unterbringung« und eine »Senkung des Betreuungsschlüssels für Asylsuchende« sowie eine »Ausschöpfung und Umsetzung vorhandener Gesetze zum Thema Asyl und Abschiebung«. Sie seien für den »Widerstand gegen eine frauenfeindliche gewaltbetonte politische Ideologie« und für die »sexuelle Selbstbestimmung« und gegen »dieses wahnwitzige ›Gender Mainstreaming‹, auch oft ›Genderisierung‹ genannt, die nahezu schon zwanghafte, politisch korrekte Geschlechtsneutralisierung unserer Sprache«. Gegen die »Zulassung von Parallelgesellschaften/Parallelgerichten« sind sie und gegen »Scharia-Gerichte und -Polizei«. Sie fordern eine »Null-Toleranz-Politik gegenüber straffälligen Asylbewerbern und Migranten« sowie eine »Aufstockung der Mittel für die Polizei« und eine »Zuwanderung nach dem Vorbild der Schweiz, Australiens, Kanadas oder Südafrikas«.

In der Debatte um die »Spaziergänger« hallt das Positionspapier kaum lange nach. Via Facebook versucht das Orga-Team am 12. Januar 2015, mit »6 klaren Forderungen an unsere Politiker« nachzulegen. Mit Bezug auf eine Rede von Lutz Bachmann heißt es: »1. Die Schaffung eines Zuwanderungsgesetzes, welches die unbestritten notwendige QUALITATIVE Zuwanderung regelt und die momentan gängige, unkontrollierte quantitative Zuwanderung stoppt! Dies sollte nach dem Vorbild von Kanada oder der Schweiz erfolgen! 2. Die Aufnahme eines Rechtes auf und der Pflicht zur Integration! [...] 3. Wir fordern eine konsequente Ausweisung bzw. ein Wiedereinreiseverbot für Islamisten und religiöse Fanatiker, welche unserem Land den Rücken gekehrt haben, um in heiligen Kriegen zu kämpfen! 4. Wir fordern die Ermöglichung DIREKTER DEMOKRATIE auf Bundesebene auf der Basis von Volksentscheiden. 5. Wir fordern ein Ende der Kriegstreiberei gegen Russland und ein friedliches Miteinander der Europäer ohne den zunehmenden Verlust an Autorität für die Landesparlamente der einzelnen EU-Staaten durch die irrwitzigen Kontrollen aus Brüssel. 6. Wir fordern mehr Mittel für die Innere Sicherheit unseres Landes! Dies umfasst einen sofortigen Stopp beim Stellenabbau der Polizei und die Ausstattung selbiger mit den erforderlichen, zeitgemäßen Mitteln, um den gewachsenen Anforderungen gerecht zu werden!«

Vor Bekanntgabe der »Forderungen« zog Bachmann ein »Resümee der letzten Wochen«: »Fakt ist, wir haben eine Menge Staub aufgewirbelt und einen nicht unerheblichen Teil der Bevölkerung aufgeweckt. Wir haben es geschafft, dass in der Politik nach 50 Jahren Totschweigens in Sachen Zuwanderung endlich Themen auf den Tisch kommen, welche bisher nur unter vorgehaltener Hand und in Hinterzimmern am Volke vorbei diskutiert wurden.« Dies sei »ein riesiger Erfolg«. Und er setzt einen historischen Bezugspunkt: Sie seien zwar »erst ein paar hundert Tausende im Internet auf den verschiedenen Pegida-Seiten, [...] erst ein paar Zehntausende auf den Straßen«, aber er könne sich »nicht erinnern, dass seit 1989 jemals so viele Bürger unseres Landes freiwillig, ohne Gratiskonzert, ohne Promibonus, ohne Gratisglühwein, ohne Druck der Behörden, der öffentlichen Arbeitgeber usw. usw. – bei Kälte, teilweise Regen und Matsch, auf die Straße gegangen wären, um für ihr Recht einzustehen! Dresden zeigt wie's geht!« Erneut stellt sich Pegida in die Tradition des Widerstands von 1989. Wegen der vielen Nachfragen, erklärt Pegida, hätten sie die Forderungen aus der Rede weiter verbreitet. Nachfragen, die auch durch ein Positionspapier von dem Pegida-Ableger in Leipzig entstanden sind. Bogida in Bonn, Sügida in Suhl, Bragida in Braunschweig und Bagida in München gingen nicht mit Positionspapieren an die breite Öffentlichkeit.

Ohne Abstimmung mit den Dresdenern legten die Leipziger am 3. Januar 2015 ein eigenes 17-Punkte-Programm vor. Nicht nur der Ton ist schärfer – »Keine Multikultur auf Regierungsbefehl« –, auch die Themen gehen weiter: gegen NS-Erinnerungskultur und Staatsgrundlagen. Sie fordern: »Würdige Erinnerung an unsere Geschichte, jedoch keine Generationenhaftung«, »Verschärfung des Strafrechts«, »Reform des Steuerrechts« sowie »Änderung und Anpassung des Grundgesetzes sowie, perspektivisch, Erarbeitung einer Verfassung«. Der letzten Forderung liegt die Annahme zugrunde, dass die Bundesrepublik kein souveräner Staat sei. Erst eine deutsche Verfassung sei ein echter Souveränitätsakt.

Im Streit drohte die Pegida um Bachmann der Legida um Silvio Rösler auch rechtliche Schritte an. Von Beginn an wurde Legida von der rechten Hooliganszene unterstützt. In der Fanszene der Gruppe »Scenario« aus dem Umfeld des 1. FC Lokomotive kursierte ein Aufruf, sich an Legida zu beteiligen: »Für jeden sollte Teilnahme Pflicht sein.« Diese Fußballfans erschienen gerne im Look von Ho-GeSa bei den Spaziergängen in Leipzig, wo es immer wieder zu Übergriffen auf Gegendemonstranten und Journalisten kam – unter ihrem Schlachtruf »Ahu!«. Ein »Friedrich Fröbel« erinnerte bei einem Legida-Auflauf im Januar 2015 auch an die HoGeSa-Aktionen und erklärte: »Die Ersten, die für den Erhalt unserer Freiheit und Demokratie auf die Straße gingen, sind nicht die Gründer von Pegida, sondern die Hooligans.«

Die Auseinandersetzung mit den Leipziger Verantwortlichen war auch ein Versuch der Initiatoren aus Dresden, die Hoheit über den Namen zu behalten. Denn ohne verbindliche Rücksprachen schienen bundesweit die verschiedensten Kreise durch die Erfolge von Pegida ermutigt, in Namensanlehnung die Spaziergänge nachzuahmen. Am 25. Januar war der Disput mit Legida allerdings beigelegt. An jenem Tag sprach Rösler bei Pegida in Dresden – ein symbolischer Akt der Klärung. Im Februar desselben Jahres fand in Moritzburg, nahe der sächsischen Landeshauptstadt, ein Treffen der bundesweiten Pegida-Ableger statt. Ein neues Positionspapier »Dresdener Thesen – Gemeinsam für Deutschland« wurde als Grundlage für alle Pegida-Bewegten am 15. Februar 2015 vorgelegt. Die Thesen reichen von der Sorge über die Zuwanderung, »Islamisierung«, »Genderisierung« und »Frühsexualisierung« bis zu den Forderungen: »Sofortige Normalisierung des Verhältnisses zur Russischen Föderation und Beendigung jeglicher Kriegstreiberei« und »Ablehnung von TTIP, CETA und TISA und ähnlichen Freihandelsabkommen, welche die europäische Selbstbestimmung und die europäische Wirtschaft nachhaltig schädigen könnten«. In dem Papier werden soziale Fragen betont – ohne konkrete Antworten zu geben: »Durch unsere Wirtschaftspolitik verarmen der Mittelstand und die Arbeiterklasse zunehmend. Löhne und Renten stehen in einem immer schlechteren Verhältnis zu den Lebenshaltungskosten.« Die Verfasser fordern eine »Reformation der Familienpolitik sowie des Bildungs-, Renten- und Steuersystems«. Die Förderung einer nachhaltigen Familienpolitik müsse besondere Priorität erhalten, »um einen Stopp oder sogar die Umkehr des demographischen Wandels zu erreichen«. Denn der »Kinderwunsch« dürfe »nicht aufgrund von wirtschaftlichen Ängsten unterdrückt werden«.

Bis Mitte Juni 2015 entstanden nach Angaben von Vorländer, Herold und Schäller etwa 21 Pegida-Ableger in Deutschland. Nach dem Thesenpapier sei eine Konsolidierung der Bewegung festzustellen, so die Politikwissenschaftler von der Technischen Universität Dresden. Eine Vereinheitlichung aller unter dem gleichen Label sei nicht gelungen. In einzelnen Städten und Gemeinden führten extrem rechts stehende Personen Ableger wie Bogida (Bonn), Sügida (Suhl) oder Mvgida (Mecklenburg-Vorpommer) an.

Den Bonner Ableger hatte Melanie Dittmer bereits im Dezember 2014 gegründet. Nach internen Streitereien, auch wegen ihres Engagements im Vorstand der rechtspopulistischen Partei Pro NRW, musste sie gehen. Später trennte sich die 37-Jährige von Pro NRW, um sich auf »überparteiliche Aktivitäten im vorpolitischen Raum« zu konzentrieren. In Düsseldorf führte sie dann die Dügida an. Am 28. April 2016 verurteilte das Düsseldorfer Amtsgericht Dittmer wegen Volksverhetzung, Beleidigung und Störung der Religionsausübung zu acht Monaten Haft auf Bewährung. Die Staatsanwaltschaft warf ihr vor, im Februar 2015 auf einer Dügida-Kundgebung lautstark »Wir wollen keine Salafistenschweine« und vor einer Moschee »Wir wollen keine pädophilen Muslime« skandiert zu haben. Kein Streit kam wegen rechter Kontakte bei Mvgida auf.

Boizenburg, 21. September 2015: »Die Merkel muss weg!«, »Wir sind das Volk!«, schallt es aus dem Tross. Einzelne skandieren »Lügenpresse!« und »Merkel – Volksverräterin!«. Parolen, die auch von Pegida zu hören sind. Hier in der mecklenburg-vorpommerschen

Stadt mit etwa 10 000 Einwohnern bestimmen aber keine neuen, nichtparteilich gebundenen Personen den Aktionsablauf. Über den Lautsprecherwagen gibt Andreas Theißen, ehemalige Mitarbeiter des früheren NPD-Landtagsfraktionsvorsitzenden Udo Pastörs und NPD-Stadtratsmitglied in Lübtheen, die Parole vor. »Sigmar Gabriel …«, ruft er der Menge zu, die vervollständigt »… muss weg, weg«, »Claudia Roth …«, auch sie »… muss weg«. An diesem Montagabend ist offiziell Mvgida aufmarschiert.

Die leise Hoffnung, dass sich die selbst ernannte »Unabhängige Bürgerbewegung für Demokratie«, wie sie sich im Internet selbst bezeichnet, nach der Sommerpause auflösen würde, hat sich nicht erfüllt. Längst ist sie in mehreren Städten des Bundeslandes wieder auf die Straße gegangen gegen die angebliche »Asylflut« und »Islamisierung des christlichen Abendlandes«. In der Region ist die NPD auch durch ein Szenenetzwerk verankert: Die Partei konnte bis zur Landtagswahl 2016 einzelne Büroräume anmieten. Am Wahltag, dem 4. September, gelang es der NPD-Fraktion um Udo Pastörs mit 3 Prozent nicht, zum dritten Mal in Folgen in den Landtag zu ziehen. Die AfD zog nötige Stimmen ab – 20 000. Die Struktur bricht deswegen aber nicht weg. Knapp 100 Kilometer entfernt kann die »nationale Bewegung« das »Thing-Haus« nutzen, für Veranstaltungen, Schulungen, Konzerte, Kneipenabende, Zeitzeugengespräche mit Wehrmachtsangehörigen, Bücherbörsen, Julfeste für die Familien und Kinderfeste. Auf der Facebook-Seite des Thing-Hauses, das der mehrfach verurteilte Sven Krüger erwarb, wird für Mvgida geworben.

In Boizenburg läuft der Mvgida-Zug, begleitet von der Polizei, durch fast leere Straßen. Viele Initiativen und Bündnisse stellen sich seit Jahren der »nationalen Bewegung« entgegen. An diesem Abend ist jedoch kein Protest sichtbar, keine Antinazi-Parole zu hören. Stattdessen begrüßen einzelne Passanten Mitmarschierende und entschuldigen sich dafür, dass sie sich nicht einreihen. »Liebe Freunde«, spricht Theißen die Teilnehmer und Umstehenden bei einbrechender Dunkelheit auf dem Marktplatz an und bekommt Applaus für seine Behauptung, dass die Kriegsflüchtlinge Wirtschaftsflüchtlinge sind. In die Runde blickend konstatiert er, dass zwar in Schwerin am 19. September doppelt so viele besorgte Menschen für ihre Zukunft, Heimat und ihr Volk auf die Straße gegangen seien. 300 Teilnehmer seien für Boizenburg aber ein großer Erfolg.

Die NPD hat sich bewusst zurückgenommen, um den Schein einer vermeintlich unparteiischen Veranstaltung zu wahren. Keine Parteifahne weht denn auch im Wind. Auf Plakaten wie »Asylflut stoppen« und »Es ist Zeit zu rebellieren«, die junge Frauen hochhalten, sind die Stellen abgeschnitten, wo sonst der Parteiname steht. Diese Zurückhaltung scheint aber nicht nötig. Freundlich begrüßen sich die vermeintlichen Retter des Abendlandes. Da wird Theißen herzlich die Hand geschüttelt und dem Ex-NPD-Fraktionsmitarbeiter Michael Grewe kräftig auf die Schulter geklopft. Berührungsängste mit der NPD? Hier nicht. Die »Qualitätsmedien«, schimpft Theißen, machten »Jagd« auf die Kritiker des »Asylwahnsinns« und diejenigen, die vor einem »Austausch der Bevölkerung« warnten. Die Stadt sei durch das Erstaufnahmelager im nahen Ort Horst besonders vom Problem der vielen »Asylanten« betroffen.

Horst ist keine zehn Autominuten von Boizenburg entfernt. Mitten im Nirgendwo liegt die Erstaufnahmeeinrichtung, in der im September 2015 mehr als 600 Männer, Frauen und Kinder untergebracht sind. Aus Sorge vor Übergriffen hat sich der Flüchtlingsrat Hamburg zum Termin des Mvgida-Spaziergangs mit Unterstützern zu der Einrichtung aufgemacht. Die gesamte Szene habe nur noch ein Thema, »Asyl und Flucht«, sagt Laura Schenderlein vom Regionalzentrum für demokratische Kultur Westmecklenburg. Eine Einschätzung, die bundesweit gilt. Die gesamte rechtsextreme Szene, die Parteien, NPD, Die Rechte, Der III. Weg und auch das Kameradschaftsmilieu, Freie Kameradschaften, Bruderschaften und Autonome Nationalisten nutzen die politische Unsicherheit und sozialen Ängste aus. Andrea Röpke spricht von einer Mischszene. Die Rechtsextremismusexpertin, die Bücher zu verschiedenen Aspekten der Thematik veröffentlicht hat, beobachtet schon seit Längerem, dass »Rechtsextreme, vorbestrafte Outlaws, Rocker, Türsteher, christliche Fundamentalisten, Kampfsportler oder Populisten gemeinsam mit wütenden Bürgern den Rechtsstaat ›retten‹ wollen«. Und sie nennt neben Schwerin auch Braunschweig als Beispiel. Im Januar 2015 meldete in der niedersächsischen Großstadt ein Ex-AfDler die Proteste an und löste einen Rocker aus dem Umfeld der Hells Angels ab, der zuvor an der Spitze stand. »Diese Organisatoren aus allen Spektren wirken politisch in ihrem ›Lager‹, dort wird viel Potenzial rekrutiert«, sagt Röpke und erklärt, dass zwar alle aus völlig unterschiedlichen Milieus stammten, aber gemeinsame Hass- und Feindbilder hätten. Im Schatten von Pegida formiere sich eine »›Bewegung‹, die sich mehr und mehr als aggressive Kampfgemeinschaft gegen unsere offene Zivilgesellschaft versteht«, so Röpke. »Wenn ›Lügenpresse – auf die Fresse‹ auch von mittelständischen Rentnern gerufen wird, dann offenbart das ein sehr fragwürdiges Demokratieverständnis«, sagt sie und erläutert: »Wir reden von Mischszenen, wenn es um die Zusammenarbeit von Gruppen außerhalb der rechtsextremen Szene mit Teilen anderer Spektren geht.« Seit Jahren blieben die gewaltbereiten Rocker in ihrem Bereich, arbeiteten aber auch mit bekennenden Rechtsextremen und rechten Hooligans zusammen. Eine Grauzone entstünde jedoch nicht, da die Gruppen sonst relativ klar voneinander getrennt agieren würden. Die Zusammenarbeit orientiert sich an politischer Zielsetzung, Kommerz oder territorialen Vorherrschaftsbestrebungen. Einzelne Personen und Seilschaften werden zu Bindegliedern.

In Mecklenburg-Vorpommern konnte diese Entwicklung bei einer kleinen Aktion beobachtet werden. Am 16. September liefen etwa 110 bekennende Rechtsextreme und vermeintliche Asylkritiker unter dem Motto »Wismar wehrt sich« im Stadtteil Friedenshof auf und pöbelten Journalisten und Flüchtlingsunterstützer an. Torsten Schramke, der Mvgida-Aufmärsche in Schwerin verantwortet, heizte die Stimmung zusammen mit David Bühring an. Beide gründeten »Deutschland wehrt sich«.

Unter dem Label Ortsname plus »wehrt sich« treten im Netz und auf der Straße fast bundesweit Gruppen gegen Flüchtlinge und

Unterkünfte auf, wie »Bamberg wehrt sich«, »Bayreuth wehrt sich« »Wurzen wehrt sich«, »Neumünster wehrt sich« oder »Winden wehrt sich«. »Nein zum Heim« ist ein weiterer Name von Gruppen und Personen, die gegen bestehende Flüchtlingsunterkünfte oder geplante Einrichtungen mobilmachen.

Schon 2015 hat sich die Zahl der »Nein zum Heim«-Seiten bei Facebook mehr als verdoppelt, beobachtete »No-Nazi.net – Für Soziale Netzwerke ohne Nazis«. 2013 tauchten die ersten »Nein zum Heim«-Internetauftritte auf, oft wiesen ihre Akteure eine Nähe zur NPD auf.

Im Januar 2015 existierten an die 100 Facebook-Seiten, die entweder lokal oder überregional hetzten. 225 solcher Seiten zählte das Projekt der Amadeu Antonio Stiftung im Oktober des Jahres. Den Namensgeber der Stiftung, Amadeu Antonio, hatten rechtsextreme Jugendliche 1990 im brandenburgischen Eberswalde zu Tode geprügelt – weil er schwarz war. »Er war eines der ersten Todesopfer [...] rechtsextremer Gewalt seit dem Fall der Mauer«, erinnert die Stiftung auf ihrer Webseite. In diesem Jahr, so die Stiftung, sei die Zahl auf über 300 »Nein zum Heim«-Gruppen weiter gestiegen. Auf Facebook hätten diese Gruppen über 450 000 Follower, sagt Anna Brausam von der Amadeu Antonio Stiftung. Mit dem Anstieg der Webseiten in den sozialen Netzwerken geht auch eine Verrohung der Sprache und Enthemmung der Anfeindungen in de Kommentaren einher. Die Hemmschwelle für Hate Speech scheint in der vermeintlichen Anonymität, alleine vor dem Monitor sitzend, schnell zu sinken. Face to Face würde eine solche Abwertung oder Entwertung einzelner Menschen, Menschengruppen, Hilfsinitiativen für Geflüchtete, TV-Moderatoren oder Politikern in dieser Form kaum artikuliert werden.

Geht es »No-Nazi.net« wieder einmal nur um die politische Zensur der Gutmenschen und ihrer Political Correctness, wie die vermeintlich besorgten Bürger bei Pegida und »Nein-zum-Heim«- oder »Wehrt-Euch«-Anhänger ständig beklagen? Anatol Stefanowitsch, Professor für Sprachwissenschaften an der Freien Universität Berlin, betrachtet die Hassreden nicht als »rein vorrangiges

sprachliches Problem, sondern [als] gesellschaftliches Problem«.
»Sprachliche Ausdrücke beschreiben und bewerten nicht (bzw.
nicht nur). Sie erzeugen vielmehr ein Verständnis der (vorsprachlichen) physikalischen Realität und gesellschaftlichen Realität(en),
die als allgemein verstanden werden und deshalb nicht ohne Weiteres hinterfragt werden können«, schreibt er in der 2015 von der
Amadeu Antonio Stiftung herausgegebenen Broschüre ›Geh sterben!‹ Umgang mit Hate Speech und Kommentaren im Internet.

In der Broschüre führt Stefanowitsch weiter aus: »Hassrede ist
also nicht (nur) ein Problem des kommunikativen Umgangs oder
der ›Verbreitung, Anstiftung Förderung und Rechtsfertigung‹ von
Hass, sie ist zentral an der Erzeugung des Hasses und der für den
Hass notwendigen Denkmodelle beteiligt.« Die Intervention gegen
Hate Speech ist insofern keine Zensur einer Debatte, sondern eine
Kritik an der Diskussionskultur. Häufig bleibe es nicht bei den
Hassreden, so Heiko Maas immer wieder, oft seien die Worte die
Vorstufe für Taten. Fast überall, wo es Übergriffe auf Unterkünfte
gab, sagt Anna Brausam, gebe es auch eine »Nein zum Heim«-
Gruppe. Von den Worten zu den Taten.

»Gut gemacht, die Jungs, es wird Zeit, dass diese Ratten sich
nachts nicht mehr auf Magdeburgs Straßen trauen.« Auf Facebook
feiert die regionale rechte Szene einen Angriff auf drei Flüchtlinge
aus Syrien in der Nacht zum 1. November 2015. »Die Täter kamen
aus dem rechtsextremen Hooligan-Spektrum«, sagt Sebastian Striegel, Landtagsabgeordneter der Grünen in Sachsen-Anhalt. An die
dreißig rechte Hooligans hatten in der sachsen-anhaltinischen Landeshauptstadt gezielt Flüchtlingen aufgelauert. Die dunkel gekleidete Gruppe griff in der Nähe des Veranstaltungszentrums Festung
Mark ihre ahnungslosen Opfer mit Baseballschlägern an. Die Attackierten erlitten Prellungen und Verletzungen im Gesicht und
mussten im Krankenhaus ambulant behandelt werden. Zivilbeamte, die den Vorfall beobachteten, verhinderten Schlimmeres. Als
sie eingriffen, flüchteten die Täter. Einer von ihnen bedrohte einen
Polizisten mit einem Schlagstock, woraufhin sich der Beamte mit
Pfefferspray wehrte. Einen 24-Jährigen nahm die Polizei später fest.

Anlass der Tat könnte der Wunsch nach Selbstjustiz sein: Bereits am Freitag wurde auf der Facebook-Seite eines stadtbekannten rechten Hooligans mit dem Profilnamen H. O. über einen Fall von sexueller Nötigung diskutiert. Um 18:38 Uhr postete der Hooligan Details über die betroffene Frau, den Tatverlauf und ihre Verletzungen. »Es waren 6 Afghanen«, verbreitete der Freefigther und Coach für Kickboxen und erklärte: »Jetzt gibt es keine Rücksicht mehr.« Die Informationen, auf die sich die Rechtsextremen bezogen, waren von der Polizei und Staatsanwaltschaft zum Zeitpunkt des Facebook-Eintrags weder bekannt gegeben noch bestätigt worden. In den Kommentaren auf der Facebook-Seite von H. O. wurde sofort verlautbart, man müsse in die Flüchtlingsunterkunft »mit Männern rein« und »alle Typen plattschlagen«. »Diese Halbaffen ... Totschlagen an Ort und Stelle«, postete jemand. »Gute Idee, nen Trupp klarmachen«, hieß es in einem Kommentar weiter und mehrere andere versicherten daraufhin: »Wäre sofort dabei.« Ein anderer Facebook-User schrieb: »Der Unmut in den eigenen Reihen der Polizei wächst Tag für Tag.« Das »Antifa-Pack« und die »domestizierten Gutmenschen« würden es aber immer noch nicht »raffen«. Die Täter haben sich ganz offensichtlich am Freitag bereits für eine Aktion im Internet verabredet«, sagt David Begrich. Die Debatte offenbare, wie dort »eine nach oben offene Gewalt-Eskalationsskala sich weiter hochschraubt«, so der Rechtsextremismusexperte vom Verein »Miteinander e. V.«.

Im Internet posiert H. O. bei einem Sportevent mit einem Mann, auf dessen Trainingsjacke »Bundespolizei« prangt. H. O. schreibt dazu: »Schon lange stelle ich mein Können der Bundespolizei zur Verfügung, erst im Bodenkampf, nun in Zukunft auch im Standkampf. Seit Monaten schon ein Team und seit einiger Zeit auch befreundet.« Der Facebook-Eintrag war der Polizei seit Kurzem bekannt. »Wir haben das wahrgenommen«, sagte ein Sprecher der Polizei Magdeburg. Woher die Informationen über den Fall sexueller Nötigung stammten, wüssten sie noch nicht. Ob sie von der Polizei selbst kamen, kann der Sprecher nicht beantworten. »Vielleicht von einer Zeugin«, erklärt er.

In der Nacht zum Dienstag, den 3. November 2015, erfolgt erneut ein Anschlag, wieder mit Ankündigung im Internet. Das Wohnhaus und die Büroräume des ehemaligen Grünen-Landtagsabgeordneten Sören Herbst in Magdeburg wurde angegriffen. Am Haus prangen Morddrohungen, die Scheiben des Büros sind durch Steine beschädigt. »Volksverräter Sören Herbst« und ein Galgenmännchen ist auf die große Büroscheibe geschmiert.

Der Hintergrund: Herbst beschäftigte sich auf seiner Facebook-Seite mit dem Angriff der etwa 30 rechten Hooligans auf die drei Männer. »Der Boden dafür wurde in den Vortagen von rechten Hools mit Kommentaren in Bezug auf Geflüchtete in einer Magdeburger Unterkunft bereitet: ›Wir sehen uns Sonntag‹, ›Heim plattmachen‹, ›Typen plattschlagen‹«, zitierte Herbst von der Facebook-Seite des rechten Hooligans H. O. »Aus virtueller Hetze ist ein realer Angriff geworden«, resümierte Herbst, der nach den Landtagswahlen 2016 nicht mehr dem Parlament angehört.

Daraufhin schrieb H. O. auf seiner Facebook-Seite: »Sören, mein kleiner Schatz, was ich dir auch persönlich schon schrieb, falls irgendwelche Ratten in der Zukunft irgendwas [...] in meine Richtung drücken, steh ich vor dir und mache dich alleine verantwortlich.« Öffentlich würde er nichts schreiben, aber, so H. O. weiter, »mein Kleiner, ich handele! Wenn, dann hast du ne Dauerkarte im Krankenhaus, mein Schatz, und auch da komme ich dich oft besuchen«, droht der Profikampfsportler.

Herbst hat bei der Polizei wegen der Angriffe Anzeige erstattet. Die Täter sind noch unbekannt. »Bedrohungen und Angriffe auf Büros sind ja leider schon lange Normalität«, sagt Herbst. »Sie gehören zum Tagesgeschäft«. Die Internet-Drohung von H. O. scheint aber zur Tat ermutigt zu haben. »Einige scheinen zu glauben, einen Freibrief zu haben«, sagt der gebürtige Magdeburger. Doch nicht nur die Kombination aus dem Posting auf Facebook und dem zeitnahen Angriff macht für Herbst die neue Bedrohungssituation aus. »Mir machen die Morddrohungen Sorgen«, sagt er und auch, dass die Bedrohung bis an die eigene Familie gerückt sei. Einschüchtern lassen will sich der 35-Jährige dennoch nicht. Der stellvertretende Fraktionsvorsitzende der Grünen im Magdeburger Stadtrat hat auch schon Unterstützung erhalten: Die Bezeichnung »Volksverräter« könne derzeit als Kompliment verstanden werden, schreibt Luisa Ru auf Herbsts Facebook-Seite und führt aus: »Ich bin sehr gerne Volksverräterin und Gutmensch. Passen Sie auf sich auf und bleiben Sie Volksverräter für die Völkischen.«

Boizenburg, 12. Oktober 2015: In der mecklenburg-vorpommerischen Kleinstadt folgten den Worten ebenso Taten. Drei Wochen nach dem Spaziergang von Mvgida verübten in der Nacht von Sonntag auf Montag Unbekannte gegen 22 Uhr einen Brandanschlag auf eine geplante Unterkunft für Geflüchtete. In dem Fachwerkhaus, das gerade renoviert worden war, sollten 40 Menschen aus Syrien unterkommen. Das Haus brannte aus – wurde unbewohnbar. Nach Schätzung der Polizei liegt der Sachschaden bei rund 350 000 Euro.

»Links-grün versifftes Deutschland« – Skandal um Akif Pirinçci

»Danke Peter«, sagt Bachmann am 9. Mai 2015 auf der Bühne und drückt den Redner, der sich beim Sprechen ein wenig verzettelt hat, kumpelhaft. Das Mikrofon in der Hand gibt sich der routinierte Bachmann verständnisvoll: »Freunde, ihr könnt euch gar nicht vorstellen, wie einem die Muffe geht, wenn man hier oben steht und dann noch dazu den schlimmsten Fehler machen kann, sich sein vorbereitetes Ausgedrucktes aber in so«, und er zeigt mit den Fingern eine sehr kleine Größe an, »in so 'ner Schriftgröße dahinlegt.« Eine solidarische Anmerkung, die als netter Hinweis gedacht ist für diejenigen, die selbst mal eine Rede halten möchten. Einer, der eines solchen Hinweises nicht bedurfte, trat vor den vermeintlichen Rettern des Abendlands am 19. Oktober des Jahres auf Einladung auf – musste allerdings seine Rede vorzeitig abbrechen: Akif Pirinçci.

Im Milieu von Pegida und AfD ist der deutsch-türkische Bestsellerautor seit 2014 ein sehr gern gesehener Gast. Mit den Katzenkrimis *Felidae* wurde er ab 1989 berühmt und reich. Mit der 2014 erschienenen Polemik *Deutschland von Sinnen. Der irre Kult um Frauen, Homosexuelle und Zuwanderer* wurde er überdeutlich und erneut erfolgreich. Seine Kritik an der vermeintlich privilegierten Stellung von Homosexuellen, Migranten und Frauen im »links-grün versifften« Deutschland gefiel. Das »links-grün versiffte Dogma«, schreibt er, verstehe die »islamische Zuwanderung automatisch als einen Segen für Deutschland« und »nichts und niemand hat so viel Selbstbewusstsein wie ein Araber oder Türke, der einem Deutschen am Bordstein das Hirn aus dem Schädel tritt«. Pirinçci, der 1959 in Istanbul geboren wurde und mit neun Jahren mit seinen Eltern nach Deutschland kam, rechnet in seinem Buch mit den »Gutmenschen« und den »68ern« ab und ermahnt Migranten: »Erinnere dich, weshalb du hier bist: Weil es hier besser ist als dort, woher du stammst. Sonst würdest du ja dorthin wieder zurückkehren, stimmt's?« Und er schimpft, der Islam gehöre »zu Deutschland wie die Reeperbahn nach Mekka«.

In der *Jungen Freiheit* feiert Michael Paulwitz am 29. März 2014 die Pirinçci-Publikation, die sich im Onlinehandel zum Bestseller entwickelt hat und im Mai 2014 auf der Spiegel-Bestsellerliste im Bereich Sachbuch landet. »Der vulgäre Ton, den er bisweilen anschlägt und der zarter besaitete Konservative bisweilen irritiert, sollte nicht täuschen: Die rotzige Punkrock-Pose, der drastische Einsatz von Fäkal- und Genitalvokabular, ist kalkulierte Attitüde, um in der abgestumpften und reizüberfluteten Mediengesellschaft auf die Pauke zu hauen«, schreibt Paulwitz und: »Pirinçci spielt bewusst mit dem Klischee des Macho-Türken, der sich von keinem einschüchtern lässt, wenn er seine neue deutsche Heimat mit Klauen und Zähnen verteidigt – Pirinçci beginnt und schließt mit einer Liebeserklärung an das Land, das ihn wie einen Sohn adoptiert hat.« Des Lobes voll zieht er eine Parallele zu Thilo Sarrazins *Deutschland schafft sich ab*: »Pirinçcis erster Nicht-Roman ist kein nüchternes Sachbuch à la Sarrazin. Seine Streitschrift ist mal polemisch, mal derb, mal blumig-poetisch, aber immer mit heißem Herzen geschrieben: Ein Sarrazin fürs Saftige.« Genau dieser herbe Ton gefällt den biederen Wutbürgern – und dass hier ein Kind türkischer Gastarbeiter vermeintlich Klartext über die anderen hier angekommenen Migranten spricht.

Tatjana Festerling hat Pirinçci, mit dem sie befreundet ist, eingeladen, am ersten Jahrestag der Spaziergänge zu sprechen. Die beiden haben sich via Facebook kennengelernt. Vor dem Auftritt in Dresden posieren sie gemeinsam auf einem Bild bei Twitter. Die Suche von Pegida nach Gastrednern mit Promifaktor für ihr Spektrum, das fast Woche für Woche aufläuft, verwundert nicht. Die montäglichen Spaziergänge sind zum politischen Ritual geworden. »Montags ist Pegida-Tag« wirbt nicht nur das Orga-Team. Gastredner werden eingeladen, um die Spaziergänger zum weiteren Kommen zu ermuntern.

Weit über 30 000 Anhänger der Bewegung sind laut Pegida an diesem 19. Oktober 2015 gekommen. Zufrieden verkündet Bachmann auf dem Theaterplatz: »Der Platz ist voll.« Den Live-Stream auf Youtube sollen an die 7000 Personen verfolgt haben. Festerling stellt Pirinçci kurz vor und verweist auf sein Buch *Die Große Verschwulung. Wenn aus Männern Frauen werden und aus Frauen keine Männer* und bittet um einen großen Applaus für ihn, der auch prompt einsetzt. »Ich freu mich, dass ihr alle gekommen seid«, beginnt Pirinçci von Scheinwerfen angestrahlt zu reden. Bachmann und Festerling helfen beim Einrichten des Mikrofons. Aus seinem geplanten Buch *Umvolkung* wolle er nicht lesen, das sei ihm zu »billig« vorgekommen, er habe stattdessen eine »Originalrede nur für diesen Geburtstag verfasst«, sagt der Autor, der in Bonn bereits im Dezember 2014 beim Pegida-Ableger eine kleine Passage aus *Deutschland von Sinnen* vorgelesen hat. »Vor allem die Antifa-Fixer sollten da genau zuhören« – mit diesem Satz eröffnete er dort seinen Auftritt. In Dresden spricht der 57-Jährige sogleich über die »Umvolkung«. Diese Maßnahme der Nationalsozialisten, »der Austausch einer Bevölkerung gegen eine andere«, würde den Maßnahmen der heutigen Politiker, egal welcher Partei, kaum fernliegen. Politik gegen das eigene Volk würden sie betreiben. Die »Invasoren« – gemeint sind die Flüchtlinge – würden reingelassen. »Am 14.10.2015«, berichtet er, habe in der nordhessischen Gemeinde Lohfelden ein

Informationsabend über die Belegung eines Erstaufnahmelagers für »Invasoren« stattgefunden. Der teilnehmende Regierungspräsident der Stadt Kassel Walter Lübcke (CDU), so Pirinçci, soll auf einen Zwischenruf aus dem Publikum »Das wollen wir nicht!« geantwortet haben: »Wer diese Werte nicht vertritt, kann dieses Land jederzeit verlassen.« Pfui-Rufe ertönen. »Mit Werten ist gemeint«, fährt Pirinçci fort, »dass jeder Dahergelaufene, der seinen Fuß illegal auf deutschen Boden setzt, das Recht erzwingen darf, sich bis zu seinem Lebensende und das seines Clans von den Scheißkartoffeln auf Luxus-Niveau verkösten zu lassen.« Lacher folgen. Gerne unterbricht er seine Rede wegen aufbrandender »Widerstand«-Rufe und fährt fort, um den Politikern ihren Umgang mit Kritikern der Asyl- und Flüchtlingspolitik vorzuwerfen: »Offenkundig scheint man bei der Macht die Angst und den Respekt vor dem eigenen Volk so restlos abgelegt zu haben, dass man ihm schulterzuckend die Ausreise empfehlen kann, wenn es gefälligst nicht pariert. Es gebe natürlich auch andere Alternativen: Aber die KZs sind ja leider derzeit außer Betrieb.« Lacher und lauter Applaus kommen auf. Die Moslems würden den Deutschen längst den »Marsch blasen«, behauptet er und lamentiert, dass sich die angeblich »konservative CDU« nicht der »Vergewaltigung des eigenen Landes« widersetze. Dann wettert er weiter gegen die »Nutz- und Kulturlosen und nicht seltenen Mörder aus irgendeinem Mohammedland« und schimpft, dass »wenn da irgend so ein dahergelaufener Flüchtlingsdarsteller« sich über Aktbilder beschwere, dieser dann doch gesagt bekommen könnte, wieder zurückzukehren zu seiner Ziegenherde.

Gut zwanzig Minuten redet er vor der Semperoper, spricht von der »Kinderfickerpartei die Grünen«, der »artverwandten Lügenpresse«, den Moslems, die über Frauen herfallen und ihnen »ihren Moslemsaft hineinpumpen« würden, den »Vaterlandsverrätern deutscher Herkunft«, die die Barbarei mit zu verantworten hätten, und warnt vor einem »Vergewaltigungsfrühling« durch die vom Sozialstaat wohl gepflegten kräftigen Männer aus dem Morgenland und der Savanne. Applaus und Buhrufe wechseln sich ab. Doch nach fünfundzwanzig Minuten kippt allmählich die Stimmung gegen den Redner. »Keine Hetze!«, wird gerufen und Pfiffe scheinen sich jetzt gegen ihn und nicht gegen die in der Rede Angegriffenen zu wenden. »Aufhören!« ist zudem zu hören. Bachmann weist Pirinçci auf die Zeit hin. Zwei Seiten noch signalisiert Pirinçci und verkündet: »Umvolkung des deutschen Staatsgebiets mit Ausländern war immer der Traum von geisteskranken Linken, Grünen und Perversen.« »Aufhören! Aufhören!«, wird gerufen. Irritiert schaut Pirinçci um sich, Bachmann kommt und er bricht ab: »Tschüss«, sagt er noch, doch der Abschiedsapplaus löst ihn nicht aus seiner Verwunderung. Er liegt richtig: So sehr sonst der derbe Ton in seiner Publikation gefällt, so sehr scheint er nun in seiner Rede missfallen zu haben. Zumindest denjenigen, die »Aufhören!« riefen, und einigen aus dem Orga-Team.

Via Facebook entschuldigt sich Bachmann am nächsten Tag für die Rede, sie sei ein »gravierender Fehler gewesen«. Statt der Lesung erfolgte eine unabgesprochene Rede. »Ich hätte in diesem Moment die einzig richtige Entscheidung treffen müssen und sofort das Mikro abschalten«, meint Bachmann. »Für diesen unmöglichen Auftritt« bleibe ihm nichts übrig, als sich »öffentlich und aufrichtig zu entschuldigen«. Nach Angaben von Pirinçci hat Festerling den Text überflogen und »lustig« gefunden.

Der Skandal bei Pegida wird aber auch zum Skandal für die Medien. Der Satz mit dem KZ-Bezug – »KZs sind ja leider nicht mehr im Betrieb« – wird schnell verbreitet, wird zur Headline. *Spiegel Online* titelt am Morgen des 20. Oktobers: »Eklat bei Pegida-Demo: ›Die KZs sind ja leider derzeit außer Betrieb‹«. Wenige Stunden später titelt auch *Focus Online*: »›KZs leider außer Betrieb‹: Diese Hetz-Rede wurde Pegida-Anhängern zu viel«. Der Kontext wird erwähnt, *Focus Online* hat den entsprechenden Ausschnitt als Video eingefügt, *Spiegel Online* einen Tweet mit dem Satz im Zusammenhang. Die Lesart ist jedoch, als habe Pirinçci Flüchtlinge ins KZ schicken wollen.

In Dresden leitet die Staatsanwaltschaft wegen mehrerer Anzeigen am Tag nach der Rede ein Verfahren wegen Volksverhetzung ein. Am 31. Oktober 2015 berichtet der Nachrichtensender N24, dass eine Anwaltskanzlei für den Autor Unterlassungserklärungen im Kontext der Rede gegen die *Südwest Presse*, das *Schwäbische Tagblatt* und das ZDF erwirkt hat. Auf den Webpräsenzen von NDR, den *Kieler Nachrichten*, der *Hannoverschen Allgemeinen* und *Spiegel Online* sind zudem Unterlassungserklärungen erschienen. Die Rede hat für Pirinçci aber auch berufliche Folgen: Die Verlagsgruppe Random House stellt den Vertrieb seiner belletristischen Titel ein, die Buchgroßhändler KNV, Umbreit und Libri und auch Amazon, Thalia und Mayersche Buchhandlung nehmen seine Titel aus dem Programm. Nach der Rede räumt Pirinçci gegenüber dem *Stern* am 22. Oktober 2015 im Interview ein: »Das war ein Riesenfehler. Ich bin ein Provokateur, der unterhalten will.« Er habe nicht genau gewusst, wo er auftrat: »Ich sehe das zwar im Fernsehen, aber das ist ja wie ein Rockkonzert, die feiern sich da selbst ab. ›Hallo, wir sind Pegida, gimme five‹«, sagt er dem Magazin. »Und dann komme ich mit einem total provokanten und polemischen Text daher, der sehr geschraubt ist, und tja ... shit happens. Damit habe ich meine Existenz zerstört. Jetzt haben sie sogar die Katzenbücher aus dem Programm genommen. Was können denn die armen Katzen dafür.«

Die mediale Debatte und die beruflichen Folgen für Pirinçci befeuern im Milieu von Pegida und AfD die Vorbehalte gegenüber der »Lügenpresse« und der »Political Correctness«. Sie verhindern aber auch eine breite Diskussion um die Positionen und Rhetorik der Rede. Hat hier nicht ein Autor, der mit Worten umzugehen weiß, nicht nur verschiedenste Menschen pauschal diffamiert, sondern auch die Pegida-Anhänger zu den neuen Juden stilisiert? Und diese Geschichtsklitterung sogar mit der Gleichsetzung heutiger Politiker mit den Nationalsozialisten zugespitzt? Fragen, auf die Pirinçci in der Öffentlichkeit von sich aus keine Antworten sucht. Statt Selbstreflexion folgt die nun ermöglichte Selbstdarstellung als Opfer und ihm fällt nur ein: »Und das mit dem KZ, diesem neurotischen deutschen Wort, mittlerweile kann man das ja sagen, war ein noch größerer Fehler. Es lud zur Falschinterpretation geradezu ein.«

»Ach taz«, sagt Pirinçci, als ihn der Autor des vorliegenden Buches anruft. Die so gerne von ihm verwendete Bezeichnung aus dem

»linksversifften« Milieu verwendet er diesmal nicht und bleibt beim Telefonat ganz gelassen. Jenes Buch *Umvolkung. Wie die Deutschen still und leise ausgetauscht werden*, aus dem er beim Pegida-Geburtstag nicht gelesen hat, soll jetzt herauskommen. Der Titel erscheint beim neurechten Verlag Antaios um Götz Kubitschek. »Das hat gepasst, das ging unglaublich schnell, prima Sache!«, sagt Pirinçci, er hoffe, wieder einen Besteller vorgelegt zu haben.

Am 21. April 2016 erscheint das 160 Seiten starke Buch. Der Verlag bewirbt das Werk auf seiner Webseite mit deutlichen Worten: »Es ist eine ätzende und zugleich verzweifelte Antwort auf die Frage, ›wie die Deutschen still und leise ausgetauscht werden‹.« In Deutschland sei ein »Flüchtlingschaos ungeahnten Ausmaßes angerichtet« und ein »›Austausch‹ des eigenen Volkes vorangetrieben« worden, heißt es und weiter: »›Umvolkung‹ nennt Pirinçci das in Anspielung auf die verrückte Idee der Nationalsozialisten, ganze Volksgruppen wie Schachfiguren zu verschieben.« Von der vorgegebenen Kritik am Nationalsozialismus, in der jedoch eine Relativierung der Verbrechen des Systems mitschwingt, geht es zur Kritik an die Bundesregierung: »Wollen wir zur Minderheit im eigenen Land werden oder wollen wir es nicht?« Und weiter fragt der Verlag auf der Webseite: »Wollen wir unsere Lebens- und Rechtsordnung behalten oder wollen wir sie aufgeben? Bleiben wir vernünftig oder drehen wir durch?«

Das Buch soll die Antworten liefern. In einer Sonderausgabe der *Compact Spezial* mit dem Titel »Zensur in Deutschland« gibt Pirinçci auch schon Antworten: »In den letzten 30 Jahren« sei der »so genannte Migrant« durch eine »beispiellose und pathologische Umkehrung der Werte im öffentlichen Diskurs« ein »Objekt der Vergottung geworden«, er sei »mehr Wert als der Einheimische«, schreibt Pirinçci. Und der Erfolgsautor findet, dass die Deutschen unter der »links-grünen Gesinnungsdiktatur« zu einem »Haufen Duckmäuser pervertiert« sind. Ein Personal, mit dem nicht dem »schleichenden Genozid« am eigenen Volk entgegengetreten werden könne, so die Subbotschaft. Keine neue Botschaft von Pirinçci. Auf dem Blog *Sezession im Netz*, ebenfalls dem neurechten Netzwerk zugehörig, redet Pirinçci im Interview gegen die »grünlinks versiffte Willkommensideologie [...], [die] Migrantenindustrie und last not least [die] Blockpartei CDUSPDGRÜNEFDPLINKE« an. »Gut, das gab es also alles schon. Was ist neu?«, wirft Interviewer Benedikt Kaiser bei *Sezession im Netz* ein und Pirinçci führt aus: »Na, letztes Jahr ist quasi die Maske gefallen. Man hat gesagt: Das Land Deutschland existiert nicht. Jeder, der will, kann reinkommen«, und: »Das Land steuert auf einen orientalischen Basar in gigantischer Dimension zu. Da konnte ich nicht an mich halten. Aber freuen wir uns vorerst auf den Vergewaltigungssommer, der sich schon in Hallenbädern der Republik ankündigt.« Seine zwei Sachbücher *Deutschland von Sinnen* und *Die große Verschwulung* sind beim Verlag Manuscriptum in der Reihe »Lichtschlag in der Edition Sonderweg« erschienen.

Diese Reihe verantwortet seit 2013 André F. Lichtschlag in dem Verlag von Thomas Hoof, einst Geschäftsführer der Grünen in Nordrhein-Westfallen. 1998 erschien erstmals das von Lichtschlag verantwortete Magazin *eigentümlich frei*. Der Titel, so Lichtschlag, sei von Max Stirners Werk *Der Einzige und sein Eigentum*, 1844, inspiriert. Zu dem linken anarchistischen Philosophen Johann Caspar Schmidt alias Max Stirner hat Lichtschlag, der sich als »Libertär« versteht, selbst publiziert. In der *Jungen Freiheit* erklärt Lichtschlag im Interview am 25. Juli/1. August 2003 mit Manuel Ochsenreiter, heute Chefredakteur der extrem rechten *Zuerst!*, dass er eine Zusammenarbeit mit den »Nationalkonservativen« fordere, denn »der Gegner« sei derselbe: »Diese Republik wird von einem leider sehr erfolgreichen Gemisch aus Bürokraten, Staatsfans, Umwelthysterikern, Männerhassern und Antifaschos nicht nur regiert, sondern allumfassend bis in den letzten Gedankenwinkel dominiert. Gegen diese Verpestung muss nun eine gemeinsame starke Frischluftwelle organisiert werden.« Außer für die *Junge Freiheit* schreibt Lichtschlag auch für die *Sezession* um Kubitschek. Seinen vor Jahren benannten Feindbildern ist Lichtschlag auch auf dem Webportal *eigentümlich frei* treu geblieben. Weit weg von Pirinçci ist er nicht.

Warum dann der Verlagswechsel von Pirinçci? Schon mit dem Buch *Deutschland von Sinnen* sei er mit dem Verlag Antaios im Gespräch gewesen und eine Zusammenarbeit sei erwogen worden, erzählt Pirinçci am Telefon. Sie würden sich auch schon vier oder fünf Jahre kennen. Nach der Veröffentlichung wurde eine Lesereise geplant. Im Magdeburg veranstaltete das Magazin *Compact* am 19. Mai 2016 einen Abend mit dem »kleinen Akif«, wie er sich selbst und seinen Blog nennt. Unter dem Motto »Zensur in der BRD – Solidarität mit Akif Pirinçci« sprach Elsässer zur »Diktatur Merkel – Zensur in der BRD«, Kubitschek über »Warum Solidarität mit Akif Pirinçci?« und der Autor selbst las aus *Umvolkung*. Darin führt er zum Islam aus: »Der Islam ist eine Hirnwäsche zur Barbarei von Kindesbeinen an«, und die Flüchtlinge hätten sich ja inzwischen »als Flüchtlinge verkleidet und einen Staat mit hirnamputierten Politikern und einem verarschten Volk ausgesucht, in dem beim Gedanken an eine lebenslange Vollversorgung von Millionen Kostgängern die Hälfte in unsagbaren Freudentaumel verfällt, und wenn dieser Staat dabei zugrunde geht! Nein, das Ganze ist kein Sciencefiction-Film mit Doomsday-Einschlag, sondern es passiert jetzt.« Sogleich macht er eine weitere Bedrohung aus: die »schwarzen Männer«. Diese würden sich von weißen Männern mehrfach unterscheiden: »In ihren Körpern zirkuliert mehr Testosteron als in denen von weißen Männern, was unter anderem zu besserem Muskelaufbau führt [...]. Sie bevorzugen häufig das Fuck-and-Go-Prinzip und besitzen daher so gut wie keine Familienbindungen. Verantwortung für die Folgen ihrer ›süßen Stunden‹ ist für die überwältigende Mehrheit dieser Männer ein Fremdwort.« Das neue Dreiergespann, Kubitschek, Pirinçci und Elsässer ist keine überraschende Konstellation. Vor Jahren hat sich Elsässer von weit links auf den Weg nach weit rechts gemacht.

»Rinks und Lechts« – Jürgen Elsässer und Thilo Sarrazin

Links und rechts: Diese politischen Klassifizierungen hält Jürgen Elsässer, einst beim Kommunistischen Bund (KB) und den Antideutschen, längst für obsolet. Für den 59-Jährigen, der sich heute in der »Tradition von Wilhelm Tell« sehen möchte, sind »links und rechts [...] out«. In der *Compact-Spezial* »Zensur in der Presse« erklärt er: »Die heutige Gesellschaft ähnelt damit wieder den früheren Jahrhunderten. Auf der einen Seite stehen die supranationalen Dynastien, auf der anderen Seite das in allen Schichten entrechtete Volk. Damals waren es die Dynastien des Adels wie die Windsors, Habsburger und Romanows, heute sind es die Dynastien des Geldes, die Rockefellers und Co. Das Volk blutet, heute wie damals. Aber es kämpft. Wir kennen seine Helden aus den Geschichtsbüchern: Das waren etwa Robin Hood, Klaus Störtebeker, Thomas Münzer und Wilhelm Tell. Die waren weder links noch rechts, das gab es damals nicht. Sie waren einfach für das Volk: für uns da unten, gegen die da oben.« Die für sich neu entdeckte Kategorie benennt er überdeutlich – »das Volk«.

Im Editorial der ersten Ausgabe von *Compact* im Dezember 2010 schreibt Elsässer unter dem Titel »Die Versuchung Compact«: »Die Macht der Tugendwärter wankt.« Denn mit Thilo Sarrazin hätten wir die »süßeste Versuchung für die alternde BRD«, »was von den Hohepriestern der veröffentlichten Meinung verboten wird, macht offensichtlich scharf«. Die Linie des farbigen Magazins legt er gleich dar: »Ganz generell muss die Verführung wechselseitiger sein. Der Linke muss anfangen, mit dem Rechten zu diskutieren. Der Konservative soll die Argumente des Sozialdemokraten – auch Sarrazin ist einer! – schätzen lernen.« Wichtig sei nur, so Elsässer, dass »die Tabus« fallen. »Sonst stirbt dieses Land an intellektueller Austrocknung. Also schreiben wir über die Sehnsucht nach (und das Leiden an) Deutschland. Über die Suche nach Gott. Über Ehe und Familie als Insel in den Feuchtgebieten des kalten Mammon.« Und sich selbst da noch als links verortend fährt er fort: »Als Chefredakteur will ich nicht verhehlen, dass mein Herz immer noch links schlägt.« Dass er sich mit der Zeitschrift bei seinen »Genossen wenig Freunde« machen werde, nehme er allerdings nicht nur in Kauf, sondern »das ist regelrecht beabsichtigt«. Die Achtundsechziger seien längst »nicht nur Teil des Systems geworden – sie bilden mittlerweile seine Avantgarde«. Und in seinem üblichen Jargon der Überspitzung fährt er fort: »So war etwa die Umerziehung von Männern und Frauen zu androgynen Androiden, die sich am Ende so ähnlich sehen wie Renate Künast und Fritz Kuhn, von Anfang an ihr Projekt.« Durchgesetzt habe sich dieses Gender Mainstreaming aber auch, weil Staat und Großkapital die Abschaffung der »teuren Familien« wünschten, um so aus »allen Bindungen gelöste Konsumnomaden« als »ideale Sklaven der Schönen Neuen Welt« zu gewinnen.

Sechs Jahre später ist *Compact* kein randständiges Magazin mehr, sondern eine politische Größe. Seit dem 20. Juli 2011 ist die Gesellschaft mit beschränkter Haftung mit Sitz in Werder an der Havel beim Amtsgericht Potsdam eingetragen. Mit dem Magazin baute die Redaktion um Elsässer ein Netzwerk von Konferenzen, Veranstaltungen, Internetpräsenz und -TV auf. Schon 2013 konnte Elsässer, der 14 Jahre Lehrer in Baden Württemberg war, verkünden, »in den letzten beiden Jahren« die Auflage »auf 30 000 verdreifacht« zu haben. Im Editorial von *Compact* 9/2013 erklärte er in Anlehnung an einen Satz von Karl Marx: »Die schweigende Mehrheit kann die Verhältnisse zum Tanzen bringen, wenn sie ihre Stimme wiederfindet. Compact ist ihr Lautsprecher, weil wir drucken und verbreiten, was andere nicht zu schreiben wagen.«

Elsässer, dessen einst lässig legerer Look einem biederen Erscheinen gewichen ist, verweist gleich auf ein paar Beispiele: »Deutschland ist immer noch ein besetztes Land. Wir Nachgeborenen sind nicht schuld an den Nazi-Verbrechen. Unser Volk ist nicht besser, aber auch nicht schlechter als andere Völker. Die USA und Israel sind die größten Gefährder des Weltfriedens. Der Euro ist die Abrissbirne für Europa. Weitere Zuwanderung ist nicht verkraftbar.« Und: »Compact ist nicht links und nicht rechts, sondern vorn. Wir geben keine politische Linie vor, sondern eine Haltung.« Das Profil, das eine Stimmung in der Mitte der Gesellschaft anspricht, wird knapp umrissen.

2014 lag die Auflage bereits bei 40 000 Exemplaren, 2016 liegt sie nach eigenen Angaben des Magazins bei 80 000 Exemplaren. Eine Verdoppelung, während andere Zeitungen und Magazine mit sinkenden Auflagen zu kämpfen haben. Auf 66 Seiten finden sich oft mit Empörung vorgetragene angebliche Enthüllungen bei Themen von »gesteuerter Flüchtlingskrise« über die »verheimlichte Er-mordung von Hitlers Stellvertreter Rudolf Hess in der Haftanstalt Berlin Spandau« bis »Tüchtige Tunten und gebärfaule Akademike-rinnen«. Der Ton des Magazins kommt an – auch im Internet. Zwei Millionen Webseitenbesucher im Monat will das Magazin haben und Zehntausende Aufrufe bei Youtube.

Eine immer wiederkehrende Referenzgröße: Thilo Sarrazin. Be-reits in der Erstausgabe beschäftigte sich *Compact* mit dem Autor des Bestsellers *Deutschland schafft sich ab* und fragte: »Der nächste Bundeskanzler? Was eine neue Volkspartei erreichen kann«. In der Ausgabe 9/2013 verweist der Chefredakteur auf eine am 23. No-vember stattfindende Konferenz mit dem ehemaligen Berliner Fi-nanzsenator und Vorstandsmitglied der Deutschen Bundesbank in Leipzig und zeichnet eine Traditionslinie: »Wer ›Mut zur Wahrheit‹ hat – kann der eine bessere Stadt finden, um ›Wir sind das Volk!‹ zu rufen?« In derselben Ausgabe legt der angekündigte Gastredner Sar-razin in einem drei Seiten langen Interview seine Sicht dar. Es sei fraglich, ob die »Schwulenehe« mit dem »Begriff ›Ehe‹« bezeichnet werden könne, »der ja traditionell der Lebensgemeinschaft zwi-schen Mann und Frau vorbehalten« sei. »Das ist ungefähr so, als würde man ein Faultier als ›Löwe‹ bezeichnen. Das kann man man-chen, aber es ändert nichts daran, dass beide unterschiedlichen Ei-genschaften haben.« Im Gespräch mit Elsässer sagt der 71-Jährige, dass der »aktuelle Forschungsstand der Evolutionsbiologie« davon ausgehe, dass »Kinder überwiegend die Eigenschaften ihrer leibli-chen Eltern erben«, und betont, »sie werden eben genetisch vererbt« und würden sich »nicht durch die sozialen Einflüsse des Umfeldes« entwickeln. »Rund 50 Prozent der Charaktereigenschaften der er-wachsenen Menschen kommen über das biologische Erbgut.«

Ganz in Sorge um die geschlechtliche Identität des Kindes fragt Elsässer nach, ob die »erlebte Polarität Mutter-Vater« zur Formung des Geschlechts und Charakters nicht »wichtig« sei? »Meine ganze Intuition sagt mir, dass das so ist«, antwortet Sarrazin. Es gebe aber keine aussagefähigen Studien zu Kindern, die in homosexuellen Verbindungen aufgewachsen seien, im Übrigen dürfe man »die Resilienz des Kindes nicht unterschätzen, die eben weitgehend ererbt« sei.

Diese Fokussierung auf das Ererbte, trotz der eingeräumten 50-zu-50-Prozent-Einschätzung des Verhältnisses Anlage – Umwelt, bestimmt auch die Antworten zur »Ideologie des Gender-Mainstreaming«: »Jungs werden sich immer als Jungs fühlen und Mädchen als Mädchen.« Diese »Umerziehung« habe keine Chance, »weil sie absolut lächerlich« sei. Der Erfolg sei letztlich der »beste Lehrmeister. In der Pubertät haben die Jungs mit einer männlichen Ausstrahlung bei den Mädchen den meisten Erfolg«, weiß er und weist warnend darauf hin, dass »rund 40 Prozent der in Deutschland geborenen Kinder einen Migrationshintergrund« hätten, während die Zahl der Geburten bei der autochthonen Bevölkerung »nur noch 400 000« jährlich betrage – »in nur anderthalb Generationen« habe sie sich um »70 Prozent verringert«. Aufgrund falscher Staatstransferleistungen würden zudem die falschen Leute Kinder bekommen. »Die bisherige Struktur der staatlichen Transferleistungen bedeutet in der Kombination aus Kindergeld und Grundsicherung relativ hohe Geldleistung für den schieren Umstand, dass jemand ein Kind hat, auch wenn er kein nennenswertes eigenes Einkommen erwirtschaftet.« Die Gelder kämen »dabei oft« nicht den Kindern zugute, »sondern werden teilweise als ›Deckungsbeitrag‹ für den Lebensstandard der Erwachsenen zweckentfremdet«. In der Leserschaft wird so das Klischee arbeitsloser Eltern bekräftigt, die trinkend und rauchend auf dem Sofa vor dem Fernseher oder der Playstation sitzen und sich nicht um den Nachwuchs kümmern.

Die Sorge, dass die falschen Paare zu Eltern werden, die kein Personal für die angestrebte homogen-heterogene Gemeinschaft sind, treibt rechte Publizisten immer wieder an. Einen Elitediskurs im Verein mit Bevölkerungspolitik präsentierte 1927 Edgar Julius Jung in *Die Herrschaft der Minderwertigen. Ihr Zerfall und ihre Ablösung*. Jung wollte seine pragmatischen Richtlinien zur Verhinderung der »Rassenverschlechterung« durch Stärkung der »hochwertigen Volksbestandteile« und Verhinderung der »minderwertigen« auch schon mit Statistiken untermauern. Die Aus- und Einwanderung sollte auch im Kontext der »Erbmasse« geregelt werden. »Die heute meist nur in wissenschaftlichen Kreisen bekannte Schrift weist trotz der historisch völlig anders gelagerten Situation und unterschiedlicher Herkunft des Autors einige frappierende Ähnlichkeiten mit Sarrazin« auf, legt Volker Weiß 2011 in seinem Buch *Deutschlands Neue Rechte. Angriff der Eliten – Von Spengler bis Sarrazin* dar. Dieser Elitediskurs habe die autochthone Bevölkerung im Visier. Sarrazin sagt gegenüber Elsässer, dass die staatliche Unterstützung die »falschen Anreize für die deutsche Unterschicht« schaffe. Diese sozialen Leistungen würden überdies »auch die falsche Zuwanderung, nämlich in die Sozialsysteme« fördern. Als bekennender »Aussteiger« von links macht Elsässer sofort vermeintliche Verursacher aus – die Linke: »Hat der Geburtenabsturz in den letzten 40 Jahren nicht seinen Grund im bei den Achtundsechzigern verbreiteten Nationalmasochismus? Frei nach dem Motto: Das Aussterben des deutschen Volkes ist mir wurscht – lieber kämpfe ich gegen den Klimakollaps?« »Diese Einstellung gibt es«, erwidert Sarrazin und meint: »Ich möchte aber, dass meine Nachfahren in 50 oder 100 Jahren noch in einem Deutschland leben, in dem die Verkehrssprache Deutsch ist und die Menschen sich als Deutsche fühlen. Ich finde das – mit Verlaub – wichtiger als die Frage, ob der Wasserspiegel der Nordsee in den nächsten 100 Jahren um zehn oder um 20 Zentimeter steigt.« Die geografische Beschränktheit der globalen Entwicklung gebiert in sich eine ignorante Weltsicht.

In der Ausgabe kann in einem ebenfalls dreiseitigen Interview Bernd Lucke seine Sicht der Dinge darlegen, beginnend mit einer Frage von Elsässer zu Sarrazins Buch *Deutschland schafft sich ab*: »Teilen Sie seinen Befund?« Luckes Antwort: »Sarrazin gebührt der große Verdienst, mit seinem Buch auf wichtige Missstände in Deutschland hingewiesen zu haben.« Schon vor drei Jahren konnte die Entgrenzung der Spektren – die Annäherung – zwischen dem AfD-Initiator Lucke, dem Bestsellerautor Sarrazin und Links-»Aussteiger« Elsässer wahrgenommen werden.

Diese Entwicklung des *Compact*-Magazins hat der deutsche Konvertit und Herausgeber der *Islamischen Zeitung* Andreas Abu

Bakr Rieger nicht erwartet. Als er 2009 Elsässer interviewt habe, seien sie sich einig gewesen, dass es »zu wenige Magazine« gebe, »die unterschiedliche Positionen vereinen«. Mit dieser Idee einer Magazingründung hätten sie sich an Kai Homilius gewandt, erzählt der einstige Mitgesellschafter und Autor der *Compact* der taz am 10. April 2016. Das sei wohl etwas naiv gewesen, fasst Erik Peter nach. »Vielleicht war ich das«, antwortete Rieger. Er hätte auf eine »wirkliche Debatte zwischen Linken und Rechten, Gläubigen und Nichtgläubigen« gehofft. »Dass das so extrem wird«, sei für ihn nicht absehbar gewesen. Die Titelbilder fand er gleich »zum Kotzen«. 2014 ist für ihn Schluss, nach 30 Artikeln, so zählte die taz, stieg er mit dem Hinweis auf »rassistische und nationalistische Positionen« aus, verkaufte seine Anteile für 7000 Euro. Nur zweimal im Jahr seien die Gesellschafter zusammengekommen, inhaltlich will er quasi nicht beteiligt gewesen sein.

Wann begann Elsässer, der 1990 im *Arbeiterkampf* einen Artikel mit dem Titel »Warum die Linke antideutsch sein muß« verfasst hatte und so als Initiator der »antideutschen« Strömung gilt, sich zum Deutschtum zu wenden? Sodass ihm heute die Beteiligung an der Demonstration »Nie wieder Deutschland« am 12. Mai 1990 in Frankfurt am Main »mächtig peinlich« ist und er am 21. April 2014 angesichts der »Kriegshetze gegen Russland« sich in Berlin an der Mahnwache einer »neuen Friedensbewegung« einreihte.

An diesen »Mahnwachen für den Frieden« nahm auch Ken Jebsen, einst Fernseh- und Radiomoderator beim Rundfunk Berlin-Brandenburg (RBB), als Redner teil. Nachdem Jebsen in einer privaten Chat-Nachricht geschrieben hatte: »Ich weiß, wer den Holocaust als PR erfunden hat«, entbrannte eine Debatte. Der RBB teilte zwar den Vorwurf des Antisemitismus nicht, entließ ihn aber 2011 wegen Verstoßes gegen journalistische Standards. Nach seiner Entlassung begann Jebsen, der behauptet, dass die US-Regierung selbst die Terroranschläge am 11. September 2011 initiiert hat, im Internet den Youtube-Kanal *KenFM* zu betreiben. Bis 2014 arbeitete er auch mit Elsässer zusammen. »Unser gemeinsames publizistisches Wirken«, schreibt Elsässer, hätte seine erste »Resonanz« bei der »unabhängigen Friedensbewegung« gegen den neuen Kalten Krieg gegen Russland gefunden. Den Vorwurf von Kritikern, bei den Mahnwachen auch extrem rechte Positionen und verschiedene Verschwörungstheorien zu dulden, habe aber Jebsen, so Elsässer im *Compact-Spezial* »Zensur in der BRD«, nicht ausgehalten. In Berlin soll er bei den Mahnwachen ein Redeverbot gegen ihn »und andere Nationalisten« mit durchgesetzt haben. »Die Moralkeule, der Jebsen beim RBB zum Opfer gefallen war, wurde nun von ihm selbst eingesetzt«, hält Elsässer ihm vor und auch, dass der Streit die »junge Bewegung« auseinanderlaufen ließ. Kein Hindernis für den Chefredakteur, in der Sondernummer 9 den Text »Rinks und Lechts« des ehemaligen Mitstreiters zu veröffentlichen.

Bei einer der Mahnwachen in Berlin am Tag der Deutschen Einheit 2014 sowie bei einer Veranstaltung der extrem rechten »Reichsbürger« erschien auch Xavier Naidoo. Er sprach bei den Veranstaltungen zu den Teilnehmern, so der erfolgreiche Musiker zum Südwestrundfunk, weil sie wie er »Systemkritiker« seien. Er glaubt ebenfalls nicht an die offizielle Darstellung des Anschlags auf das World Trade Center. 2011 äußerte er gegenüber dem ARD-Morgenmagazin: »Wir sind nicht frei. Wir sind immer noch ein besetztes Land.« Auf der Webseite wirbt *Compact* unter der Überschrift »Promis bei Compact« mit einem Bild von Naidoo im Gespräch mit Elsässer, aber auch mit Aufnahmen von Peter Scholl-Latour, Rolf Hochhuth, Egon Bahr, Karl Albrecht Schachtschneider und Alexander Gauland. Sie alle traten bei Veranstaltungen des Magazins auf.

In der *Compact-Spezial* skizziert Karel Meissner den politischen Wandel von Elsässer. Fast 20 Jahre war der in Pforzheim geborene ehemalige Lehrer einer der »prominentesten linken Journalisten«, schreibt er im März 2016, »aber irgendwann« wurde er bei den »Flaggschiffen der linken Presse« rausgeschmissen – von der *Konkret*, der *Jungen Welt* und dem *Neuen Deutschland*. Mit dem Anschlag am 11. September 2001 in New York durch Al-Qaida begann seine Abkehr. Er zweifelte die »offizielle Version der Anschläge« an, lehnte einen Krieg gegen den Irak ab. »Wer jetzt keine antiamerikanischen Zuckungen hat, ist entweder hirntot oder gekauft«, zitiert Meissner Elsässers Position und dass dieser auch die »zionistische Weltsicht« des *Konkret*-Herausgebers Herman L. Gremliza ablehnte, die die Verteidigung Israels gegenüber dem Irak implizierte. 2006 geriet Elsässer dann bei der *Jungen Welt* wegen seiner Zustimmung für die Regierungskoalition in der Slowakei von der sozialdemokratischen Smer-Partei und der rechten Slowakischen Nationalpartei in die Kritik, die sich dem Neoliberalismus widersetzen wollte. Der Konflikt spitzte sich zu, als er nach den Berliner Abgeordnetenwahlen im September 2006 über die Linke anmerkte: »Mit Staatsknete wird Multikulti, Gendermainstreaming und die schwule Subkultur gefördert, während die Proleten auf Hartz IV gesetzt werden.« Im Januar 2009 startete Elsässer eine »Volksinitiative gegen das Finanzkapital«. In der Einladung hieß es: »Die aktuell einsetzende Depression ist das Ergebnis eines bewussten Angriffes des anglo-amerikanischen Finanzkapitals auf den Rest der Welt.« Hauptaufgabe der Linken müsse der »Aufbau einer Volksfront sein, die das national bzw. ›alt-europäisch‹ orientierte Industriekapital einschließt«. Vom Klassenkampf wollte der einstige Klassenkämpfer Elsässer nichts mehr wissen. Der Applaus von der NPD folgte – und die Kündigung vom *Neuen Deutschland*. Ohne einen kann *Compact* immer wieder nicht – Sarrazin. Am 7. Juni 2016 unterstützte *Compact* eine Vortragsveranstaltung des Autors in der Lutherstadt Wittenberg im »Stadthaus« und bewarb sein neues Buch *Wunschdenken*, 2016 erschienen. Eintrittskarte ab 19 Euro.

Im Jahr 2011 ist das Magazin mit 25 500 Euro gestartet. 500 Euro über dem nötigen Kapital für die Rechtsform einer GmbH. In der Kasse und bei Bankinstituten hat das Magazin ein Guthaben von 31 324,53 Euro. Im Jahresabschlussbericht weist die Compact-Magazin GmbH einen Fehlbetrag von 45 029,64 Euro aus. Schnelle Gewinne werden nicht eingefahren. 2012 zeigt die Bilanz einen Fehlbetrag von 40 401,77 Euro auf, und 2013 einen Fehlbetrag von 61 987,04 Euro. Die Krise in der Flüchtlings- und Asylpolitik bringt dem Magazin offensichtlich finanziellen Aufschwung: Nach den Jahresabschlussberichten, die im Juni 2016 bis für das Jahr 2014 vorliegen, hat die GmbH einen Jahresüberschuss von 30 503,99 Euro erwirtschaftet. Das Anlagevermögen ist auf 5747 Euro angestiegen. In der Kasse hatte sie 5835,15 Euro, bei Banken ein Guthaben von 54 453,65 Euro und Verbindlichkeiten von 94 504,46 Euro. Ihr Verlustvortrag von den Jahren zuvor von 147 418,45 konnte sie durch den Überschuss auf 94 504,46 Euro verringern. Mit dem starken Anstieg der Auflage dürfen 2015 die Verluste weiter gesunken sein. Der finanzielle Spielraum ist dennoch eng. Wegen eines Gewinns dürften Geschäftsführer Homilius und Chefredakteur Elsässer das Magazin auch nicht gestartet haben. Die Motivation, so kann unterstellt werden, lag im Politischen, was sich aber irgendwann einmal auch ökonomisch rechnen sollte.

2015 erklärt Elsässer in der NPD-nahen *U&A*, Ausgabe 4: »Was mich selbst angeht, so schlägt mein Herz immer noch links. Ich denke im guten alten klassischen linken Sinne, dass sich die soziale Frage und – pathetisch gesagt – die Befreiung der Arbeiterklasse nur im nationalen Rahmen verwirklichen lässt.« Aber »leider« seien diese Gedanken in der »heutigen, von ›68‹ geprägten Linken« nicht mehr vorhanden. Diesen Vorwurf erhebt er auch in dem neurechten Magazin *Neue Ordnung*, das Wolfgang Dvorak-Stocker verantwortet, Leiter des Leopold Stocker Verlags und Redaktionsmitglied der *Sezession*. Seinen politischen Wandel formuliert Elsässer in dem von Heinrich Formanek geführten Interview mit dem Titel »Wir brauchen eine geschlossene Abwehrfront« etwas anders. Er habe schon immer eine Feindschaft gegen die »68er« gepflegt. »Ich hasse sie, ich habe sie immer verachtet; auch in meiner frühen linken Phase konnte ich mit ihnen nichts anfangen. Ihre Hauptakteure waren eine verkommene Hippie-Bande.« Abschließend führt er aus: »Wir können im Augenblick noch gar nicht vom Volk als politisches Subjekt ausgehen, sondern wir haben nur ›Bevölkerung‹, also ein völlig desperater Haufen von Individuen, die sich noch keiner Gemeinschaft bewusst sind.« Der ehemalige Kommunist geriert sich erneut als Avantgarde und erklärt optimistisch: »In dieser Situation entdecken viele Leute wieder ihre Gemeinsamkeiten als Deutsche und zwar so, wie es Renaud Camus, der wichtigste Theoretiker der Identitären Bewegung in der Märzausgabe von ›Compact‹ gesagt hat: ›Ich wurde in dem Augenblick zum Patrioten, als man mir verbot, einer zu sein.‹«

Dieser Satz ist eine Standardaussage des französischen Publizisten, der einst von der Linken kam und sich vor allem in der Schwulenbewegung engagierte. Sein 2016 auf Deutsch beim Antaios Verlag erschienenes Buch *Revolte gegen den großen Austausch* feiert die gesamte Szene. Übersetzt hat es Martin Lichtmesz, Martin Sellner hat ein Nachwort geschrieben. In der *Compact* vom März 2016 findet sich das von Elsässer erwähnte Interview aus dem Buch, in dem Camus sagt: »Der Patriotismus ist dieser medialen Kaste derart fremd geworden, dass sie nicht begreifen kann, warum wir die Invasion unseres eigenen Landes beklagen, obwohl die Invasoren noch nicht unsere Küchen besetzt halten und uns kein direktes persönliches Unrecht zufügen.« Die Wege von Antaios zu *Compact* sind längst sehr kurz geworden.

»Jürgen Elsässer ist der Revolutionär von einst geblieben«, sagt der Rechtsextremismusexperte Volkmar Wölk, der ihn von früher persönlich kennt. Elsässer habe aber »sein revolutionäres Subjekt ausgetauscht«. »An die Stelle des Proletariats ist die Nation getreten. Und Deutschland wird zur proletarischen Nation erklärt.« Mit Bezug auf den israelischen Historiker Zeev Sternhell betont Wölk: »Es ist die alte Wende, die Sternhell als die ideologische Geburtsstunde des Faschismus beschrieben hat. Elsässer hat mit dieser Wende das erlangt, was er sich am sehnlichsten wünscht: Aufmerksamkeit und Auflagensteigerung.« Elsässer sei schon immer »der kleine Denker mit den großen Worten« gewesen.

»Russische Seele und deutscher Geist« – Alexander Dugin und Martin Heidegger

»Es war ein Fehler, Elsässer die Position des Chefredakteurs zu überlassen«, sagt Andreas Abu Bakr Rieger. Die Radikalisierung des Magazins macht Rieger gegenüber der taz insbesondere in der Darstellung von Wladimir Putin als Heilsbringer und den Muslimen als sich »schlecht benehmenden Ausländern« fest. Der pro-russische

Kurs geht nicht bloß bei *Compact* mit einer anti-westlichen Linie, gepaart mit Anti-Amerikanismus einher. Er findet sich auch in den gesamten Bewegungen rechts von der Union wieder – von AfD über Pegida bis zur Neuen Rechten – mal als zentrale Position, mal als umstrittene Sentenz.

In der *Compact* 6/2016 befindet der stellvertretende Landesvorsitze und Landtagsabgeordnete der AfD in Rheinland-Pfalz Joachim Paul, dass »die Bürger die Frage der Souveränität Deutschlands neu stellen. Sie sagen, wir müssen neu verhandeln und wieder Herr im eigenen Haus werden. Natürlich werden die USA ihren politischen Einfluss nutzen, um den Fuß in der Tür zu halten. Das Schreckgespenst Russland wird bereits jetzt bemüht.« Und der Gymnasiallehrer setzt nach: »Überspitzt gesagt: Die Amerikaner erinnern mich an eine Kolonialmacht.«

Bei dieser Debatte geht es nicht bloß um die Recht- oder Unrechtmäßigkeit der russischen Politik in der Ukraine oder um das Bejahen oder Verneinen der Sanktionen der Europäischen Union gegen Russland. Das Nein zum Westen meint auch ein Nein zur Aufklärung aus »dem Westen«. Ein russischer Philosoph inspiriert: Alexander Dugin. Die »Neue Deutsche Rechte« richte sich zunehmend an dem ehemaligen stellvertretenden Vorsitzenden der mittlerweile verbotenen Nationalbolschewistischen Partei Russlands und früheren Professor an der Moskauer Lomonossow-Universität Dugin aus, schreibt Micha Brumlik 2016 in dem Aufsatz »Das alte Denken der neuen Rechten. Mit Heidegger und Evola gegen die offene Gesellschaft« in den *Blättern für deutsche und internationale Politik*. Brumlik verweist auf ein Interview mit Dugin in der *Compact* 10/2013, in dem der 54-Jährige erklärt: »Es gibt den westlich-liberalen Kosmopolitismus, doch die russische Gesellschaft wird diese Idee niemals akzeptieren. Dann gibt es den Nationalismus, der sich für das multiethnische Russland ebenfalls nicht eignet. Auch der Sozialismus eignet sich nicht als tragendes Ideal für Russland.« Die eurasische Idee sei aber ein »technisches, geopolitisches Konzept, welches von all jenen Russen unterstützt wird, die verantwortungsbewusst denken«.

Brumlik weist zudem auf Dugins »Manifesto of the Global Revolutionary Alliance« von 2014 hin, in dem er ausführt, dass der Kapitalismus an seine »natürliche Grenze gestoßen« sei, »die Ressourcen erschöpft« und der »westlich liberale kosmopolitische Lebensstil sowie die Kälte des Internet zum Zerbrechen aller gesellschaftlichen Bindungen geführt« habe. Brumlik zitiert Dugin weiter: »Niemals zuvor wurde der Individualismus so vergöttlicht, während gleichzeitig niemals zuvor die Menschen auf der ganzen Welt so ähnlich waren.« In dem Versprechen der individuellen Menschenrechte hätte die Menschheit sich selbst verloren. Nur eine radikale »Kehre« könne »den Selbstmord der Gattung, Völker und Menschen« verhindern. Dugin, macht Brumlik deutlich, greife auf Martin Heideggers Überlegungen zum Volk in *Sein und Zeit* zurück. Er zitiert Dugin: »Das Volk bedeutet Dasein. Heidegger sagte: *Dasein existiert völkisch*. [...] Ein konkretes menschliches Wesen zu sein, meint zuallererst Deutscher, Franzose, Russe, Amerikaner, Afrikaner usw. zu sein. [...] Das Völkische ist die Realität, die der Essenz des Menschen am nähesten kommt.«

Dass der Denker von Afrikanern und Amerikanern ohne Differenzierung spricht, widerläuft eigentlich dem Gedanken des Völkischen. Auf den jeweiligen Kontinenten gibt es für ihn bloß ein Volk der Afrikaner und ein Volk der Amerikaner. Dugin gebe Heidegger in seinem Werk *Heidegger. Die Möglichkeit der russischen Philosophie* zwar ungenau wieder, beziehe sich grundsätzlich aber auf die richtigen Passagen in *Sein und Zeit* unter Paragraf 74: »Wenn aber das schicksalhafte Dasein als In-der-Welt-sein wesenhaft im Mitsein mit anderen existiert, ist sein Geschehen ein Mitgeschehen und bestimmt als *Geschick*. Damit bezeichnen wir das Geschehen der Gemeinschaft, des Volkes. [...] Im Miteinandersein in derselben Welt und in der Entschlossenheit für bestimmte Möglichkeiten sind die Schicksale im vorhinein schon geleitet. In der Mitteilung und im Kampf wird die Macht des Geschickes erst frei. Das schicksalhafte Geschick des Daseins in und mit seiner ›Generation‹ macht das volle eigentliche Geschehen des Daseins aus.« Brumlik verweist auf Paragraf 6, in dem Heidegger eine »objektive Betrachtung der Geschichte« zurückweise und stattdessen hervorhebe, »dass die je richtig ergriffene Vergangenheit dem ›Dasein‹ vorausgeht, das heißt sein Schicksal in seiner Generation bestimmt – sofern dieses Schicksal kämpferisch ergriffen wird«. Brumlik fragt, warum dieser völkische Gehalt nicht schon viel früher hinterfragt wurde.

Dass die Neue Rechte hoffnungsvoll nach Russland schaut, ist nicht neu. Ihre geistigen Ahnen der Konservativen Revolution hofften ebenso auf die tiefe russische Seele. Heidegger führte 1938/39, »offensichtlich in Kenntnis der Nürnberger Gesetze«, so Brumlik, aus: »›Warum sollte nicht die Reinigung und Sicherung der Rasse dazu bestimmt sein, einmal eine große Mischung zur Folge zu haben: die mit dem Slawentum (dem Russischen – dem ja der Bolschewismus nur aufgedrängt und nichts Wurzelhaftes ist)? Müsste da nicht der deutsche Geist in seiner höchsten Kühle und Strenge ein echtes Dunkel meistern und zugleich als seinen Wurzelgrund anerkennen?« Der Vernichtungskrieg des nationalsozialistischen Deutschlands kann so legitimiert werden – als schwere eigene Mission zur vermeintlichen Befreiung des nahen Anderen.

Mit der weiteren Aufarbeitung Heideggers *Schwarzen Heften*, seiner Denktagebücher, wurde 2014 die Bedeutung des Antisemitismus in seinem Denken überdeutlich. »Die Hefte sind ein philosophischer Wahnsinn und in einigen Abschnitten ein Gedankenverbrechen«, schreibt Thomas Assheuer am 13. März 2014 in der *Zeit*: »Es gibt nun keine Beruhigung mehr. Die treuherzige Geschichte, Heidegger habe sich nur kurz, nur für einen Wimpernschlag der Weltgeschichte, vom Faschismus verführen lassen, ist falsch.« Der Nationalsozialismus und der Führer seien für ihn die Idee und Kraft gewesen, die »Verkommenheit des abfließenden Zeitalters«, das »Geschick des Abendlandes« zu wenden und den »Wiederanfang« zu wagen: »Wenn das anbrechende deutsche Dasein groß ist, dann trägt es Jahrtausende vor sich her …«. Erst als der Nationalsozialismus in der »Seinsfrage« versagt habe, nicht die »Neuzeit« völlig überwinden wollte, stattdessen technisch und rechnerisch blieb, habe Heideggers innere Abkehr begonnen. Er habe, so Assheuer, einen »Verbleib beim jetzigen Menschentum« gewittert, seine Hoffnung: »Alles muss durch die völlige Verwüstung hindurch. Nur so ist das zweitausendjährige Gefüge der Metaphysik zu erschüttern.« Das Unfassbare sei, schreibt Assheuer, wie ein deutscher Philosoph »nach Lessing und Kant, Heine und Hegel« die Auslöschung der vom »undeutschen Geist verdorbenen Welt zum Letztbeweis für die ›Größe des Seyns‹ veredelte«. Und er zeigt auf, dass »die Juden« für Heidegger die »›Entrassung der Völker« verantworteten und das »Weltjudentum« Deutschland im Zweiten Weltkrieg niederrang. »Die Judenfeindlichkeit« sei »kein Beiwerk«, hebt Assheuer hervor, »sie bildet das Fundament der philosophischen Diagnose.«

Diese Hefte müssten als »bedeutender Bestandteil von Heideggers Denken« eingeordnet werden, schreibt Donatella Di Cesare in *Heidegger, die Juden, die Shoah*. Sie betont, ebenfalls nach umfangreichem Quellenstudium, dass Heideggers Antisemitismus »nicht geleugnet oder bagatellisiert werden« dürfe. Nicht ohne darauf hinzuweisen, dass er hierbei in einer langen Tradition in der Philosophie stünde, zu der auch Kant, Hegel und Nietzsche gehörten. Im Band 97 der Gesamtausgabe, in dem die in den letzten Kriegsjahren und die in der Nachkriegszeit entstandenen ›Schwarzen Hefte‹ enthalten sind, hat sich nach Di Cesare die »Kontinuität« Heideggers »metaphysischen Antisemitismus« verfestigt. Es war »kein bloßes Gefühl, kein aufbrausender Hass«, es habe vielmehr eine »theologische Herkunft und politische Absicht« gegeben. »Der Jude«, so Di Cesare, erscheint als der »wurzellose Agent der Moderne«, der die »Machenschaften der Macht« und die »Verwüstung der Erde« und die »Entrassung der Völker« betreibe. Keine originellen Ressentiments des »Meisterdenkers« bis hierhin. Heidegger verurteilt die Juden, »›wertlos‹« zu sein und er »lastet ihnen die verheerende Schuld der Seinsvergessenheit an. Als Figur des Endes verhindert der Jude so den ›anderen Anfang‹«, schreibt Di Cesare und hebt so Heideggers besondere Note der Ressentiments hervor.

Einwürfe, die Heideggers Wiedereingliederung als mahnende kritisch konservative Stimme in der modernen kapitalistischen Wirklichkeit hinterfragen dürften. Im »Widerstands«-Diskurs der Rechten führt jedoch nicht alleine Dugin Heidegger wieder ein.

Auch Martin Sellner und Walter Spatz wissen sich in dem Band *Gelassen in den Widerstand. Ein Gespräch über Heidegger* mit diesem einig in ihrem Nein gegen die »angloamerikanische dominierte Lebensart«, »Kulturindustrie« und »Mediokratie«. Erneut wird die Negation der »Vielfalt der Völker und ihre Selbstbehauptung und Selbstbestimmung« beklagt, hebt Brumlik hervor.

Zur Bewerbung des Buches führt Ellen Kositza mit Sellner für die *Sezession* am 1. Januar 2016 ein Interview. Der Vordenker der Identitären Bewegung relativiert die Vorhaltung gegen Heidegger mit der klassischen Abwehrvariante, zuerst die Aussagen zu konstatieren, um sie dann zu relativieren: »Eine ›Personalisierung‹ seinsgeschichtlicher Aspekte sowohl im Judentum als auch im Deutschtum ist Heidegger zumindest vor der ›Kehre‹ durchaus eigen und hängt mit der transzendental-horizontalen Verfasstheit des Denkens zusammen. Die volle Entfaltung seiner Philosophie ist jedoch die Antithese zu jedem Erlösungs-Nationalismus einerseits und genozidalem Sündenbockdenken andererseits. Das seinsgeschichtliche Ereignisdenken lässt jede Ideologie hinter sich. Es lässt uns damit der Rollen sowohl der Deutschen als auch der Juden im Verhängniszusammenhang des 20. Jahrhunderts gewahr werden.« Voilà: die Relevanz eines »metaphysischen Antisemitismus« ist perdu.

In dem beim Antaios Verlag 2016 erschienenen Band lege Sellner ein »politisches Glaubensbekenntnis« ab, schreibt Brumlik und zitiert daraus: »Unser Ziel ist die geistige Verschärfung. Wir wollen die Herzen in Brand setzen, etwas in Bewegung bringen, die entscheidenden Fragen erneut, tiefer und mit politischen Folgen stellen. Die geistige Unruhe, der schlafende Furor teutonicus, das ewige unzivilisierbare, urdeutsche Fieber, das uns aus den germanischen Urwäldern wie aus gotischen Kathedralen entgegenstrahlt, versammelt sich in uns. Unsere Gegner wissen das und sie haben Angst.« Die Zeit der Entscheidung sei da und – so Sellner weiter: »Ich glaube, dass unsere Arbeit als Kreis, im Denken und Hören auf das Sein, organisch in den politischen Kampf einer Massenbewegung, in der politischen Arbeit einer Partei eingebunden ist.« Und dem

Mitwirken bei einem nahestehenden Periodikum wie der *Compact*, darf ergänzt werden.

Die Nähe zu Russland über Dugin und Heidegger ist nicht bloß abstrakt. Über das Agieren des Netzwerkes um Elsässer berichteten russische Staatssender wie *Rossija-1* und die *Stimme Russlands* positiv. Die staatlichen russischen Einrichtungen, die »Denkfabrik Institut für Demokratie und Zusammenarbeit« in Paris und das Berliner »Russische Haus« sollen die Tätigkeiten unterstützen. Nach Informationen des Medienmagazins *Zapp* unterhält Elsässer, der in Leipzig lebt, gute Kontakte zum Tolstoi-Institut in Berlin, das in der bundesdeutschen Öffentlichkeit die russische Regierung wohlwollend erscheinen lassen möchte.

»Scheiß auf diesen Anstand« – Weihnachtssinger und Wutbürger

In Dresden übergibt Bachmann am 9. Mai 2016 das Mikrofon an »unseren Siggi«. Wieder betont lässig, wieder betont familiär. Vor der Rede bittet Siggi – Siegfried Däbritz – die Teilnehmer nachzuschauen, ob jemand sein Parkhausticket verloren habe. »Ein kurzer Dienst am Bürger«, sagt er im Shirt mit Pegida-Aufdruck, bei ihnen sei ein Parkschein abgegeben worden, »das kostet scheiße viel Geld.« Klare Worte, direkte Ansprache, so trat Siggi auch beim »Weihnachtssingen« von Pegida 2015 auf. Mit über 7000 Anhängern der letzte große Event bis Mitte Juli 2016.

Dresden am 21. Dezember 2015: Am Elbufer erklingen Weihnachtsmelodien aus den Lautsprecheranlagen. Viele Deutschland- und Wirmer-Flaggen wehen am Königsufer im Wind. Auf der anderen Seite des Elbufers strahlt durch die abendliche Beleuchtung der alte Stadtkern der Elbmetropole. Dort auf dem Theaterplatz hat der Chor der Semperoper bei der Kundgebung von »Herz statt Hetze« die »Ode an die Freude« aus der 9. Sinfonie von Ludwig van Beethoven angestimmt. An die 4000 Menschen sind zu dem Protest gegen Pegida mit breitem Kulturprogramm gekommen. Die in der »Ode« formulierte Hoffnung wird unter den Pegida-Spaziergängern kaum geteilt. »Alle Menschen werden Brüder, wo dein sanfter Flügel weilt«, wie Friedrich Schiller dichtete, ist in dieser »Familie« des vermeintlich christlichen Abendlandes keine Vision. Der Dresdner Superintendent Christian Behr ruft zu Nächstenliebe und Dialogbereitschaft auf. »Keine Gewalt« und »verbale Abrüstung« wünscht er sich. Rita Kunert von »Herz statt Hetze« betont, dass von diesem Platz an diesem Montag etwas anderes ausgehen solle als Hetze – vor der Oper demonstriere sonst Pegida.

»Liebe Freunde«, begrüßt Bachmann die »Pegida-Familie« zum »Weihnachtssingen«. Organisatoren und Protestierende geben sich wieder ganz familiär. Umtriebige Helfer verteilen Textblätter mit Weihnachtsliedern, eine Textsicherheit der abendländisch-christlichen Weihnachtsliedkultur wird offenbar nicht vorausgesetzt. Noch an der Technik hantierend sagt Bachmann im Scheinwerferlicht, dass sie wegen der Stadt Dresden nicht am Neustädter Bahnhof hätten auflaufen dürfen mit der Begründung, dass dort während des Zweiten Weltkriegs jüdische Menschen deportiert worden seien. Gelächter kommt auf. »Ich habe mir wirklich viel Mühe gegeben beim Lesen dieser Schrift da, aber ich kann beim besten Willen keinen Bezug von Pegida zur Deportation von jüdischen Menschen während dem 3. Reich feststellen«, meint er und löst die nächsten Lacher aus. Die Idee, dass die Ausgrenzung bestimmter Gruppen durch die Mehrheitsgesellschaft ein Kontext sein könnte, kann bei dieser Form des Sich-Lustigmachens kaum aufkommen. Eigentlich wollte das Orga-Team an diesem Montag vom Neustädter Bahnhof am Schlesischen Platz durch das alternative Neustadtviertel marschieren. Das Verwaltungsgericht Dresden bestätigte aber ein Verbot der Stadtverwaltung. Die Behörden hatten befürchtet, dass es zu Ausschreitungen kommen könnte. Nur Kundgebungen wurden erlaubt. Statt Pegida durfte das Bündnis »Dresden-Nazifrei« vor dem Bahnhof protestieren. »Mit dieser gewünschten Route hat Pegida mal wieder bewiesen, dass es ihnen nur um die gezielte Provokation geht«, sagt der Grüne Landesvorstandssprecher Jürgen Kasek.

Am Königsufer winkt Bachmann ab: »Aber sei's drum. Es hat ganz klar die Willkür gewonnen.« Er bedankt sich bei den Sponsoren und Anwälten und bittet zwei Sängerinnen auf die Bühne. Ein erstes Lied soll gemeinsam angestimmt werden und Bachmann verweist auf die »Liedzettel bzw. eure Handys, wo ihr es euch raufgeladen habt«. Im Internet hatte das Orga-Team die Lieder zuvor bereitgestellt von »Stille Nacht! Heilige Nacht!« über »Kommet, ihr Hirten« bis »Es ist ein Ros' entsprungen«. Einträchtig wird mit den Vorsängerinnen eingestimmt. Besinnliche Lieder mit versöhnlichen Botschaften, die so gar nicht mit den deftigen Reden und Parolen zusammenpassen.

In der Eröffnungsrede hetzt »Siggi« gleich über die »Krimilanten« und warnt vor einem »Eurabien«. Das Mitglied des Orga-Teams schimpft auf Fabrice Leggeri, »seines Zeichens Chef der europäischen Grenzschutzagentur Frontex«, der »mahnt und warnt – mahnen und warnen können sie alle gut –, die großen Ströme von Menschen, die derzeit unkontrolliert nach Europa einreisen, stellen natürlich auch ein Sicherheitsrisiko dar.« Gelächter kommt auf. »Ach was! Herr Leggeri.« Erneut Gelächter. »Frau Merkel ist schuld. Haben Sie vielleicht die Kompetenz, sie festzusetzen? Wenn ja – MACHEN«, schiebt er unter Applaus nach. Die nächsten Lacher folgen, als Däbritz ausführt: »Es gab mal eine Zeit in den Beziehungen zwischen den USA und Kuba, da sollten Dissidenten, Regimegegner und Auswanderungswillige in einem großen Schub nach Amerika gehen können. 125 000 Menschen nutzten damals diese Gelegenheit. Fidel Castro war damals clever, er hat in dem Zug seine Gefängnisse und Irrenhäuser ausgeleert, als die USA bereit waren, Flüchtlinge aufzunehmen. Er sagte dazu, er habe die Klospülung in Richtung der USA betätigt. Blöderweise führt das Rohr jetzt zu uns.« Aus solchen »historischen Ereignissen hätte man lernen können. Aber nein. Der totalen Willkommenskultur wird unsere Sicherheit – meine, deine, eure, die unserer Familien und Freunde – geopfert. Damit muss Schluss sein!« Jawohl!-Rufe und anhaltender Applaus. »Die Freiheit wird nicht am Hindukusch verteidigt, sondern hier auf den Straßen und Plätzen«, fährt Däbritz fort, »die moderne muslimische Expansion nach Europa findet nicht mehr so offensichtlich militärisch statt, sondern seit der Mitte des vergangenen Jahrhunderts in Form von Massenzuwanderung, Geburtenüberschuss und jetzt kommt seit zwei Jahren die Invasion der verdeckten Kämpfer, jede Menge Sozialsystemsuchender aus aller Welt, untermischt mit ein paar wenigen echten Kriegsflüchtlingen.« In der bewusst eingelegten Redepause skandiert die Menge: »Merkel-muss-weg!«, »Lügenpresse!« und »Widerstand!«. Bachmann witzelt: »Liebe Freunde, ihr vergesst immer ein Wort – Merkel muss schnell weg.« Großer Applaus am Elbufer des Bezirks Neustadt. Däbritz bittet die »zwei Grazien«, weil er »nicht singen« könne, sodann erneut auf die Bühne. Weitere Redner folgen. Eine aber wird mit besonders lautem Applaus begrüßt – die »Tatjana«.

»Guten Abend, Dresden!«, beginnt die – zumindest bis zu diesem Zeitpunkt – Frontfrau von Pegida und verweist darauf, dass beim Gegenprotest auf dem Theaterplatz jetzt nur noch »genau tausend Leute« stünden. Die ersten Lacher folgen und »Ha-Ha-Ha-Antifa!«-Rufe. Eine Parole aus dem ganz rechten Spektrum zwischen bekennenden Rechtsextremen und extrem rechten Hooligans. Festerling ruft zur »Heimat-Verteidigung« auf, nachdem sie die personelle Stärke der deutschen Streitkräfte vorgerechnet hat: »Wenn eine Bundesregierung mit Asylanten-Kanzlerin an der Spitze nicht gewillt ist, die Grenzen des Landes zu sichern, dann sucht man sich Gemeinschaften, die in der Lage sind, die Familien, den Lebensraum und all das, was einem wichtig ist, zu verteidigen. Und deshalb geht Heimat-Verteidigung jeden Einzelnen von uns an!« Nach den »Jawohl!«-Rufen fährt sie fort: »Bitte, liebe Freunde, denkt daran: Wir haben den Anstand auf unserer Seite! Wir haben das RECHT auf unserer Seite! Und es ist natürlich und es ist edel, die eigene Heimat zu verteidigen!« Sie wird noch expliziter: »Ja, und Himmelherrgott noch mal! Selbstverständlich auch mit Methoden, die der weichgespülte, moralisierte Mainstream für nicht anständig hält! SCHEISS auf diesen Anstand, der uns durch den Tugendterror der Linken und Grünen und den Duckmäusern und Sozialisten in den Medien in Dauerschleife vorgekaut wird. Wir müssen hier nicht jeden – und schon gar nicht kulturfremde, verrohte Muslime willkommen heißen! Heimat-Verteidigung darf, nein MUSS auch konkret stattfinden. Und es gibt bereits viele Mut machende Anzeichen. Der MDR meldet: Hoher Schwund bei Flüchtlingen im Osten.« Lacher und Applaus lassen sie innehalten. »In Ostdeutschland verlassen Tausende Flüchtlinge bereits nach wenigen Tagen wieder die Erstaufnahmestellen. Die Quote individueller Abreisen wird auf bis 30 Prozent geschätzt, obwohl die Asylbewerber eigentlich so lange in der Erstaufnahmestelle bleiben sollen, bis über ihren Antrag entschieden ist. Doch viele wollen offenbar nicht so lange warten und ziehen zu Verwandten in die großen Städte – im Westen.« Der Jubel verstärkt sich, als sie dazu auffordert: »Sorgen wir im nächsten Jahr friedlich, freundlich, aber unmissverständlich dafür, dass diese Quote steigt.« Im Januar 2016 wird sie bei Legida noch forscher: »Wenn die Mehrheit der Bürger noch klar bei Verstand wäre, dann würde sie zu den Mistgabeln greifen und diese volksverratenden, volksverhetzenden Eliten aus den Parlamenten, aus den Gerichten, aus den Kirchen, aus den Pressehäusern prügeln.«

Für das Weihnachtssingen an diesem Abend hat sich Festerling einen kleinen Clou überlegt. Die über tausend Pegida-Anhänger, die »Widerstand! Widerstand!« skandieren, können es auf dem mit Flutlicht beleuchteten Platz selbst kaum mitkriegen. Deshalb spricht Bachmann Festerling wie zufällig auf etwas an: »Ich habe mich soeben gewundert, warum Tatjana an ihrem Mantel eine Zahnbürste mit sich herumträgt. Tatjana, sag jetzt mal, warum.« »Ja, das habe ich letzte Woche gelernt von ehemaligen 89ern auf der Straße, das ist nämlich das Symbol, dass man bereit ist, für seinen Kampf abends auch nicht mehr nach Hause zu kommen und notfalls sogar im Knast zu landen«, antwortet die Frau aus dem Westen, sich die Ost-Tradition der friedlichen Wende aneignend.

An der ruhig dahinfließenden Elbe flattert im Abendwind auch das Logo der Identitären. Die zwei Galgen für Merkel und Gabriel mit Schildern: »Reserviert – Angela ›Mutti‹ Merkel« und »Reserviert – Siegmar ›das Pack Gabriel‹« sind diesmal nicht zu sehen. Im Oktober 2015 hatte diese Aktion erneut in Medien und Politik die Frage aufkommen lassen: Wer läuft da eigentlich abendlich auf?

Sebastian Hennig hat bereits bei seiner Schilderung des Beginns von Pegida geschrieben, dass »die Freunde beschlossen [hätten], aus dem virtuellen Forum herauszutreten auf das Forum der Straßen und Plätze ihrer Stadt, um ein augenfälliges Zeichen ihrer bedrohten Bodenständigkeit zu geben«. Und in seinem Buch *Pegida. Spaziergänge über den Horizont* resümiert er: »Wir sind die Guten, wir sind das Volk.« Wer »die Guten« sind? »Es spazieren dort korrekte Muslime neben frommen Christen, Agnostikern und sektiererischen Atheisten, welche sich auf die ›Wissenschaft‹ berufen wie auf das Wundmal Jesu. Der Wagnerianer neben dem Reggae-Fan, die Ultras von Dynamo Dresden neben denen von Lok Leipzig. Der Mann aus Kamerun steht neben einem Türsteher im White-Pride-Shirt. Es gibt jene, die durch die Verfolgungserfahrung in der DDR kompromisslos antirussisch eingestellt sind, und die USA als Garanten der freien Gesellschaft ansehen, und jene, die Fahnen tragen, auf denen die deutsche und die russische Trikolore diagonal zusammenstehen und begeistert ›Ami go home!‹ rufen.« Eine beschönigende Familienaufstellung. Weder Autor noch Verlag scheinen sich an Rechtsextremen zu stören.

Verschiedene Forschungsgruppen beschäftigen sich wissenschaftlich mit dem Phänomen Pegida. 2015 legte eine Gruppe um den Politikwissenschaftler Hans Vorländer von der Technischen Universität Dresden eine erste Untersuchung vor, in der 397 Pegida-Teilnehmer am 22. Dezember 2014, am 5. Januar und 12. Januar 2015 nach ihren soziodemographischen Merkmalen und ihrer Motivation befragt wurden. Die Ansprache von Face-to-Face erfolgte nach dem Zufallsprinzip. Das Ergebnis der Studie *Wer geht zu Pegida und warum? Eine empirische Untersuchung von Pegida-Demonstranten in Dresden* in Kurzform: Der typische Pegidist ist männlich, 48 Jahre alt und an sich ganz normal.

Von den Angesprochenen erklärten »sich 35,9 Prozent [...] spontan oder nach kurzer Überlegung« bereit für die Befragung, schreiben Hans Vorländer, Maik Herold und Steven Schäller in der Studie. Etwa zwei Drittel der angesprochenen Personen ließen sich nicht befragen. »Solche Ablehnungen wurden meist sofort und deutlich kommuniziert. Neben freundlichen Absagen waren dies gelegentlich auch unfreundliche Zurückweisungen. Es muss dabei jedoch festgehalten werden, dass Letztere eher die Ausnahme darstellten.« Die mediale Berichterstattung habe diesbezüglich »ein teilweise anderes Bild gezeichnet, welches anfänglich natürlich auch unsere Erwartungen an das Verhalten der Demonstrationsteilnehmer prägte«.

Dass sich 64,1 Prozent verweigerten, führte zur Kritik an der Studie, da die Verweigerer eventuell jene sein könnten, die sich am extremen rechten Rand bewegen. »Es ist sehr schwierig, aus einer Masse eine vernünftige Stichprobe zu ziehen«, sagte Meinungsforscher und Geschäftsführer des Forsa-Instituts Manfred Güllner der Tageszeitung *Die Welt*. Bei der Interpretation der Ergebnisse sei er vorsichtig. »Wir wissen, dass sich Rechtsradikale meistens nicht befragen lassen.«

Das Team des Berliner Institut für Protest- und Bewegungsforschung um den Soziologen Dieter Rucht berücksichtigte diese Verweigerungshaltung in seiner Untersuchung stärker. Im Januar 2015 wurden Handzettel verteilt, die zu einer Onlinebefragung einluden. Von rund 1800 angesprochenen Teilnehmern nahmen 123 Personen teil. »Wir können nichts über den typischen Pegida-Teilnehmer sagen«, erklärte Rucht bei der Vorstellung der Studie. »Ist das noch Wissenschaft oder Straßenumfragen«, fragte am 19. Januar 2015 Lenz Jacobsen in der *Zeit* unter dem Titel: »Der sichtbare Teil von Pegida« und antwortet, dass es Wissenschaft sei, weil die Wissenschaftler die Methoden erklärten und »nie mehr Aussagekraft behaupteten, als ihre Ergebnisse wirklich haben«. Das Forschungsteam schreibt, dass sich bei der Verteilung der Handzettel vor allem junge Männergruppen verweigerten, deren Kleidung eine Nähe zur rechtsextremen Szene oder dem Hooligan-Spektrum vermuten ließ. In der Studie *Protestforschung am Limit* fassten sie 2015 – die geringe Teilnehmerzahl berücksichtigend – zusammen: »Es handelt sich um eine aus Dresden und Umgebung stammende, stark männerdominierte Gruppe mit relativ gutem Bildungsniveau, die keinerlei Vertrauen in die Medien und wenig Vertrauen in eine Reihe etablierter politischer und gesellschaftlicher Institutionen besitzt, die zu Teilen rechtspopulistische, rechtsextremistische Einstellungen aufweist, im parteipolitischen Spektrum ganz überwiegend der Alternative für Deutschland [...] zuneigt, kein durchgängig konsistentes Antwortverhalten bezüglich rechter und fremdenfeindlicher Positionen einnimmt und bei Antworten, in denen eine teils/teils-Position angeboten wird, stark dieser Kategorie zuneigt.« Das Team um Rucht betont: »Im Hinblick auf die Interaktionen zwischen Demonstrierenden und unserer Gruppe, die Reden während diverser Pegida-Demonstrationen und weitere Eindrücke widersprechen wir der teils öffentlich vertretenen Auffassung, bei Pegida handele es sich in der Mehrheit um harmlose, wenngleich von Sorgen geplagten ›Normalbürger‹.« Die Organisatoren und Redner von Pegida versuchten vielmehr, dieses Bild durch entsprechende Aussagen zu kreieren, »und wollen dadurch eine derartige Klientel binden bzw. dazugewinnen, doch geht es im Kern um die Artikulation von ›gruppenbezogener Menschenfeindlichkeit‹ und zugespitzter, um einen kaum verhüllten Rassismus.«

Ebenfalls im Januar 2015 versuchte eine Forschungsgruppe um den Politikwissenschaftler Franz Walter vom Göttinger Institut für Demokratieforschung in Dresden, Pegida-Anhänger mit Handzetteln für eine Onlinebefragung zu gewinnen. Sie sprachen darüber hinaus Pegida-Anhänger in Hannover, Braunschweig, Duisburg und Leipzig an und fragten hier auch gleich nach Alter, Wohnort, Erwerbstätigkeit und wie oft sie schon an Spaziergängen teilgenommen hätten. Zwei Gruppendiskussionen in Dresden und Leipzig flankierten diese 2015 unter dem Titel *Pegida. Die schmutzige Seite der Zivilgesellschaft* erschienene Studie. Lars Geiges, Stine Marg und Franz Walter berichten, dass 547 Teilnehmer die Onlineumfrage begannen, aber nicht alle Fragen beantworteten und 182 die Befragung abbrachen. Mit diesen quantitativ erhobenen Daten könnten keine »Aussagen über alle« Pegida-Anhänger gemacht werden, doch die Daten lieferten »wichtige Hinweise auf zumindest eine Teilmenge der Protestierenden«. Unter den Schlagwörtern »mittelalt, männlich und ziemlich misanthropisch« fassen sie ihre Ergebnisse

zusammen: Der Pedigst ist 44,2 Jahre alt, kaum kirchlich gebun-
den, »nicht ganz die Hälfte lebt in einer Ehe, [...] und hat überwiegend ein Kind großgezogen«. Unter den Befragten treffe man »auf
eine solide Mitte mit Realschulabschlüssen, insbesondere aber mit
einem beachtlichen Teil von Universitäts- beziehungsweise Fach-
hochschulabsolventen«. Eine Diskrepanz zwischen der mündlichen
Vorortbefragung und der Onlinebefragung: Vor Ort gaben fast
20 Prozent weniger an, eine Vollzeittätigkeit auszuüben, es seien
aber »nicht markant viele, die sozialstaatliche Transfers in Anspruch
nehmen (müssen)«. Die Mehrheit sind Angestellte, aber »auch Freiberufler und Selbstständige prägen das soziale Bild von Pegida«. Ein
»gutes Fünftel« beziehe ein Nettoeinkommen von mehr als 3000
Euro. »Politisch«, so die Wissenschaftler, »ist die soziale Mitte-Posi-
tion indes eindeutig rechts vom Zentrum.« Ein Viertel der Pegisten
habe zuvor CDU/CSU gewählt. Zur Zeit der Befragung gaben sie
an, die AfD wählen zu wollen. »Würden alleine die Voten dieser
Gruppe zählen«, hätte die AfD »eine verfassungsändernde Mehrheit
erreicht«, so Geiges, Marg und Walter.

Im Januar desselben Jahres führte der Politikwissenschaftler
Werner J. Patzelt von der Technischen Universität Dresden eine
weitere Studie durch. Studenten befragten in Face-Face-Interviews
242 Pegida-Demonstranten. Im April und Mai erfolgte eine weitere
Befragung mit einem erweiterten Fragebogen. Basierend auf einer
bestehenden Datenbank Dresdener Bürger ließ auch der Kommu-
nikationswissenschaftler Wolfgang Donsbach 860 zufällig gewählte
Personen per E-Mail befragen. 3 Prozent gaben an, Pegida-Anhänger zu sein, sodass nur Hinweise über Einstellungen, die dazu führten, die Ziele von Pegida abzulehnen oder ihnen zuzustimmen, verhandelt werden konnten. In *Pegida. Entwicklung, Zusammensetzung
und Deutung einer Empörungsbewegung* analysieren Vorländer, Herold und Schäller die Ergebnisse der einzelnen Studien. Ihr Fazit:
»Trotz unterschiedlicher methodischer Herangehensweisen und
Erfolge« seien die »Ergebnisse gut miteinander vergleichbar und
würden ein Gesamtbild« ergeben: die deutliche Mehrheit sei männlich, zwischen 30 und 60 Jahre, gehöre keiner Religion an, komme

aus Dresden und der näheren Umgebung, nur zwei Prozent hätten angegeben, arbeitssuchend zu sein, die Quote der Akademiker liege bei »rund einem Drittel«, das monatliche Nettoeinkommen bei über 2500 Euro. Bei der Bundestagswahl 2013 wählten nach den Studien 44,8 Prozent die AfD. Als Motive – Mehrfachnennungen waren möglich – gaben 25,9 Prozent an, sich aus der »allgemein empfundenen Distanz zwischen Volk und Politiker« bei Pegida eingereiht zu haben, 25,9 Prozent wegen der »Unzufriedenheit mit der Asylpolitik« und 21,2 Prozent führten an, aus Unzufriedenheit mit der Medienberichterstattung und dem »politischen System der Bundesrepublik« zu Pegida gekommen zu sein. 18,4 Prozent gingen aufgrund der »Diffamierung von Pegida« zu Pegida. Und, so Vorländer, Herold und Schäller, 17,1 Prozent gaben an, wegen der »Zuwanderungs- und Integrationspolitik« und 15,4 Prozent aus »Vorbehalten gegen den Islam« mitzumachen. Ihrer Einschätzung nach sind für die Mehrheit der Befragten die Pegida-Kundgebungen »vor allem eine Möglichkeit«, das »tief empfundene Entfremdungsgefühl sowie bisher nicht öffentlich artikulierte Ressentiments gegen eine politische und meinungsbildende Elite zum Ausdruck zu bringen«. Die Frage der Zuwanderungs-, Flüchtlings- und Asylpolitik schien »eher eine katalytische Rolle gespielt zu haben«.

Nach Geiges, Marg und Walter konvenierten die Resultate der verschiedenen empirischen Recherchen zur Soziodemographie. Als valide festzustellen sei »die mehrheitliche Orientierung an politischen und ideologischen Positionen rechter Provenienz, auch eine nahezu generelle Unzufriedenheit mit den dominanten Institutionen des parlamentarischen Systems und ein ausgeprägter Argwohn gegenüber den öffentlich-rechtlichen Medien«. Die Differenzen in den Studien lägen vielmehr in den »politischen Einfärbungen der Interpretationen [… und] erst recht in den – besonders meinungsfreudigen und zugespitzt vom Dresdener Politologen Werner J. Patzelt vorgetragenen – Empfehlungen für den Umgang«.

In fast allen Medien war Patzelt in den ersten Monaten von Pegida präsent – in Talkshows von ARD und ZDF, Rundfunksendungen von Deutschlandfunk und SWR und Zeitungen von taz bis

Junge Freiheit. Immer hatte der Professor der vergleichenden Politikwissenschaften eine Botschaft, die er auch am 21. Januar 2015 in der FAZ unter dem Titel »Edel sei der Volkswille« ohne Anführungs- oder Fragezeichen darlegte: »In Dresden, dem Ursprung der periodischen Pegida-Versammlungen, stehen deren Organisatoren gewiss rechts von der Mitte. Im Internet, gerade auf mittlerweile versuchsweise verborgenen Seiten, haben einige von ihnen Sätze geschrieben, die eindeutig xenophob, islamophob und rechtsradikal sind. Doch seit diese Leute aus dem virtuellen in den realen Raum Dresdens überwechselten, Resonanz über alle Erwartung hinaus fanden und ihnen die Sache über den Kopf zu wachsen begann, haben sie vernunftgeleiteter Selbstkontrolle den Vorrang vor rhetorischer Selbstberauschung gegeben. Sind sie dadurch schlimmer geworden – oder auf dem Weg zur Besserung? Wie auch immer: Wer in jenen recht durchschnittlichen Leuten, auf deren Sache sich inzwischen große Aufmerksamkeit richtet, strategische Strippenzieher einer braunen Revolution sieht, der ist irgendetwas zwischen gespensterfürchtig und schlecht informiert.« Und ganz in der Rhetorik des Verständnisses und Verstehens führt er weiter relativierend aus: »Zwar marschieren bei Pegida schon auch Rechtsradikale. Doch die allermeisten der vielen Tausenden von Demonstranten gehören in Dresden zum ganz normalen Volk. Es sind Arbeiter und Angestellte, auch etliche Selbständige, von der Mittelschicht bis zu den ›kleinen Leuten‹, von CDU-Wählern bis hin zum rechten Rand, mit vielen Nichtwählern dabei.«

Dass historisch betrachtet das »ganz normale Volk« mehrheitlich die NSDAP wählte und aktuell ganz normale Menschen, die im Berufsleben stehen, ebenfalls rechte Ressentiments haben können, blendet der Politikwissenschaftler aus. Die Ängste der Pegisten sollten ernst genommen werden, führt er immer wieder an, und erwähnt kaum die Ängste der Geflüchteten. An der Technischen Universität kam Kritik auf. »Herr Patzelt ist in der gesamten Pegida-Debatte mehr politischer Akteur denn Wissenschaftler«, stand Januar 2015 auf einem Flugblatt von Studenten des Instituts für Politikwissenschaften. Kurz danach sprachen sich zwölf Mitarbeiter des Instituts in einem offenen Brief öffentlich gegen die Aussagen ihres Kollegen aus.

Der Anlass: Nach einem generellen Demonstrationsverbot durch die Polizei wegen einer Drohung aus der Islamistenszene hatte Patzelt angemerkt, dass die »Feindbildpflege« der Gegendemonstranten mit schuld daran sei, dass die freie Meinungsäußerung der Pegida-Anhänger eingeschränkt werde. Das Unbehagen der zwölf Kollegen fasste Oliviero Angeli, Dozent für politische Theorie am Institut, auf *Spiegel Online* am 29. Januar 2015 zusammen: »Wer öffentlich fast ausschließlich über die Belange von Pegida-Anhängern redet, droht zu deren Sprachrohr zu werden. Politikwissenschaftler sind keine hauptberuflichen Pegida-Versteher, sie müssen die Gesellschaft als Ganze in den Blick nehmen.« In dem Brief heißt es: »Wer für Weltoffenheit und Toleranz auf die Straße geht, betreibt keine Feindbildpflege, ist mitnichten ›hysterisch‹. [...] Diese Behauptungen verkennen ein zentrales Anliegen der jüngsten Demonstrationen für Weltoffenheit in Dresden. Was die Demonstrant_innen am meisten treibt, ist das Bedürfnis, auch denen eine Stimme zu geben, die sich aufgrund ihrer Hautfarbe, ihres Aussehens oder ihrer Kleidung montags nicht mehr auf die Straße trauen und damit kaum Gehör verschaffen können.« Im Vergleich dazu sei die Rede von der »›Ausgrenzung‹ derer, die mit großem medialen Echo wöchentlich für eine Vielzahl an teils rechtspopulistischen Forderungen auf die Straße gehen, wie blanker Hohn.« Auch die Universität hatte dazu aufgerufen, sich an Gegenaktionen zu beteiligen. Viele Wissenschaftler, die gegen Pegida auf der Straße waren, fühlten sich von Patzelt zu Unrecht kritisiert, sagte Angeli. Patzelt selbst sprach von »großem Missverständnis«.

In ihrer erweiterten Untersuchung *Drei Monate nach dem Knall. Was wurde aus Pegida* halten Patzelt und Christian Eichhardt fest, dass von April bis Mai 2015 fast 43 Prozent der Pegida-Demonstranten zustimmten, dass »›generell zu viele Ausländer in Deutschland‹« leben würden. Dennoch betonen sie, »dass ›eine allgemeine und grundsätzliche Ausländerfeindlichkeit nicht wirklich festzustellen‹ sei«, wundern sich Vorländer, Herold und Schäller. Patzelt und

Eichhardt räumten zwar ein, dass »unter den Demonstranten sehr wohl starke fremdenfeindliche Ressentiments« festzustellen seien, »doch gebe es deshalb ihrer Auffassung nach keinen Grund, ›gleich alle Pegianer eine konkret anlasslose, einfach gruppenbezogene und darin rassistische Form von Xenophobie im Sinn ›gruppenbezogener Menschenfeindlichkeit‹ zuzuschreiben‹«. Es scheine jedenfalls klar zu sein, so Vorländer, Herold und Schäller, »dass selbst die unter den Pegida-Anhängern gemessenen hohen Zustimmungswerte für die Aussage, die ›generell zu viele Ausländer‹ in Deutschland konstatieren, in etwa dem Wert entsprechen, den die Studienreihe zur ›Gruppenbezogenen Menschenfeindlichkeit‹ 2011 für ganz Deutschland ermittelt hat.«

Der Einschätzung von Patzelt steht auch die Erfahrung der Forschungsgruppe um Geiges, Marg und Walter entgegen. Bei der Auswertung ihres Materials berücksichtigten sie auch die Verweigerung, an der Befragung teilzunehmen. Das Nein offenbare eine besondere Einstellung gegenüber Frauen. »Mehrfach« seien gerade die Forscherinnen mit »Anzügliche[m]« und »Vulgaritäten« konfrontiert worden. Die vermeintlichen Retter des Abendlandes, inklusive der Rechte der Frauen, hätten die jungen Wissenschaftlerinnen als »Schnucki oder Süße« bezeichnet, bei einer LEGIDA-Kundgebung in Leipzig sei einer Mitarbeiterin zugerufen worden: »Deinen Zettel kannst du behalten, aber ficken würde ich dich.« Zudem hätte »gerade auch manch junger Teilnehmer […] offenbar Spaß« gehabt, »beim Versuch die Forscher einzuschüchtern«, indem er angab, »Nazi und vorbestraft« zu sein, »um eine Reaktion darauf abzuwarten«. Ganz normale Bürger, ganz normale Dresdener?

Für die angenommene Nähe von Patzelt zu den Positionen von Pegida dürfte auch der Wechsel vom Interviewpartner der *Jungen Freiheit* zum Autor der neurechten Wochenzeitung sprechen. Auf seiner Facebook-Seite schrieb Patzelt, CDU-Mitglied und Redner beim Deutschen Burschentag 2006: »Im Vorfeld des CDU-Parteitags bat mich die Junge Freiheit, einen Leitartikel über den Komplex ›Kanzlerin – Flüchtlingspolitik – CDU‹ zu schreiben«. Er kann der Bitte nach. In dem am 11. Dezember 2015 erschienenen Beitrag legte er dar, dass durch die »›Sozialdemokratisierung‹ der CDU« diese »von links her kaum mehr angreifbar« wäre und dass die »Flüchtlingspolitik der Kanzlerin« gegen »einen Großteil der Bevölkerung« verliefe, sodass sie sich fragen lassen müsse, »ob sie wirklich den Nutzen des deutschen Volkes mehre – oder wenigstens Schaden von ihm wende.«

Mit Joachim Klose, dem Landesbeauftragten der Konrad-Adenauer-Stiftung für den Freistaat Sachsen, legte Patzelt 2016 eine 667 Seiten starke Studie zu Pegida vor: *Pegida – Warnsignale aus Dresden*, die sie am 14. Juni im Festsaal des Stadtmuseums Dresden vorstellten. In der auf seiner Facebook-Seite dokumentierten Rede sagte Patzelt, dass »die vorschnelle Abstempelung der Demonstranten als Neonazis und Rechtsradikale sowie die Abmoderation der Bewegung als lokales Dresdner oder ostdeutsches Phänomen […] den Blick dafür verstellt [habe], dass Pegida lediglich ein Vorbote des sich nun auch in Deutschland ausbreitenden europäischen Rechtspopulismus« sei. Einordnung ist indes allerdings nicht gleich Abstempelung. Von Rechtspopulismus sprach er selbst nicht sehr oft bei den Interviews. Auf diesen Populismus hatte die Kritik, die versteht, ohne empathisch Verständnis zu bekunden, indes früh hingewiesen. Patzelt führte weiter aus: »Die Verwendung von Begriffen wie ›rechtsradikal‹ und ›rassistisch‹ weckten meist eher das gute Gefühl, etwas Wichtiges – und eben auch bekämpfenswert Schlimmes – von der Eigenart Pegidas erkannt zu haben, als dass tatsächlich eine Analyseleistung vorgelegen hätte. Man nutzte bereitliegende Worte, die sich auch gleich als Angriffswaffen anboten.« Die ihm unterstellte Nähe zum Beobachtungsobjekt verneinte er. Am 4. Mai, vor der Präsentation im Stadtmuseum Dresden, stellte Patzelt das Werk am rechten Rand der gediegenen Gesellschaft vor: bei der »Bibliothek des Konservatismus«, die der *Jungen Freiheit* nahesteht.

Beim Weihnachtssingen herrscht in der Pegida-Familie eine beschauliche Stimmung. Dass die besungene Nächstenliebe den barschen Reden und Parolen zuwiderlaufen, scheint kein Widerspruch. Auf einen Download mit einer neuen Hymne weist Bachmann hin, der zwar kostenlos bezogen werden kann, aber auch gegen Spende. Das Geld, erklärt Bachmann, soll jemandem ganz Bestimmten zugutekommen: »unseren Obdachlosen«: »Wir wollten ja eigentlich was Gutes tun, weil es [werden] ja für alle wunderschöne Heime gebaut, für alle möglichen, die ja so mit einem syrischen Pass winken, aber an unsere Obdachlosen wird wenig gedacht. Und deswegen fordern wir jetzt Obdachlosenverbände aus Deutschland auf oder Vereine, gemeinnützige, sich bei uns zu melden und wir werden 3000 Euro an einen dieser Vereine geben beziehungsweise das aufteilen.« Bravo-Rufe und Applaus. Und Bachmann weiter: »Also, meldet euch bei uns. Wie gesagt, wir hatten dieses Verfahren mit der Tafel, denen wir das auch angeboten hatten letztes Jahr zu Weihnachten, wo das noch abgelehnt wurde, da sie kein Geld von rechts nehmen. Also, alle Vereine, die das jetzt irgendwie mitbekommen, die in der Richtung unterwegs sind, dass was für deutsche Obdachlose getan wird oder für Notfälle für deutsche Kinder getan wird – bei uns bitte melden.« Festerling trägt ergänzend ein Gedicht eines Obdachlosen vor. »Er hat es heute Morgen gegen kurz vor eins an der Haltestelle Sachsenallee geschrieben«, sagt sie und rezitiert: »Merkels Systemabfall. Heute darfst du kein Vertriebener mehr sein, Flüchtling musst du sein – schwach und klein. Für Flüchtlinge macht sie die Tore auf, der Deutsche zahlt drauf. Bevorzugt aus arabischem Raum, Bevölkerungsüberschuss muss ja wohin, Merkel hat dafür Sinn. Vom Volk abgewendet, vom Ami geblendet, führt sie Deutschland in den Untergang. Doch Sachsen stehen auf, hatten schon immer was drauf. Kriegten 1989 die Wende hin, 2017 ist spätestens Merkel dahin.« »Yeah«, wird zwischen dem Applaus gerufen und »Merkel muss weg!« Nun ergänzt Bachmann erneut unter Lachern der Anhängerschaft: »Ihr vergesst immer ein Wort: schnell. Da muss schnell mit rein.«

In der Neustadt geraten derweil vereinzelte Gegendemonstranten mit der Polizei aneinander. Diese Situation wäre nicht entstanden, wenn eine Demonstration erlaubt gewesen wäre, sagt Silvio Lang von »Dresden-Nazifrei«. Der Polizeieinsatz mit acht Wasserwerfern, Reiter- und Hundestaffel sei völlig überzogen gewesen.

Rechte Kleingruppen versuchten in der Neustadt stattdessen Linke anzugehen. Am Abend erklärte ein Polizeisprecher, dass es zu keinen Zwischenfällen gekommen sei. Den größten Zuspruch findet an dem Abend eine kulturelle Veranstaltung, die auch als Hommage an das friedliche und kunstliebende Dresden gedacht war: Als Auftakt zu seiner 800-Jahrfeier im kommenden Frühjahr trat der weltbekannte Dresdner Kreuzchor erstmals im Dynamo-Stadion auf. Die offiziell zur Verfügung stehenden 12 500 Plätze waren ausverkauft. Die politische Einstellung eines erheblichen Teils der Gäste offenbarte sich bei einem eingespielten Video. Als sich Kanzlerin Merkel und Bundespräsident Gauck darin zum Kreuzchor äußerten, übertönten Pfiffe und Buhrufe die Einspielung.

Am Königsufer sagt Festerling, dass das Gedicht des Obdachlosen zuvor Ed, dem »Holländer«, überreicht worden sei. Der gebürtige Niederländer Edvin Wagenfeld spricht an diesem Abend bei Pegida und und hat schon mehrfach vor der Verdrängung der deutschen Kultur durch muslimische Sitten gewarnt, die die Politik nicht wahrnehmen wolle. Diesen naiven Umgang beklagte vor den Pegida-Anhängern an einem anderen Abend auch Udo Ulfkotte, ehemaliger Journalist bei der FAZ, dessen Bücher *Verschlusssache BND; Der Krieg in unseren Städten; SOS Abendland; Vorsicht Bürgerkrieg* und *Gekaufte Journalisten* teilweise Plätze auf der Bestsellerliste des *Spiegel* erreichten. Wagenfeld, Inhaber eines Internetversandes für Selbstverteidigung, Druckluftwaffen und Outdoor-Produkte im fränkischen Bastheim, ist nicht der einzige Redner nicht-deutscher Herkunft. Pegida unterhält längst internationale Kontakte.

»Festung Europa« – Internationale Gäste und internationale Verbündete

Kopenhagen am Samstag, den 6. Februar 2016: »Hallo Deutschland, hier ist Dänemark, beste Grüße nach Dresden aus Kopenhagen«, kann Tania Groth von »For Frihed« (»Für die Freiheit«) vom Platz Axeltorv nicht rufen. Beim »internationalen Aktionstag« von Pegida sollen aus verschiedenen europäischen Städten live Grüße an die sächsische Landeshauptstadt gesendet werden.

Auf dem Platz vor dem Café des Palast-Kinos fehlt jedoch die Technik für eine Liveschaltung. Kurz nach 14 Uhr steht nach Groths Begrüßung der vermeintlichen Retter des christlichen Abendlandes schon fest, dass diese Veranstaltung nicht sehr groß wird. Keine 100 Männer und Frauen waren dem Aufruf von »For Frihed« auf Facebook gefolgt. Knapp 80 überwiegend ältere Damen und Herren stehen im kalten Wind in dem von der Polizei mit Plastikband abgesperrten Bereich.

»Mit Tausenden von Patrioten kämpfen wir gemeinsam gegen den Faschismus und die faschistische Ideologie des Islam«, verkündet Groth umso energischer. Unter großem Applaus führt die kleine Frau mit den langen dunkelblonden Haaren weiter aus, sich gegen die »Scharia« und den »Kulturmarxismus« zu wehren. Hier im Kreis der Anwesenden ist die Organisatorin der Aktionen von »For Frihed« eine Heldin. Sie berichtet, dass sie im Januar in Dresden vor einem »Ozean von Patrioten« gesprochen habe. Erneut lauter Zuspruch. In der Elbmetropole hatte sie gefragt, ob »unsere Zivilisation mit Gleichheit, Freiheit, Demokratie, Frauenrechten, sexueller Selbstbestimmung und vielen anderen Werten es wert« sei, »darum zu kämpfen«, oder ob man sie auf dem »Altar der politischen Korrektheit opfern [solle] für einen Multikulti-Wahn, der nicht funktioniert«. Und sie hatte darauf insistiert, dass »unsere Kultur [...] europäisch und nicht islamisch« sei und versichert, »nicht auf die Knie« zu gehen: »Wir werden weiterprotestieren, bis wir wieder in Sicherheit sind und diese groteske Invasion gestoppt ist.«

In Dresden traten auch Politiker von extrem rechten Parteien anderer europäischer Länder bei Pegida auf. Am 13. April 2015, zu der Zeit, in der etwa 2000 bis 3000 Anhänger kontinuierlich an den Pegida-Aktionen teilnahmen, sprach Geert Wilders, Vorsitzender der rechtspopulistischen »Partij voor de Vrijheid« (Partei für die Freiheit) in den Niederlanden. An diesem Tag kamen an die 10 000 Spaziergänger. Ein Erfolg, denn mit der Einladung ausländischer Gäste von weit rechts wollte Pegida auch wieder mehr Anhänger zu den Kundgebungen motivieren. Wilders, der mit der Vorsitzenden des Front National Marine Le Pen im Europaparlament die Fraktion »Europa der Nation und der Freiheit« gründete, begrüßte die Spaziergänger mit »Liebe Freunde«. Knapp 25 Minuten redete er, schmeichelte den Versammelten: »In meinen Augen seid ihr alle Helden«, versicherte: »Wir wollen bleiben, was wir sind«, und machte klar: »Nicht alle Muslime sind Terroristen, aber die meisten Terroristen sind Muslime.« »Jawohl!«, tönte es aus der Menge und »Geert, Geert«-Rufe kamen auf.

Am 7. Dezember 2015 sprachen der Fraktionschef des »Vlaams Belang« (VB) Filip Dewinter und die Antwerpener VB-Senatorin und frühere Miss Belgien, Anke Van Dermeersch auf dem Dresdener Theaterplatz. Die Belgier waren mit einer 20-köpfigen Delegation in der sächsischen Landeshauptstadt eingetroffen. Auf dem Internetportal *PI-News*, das mit seiner Islamkritik äußerst rechts steht, sind die Reden dokumentiert. »Heute steht hier das wehrhafte Dresden. Das wehrhafte Dresden und das wehrhafte Europa. Danke, dass ich heute Abend hier auf dem schönen Theaterplatz ein Teil der ›Patriotischen Europäer gegen die Islamisierung des Abendlandes‹ sein darf«, sagte Dewinter und ging auf die Anschläge in Paris am 13. November 2015 ein, bei denen Attentäter, die sich zum »Islamischen Staat« bekannten, in einer koordinierten Aktion an verschiedenen Orten nach Angaben der französischen Regierung 130 Menschen getötet und 352 verletzt hatten, 97 von ihnen schwer.

Vor den Pegida-Anhängern erklärte Dewinter: »Masseneinwanderung ist das Trojanische Pferd des islamischen Terrorismus. Ich wohne in Belgien und arbeite in Brüssel, der Dschihad-Hauptstadt Europas. Der islamische Terrorismus ist heutzutage Belgiens Hauptexportprodukt. Nicht Rakka in Syrien, sondern Brüssel im Herzen Europas ist die Hauptstadt des IS.« Drei von den fünf IS-Terroristen, die die Attacken von Paris begangen hätten, seien in Europa »als sogenannte ›Flüchtlinge‹ eingetroffen«, so Dewinter und warnte: »Die Masse der Flüchtlinge ist eine Armee ohne Uniform oder Waffen. Sie bildet die fünfte Kolonne des Islam. Sie sind gekommen, um zu dominieren und zu kolonisieren.« Der Islam sei eine »Eroberungsreligion« und die »Multikulti-Apologeten« führten bewusst die Bevölkerung in »die Irre«.

Kürzer fasste sich Anke van Dermeersch, die an dem »Abend vor allem für die Frauen sprechen« wollte. »Allah liebt keine Frauen! Der Islam propagiert Hass. Hass gegen Ungläubige, aber auch Hass gegen Frauen, die als minderwertig betrachtet werden«, erläuterte sie, der Islam zwinge »Frauen zu wählen – entweder Hure oder Sklavin zu sein. Aber ich will weder das eine noch das andere sein.«

Zurück nach Kopenhagen: »Niemals zurückweichen«, skandieren einzelne Männer und Frauen, die überwiegend im biederen Outdoorlook erschienen sind. Klassischen Nazichic bevorzugten nur wenige der Männer. Gavin Boby, der eine Kampagne gegen Moscheen in England vorantreibt, spricht wie Groth auf einer Parkbank stehend. Auf der Sitzlehne steht mit Edding geschrieben: »No Pegida, no Nazis«. Die Vergewaltigungen in Köln, die Sexsklaverei in England, das Massaker in Frankreich, sagt Boby, folgten der Doktrin des Koran. Die Worte Allahs führten zu einem Genozid an den Ungläubigen, behauptet er, nicht ohne sich auf vermeintlich eindeutige Textstellen zu beziehen, was ebenso großen Applaus auslöst. Auch er hat schon in Dresden gesprochen.

Mit viel Hallo und Zuspruch begrüßen die Teilnehmer Lars Hedegaard auf dem Platz. Vor drei Jahren hat der heute über 70-jährige Hedegaard einen Mordversuch überlebt. Vor seinem Wohnhaus schoss am 5. Februar 2013 ein Unbekannter, der sich als Postbote ausgab, auf den bekannten Islamkritiker – traf ihn aber nicht. Mit seinen Büchern *Im Hause des Krieges – Wie der Islam den Westen kolonialisiert* und *1400 Jahre Krieg – Die islamische Strategie* will der einst linke Journalist und Historiker vor der vermeintlichen Gefahr warnen. Seine Position ist einfach: »Es gibt keinen moderaten Islam im eigentlichen Sinne, sondern nur Muslime, die sich nicht an alle Vorgaben des Korans halten.« An diesem Samstag schimpft Hedegaard, der Vorsitzender der »International Free Press Society« ist, aber vor allem über die Gegendemonstranten. Beim Axeltorv haben sich nach und nach Demonstranten, die zuvor an einer Aktion von »No Pegida« teilgenommen hatten, versammelt und skandiert: »Say it loud, say it clear refugees are welcome here!« Hedegaard bezeichnet die rund 200 Gegendemonstranten als »schwarze Clowns, Faschisten«, die nicht verstanden hätten, »für was sie hier stehen«. »Die Zeit wird aber kommen, wir sind im Aufwind, die Leute erkennen langsam die Bedrohung«, sagt er mit nervöser Stimme. Es ist sein erster Auftritt bei einer Aktion auf der Straße, Beamte in Zivil begleiteten ihn. Starken Applaus erhält er, bevor der Tross durch die Innenstadt zieht.

In Dänemark fanden seit Dezember 2014 Pegida-Aktionen statt. Am Anfang hatte Nicolai Sennels in Kopenhagen die Spaziergänge verantwortet, die erst wöchentlich, dann wegen des geringen Zulaufs monatlich ausgerichtet wurden – im Durchschnitt kamen um die 40 Leute. »Viele Rechtsextreme«, sagt Chris Holsted Larsen, Extremismus-Forscher an der Universität Roskilde. Im Sommer 2015 löste sich Pegida-Dänemark auf. »For Frihed« entstand als Nachfolgeorganisation. Die Anhängerschaft sei identisch, sagt Larsen. Auch an diesem Samstag sind unter den wenigen Teilnehmern Anhänger der »Danish Defence League« und »Dänischen Nationalen Front«.

In Polen, Frankreich, Großbritannien und Lettland findet ebenfalls der »internationale Aktionstag« statt. Über 1500 Sympathisanten kommen in Prag zu der mit Pegida abgestimmten islamfeindlichen Kundgebung, bei der es Zusammenstöße mit Gegendemonstranten gibt. In Calais, wo etwa 100 Demonstranten gezählt werden, erfolgen einige Festnahmen, und in Montpellier gehen etwa 200 Demonstranten gegen Migranten auf die Straße. Vor rund 350 Teilnehmern in Warschau tritt Festerling bei einer Kundgebung polnischer Nationalisten zum europäischen Schulterschluss gegen islamische Einwanderung auf und erinnert an den Kampf von »Polen und Litauern, Sachsen und Österreichern« bei der Verteidigung Wiens gegen die Türken im 17. Jahrhundert. Das Heer des polnischen Königs hätte das christliche Abendland gerettet und sie ruft dazu auf: »Lasst uns gemeinsam die Schlacht gegen die Islamisierung führen.«

Mit einer Israelfahne als Führungstransparent zieht in Kopenhagen die Gruppe durch die Innenstadt. Eine beliebte Flaggenwahl in diesem Spektrum: Israel ist hier ihr Freund, weil der israelische Staat den vermeintlichen gemeinsamen Feind hat – den Dschihad. Kaum einer der Marschierenden, der nicht eine rot-weiße Dänemarkfahne oder ein Schild gegen den Bau von Moscheen hochhält. »Rapefugees not welcome« steht auf einem großen Transparent. Nach den Vorfällen in Köln, den sexuellen Übergriffen in der Silvesternacht, hätte sich in Dänemark auch die Stimmung gegen Flüchtlinge weiter verschärft, sagt eine Gegendemonstrantin. Auf der Straße ist das bei dem »Spaziergang« kaum wahrzunehmen. Passanten winken ab oder zeigen den Stinkefinger, als der Tross an ihnen vorbeizieht. Zudem wird die Route der Pegida-Anhänger lautstark von Gegendemonstranten begleitet. Ein Frau hält ein Schild hoch: »Nicht in meinem Namen«, um auf die Instrumentalisierung der Übergriffe auf Frauen durch die Pegida-Bewegung hinzuweisen.

Am Abschlusskundgebungsort mitten im touristischen Zentrum von Kopenhagen, am Nyhavn, am Denkmal für die Matrosen, die an der Seite der Alliierten fielen, warnt Hans Erling Jensen vor der »Islamisierung«. Mit aggressiver Stimme schimpft der Betreiber einer Facebook-Seite, die sich für das Zeigen von Mohammed-Karikaturen starkmacht, über das Nicht-wahrhaben-Wollen der Gefahr. Schon viele Jahre ist er in dieser Szene aktiv und hält Kontakte zur »English Defence Leguae« (EDL). Am Ende der Veranstaltung verspricht Groth: »Wir machen weiter.« Der geringe Zuspruch auf der Straße, der kleine Zulauf zu ihren Aktionen sollte jedoch nicht über die bestehende Stimmung hinwegtäuschen, warnt der Extremismus-Forscher Chris Holsted Larsen. Die Dänische Volkspartei biete den verunsicherten Dänen schon längst einen »rechten, islam-skeptischen« Resonanzraum. »Das reduziert die Rekrutierungsmöglichkeiten« für andere weit Rechte, betont er. Die rechtspopulistische Partei ist die zweitgrößte Partei in Dänemark.

In Tschechien, Norwegen, Schweden, Österreich, Belgien, Schweiz und Spanien vermeintliche Retter des Abendlandes, inspiriert von Pegida im Internet online oder auf die Straße. Ihre Aktivitäten bleiben aber weit vom Erfolg von Pegida in Dresden entfernt. Diesen kontinuierlichen großen Zulauf erreicht die Gruppe

»gegen die Islamisierung des Abendlands« aber auch in anderen deutschen Städten nicht.

»Bewegung der Empörung« – Zulauf durch Zuspruch

Kein zweites Dresden nirgends. Warum in anderen Städten die Pegida-Bewegung nicht so einen nachhaltigen Zulauf erfuhr, wird breit diskutiert. »Die Kommunikation PEGIDAS betreibt das Geschäft einer entpolitisierenden Politik mit rassistischen Ressentiments und Konzepten sozialer und ethnischer Homogenität«, beschreibt David Begrich, Rechtsextremismusexperte von Miteinander e. V., in seinem Beitrag »PEGIDA: ein genuin ostdeutsches Protestformat?« das Phänomen. Sie appelliere zudem »an einen Horizont kulturellen Erbes und gesellschaftlich geteilter Rituale und sozialer Praxen der christlichen Religiosität, die nirgendwo in Europa schwächer verankert ist als in Ostdeutschland«. Pegida verstünde sich selbst als »schweigende Mehrheit, die ›Normalos‹ im Gegenlicht einer Gesellschaft, die ›einen Kult um jede Minderheit‹ entfacht, aber die ›normalen Menschen nicht mehr im Blick hat‹, jene also, die sich zwischen Globalisierung und Selbstausbeutung zerrieben sehen«. Die »vielfach konstatierte religiöse ›Unmusikalität (Max Weber) der Ostdeutschen steht in einem eigenwilligen Kontrast zur ostentativen Anrufung ›christlicher Werte‹ durch PEGIDA«, schreibt Begrich unter dem Titel »PEGIDA: ein genuin ostdeutsches Protestformat?«. Da liegt die Vermutung nahe, »dass mit Berufung auf das ›Christliche‹ im Ideenkanon von PEGIDA eigentlich gemeint ist, was ebendort für den Inbegriff von ›Deutsch‹ gehalten wird«. Begrich hält Pegida folglich vor, die »wirkungsmächtige Erzählung« der Proteste des Jahres 89 zu missbrauchen, indem sie die »Parole: ›Wir sind das Volk‹ nicht als soziales Moment« verstehe, sondern »völkisch/volksgemeinschaftlich« auflade.

Von zwei Phasen bei Pegida gehen Vorländer, Herold und Schäller aus. In der Hochphase um die Jahreswende 2014/2015 sei Pegida in der sächsischen Landeshauptstadt »mehrheitlich keine Bewegung von Rechtsextremisten, Islam- und Ausländerfeinden [gewesen]. Die Mehrheit übte fundamentale Kritik an Politik, Medien und der konkreten Funktionsweise der praktizierten Demokratie.« Nach ihrer Spaltung im Januar 2015 müsse aber der »verbleibende Rest der Teilnehmerschaft weiter rechts im politischen Spektrum verortet werden«. Die Reden aus dem Orga-Team, die Liste der Gastredner erhärten die Einschätzung.

Geiges, Marg und Walter betonen, dass die Pegida-Anhänger »eher als Anhänger rechter politischer Ideen bezeichnet werden können«, die einen »aggressiven Ton pflegen [...], wenn es um ›die anderen‹ ging«, denn sie »werten das ›linke Pack‹, die ›Asylanten‹ und die ›Zigeuner‹ gleichermaßen ab« und nehmen die »›Muslime‹ weitgehend als monolitischen Block« der Bedrohung wahr. Diese Einstellungen fänden sich allerdings nicht nur in Dresden. Mehrere Studien belegen die bundesweite Verankerung von rechten Ressentiments in der Mitte der Gesellschaft. Die »Zivilgesellschaft, also der von Bürgern selbst organisierte Raum zwischen Staat und Individuen«, sei nicht »alleine ein Gewächshaus für löbliche Tugenden der Liberalität, Toleranz und Humanität«. »Zur Zivilgesellschaft gehören auch pathologische Ängste und Aggressionen, soziale und ethnische Ausgrenzung und Verdrängungsbemühungen, Zynismus und Verachtung gegenüber dem demokratischen Prozess.« Die Verbände der politischen Rechten stünden nicht »außerhalb der Zivilgesellschaft, sondern füllen deren dunkle, schmutzige Seite«, heben die Autoren hervor. Diese Beschreibung möchten Vorländer, Herold und Schäller nicht »für das Ganze« gelten lassen: »Pegida ist [... als, A. S.] ein erster erfolgreicher populistisch gefasster Mobilisierungsversuch von vorhandenen ethnozentristischen Einstellungsmustern zu verstehen, welche sich gerade nicht auf konkrete politische Anliegen richteten, sondern allgemeine Unzufriedenheit öffentlich artikuliert – eine Bewegung der Empörung.«

Forscher, Kommentatoren und Mandatsträger führen die Ursache, warum sich in Dresden diese komplexe Empörungsbewegung mit ethnozentristischer Grundierung etablieren konnte, nicht auf ein einziges Motiv zurück. Im Gegenteil: Von einem Setting wird ausgegangen. »Wahrscheinlich wird man die Wurzeln der 2014/15 laut vokalisierten Frustration in den Jahren 1990/91 ff. finden.

Schon in diesen Jahren nahmen westdeutsche Eliten und ostdeutsche Betroffene der Systemtransformation die gesellschaftlichen Verhältnisse entgegengesetzt wahr«, schreiben Geiges, Marg und Walter. In der alten Bundesrepublik hätten die Deutungseliten, »auch Professoren und Wirtschaftswissenschaftler, ein Bundespräsident über einen lähmenden gesellschaftlichen ›Stillstand‹« geklagt und »nach einem ›Ruck‹« verlangt. In den neuen Bundesländern mochte sich indes zum »gleichen Zeitpunkt niemand über einen Mangel an fortwährenden und tief greifenden Veränderungen beschweren. Während im Westen Deutschlands nach dem großen weltpolitischen Bruch von 1989 zunächst das Leben im Großen und Ganzen wie zuvor weiterzugehen schien, rutschte den Bürgern der früheren DDR der Boden in ›diesen Trümmerjahren ihrer Identität‹ nahezu vollständig unter den Füßen weg«, halten die Autoren fest.

Die »langfristigen Folgen der Transformation nach 1989« greifen auch Vorländer, Herold und Schäller auf, die nicht wie im Westen nach 1945 mit einem »enormen wirtschaftlichen Aufschwung verbunden war«, sondern mit »Arbeitslosigkeit, Angst vor und Erfahrungen mit sozialem Abstieg, sowie [dem] Gefühl der Entwertung privater Lebensleistungen zu DDR-Zeiten«. In vielen »ostdeutschen Familien« verbinde man diese Ängste und Erfahrungen unmittelbar mit den neuen sozialen und politischen Verhältnissen. Begrich widerspricht »dieser Erschütterung nicht, die bis ins kleinste Private der Menschen hineinreichte, da ein bekannter Staat verschwand, ohne dass ein unbekannter neuer Staat gleich da war«. Vorsichtig ist der Rechtsextremismusexperte aber bei einer weiteren Überlegung in der Debatte, inwieweit es in »Ostdeutschland nach wie vor eine zeitgeschichtlich bedingte und gewachsene Kultur« gebe, »die nicht ohne weiteres Einvernehmen mit der westdeutschen« einhergehen könne. Die Unterschiede der 25-jährigen Tradition politischer Kultur nach 1989 in den neuen Bundesländern zwischen Brandenburg und Sachsen schienen da »wirkungsmächtiger zu sein als der Nachhall der DDR und der ostdeutschen Transformationsgesellschaft der 1990er Jahre«.

Allein in Dresden und in der räumlichen Nähe zum Ursprungs-
ort in Leipzig war Pegida erfolgreich. »Mitte Januar 2015, auf dem
vorläufigen Höhepunkt der Bewegung, listete das Dresdener ›Or-
gateam‹ genau 33 autorisierte Ausgründungen bundesweit«, schreibt
Felix Korsch in seinem Beitrag »Einmal den Zirkel um Dresden
schlagen«. In Leipzig sei der anhaltende Auflauf Legida aber nicht
typisch für die Entwicklung der Ableger und Nachahmer von Pegida. Korsch hebt hervor, dass »mehr als die Hälfte« der Ausgründungen nur »im virtuellen Raum« existierte. Dennoch sollte nicht
vergessen werden, dass Pegida eine »zweite Bewegungswelle« gegen
Flüchtlinge und Unterkünfte mitentfachte, so Korsch – aber eben
vor allem in räumlicher Nähe. 2015 demonstrierte Pegida 43-mal in
Dresden, im »selben Zeitraum fanden im Stammland Sachsen rund
650 weitere öffentliche Protestaktionen zu den Themenfeldern Asyl
und Migration statt«, erläutert der Politikwissenschaftler und Journalist.

Zum Jahrestag von Legida, dem 11. Januar 2016, randalierten an
die 250 vermummte rechte Hooligans im links-alternativen Leipziger Stadtteil Connewitz. Sie zündeten Autos an, zerschlugen Schau-
fensterscheiben und warfen Feuerwerkskörper. Eine abgeschossene
Feuerwerksrakete soll eine Dachgeschosswohnung in Brand gesetzt
haben. 211 der Vermummten konnte die Polizei einkesseln, viele
waren ihr »als rechtsmotiviert und/oder Gewalttäter Sport« bekannt.

Sachsen und Dresden. »Die Gründe sind unklar«, schreiben
Vorländer, Herold und Schäller und überlegen, ob sich »für Sachsen
eine politische Deutungskultur und Mentalität konstatieren« lasse,
»die sich durch ein starkes Selbst- und Traditionsbewusstsein aus-
zeichne. Ihre Orientierungspunkte werden etwa aus einer langen
Geschichte politischer Eigenständigkeit, einer Tradition sächsischer
›Glanzes‹ von Kunst und (höfischer) Prachtentfaltung, sowie dem
›Erfindergeist‹ seiner Ingenieure gewonnen.« Dieser »landsmann-
schaftliche Zusammenhalt« brachte eine »besondere Tendenz zu
kollektiver Selbstbezogenheit und Eigensinn hervor. Auch unter
dem DDR-Regime gelang es nicht, diese Identität weiter zu pfle-

gen, was gerade bei vielen Sachsen die Aufrechterhaltung einer gewissen inneren Distanz zu den sozialistischen Machthabern begünstigte.« Diese Selbstwahrnehmung und dieses Selbstbild hätte sich »durch die 1998 aus eigener Kraft erreichte[n] politische[n] Selbstbestimmung« und die »eigene Vorreiterrolle in der ökonomischen, gesellschaftlichen und kulturellen Entwicklung in Ostdeutschland« verstärkt. Die »öffentliche Zurschaustellung eigener Ressentiments« gegen die als »›fremd‹ empfundenen politischen und medialen Eliten« könnte als »Ausweis« eines »unverhohlen gepflegten ethnokulturellen Zentrismus« interpretiert werden – eine ›Art sächsischer Chauvinismus‹, der mit der Selbsterhöhung der eigenen Gruppe und einer starken Setzung von ›Etabliertenvorrechten‹ einhergeht.«

Die Charakterisierung beschreibt das Erscheinungsbild. Aber was ist mit der Ursache? Haben andere Großstädte keine spezifische Geschichte, eigene Kultur, die zu einer vermeintlichen regionalen und lokalen Identität und Mentalität führen könnte? Vorländer, Herold und Schäller führen weiter aus, dass Dresden »selbst eine medial eindrucksvolle Kulisse für Demonstrationen jeglicher Art« biete, und erinnern daran, dass vorher Rechtsextreme aus ganz Europa im Februar die »›barocke‹ Stadt zu einem Gedenkmarsch« anlässlich der Bombardierung der Stadt vom 13. bis 15. Februar 1945 durch »anglo-amerikanische Bomberverbände« als »Bühne« nutzten. Über Jahrzehnte habe die Stadtbürgerschaft ein Narrativ gepflegt, das die Elbmetropole »als stetes Opfer unverschuldeter Umstände« beschreibe. Einerseits habe so die »nationalsozialistische Vergangenheit beschwiegen« werden und anderseits »eine nostalgische Vision der Wiederherstellung vergangener städtebaulicher Schönheit erdacht werden« können. Mit dieser »selbstvergewissernden Erzählung« habe sich ein Teil des Dresdener Bildungsbürgertums zwar gegen »manche Zumutung des SED-Regimes« immunisieren können, zugleich hätten sie sich aber so einen die »DDR-Zeit überdauernden Kokon nostalgischer Idealisierung« gesponnen. Aus dieser Konstellation, so Vorländer, Herold und Schäller, resultiere ein »für Dresden typischer [...] deutungskultureller Konservatismus, der sich der Hervorhebung und Bewahrung eigener Kultur,

Tradition und Identität verpflichtet sieht, der zugleich aber auch starke Abwehrreflexe gegen vermeintliche Gefahren oder Bedrohungen dieser ›Heile-Welt-Nostalgien‹ produziert«.

Dieses Selbstbild eines »Bildungsbürgertums«, so darf zugespitzt werden, weist eine Nähe und Andockmöglichkeiten zur Selbstwahrnehmung von Rechtsextremen und Rechtspopulisten auf. Es verwundert nicht, dass in Dresden bisher keine eigenen zivilgesellschaftlichen Initiativen den Gedenkmarsch der Rechtsextremen oder die Spaziergänge von Pegida nachhaltig beeindrucken konnten. Erst einem bundesweiten Bündnis von antifaschistischen Initiativen, Gewerkschaften, Kirchen und Parteien gelang es, den »Trauermarsch« der Rechtsextremem, der zeitweilig zum größten Aufmarsch in Europa avanciert war, mit Massenblockaden einzudämmen – nach Jahren. »Die Erfahrungen in anderen Städten zeigen jedenfalls«, betont der Politikwissenschaftler und Journalist Korsch, »dass überall dort, wo sich von Anbeginn – nach den ersten Erfahrungen in und mit Dresden – deutlicher Widerstand regte, die jeweiligen Pegida-Ableger eine rasche Entmutigung erfuhren.« In den anderen Städten waren auch die Gegenproteste meistens größer als die Aktionen der Pegida-Ableger.

Erste Gegenaktionen in Dresden erfolgten von antifaschistischen Initiativen. »Irgendwie harmlose Spinner«, habe er anfänglich über Pegida gedacht. »Dann wurde aber schnell klar, dass die gefährlich sind und man dagegen Widerstand leisten muss«, sagt Albrecht von der Lieth, Sprecher des »Bündnisses Dresden Nazifrei«. Er sagt auch, dass »der harte Kern« von Pegida, der heute auf die Straße gehe, »letztlich Leute« seien, »die kein Problem damit haben, dass irgendwelche Redner jeden Montagabend ihre rassistische Hetze« und ihr »völkisches Ideologiegeschwurbel ins Mikro, in ihre Ohren brüllen«. Dieser Mobilisierungsvorsprung von Pegida in Dresden, so auch Korsch, war nicht mehr einzuholen. Nur am 10. Januar 2015 bei der Veranstaltung »Für Dresden, für Sachsen – für Weltoffenheit, Mitmenschlichkeit und Dialog im Miteinander« waren die Proteste gegen Pegida größer. An die 35 000 Teilnehmer kamen laut der Sächsischen Staatskanzlei. Am 26. Januar des Jahres besuchten rund 22 000 Gäste ein vom Verein »Dresden – place to be« ausgerichtetes Gegenkonzert – unter anderem mit Herbert Grönemeyer, Keimzeit und Silly.

In den Bundesländern und Städten, in denen Pegida-Ableger auftraten, gingen nicht nur Gegendemonstranten schneller auf die Straße, sondern stellten sich auch oft Landes- und Stadtpolitiker gegen diese angeblich nur besorgten und enttäuschten Bürger. Nicht so der ehemalige sächsische Ministerpräsident Kurt Biedenkopf: Der CDU-Politiker, der von 1990 bis 2002 Regierungschef war, sagte im Deutschlandradio Kultur am 29. Dezember 2015: »Die Pegida-Demonstrationen sind Ausübung eines ganz entscheidenden demokratischen Grundrechts, nämlich demonstrieren zu dürfen. Und es gibt genug Gründe in Ostdeutschland, nicht nur in Sachsen, sondern in Ostdeutschland, warum die Bevölkerung über diesen starken Flüchtlingszustrom beunruhigt ist.« Er zog auch eine Traditionslinie zur Bürgerbewegung 1989: »Die Sachsen haben eine Innovation gehabt, eine politische Innovation, nämlich eine politische Gruppierung, die keine Partei ist, die sich aber in Anlehnung an frühere Protesterscheinungen in der Zeit vor der Wiedervereinigung an diese Erscheinungen anlehnen und aufmerksam machen will«, und schlug »Friedensgespräche« vor. Hier wird Pegida nicht bloß viel Verständnis entgegengebracht, ihre Positionen werden überdies legitimiert. In Sachsen folgte die Landespolitik der CDU lange Zeit der nachhaltigen Doktrin Biedenkopfs, wonach die Sachsen immun gegen Rechtsextremismus seien. Erst spät sprach sich der sächsische Ministerpräsident Stanislaw Tillich deutlich gegen Pegida aus. Noch am 25. Januar 2015 zeigte er gegenüber *Welt am Sonntag* Verständnis für die Bewegung: Nur am Rande gehe es um »Islamisierungsängste«. »Die meisten haben sich von der Politik abgewandt. Ich glaube, dass die Ansprüche an den Staat bei ihnen sehr hoch sind. Die Bürger sagen sich: Wir zahlen Steuern, also muss auch alles klappen.« Und er machte deutlich, dass er Merkels Einschätzung, der Islam gehöre zu Deutschland, nicht teile. Muslime dürften zwar kommen und ihre Religion ausüben, aber das würde nicht bedeuten, »dass der Islam zu Sachsen gehört«.

Diese Faktoren dürften die Etablierung von Pegida im sächsischen Freistaat mit begünstigt haben. Den sächsischen Grünen-Fraktionschef Volkmar Zschocke überraschte Biedenkopfs Ausblendung der Verbindung von »Brandstifter-Reden« bei Pegida und realen Brandstiftungen nicht. Während seiner Regierungszeit habe sich »Sachsen zum Hinterland für Neonazis entwickeln« können. Silvio Lang vom »Bündnis Dresden Nazifrei« findet: »Biedenkopf ist der geistige Vater der in Sachsen immer noch vorherrschenden Strategie weiter Teile der CDU, rechte Gewalt zu ignorieren, wegzuerklären und zu relativieren.«

»Lutz von der Straße« – Trennung von Frontfrau und Gründung einer Pegida-Partei

»Hallo Dresden«, ruft Däbritz von der Bühne. »Hallo Siggi«, echot die Menge am 9. Mai 2016 zurück. Der Spaziergang neigt sich dem Ende zu. Nachdem Siggi, der mit Bachmann längst zu den Rednern der Bewegung gehört, seinen »Dienst am Bürger« wegen der Parkscheintickets geleistet hat, warnt er vor »der Flutung« durch Kurden, Türken »und all denen, die ihr Passpaket auf dem Dokumentenmarkt« erworben haben. Für 700 Euro, weiß er, gebe es jetzt das »volle Paket«. Buh-Rufe sind zu hören. Doch er hetzt nicht allein mit dem immer wiederkehrenden Begriff »Invasoren« und der ironischen Betonung von »Fachkräften«. Überall würden die Völker Europas »ihre Stimme erheben und sagen stopp, bis hierhin und keinen Schritt weiter«. Merkel hingegen wolle die Flüchtlinge, um die »Asylindustrie« am Laufen zu halten. Die Schweiz diskutiere indes, die grünen Grenzen mit Stacheldraht und Soldaten zu beschützen. »Wer hat's erfunden?«, greift er einen Werbespruch der Alpenrepublik auf. Dann verweist er auf einen Vorfall an einer serbischen Grenze, an der Flüchtlinge mit vier Wagen versucht hatten, die Grenze zu durchbrechen, die Grenzposten schießen mussten und dabei eine Frau aus Syrien verletzten. Irgendwann gebe es Tote, meint Däbritz, die gingen dann auf »Merkel's Deckel«. Seine schlichte Lösung: die Schließung aller europäischen Außengrenzen, eine Festung Europa sei »unumgänglich«, ansonsten »versinkt der gesamte Kontinent im Chaos«. Alle innereuropäischen Grenzen müssten ebenfalls bewacht werden, um Wanderungsbewegungen zu verhindern. »Die Refugee-Welcome-Regierungen Europas haben abgewirtschaftet«, die EU habe auch »abgewirtschaftet«, befindet er unter Applaus und fordert eine »komplette Zeitenwende, ideell und praktisch. Unsere Regierung, unsere Altparteien sind nicht reformierbar, all diese Seilschaften müssen mit dem ›großen Besen‹ ausgekehrt werden.« Und er versichert: »Wir werden unser Möglichstes zu tun, um dabei zu helfen, wo wir können.«

Eine erneute Kampfansage, eine erneute Bedrohung, die sprachlich in einer einschlägigen Tradition steht. Kurz nach der Ernennung Adolf Hitlers zum Reichskanzler am 30. Januar 1933 erklärte Herman Göring als neu ernannter preußischer Innenminister, mit einem »eisernen Besen« die angebliche rote Bedrohung auszukehren. Die Besen-Metapher ein Zufall? Nach der Hetze hat Däbritz noch eine weitere Idee: »Vielleicht fährt Frau Merkel auch nach Chile, die Wohnung von Margot ist ja jetzt frei.« Am 6. Mai 2016 war die ehemalige Ministerin für Volksbildung der DDR, Margot Honecker, in Santiago de Chile verstorben, wo sie mit ihrem 1994 verstorbenen Mann Erich Honecker nach 1989 politisches Asyl erhalten hatte.

Das ritualisierte Ende des Spaziergangs leitet Ramona, eine der zwei Vorsängerinnen ein. Sie bittet, zum Weihnachtsevent Taschenlampen und Handys als Lichtzeichen einzuschalten, und stimmt das Deutschlandlied an. Die Selbstversicherung in der Vergemeinschaftung endet an dem Abend jedoch nicht mit der Beendigung des Spaziergangs. Sie allen gehen mit dem Gefühl, zusammenzustehen gegen die vermeintliche Bedrohung, sie alle werden mit dieser Selbstgewissheit in ihrem persönlichen Umfeld wirken. Im inneren Kreis ist aber an diesem Tag die Harmonie der Pegida-Famillie schon tief gestört. Am Ende seiner Rede weist Däbritz zwar extra auf einen Termin hin: »Nächste Woche Festung Europa mit Tatjana.« Doch ist das weibliche Gesicht von Pegida zu diesem Zeitpunkt auf der Pegida-Bühne schon nicht mehr erwünscht. Ein Post von Edvin Wagenfeld bei Facebook am 3. Juni 2016 deutet das Zerwürfnis mit Festerling an.

Der Frontmann Bachmann und die Frontfrau von Pegida sind zerstritten über Richtung, Führung und Ton der Bewegung. Schon der Auftritt von Akif Pirinçci soll zu Missstimungen zwischen Bachmann und Festerling geführt haben und auch ihre Rede von der Mistgabel hat dem Orga-Team nicht gefallen. In einer Erklärung vom 15. Juni legt Pegida dann dar, dass der Ausschluss von Festerling aus dem Förderverein »am 18.4.16 bereits im Raume war«, denn »es war, ist und bleibt Grundsatz des Vereins sowie des Orga-Teams von Pegida, dass ALLES abzusprechen ist. Das gilt für ALLES, was ein Mitglied des Teams unter dem Dach und Namen von Pegida und für Pegida tut (Interviews, Treffen jeder Art, Geschäftsvorgänge usw.). Das ist Richtlinie in unserem eigenen Interesse, im Interesse der Bewegung und letztlich im Interesse jedes einzelnen Spaziergängers«, um strafrechtlich nicht belangt werden zu können und damit die »Behörden um Heiko Maas« keinen Grund »finden, uns zu verbieten«. In dieser Weise habe Festerling aber weder Reden und Interviews noch »ihre Reise quer durch Osteuropa« abgesprochen. Indirekt wird ihr zudem unterstellt, Spenden und Sponsorenzahlungen ohne Rücksprache verwendet zu haben. Seit dem 18. April nehme Festerling an keiner Tätigkeit für Pegida mehr teil, heißt es weiter, auch weil sie »ihre Arbeit um ›Fortress Europe‹ verstärkt« habe.

»Fortress Europe« ist der Versuch von Festerling, Vertreter von Bürgerbewegungen und Parteien, die sich gegen die Flüchtlings- und Einwanderungspolitik starkmachen, besser zu vernetzen. Aus Tschechien, der Slowakei, Polen, Österreich, Bulgarien, Finnland den Niederlanden, Estland, Italien und Deutschland konnte sie bereits Anhänger gewinnen. In Bulgarien arbeitet sie mit der Bürgerwehr »Bulgarian Military Veterans Union – Vasil Levsk« zusammen. Mit der milizartigen Bürgerwehr patrouillierte sie an der bulgarisch-türkischen Grenze, um die »Invasoren« abzufangen und der Grenzpolizei zu übergeben, schreibt sie auf ihrer Facebook-Seite am 15. Juli 2016.

In ihrer »Prager Erklärung« warnt »Fortress Europe«, dass die 1000-jährige Geschichte der westlichen Zivilisation durch die »islamische Eroberung Europas« schon bald ein Ende finden könnte, und verspricht: »Wir werden Europa nicht unseren Feinden überlassen [...]. Wir sind bereit, unsere Freiheit, unser Vermögen, unsere Berufe und Karrieren zu riskieren – und vielleicht auch unser Leben.«

Trotz der Unstimmigkeiten mit Festerling will das Orga-Team die Zusammenarbeit mit »Fortress Europe« beibehalten. »Wir gehen getrennte Wege, jedoch eint uns alle das gleiche Ziel. Das sollte darüber nicht in Vergessenheit geraten«, erklären sie. Festerling ist da weniger versöhnlich: »›Wir gehen getrennte Wege, jedoch eint uns alle das gleiche Ziel‹. Das kann ich so für mich nicht unterstreichen, da mir das Ziel des Pegida-Orgateams nicht bekannt ist«, schreibt sie in einer Erklärung auf ihrer Webseite am 16. Juni 2016 und weist alle Vorwürfe zurück. Für keine ihrer Aktivitäten will sie Geld von Pegida genutzt haben, betont sie, und gibt sich verwundert über die Annäherung des Orga-Teams durch Tillschneider zur AfD. Nicht alleine, weil der Kurs zuvor ein anderer war. »Dieser Schulterschluss wurde von etlichen PEGIDIANERN – auch mir – sehr kritisch gesehen, denn strategisch ist es zumindest fragwürdig, mehrere oppositionelle Stimmen zu einer zu verengen«, macht sie deutlich und hält Däbritz und Bachmann vielmehr vor, am Sturz von Frauke Petry mitwirken zu wollen: »Ganz davon abgesehen, muss man fragen, ob es im Sinne der Pegida-Spaziergänger ist, die zum größten Teil AfD-Wähler sind, ›ihre‹ Bürgerbewegung als ›Königinnenmörderin‹ zu instrumentalisieren.« Einen anderen Vorwurf spielt sie zurück: »Das ist geradezu ein Bachmann-Klassiker. Jeder, der bei ihm in Ungnade fällt, wird von ihm mit dem Stigma des Verfassungsschutzes gebrandmarkt. Möglicherweise um von sich selber abzulenken?« Und erwartungsgemäß bissig erhebt sie den wohl härtesten Vorwurf in diesem Milieu. Bachmann sei wie Merkel: »Die gesamte Erklärung strotzt vor diktatorischen, geradezu totalitären Vorgaben und Verhaltensregeln, die nicht etwa in einer Satzung definiert sind, sondern willkürlich durch Lutz Bachmann nach ›Lust und Laune‹ situativ festgelegt werden. Damit verhält sich ein Lutz Bachmann exakt so wie Merkel – und die übrigen Orga-

Mitglieder nicken, wie Merkels Erfüllungsgehilfen, ab, was die Führung diktiert.«

Die Entwicklung von Pegida ist im September 2016 offen. Scheitert Pegida oder findet sie neue Organisations- oder Ausdrucksformen? Schon beim Streit äußert sich Festerling zu einer weiteren Überlegung Bachmanns äußerst skeptisch, die seit Monaten still verhandelt wird, er aber erst Wochen später öffentlich verkündet: die Gründung einer eigenen Partei. Beim Abendspaziergang am 18. Juli in Dresden erklärt Bachmann vor rund 2000 Anhängern der Pegida-Familie, die »Freiheitlich Direktdemokratische Volkspartei« gegründet zu haben. Der Gründungsvertrag für den parlamentarischen Arm von Pegida sei schon am 13. Juni unterzeichnet worden. Die Parteigründung erfolgte auch als eine Reaktion auf ein angeblich drohendes Verbot des Pegida-Vereins. Dieses »Damoklesschwert«, so Bachmann, würde über dem Verein schweben und sein Vermögen gefährden. Eine Konkurrenz zur AfD wären sie aber nicht und wollten sie auch nicht werden. »Wir werden diese AfD unterstützen beim nächsten Bundestagswahlkampf und nur in ganz, ganz wenigen Landkreisen oder Wahlbezirken Direktkandidaten stellen«, verspricht er. Es gebe gute Verbindungen zu verschiedenen Landesverbänden in ganz Deutschland – abgesehen vom sächsischen Landesverband. »Eiszeit« herrsche in Bezug auf die AfD-Bundesvorsitzende Frauke Petry. »Aber es gibt andere Landesverbände, die verstanden haben, dass es nur gemeinsam geht.« Er selbst will keine Parteifunktion übernehmen: »Ich bleibe der Lutz von Pegida auf der Straße.«

Gelingt die Etablierung einer Pegida-Partei? Erfolglos waren sie nicht – unabhängig davon, ob sie weiter erfolgreich sein werden. Im Gegenteil: »Zurück bleibt bereits jetzt eine Spaltung der Gesellschaft in Einheimische und Fremde«, schreibt Korsch. Ganz abgesehen von bundespolitischen Spannungslinien könne in Dresden direkt die »Spaltung« erspürt werden: »Durch Familien, Freundeskreis und Kollegen geht der Riss, aus ihm quillt Angst.« Einen weiteren Effekt hat Pegida neben der Anfeindung und Ausgrenzung »des Anderen« ebenso längst bewirkt: »Überall dort, wo sich rechte Politikinhalte als vorgebliches Gebot der Normalität, der Vielfalt des Meinungsspektrums oder schlicht als ›gesunder Menschenverstand‹ wie bei Pegida ausgeben, scheint ein Maß an Normalisierung rechter Politik erreicht, innerhalb dessen rechte Inhalte nur noch dann für diskreditiert gelten, wenn sie in einem explizit neonazistischen Kontext stehen«, sagt der Rechtsextremismusexperte Begrich. Dieser Prozess der Normalisierung habe das »Spektrum des Sagbaren« enorm erweitert. »Was im Westen der Sarrazin-Effekt für die Enttabuisierung von Rassismus war«, so Begrich, »ist in Ostdeutschland Pegida als Ausdrucksform autoritären Krisenbewusstseins.« In Dresden, bei Pegida feiern die Redner auf der Bühne und die Menge bei den Spaziergängen diese Entgrenzung. Sie fühlen sich als »das Volk«, als »die Guten«.

Autoritäre Revolte einer sozialen Bewegung von rechts

Vorbei und gespalten. Am 5. Juli 2016 existiert die gewählte Land-tagsfraktion der 23 AfD-Mandatsträger in Baden-Württemberg nicht mehr. Um 16 Uhr steht Jörg Meuthen im Stuttgarter Landtag in einer eiligst einberufenen Pressekonferenz vor den Kameras und Mikrofonen. Der Bundessprecher und Noch-Fraktionsvorsitzende erklärt, die Fraktion zusammen mit 13 Abgeordneten zu verlassen – ohne aus der AfD auszutreten. Der Fraktion gelang es nicht, sich eindeutig von den antisemitischen Äußerungen ihres Mitglieds Wolfgang Gedeon zu distanzieren. »Wir bedauern, diese Trennung vollziehen zu müssen«, sagt Meuthen. »Wer nicht in der Lage ist, rassistische oder antisemitische Äußerungen zu erkennen und zu unterlassen, schädigt seine Partei und gehört schon gar nicht auf Führungspositionen einer staatstragenden Partei.« Eine harte Kritik an der Landtagsfraktion, ein scharfer Cut für die Bundespartei.

Keine vier Monate nach ihren großen Wahlerfolgen in Baden-Württemberg, Sachsen-Anhalt und Rheinland-Pfalz steht die Partei vor ihrer zweiten großen Krise. In diesen Tagen scheint für die Partei die Spaltung der Fraktion tief greifender zu sein als im Jahr 2015 die Trennung vom Vorsitzenden und Initiator Bernd Lucke. Während beim damaligen Konflikt vor allem das Persönliche im Vordergrund stand, geht es 2016 um die Positionierung. »Wir sind uns bewusst, dass dieser Schritt für die gesamte AfD eine höchst belastende Situation darstellt«, sagt Meuthen, aber es ginge »hier nicht um Meinungsfreiheit«, sondern »darum, klare Position gegen alle Strömungen zu beziehen, die unserem Volk und unserem Land schaden.« Zwei Monate nach der ersten Sitzung des Landtags ist die

Fraktion wegen der Schriften von Wolfgang Gedeon, die er unter dem Pseudonym W. G. Meister veröffentlichte, unüberwindbar gespalten. Meuthen forderte den Rauswurf aus der Fraktion und den Ausschluss aus der Partei.

»Causa Gedeon« – Antisemitismusvorwurf und Machtkampf

Wolfgang Gedeon wanderte von links nach rechts. In den 1970er Jahren war er »leitender Kader« bei der Kommunistischen Partei Deutschlands/Marxisten-Leninisten (KPD/ML). Die damaligen Positionen vertrete er nicht mehr, sagt der Arzt und ehemalige Maoist. In seinen Schriften bezeichnet er die Holocaust-Leugner Horst Mahler und Ernst Zündel als »Dissidenten«, die nur wegen ihrer Meinung »für Jahre hinter Gitter« gesperrt würden, und findet, dass das Holocaust-Mahnmal in Berlin an »gewisse Schandtaten« erinnere. Mit Rückgriff auf die antisemitische Schrift *Die Protokolle der Weisen von Zion* wirft er den Juden vor, eine Versklavung der Menschheit anzustreben. Er hält das erstmals 1903 im Russischen Kaiserreich erschienene und auf Fälschungen beruhende Pamphlet nicht nur für wahr, sondern auch die darin gesponnene Weltverschwörung für real. Das Judentum versteht er als »inneren Feind« und den Islam als »äußeren Feind« des christlichen Abendlandes. In der »Zusammenfassung der Quintessenz« seiner 2009 veröffentlichten Trilogie *Christlich-europäische Leitkultur. Die Herausforderung Europas durch Säkularismus, Zionismus und Islam* führt Gedeon aus: »Politisch will man überall ein Mehrparteien-System, das man ›Demokratie‹ nennt, durchsetzen, und ideologisch geht es um die Durchsetzung einer freimaurerisch-zionistischen Ideologie, die als solche die Grundideologie des US-amerikanischen Staates darstellt.« Eine »Wurzel« dieser Ideologie sei »vor allem über die Ideologisierung des Holocaust-Gedenkens definiert«. Unter »Basisinformation« zu den drei Bänden legt er auf seiner Webseite dar: »Der Zionismus, ursprünglich eine nationalistisch-politische Bewegung des Judentums, dominiert inzwischen weitgehend das Denken des Westens. Er sorgt dafür, dass die ruhmreiche Geschichte des christlichen Abendlandes in eine Kriminalgeschichte des ›Antisemitismus‹ uminterpretiert wird; dass europäische Rechtsprechung, den Holocaust betreffend, immer mehr zur unsere Rechtskultur deformierenden Gesinnungsjustiz gerät; dass schließlich Auschwitz zum neuen Golgatha gemacht wird und ein allgegenwärtiges Holocaust-Gedenken das Christentum als Leitreligion des Westens verdrängt.«

Einige Tage vor der Fraktionsspaltung hatte Meuthen schon angekündigt zu gehen, sollte Gedeon nicht ausgeschlossen werden. Mit der Entscheidung, erst einmal ein Gutachten zu den Publikationen einholen zu lassen, konnte dieser Schritt verhindert werden – anfänglich. Als ein Gutachter soll Gerard Menuhin vorgeschlagen worden sein, der selbst den Holocaust als »Lüge« bezeichnet.

In der *Jungen Freiheit* fragt Marc Jongen am 20. Juni 2016: »Nun sag, AfD, wie hast du's mit dem Judentum?« Ein doppelter Aufschlag: Kein Geringerer als der »Parteiphilosoph« Jongen ergriff ausgerechnet in der neurechten Wochenzeitung Position. Der langjährige Assistent von Peter Sloterdijk ist stellvertretender Landessprecher, Programmkoordinator der AfD Baden-Württemberg und Mitglied der Bundesprogrammkommission. In der Partei hat der Philosoph von der Staatlichen Hochschule für Gestaltung (HfG) Karlsruhe Gewicht, das er nutzt – für Meuthen. Jongen, der nicht gerne als »Parteiphilosoph« der AfD bezeichnet werden mag, schreibt in der *Jungen Freiheit*: »Wenn AfD-Fraktionschef in Baden-Württemberg und Bundesparteisprecher Jörg Meuthen trotz alledem die ›Totschlagvokabel‹ ›antisemitisch‹ gegen [Gedeon] verwendet und seinen eigenen Verbleib in der Landtagsfraktion an die Bedingung des Ausschlusses Gedeons aus selbiger koppelt, dann ist es zumindest nachvollziehbar, dass bei einigen Mitgliedern und Sympathisanten der AfD eine Art Déjà-vu-Erlebnis einsetzt: als sei hier ein Lucke 2.0 am Werk und als feierte die Untugend der ›Distanzeritis‹ aus einer glücklich überwunden geglaubten Zeit in der AfD unfröhliche Urständ«, jedoch sei »die ›Weltanschauung‹« der Trilogie »weit davon entfernt, den Verdacht des Antisemitismus zu zerstreuen. Sie macht im Gegenteil umso mehr schaudern, je näher man sich mit ihr beschäftigt.« Gedeon sei »geradezu der Prototyp dessen, was man gemeinhin einen ›antisemitischen Verschwörungstheoretiker‹« nennen würde, schreibt Jongen und hält ihm weiter vor, »in Inhalt und Duktus so gut wie unverhüllt in die Tradition übelster antisemitischer Hetzliteratur von Houston Steward Chamberlain über Alfred Rosenberg bis hin zu Horst Mahler« zu stehen. Und er warnt: »Es steht mit dem Fall Gedeon nicht weniger auf dem Spiel als die Glaubwürdigkeit der AfD als bürgerliche Alternative zu den austauschbar gewordenen [...], immer mehr zum Unheil gereichenden Altparteien.« Ein klares Urteil des »Parteiphilosophen«.

In der Fraktion sahen das nicht alle Mitglieder so. Am Vormittag der Pressekonferenz scheiterte Meuthen mit einem Antrag auf Ausschluss Gedeons aus der Fraktion. Zwar stimmte eine Mehrheit dafür, doch die nötige Zweidrittelmehrheit kam nicht zustande. Meuthen hielt Wort, ging und gründete mit Rückendeckung des Bundesvorstands die Fraktion Alternative für Baden-Württemberg (ABW). Am Nachmittag des 5. Juli erklärte der Bundesvorstand sogleich, dass sie »aufs Schärfste die Entscheidung derjenigen Mitglieder der AfD-Fraktion im Landtag von Baden-Württemberg, die den Ausschluss von Wolfgang Gedeon aus der Fraktion verhindert haben«, missbilligten und »als Vertreter der AfD im Landtag von Baden-Württemberg ab sofort nur Jörg Meuthen und die Abgeordneten, die sich ihm anschließen«, anerkennen würden. Dieser Beschluss sei »einstimmig« gefasst worden.

Nach Informationen der *Jungen Freiheit* nahmen an der Telefonkonferenz für diese Entscheidung Frauke Petry, Albert Glaser und Julian Flak aber nicht teil. Auffallend: Die sonst so meinungsstarke Petry hielt sich in der »Causa Gedeon« zurück. Via Facebook griff sie stattdessen am 19. Juni Meuthen an und schrieb in Abstimmung mit Glaser, dass »Äußerungen wie die von Herrn Gedeon keinen Platz in der AfD haben«, allerdings sollte Meuthen vor weiteren Schritten erst mal ein Gutachten abwarten. Denn durch seine jetzige Vorgehensweise sei die »Causa Gedeon« von der Sachebene auf die persönliche Ebene verlagert worden, die auch »die gespaltene Meinung innerhalb der Fraktion« hervorgerufen habe. Als sie an der

Pressekonferenz mit Meuthen teilnehmen wollte, lehnte er dies ab. Zuvor hatte sie am selben Tag auf dem Weg nach Stuttgart auf Facebook geschrieben: »+++ Deeskalation ist das Gebot der Stunde +++«, und angekündigt, mit der »gesamten Fraktion« reden zu wollen. Bereits vorher soll sie zusammen mit dem AfD-Europaabgeordneten Marcus Pretzell, ihrem Lebensgefährten, in Einzelgesprächen mit Abgeordneten der Fraktion gegen Meuthen Stimmung gemacht haben, schreibt *Spiegel Online* am 6. Juli 2016.

Aus der »Causa Gedeon« ist eine »Causa Petry/Meuthen« geworden. Das Bundessprecherduo Petry/Meuthen ist schon länger kein Team mehr. Dass durch den Konflikt um Gedeon das Ansehen Meuthens in und außerhalb der Partei sank, schien Petry in dem schwelenden Machtkampf fast entgegenzukommen – stand sie doch in den vergangenen Monaten innerhalb der AfD immer wieder selbst in der Kritik. In Stuttgart hoffte sie wohl, sich in einer aufgrund von Meuthen verfahrenen Situation als Vermittlerin gerieren zu können. Ohne Erfolg: Zwar konnte sie Gedeon noch zum freiwilligen Rückzug aus der Fraktion bewegen, die tiefe Spaltung der Fraktion allerdings nicht mehr abwenden. Durch den Disput entbrannte der schon lange schwelende Machtkampf an der Spitze der Partei.

»Partei-DNA« – 5. Bundesparteitag beschließt Grundsatzprogramm

Auf dem 5. Bundesparteitag in der baden-württembergischen Landeshauptstadt am 30. April/1. Mai 2016 gewinnt Petry bereits keine großen neuen Sympathien mehr. Ihr Co-Bundesvorsitzender Meuthen wird zum Parteistar. Meuthen nutzt das kurze Grußwort als gastgebender Landesvorsitzender, um gleich die programmatische Ausrichtung zu umreißen. Seine Sätze sind pointiert, die Worte bewusst gewählt, um Politik und Emotionen gleichermaßen anzusprechen. Die AfD müsse drei Strömungen in sich vereinen, sagt er: einen »modernen Konservativismus, konsequente Freiheitlichkeit und gesunden Patriotismus« – und bekommt sofort den erhofften Applaus. Dieser Parteitag wird eine Ausrichtung nach weit rechts forcieren –

auch mit und durch Meuthen. Rechtspopulismus bedingt keinen Antisemitismus. Auch ohne das »Gerücht über die Juden« (Theodor W. Adorno) kann man sich weit rechts bewegen. Rechtspopulisten müssen das Existenzrecht Israels nicht abstreiten, Neue Rechte nicht den Holocaust leugnen und Rechtsextreme jüdische Menschen nicht angreifen. Solche Positionen und Aktionen können ohne Positionsverlust gar als obsolet und inakzeptabel erklärt werden.

An dem Bundesparteitagswochenende bekommt Meuthen von den über 2100 Mitgliedern und Förderern nach seiner Rede den lautesten Zuspruch. Die Gäste, überwiegend Männer im mittleren und hohen Alter, meist im feinen Anzug oder schicken Casual Look, klatschen und skandieren stehend »AfD, AfD, AfD«. Die wenigen Frauen im Saal bestätigen die Untersuchungen zur Mitglieder- und Wählerschaftsstruktur der Partei.

Funktionsträger, Mitglieder und Gäste strahlen mehr als bloße Zuversicht aus. Seit den Erfolgen bei den Landtagswahlen am 13. März 2016 herrscht bei den Anhängern der erst vor drei Jahren gegründeten Alternative ein neues Selbstbewusstsein. Keine Partei in Deutschland habe bisher nach ihrer Gründung eine so erfolgreiche Entwicklung durchlaufen wie die AfD, hebt Meuthen hervor. Jede Wahl war ein Erfolg. Bereits in der Hälfte der 16 Landesparlamente ist die Partei bis zum Parteitag vertreten. Dass sie nach den Wahlen im September 2016 auch ins Landesparlament von Mecklenburg-Vorpommern und ins Abgeordnetenhaus in Berlin einzieht, wird auf dem Parteitag nicht angezweifelt.

Nach den letzten drei Landtagswahlen hat sich gezeigt, dass die junge Partei die Gewinnerin gegen alle vermeintlichen Altparteien und die selbst ernannte Alternative in einer angeblich alternativlosen Politik ist. Sie sind gekommen, um zu bleiben, heißt es nach jedem Wahlerfolg. Dass diese Adaption des Songtitels »Gekommen um zu bleiben« der Band »Wir sind Helden« mit ihren pluralen, multikulturellen und konsumkritischen Botschaften den Anliegen der Partei vollkommen entgegensteht, scheint egal. Im Populismus wird schnell ausgeblendet, was den Populismus verkompliziert.

Der Saal ist für den Parteitag, auf dem die AfD nun erstmals ein Parteiprogramm diskutieren und beschließen will, kaum mit Parteiplakaten und -botschaften dekoriert. Auf eine Leinwand im Hintergrund der Bühne werden im Wechsel Bilder der drei Spitzenkandidaten André Poggenburg, Uwe Junge und Jörg Meuthen mit den Landesergebnissen 24,3 Prozent, 12,6 Prozent und 15,1 Prozent projiziert. Spätestens seit den Wahlen sei die AfD »eine feste parlamentarische Größe in Deutschland geworden«, sagt Meuthen. Der Bundessprecher lobt sogleich die Streit- und Diskussionskultur zu ihrem vorliegenden 74 Seiten starken Grundsatzprogramm.

Über 1400 Seiten mit Anträgen und drei vollständigen Alternativentwürfen liegen vor. Den »Konstanzer Entwurf« hat Gedeon vorgelegt. Er führt aus, dass sich die AfD nicht »als Reparaturwerkstatt für die verkorkste deutsche Politik der letzten 25 Jahre, sondern als eine neue Partei für eine neue Zeit, die dem 1989 eingeläuteten politischen Paradigmenwechsel gerecht wird«, verstehen müsse und meint: »Nach der Emanzipation Deutschlands von der Supermacht USA ist die Bedrohung durch den Islamismus das zweite große Problem deutscher Politik. Es ist das Ziel des Islam von Mohammed bis heute, die Ungläubigen, und damit meint man nicht zuletzt die Christen, seiner religiösen und politischen Herrschaft zu unterwerfen.« Er macht einen Weg der »schleichenden Linksfaschisierung in Richtung einer neuen Groß-DDR« aus, da »ideologischer Terror justiziabilisiert wird und aus dem ›Krieg der Worte‹ z. B. über den Paragraphen 130 (Volksverhetzung) nach und nach eine strafrechtliche Unterdrückung der Opposition betrieben« werde, und beklagt die »Herrschaft der Wall-Street-Banken und Hedgefonds über die Weltwirtschaft u. a.«

Die Positionen von Gedeon dürften in der Partei nicht ganz unbekannt gewesen sein. Im Dezember 2015 empfahl Björn Höcke auf seiner Facebook-Seite auch Gedeons Schrift: *Grundlagen einer neuen Politik – Über Nationalismus, Geopolitik, Identität und die Gefahr einer Notstandsdiktatur.* Er bedankt sich ausdrücklich und betont: »Immer wieder verweist Dr. Gedeon auf die existentielle Bedrohung der europäischen Völker und ihrer Kulturen. In der notwendigen

Klarheit benennt er den Feind unserer Freiheit in Vielfalt: Es ist die große Gleichschaltung in Form des Menschenrechts- und Religionsextremismus.«

Meuthen äußert sich in Stuttgart zu keinem Entwurf gegen den Bundesentwurf. Er geht auch auf keinen Antrag ein, begrüßt aber wiederholend die Auseinandersetzung. »Ich bin heilfroh, dass wir im Vorfeld des Parteitages gestritten haben«, sagt er, denn es ginge um nichts Geringeres als um die »Partei-DNA«. Ein »Gruselparteitag« sei für ihn der CDU-Bundesparteitag in Karlsruhe im Dezember 2015 gewesen, auf dem Angela Merkel nicht bloß eine falsche Linie ohne Diskussion vorgegeben habe, sondern auch zehn Minuten vorbestellter Applaus erfolgte: »Wir sind doch hier keine CDU-Duracell-Klatschhäschen.« Da stehen schon die ersten Gäste und applaudieren.

In Stuttgart will Meuthen vereinen, was an unterschiedlichen bis widersprüchlichen Anträgen dem Parteitag vorliegt: Im Antrag LT17 möchte Rainer Rösl, dass die Bundesrepublik nicht als Staat, das Grundgesetz nicht als Verfassung bezeichnete werde, da Deutschland kein souveräner Staat sei. Klaus Gagel will im Antrag LT169 eine dezentrale parallele Goldwährung einführen, die »Deutsche Goldmark« heißen könnte. Im Antrag LT324 fordert Ulrich Neymeyr, dass im Programm nicht von »Familie« und »Mehrkindfamilie« gesprochen werden soll, sondern von »Familie mit deutscher Staatsangehörigkeit« und »Mehrkindfamilien mit deutscher Staatsangehörigkeit«, ginge es doch darum, dass zu wenig deutsche Kinder geboren würden. Im Antrag LT444 möchte Gunnar Dietz den Straftatbestand der Volksverhetzung abschaffen. Im Antrag LT684 fordert Gottfried Curio, dass »textliche Bezeichnungen von Geschäften (Ladenschilder) […] auf deutsch (gemeint sind nicht Namen, etwa von Restaurants)« erfolgen. Im Antrag LT820 will Frank Nicolai Oroszy, dass Schüler beim Projekt »Schule ohne Rassismus – Schule mit Courage« sich nicht wie bisher über einen Listeneintrag für eine Beteiligung ihrer Schule aussprechen, sondern künftig in einer geheimen Abstimmung. Und im Antrag LTSO17 fordert Anne Zielisch eine »Volksabstimmung, ob Deutschland ein Einwanderungsland sein soll oder nicht«.

Im Programmentwurf der Programmkommission um Albrecht Glaser, Alice Weibel und Beatrix von Storch stören sich mehrere Mitglieder an dem Bekenntnis: »Wir sind Liberale und Konservative. Wir sind freie Bürger unseres Landes. Wir sind überzeugte Demokraten.« Die Bezeichnungen Konservative und Liberale sollen gestrichen werden, »selbstbewusste Patrioten« wird mehrfach eingefordert.

Bei der Skizzierung des Großen und Ganzen greift Meuthen auf die Selbstbezeichnung Patrioten zurück. »Wir wollen eine Volkspartei sein«, sagt er und spielt darauf an, dass sie allein in Baden-Württemberg, dem Bundesland mit der drittgrößten Bevölkerungsdichte, 809 554 Stimmen erhalten hätten und die drittgrößte Fraktion stellten. In Sachsen-Anhalt bildet die AfD zwar die zweitgrößte Fraktion, aber in dem bevölkerungsschwachen Bundesland genügten 272 496 Stimmen. Konkurrenz möchte Meuthen nicht aufkommen lassen. Die Relationen hinter den Prozentzahlen wollte er vielleicht nur mal kurz andeuten, um die eigene Bedeutung im Machtgefüge der Partei klarzustellen. Mit den Wahlen verändert sich die Bedeutung der neuen Landtagsfraktionsvorsitzenden und der Landesverbände im Parteigefüge. Ist das der Grund, warum Meuthen seine Rede vor Petrys nutzt, um ein politisches Parteiprofil zu skizzieren? Ein Profil, das mit seiner Person verbunden werden dürfte, wenn er darlegt, dass Deutschland dringend eine »starke politische Kraft« brauche, die die drei Strömungen moderner Konservativismus, konsequente Freiheitlichkeit und gesunder Patriotismus vereine. Diese »Schlagworte« erläutert er kurz.

Moderner Konservatismus, führt er aus, bedeute, gewachsene kulturelle und regionale Traditionen und bewährte Institutionen zu schützen. Konservative Politik heiße nicht, »rückständig und reaktionär zu denken«, wie das ganze rot-grüne Mainstreamlager versuche einzureden. Sie würden vielmehr darauf achten, was bewährt und bereits gut sei, was es für die Nachkommen, die Kinder und Enkel zu bewahren gelte. Dies sei »unsere schöne und vielfältige Sprache«, beginnt er und es würde ihn extrem nerven, »bei Facebook als PolitikerInnen mit einem großen Binnen-I geführt zu werden«. Bald würde man nicht mehr zum »Bäcker«, sondern zum »Backenden« gehen. Erhaltenswert sei auch »unsere über Jahrhunderte gewachsene Kultur« und »unsere bemerkenswerten schönen Landschaften«, Konservative seien sehr sensibel für die Bedrohung dieser »Güter«.

Die Beispiele deuten an, dass die Angreifer dieser Kultur und Güter auch aus dem eigenen Land, sowie aus fremden Ländern kommen. Sie wären nicht generell gegen Zuwanderung, doch eine »massenhafte unkontrollierte Zuwanderung aus anderen Kulturkreisen« würden sie nicht hinnehmen, »sodass wir unser eigenes Land, das wir bewahren wollen, nicht mehr wiedererkennen«. Die Religionsfreiheit würden sie natürlich akzeptieren. Die »Leitkultur« sei jedoch nicht der Islam, sondern die christlich-abendländische Kultur. Und wenn das so sei, dann könne »der Ruf des Muezzin nicht für sich die gleiche Selbstverständlichkeit beanspruchen wie das christliche Geläute«. Applaus kommt auf.

Das konservative Selbstverständnis ist laut Meuthen nicht bloß konservativ. Zum Freiheitlichen gehöre neben »dem Wertkonservativismus« auch das Liberale. Liberalismus würde bei ihnen aber nicht Beliebigkeit bedeuten, womit es Parteien, die liberal im Namen führten, oft verwechseln würden. Sie seien für den freien Wettbewerb und die soziale Marktwirtschaft, darum stünden sie auch dem Mittelstand näher, womit Meuthen den Liberalismus auf die wirtschaftliche Dimension beschränkt. »Wir wenden uns gegen einen Staat, der seine Bürger ausbeutet, wir treten für ein einfaches und gerechtes Steuersystem« ein, sagt er, und dass sie Steuererhöhungen ablehnen würden, insbesondere die Steuererhebung der Europäischen Union. Ein »schlanker Staat«, keine Sozialpolitik, die »mit der Gießkanne über alle und jeden ausschüttet«, sei geboten, aber jene, die aus diversen Gründen nicht selbst imstande seien, ihre Grundsicherung zu erwirtschaften, müssten unterstützt werden, betont er und geht zum »Patriotismus« über.

»Wir Deutschen haben leider immer noch unser Problem, uns als Patrioten zu sehen«, hebt er an. Nach den »schrecklichen und finsteren Jahren des Nationalsozialismus« sei uns aber »aberzogen worden, unser Vaterland zu lieben«. Doch es sei »falsch, sein Land nicht zu lieben, das darf man, das dürfen auch wir«, so Meuthen. Aus dem Grundsatzprogramm zitiert er sogleich das AfD-Verständnis von Vergangenheits- und Erinnerungskultur: »Die aktuelle Verengung der deutschen Erinnerungskultur auf die Zeit des Nationalsozialismus ist zugunsten einer erweiterten Geschichtsbetrachtung aufzubrechen, die auch die positiven, identitätsstiftenden Aspekte deutscher Geschichte mit umfasst.« Kritische Nachfragen könne er nicht nachvollziehen, gerade die Aufarbeitung des Nationalsozialismus sei vorbildlich. Dass die Kritik aus der Erfahrung resultiert, dass sich gerade das rechts-konservative Milieu der Aufarbeitung des Nationalsozialismus widersetzt, wird geflissentlich ignoriert. Das Credo der vermeintlichen Akzeptanz der AfD: Genug ist genug.

Meuthens Skizzierung der »Schlagworte« kommt nicht nur an, sie begeistert. Die letzten Sätze ganz besonders, benennt er doch die inneren Feinde offen: »Und geben wir Bundesjustizminister Maas«, sofort erschallen Buh-Rufe, »einmal recht, aber ein einziges Mal völlig recht, er hat gestern verlauten lassen, unser Parteiprogramm sei ein Fahrplan in ein anderes Deutschland. Liebe Parteifreunde, wo der Mann recht hat, hat er recht. Das stimmt. Und zwar in ein Deutschland weg vom links-rot-grün verseuchten 68-Deutschland, von dem wir die Nase voll haben.« Der Saal steht und der vermeintlich moderate Bundessprecher genießt den Applaus. Liberal und konservativ ist die Positionierung mit dieser Rhetorik nicht. Auch die beim Parteivorstand sitzende Petry klatscht.

In den kleinen Pausen zwischen den Rednern scherzen die Vorstandsmitglieder auf dem Podium miteinander, reden und tauschen sich aus. Nur Petry wird kaum angesprochen. Sie weiß, dass sie nach der Trennung von Lucke nicht mehr unumstritten ist, und sie weiß, dass ihre Rede nicht nur für den Parteitag entscheidend ist. Doch so eindeutig, mitreißend und richtungsgebend wie Meuthens Rede wird die ihre nicht. Sicher hätte sie die Kritik an ihrer Person gerne abgeschwächt. Vor dem Parteitag hatte sie sich im *Mannheimer Morgen* zu einem möglichen Schusswaffengebrauch an geschlossenen Grenzen geäußert. Eine Debatte, die bereits durch die Äußerung von Marcus Pretzell, gewaltsamen Grenzübertritten mit Waffen als »Ultima Ratio« begegnen zu wollen, bei einer Parteiveranstaltung nachhaltige Kritik ausgelöst hatte. In dem am 30. Januar 2016 veröffentlichten Interview antwortete Petry auf die Frage, wie ein Grenzpolizist in einem solchen Fall reagieren solle: »Er muss den illegalen Grenzübertritt verhindern, notfalls auch von der Schusswaffe Gebrauch machen. So steht es im Gesetz.« Die beiden Redakteure fassten nach: »Es gibt in Deutschland ein Gesetz, das einen Schießbefehl an den Grenzen enthält?« Und Petry erklärte: »Ich habe das Wort Schießbefehl nicht benutzt. Kein Polizist will auf einen Flüchtling schießen. Ich will das auch nicht. Aber zur Ultima Ratio gehört der Einsatz von Waffengewalt. Entscheidend ist, dass wir es so weit nicht kommen lassen.«

Petry versuchte ihre Aussagen prompt zu relativieren, indem sie dem *Mannheimer Morgen* eine »verkürzte und völlig sinnentstellte« Wiedergabe ihrer Worte vorwarf, woraufhin Chefredakteur Dirk Lübke gegenüber *Meedia* am 8. Februar erklärte: »Was ist daran nötigend, wenn Frauke Petry uns selber das Interview angeboten hat, sie und ihr Sprecher jedes Wort zur Autorisierung vorgelegt bekommen haben, jedes Wort und jeden Satz mehrmals gelesen und schließlich zur Veröffentlichung freigegeben haben?«

Im März irritierte Petry im Umgang mit den Medien die Partei erneut, indem sie zwei Einladungen des ZDF beim *Morgenmagazin* (MoMa) platzen ließ – einen morgendlichen Top-Termin in der medialen Landschaft. Termin übersehen, wiegelte der Pressesprecher der AfD Christian Lüth anfänglich das Fernbleiben ab. Später führt Petry allerdings die MoMa-Moderatorin Dunja Hayali als Grund des Nichterscheinens an: »Solange vor allem öffentlich-rechtliche Fernsehsender ihren Auftrag, so neutral wie möglich das pluralistische Meinungsbild darzustellen, dadurch missverstehen, indem sie offensichtlichen Politaktivisten wie Dunja Hayali ein derartig breites öffentliches Forum bieten, ist mein persönliches Interesse, in diesem Rahmen über die aufstrebende Alternative für Deutschland zu berichten, deutlich reduziert.« Hayali unterstützt den Verein »Gesicht zeigen« und die Initiative »Respekt! Kein Platz für Rassismus«. Bei der Verleihung der »Goldenen Kamera 2016« am 6. Februar sagte Hayali: »In einem Land, in dem die Meinungsfreiheit so ein hohes Gut ist, darf und muss jeder seine Sorgen und seine Ängste äußern« können, »ohne gleich in die rechte Naziecke gestellt zu werden. Aber wenn Sie sich rassistisch äußern, dann sind Sie verdammt noch mal ein Rassist«. Den Vorwurf von Petry nannte Redaktionsleiter Thomas Fuhrmann schlicht »abwegig«.

Diese Posse mit dem ZDF wie auch die Home-Love-Story in der *Bunten* am 23. März 2016 kamen in der Partei nicht überall gut an. Lügenpresse hin oder her. In der AfD stieg die Sorge, dass die Bundessprecherin eventuell nicht den gebotenen konsolidierenden Kurs nach den Wahlerfolgen einleiten und halten könnte. Nicht nur wegen des Umgangs mit den Medien. In der Partei verfestigte sich die Einschätzung, dass Petry nur schwer mit Kritik umgehen kann, selbst wenn diese konstruktiv und nicht persönlich geäußert wird – heißt es aus der AfD. Ihr Vorwurf, Lucke sei autoritär gewesen, fällt auf sie zurück. Eine »Luckine« brauche man nicht. Ihre Parteianhänger registrierten sehr genau, dass sie ihre starke öffentliche Präsenz auch nutzte, um führende Parteimitglieder medial anzugehen. Den Parteivize Alexander Gauland watschte sie ab, als er eingestand, dass die Krise der Flüchtlingspolitik ein »Geschenk des Himmels« für ihre Partei sei. »Ein fataler Satz. Man kann sich doch nicht über Entwicklungen freuen, die dem Land schaden«, sagte sie. Die Europa-Abgeordnete Beatrix von Storch griff Petry wegen ihrer Aussage zum Schusswaffengebrauch gegen Flüchtlinge an. Die Parteikollegin, die ihr eigentlich beistehen wollte, hatte geäußert, dass an den Grenzen nur nicht auf Kinder und Minderjährige geschossen werden dürfe. »Was Beatrix gesagt hat, war katastrophal. Ich will keine Toten«, sagte Petry in der *Bunten.*

Auf dem Parteitag möchte Petry zu Beginn ihrer Rede mit einer kleinen Volte über Parteifarben punkten. Am Redepult macht sie auf ihr Outfit aufmerksam: grüner Blazer und roter Rock, statt wie sonst ihre dunkelblaue Kombination. Bewusst gewählt, um zu sagen: »Wir sollten alle Farben okkupieren«, und dass diese Farben in

Zukunft unwichtig seien, weil sie, »die Blauen, das neue Bunt mit allen Farben« okkupieren würden. Einzelne Lacher folgen – mehr nicht. Am Mikrofon ermahnt Petry den Parteitag: »Wir im Bundesvorstand brauchen Sie als Mitglieder, so wie Sie mich als maßgebliche Repräsentantin in der Öffentlichkeit brauchen.«

Im Saal ist bald spürbar, dass Petry nicht zum Parteitagsliebling wird, der charmant und pointiert die Richtung weist. Schnell hatte sich im Vorfeld dieses Programmparteitags abgezeichnet, wer die Programmatik vorgibt: Die FAZ führte mit Alexander Gauland und Jörg Meuthen ein Interview über ihre Parteiausrichtung, die *Bunte* ein Gespräch mit Frauke Petry und Marcus Pretzell über ihre neue Liebe.

Auf dem Parteitag offenbart sich bereits vor der Debatte um die AfD-»DNA« das Problem mit der Distanz zu ganz weit rechts. Ohne auf Widerspruch zu stoßen, erklärt Pretzell am Saalmikrofon, als Europa-Abgeordneter der Fraktion »Europa der Nationen und der Freiheit« beizutreten, die vom Front National (FN) bestimmt wird. Eine Nähe, die die AfD früher mied. Mit dem FN um Marine Le Pen hätten sie »nichts gemeinsam«, sagte Petry noch am 8. Juli 2015 gegenüber *Zeit Online*. Mit viel Widerspruch in der Diskussion beschloss der Parteitag, mit 996 gegen 806 Stimmen, den saarländischen Verband wegen rechtsextremer Kontakte aufzulösen. Schlussendlich liegt die Entscheidung beim Schiedsgericht der Partei.

Eine weitere Ambivalenz spiegelte sich im Entwurf des Grundsatzprogramms vom Februar 2016 in der Sozial- und Familienpolitik wider. Eine »Partei der kleinen Leute«, von der Gauland immer spricht, hätte andere Forderungen und Überlegungen aufgeworfen. Nach öffentlicher Kritik fiel das der Partei dann auch auf – und entschärfte ihre Positionen. Die Verlängerung der Lebensarbeitszeit, die Privatisierung der Arbeitslosen- und Unfallversicherung und auch die Wiedereinführung des Schuldprinzips bei Scheidungen wird nun nicht mehr gefordert. Stattdessen heißt es, dass die AfD für eine »grundlegende Reform zum Wohle Deutschlands« sei, die auch die Sozialversicherungen betreffe. Der Begriff »Sozialstaat«, merkt Pascal Beucker in der taz am 29. März 2016 an, tauche in dem

»AfD-Entwurf kein einziges Mal auf«, das Gleiche gelte »für die Wörter ›Mitbestimmung‹ und ›Gewerkschaften‹«.

Diese Ambivalenzen in der »DNA« der Partei lösen sich auf dem Parteitag von Abstimmung zu Abstimmung mehr und mehr auf. Die Partei zieht es weiter nach rechts – weg von einem modernen Konservativismus. In der Programmdebatte setzen sich überwiegend die rechteren Positionen durch. Einige Kernpunkte: »Der Islam gehört nicht zu Deutschland«, »Ungeregelte Asylzuwanderung« schade Deutschland, die deutschen Außengrenzen sollten wieder flächendeckend gesichert werden, gegebenenfalls mit Zäunen, die Türkei solle niemals Mitglied der EU werden, die EU müsse zugunsten der nationalen Souveränität zurückgedrängt werden, die Zahl der Abtreibungen solle sinken, die Strafmündigkeit von 14 auf zwölf Jahre herabgesetzt werden, die Krippenbetreuung und häusliche Erziehung sollen gleichberechtigt nebeneinander bestehen, das Schächten untersagt und der öffentlich-rechtliche Rundfunk in seiner jetzigen Form abgeschafft werden.

»Selbstpositionierung als rechtspopulistisch« – Affinitäten und Arrangements

Vor dem Parteitag hatten Gauland und Storch für die AfD signalisiert, dass die Bezeichnungen »rechtspopulistisch« und »Anti-Islam-Partei« die passenden sein könnten. Zu weit rechts für einen der Journalisten, der für die Idee einer Partei rechts von der Union ganz offen ist und in der zweiten Reihe im Saal sitzt: Dieter Stein, Chefredakteur der *Jungen Freiheit*. Seit Monaten warnt er vor einem zu weiten Rechtskurs, der erneut die Hoffnung auf eine rechte Partei jenseits der CDU/CSU platzen lassen könnte, weil er die rechte Mitte möglicherweise abschreckt. »Diese Selbstpositionierung als rechtspopulistisch ist reichlich dämlich«, sagte er bei einer Veranstaltung der AfD-Bürgerschaftsfraktion in Hamburg. Auf dem Parteitag weicht er einer Nachfrage aus: Für- und Widerspruch habe er für diese Äußerung erhalten.

Nach dem Parteitag feiert die neurechte Wochenzeitung am 4. Juni 2016 ihr 30-jähriges Erscheinen. Mit dem Aufstieg der AfD stieg die Auflage der *Jungen Freiheit*. Bei ihrem Jubiläum tritt auch ein Gast vom Parteitag auf: der ehemalige Staatspräsident Tschechiens Václav Klaus, der ermutigende Worte spricht, sich nicht dem Zeitgeist zu beugen. Und auf dem Parteitag bekennt er, ein »Fan« der AfD zu sein. Der Wirtschaftsprofessor, der auch ein gern gesehener Gast bei der Friedrich-August-von-Hayek-Gesellschaft ist, kritisiert ebenso massiv die Europäische Union, hält dem Westen vor, den Konflikt in der Ukraine geschürt zu haben, und bezeichnet Angela Merkels Hoffnung auf die Integration von Flüchtlingen als »kindisch«. In Stuttgart hebt Klaus hervor: »Ihre Partei stellt eine Hoffnung nicht nur für Deutschland dar, sondern für uns alle.« Die »Dämonisierung der AfD durch Parteien und Medien« habe eine »absurde Stufe« erreicht. »Trotzdem müssen Sie kompromisslos sein. Aufweichung wäre ein tragischer Fehler«, meint er kurz vor der Eröffnung der Programmdebatte unter dem Jubel der AfD-Anhänger.

Eigene Positionen aufgeben? Für Björn Höcke, den bekennenden Rechtsaußenstehenden der Partei, kaum denkbar. Die Strömung um den thüringischen Landtagsfraktions- und Landesvorsitzenden dürfte solchen Überlegungen massiv gegensteuern. Mitten in der Abstimmung über die Tagesordnung erscheint er im Saal. Der Parteivorstand sitzt da schon Stunden auf der Bühne. Auf einem der langen Mittelgänge zwischen den Stuhlreihen schreitet Höcke nach vorne zu seinem Platz. Der zunächst leise Applaus schwillt an, so laut, dass die Tagungsleitung unterbrechen muss und ihn begrüßt: »Herr Höcke, schönen guten Tag«, um dann mit den Anträgen fortzufahren. Kam Höcke wegen der Gegenproteste nicht früher zum Messezentrum? War der verspätete Auftritt im Saal eine Inszenierung? Der Empfang hat jedenfalls erneut offenbart, dass dieser AfD-Politiker kein profaner Funktionär für seine Anhänger ist.

Ans Saalmikrofon tritt er bei den Debatten nicht. Schweigen als Demonstration von Macht, auch das kann Höcke. Sein enger Mitstreiter André Poggenburg beantwortet im Auditorium gerne die Frage um ihren Einfluss: »Mit so einem Wahlerfolg ist das Ansehen in der Partei gestiegen, aber wir waren schon vorher […] eine Kraft.« Und von sich aus auf ihre Aktion im Richtungsstreit hinweisend sagt der erfolgreiche Wahlkämpfer aus Sachsen-Anhalt: »Gerade mit der Erfurter Resolution, dem Flügel unseres gradlinigen nationalkonservativen Kurses, haben wir schon einen Einfluss vor der Wahl in der Partei gehabt.«

Nach den verschiedenen, weit rechts formulierten Positionen und Ressentiments dieses »Flügels« war die Bundesführung immer bemüht, sie einzuhegen. Ablehnung wurde laut signalisiert, aber Rauswürfe nicht wirklich angegangen. Eine Strategie der Partei, um die moderateren Wähler weiter bei sich zu behalten und gleichzeitig die radikaleren Wähler erneut an sich zu binden. Solche taktischen Spiele, dass Gauland provoziere und Petry dementiere, verneint Gauland allerdings. »Eine solche Strategie gibt es nicht. Es sind tatsächlich entweder Falschdarstellungen oder ab und zu auch mal Fehler von uns. Wenn aber die Journalisten glauben, dass wir so eine geniale Strategie haben, dann sollten wir sie vielleicht im Glauben an unsere Genialität lassen«, sagte er der *Jungen Freiheit* am 10. Juni 2016.

Auffallend: Der Höcke-Kurs wurde von Meuthen und Petry immer wieder kritisiert. In der Selbstdarstellungsbroschüre des Vorstands kann sich Poggenburg aber offen zu Höcke und der »Erfurter Resolution« bekennen. Distanzierungen sehen anders aus.

Der sich in den Medien beim Antisemitismus-Streit um Gedeon klar positionierende Meuthen positioniert sich auch bei der Debatte um den Rechtskurs klar – allerdings nicht durch Distanz. Ausgerechnet in der extrem rechten *Compact* sagte er in der Maiausgabe 2016, dass keine »Flügelkämpfe« die Partei gefährden würden, und beschreibt seine Beziehung zu Höcke so: »Man kann das exemplarisch an meinem Verhältnis zu Björn Höcke klarmachen. Man würde mich eher dem wirtschaftsliberalen Flügel zurechnen und Höcke eher dem national-konservativen. Wir sind sicher in einigen Punkten auch nicht einer Meinung, aber wir pflegen einen guten und vertrauensvollen Umgang miteinander.« Mit dem Vergleich suggeriert der Wirtschaftsprofessor eine Divergenz, die nicht gegeben sein muss. Wirtschaftsliberale Vorstellungen können durchaus mit extrem rechten Weltvorstellungen einhergehen.

In *Wollt ihr den totalen Markt?* haben Herbert Schui und andere 1997 auf dieses Binnenverhältnis von liberalem Markt und anti-emanzipatorischer Politik hingewiesen. Friedrich August von Hayek, einer der wichtigen neoliberalen Ökonomen, warnte 1944 in *Weg zur Knechtschaft*: »Was als gut gemeinte sozialdemokratische Korrektur des Marktes beginnt, muss schließlich im Totalitarismus enden.« Die Ursache liegt für Hayek aber noch tiefer, und zwar in der Demokratie, die für die Ausweitung des staatlichen Aufgabenbereichs verantwortlich sei. Denn die verschiedenen Bevölkerungsgruppen würden vom Staat finanzielle Wohltaten oder staatliche Eingriffe zum Schutz vor den Härten des Kapitalismus einfordern. Diese Rufe könnten die Politiker unter demokratischen Bedingungen des Wählerwillens kaum ignorieren, wollten sie ihre Wiederwahl nicht gefährden. Zur chilenischen Militärdiktatur unter Augusto Pinochet von 1973 bis 1990, die einen wirtschaftsliberalen Kurs einschlug, merkte er 1981 an: »Ich persönlich würde einen liberalen Diktator gegenüber einer demokratischen Regierung, der es an Liberalismus mangelt, bevorzugen.« Während der Militärdiktatur sollen bis zu 4000 Menschen ermordet worden sein – gerade in den ersten Wochen nach dem Putsch. Der Politikwissenschaftler Thomas Biebricher erinnerte am 25. September 2014 in der *Zeit* an diese Position Hayeks.

Dass der Neoliberalismus zu einer »modernen Spielart des Sozialdarwinismus« führe, erklärt der Politikwissenschaftler und Armutsforscher Christoph Butterwege, da er die Gesellschaft in Leistungsstarke und -schwache, Gewinner und Verlierer unterteile. Die Logik bedinge eine Ausgrenzung danach, wer dem »›eigenen‹ Wirtschaftsstandort« mehr oder weniger nütze. »Arbeitslose, Greise, Menschen mit Behinderungen und Zuwanderer sehen sich immer häufiger dem Vorwurf ausgesetzt, ›Sozialschmarotzer‹ zu sein, sich ›nicht zu rechnen‹ und der ›Standortgemeinschaft‹ auf der Tasche zu liegen«, legt Butterwege dar und hebt hervor: »Hierdurch entstehen politisch-ideologische Anknüpfungspunkte für den Rechtsextremismus bzw. -populismus.« Keine Überraschung, dass Anhänger und Sympathisanten der AfD immer wieder bei der Friedrich-August-von-Hayek-Gesellschaft auftauchen.

Meuthen selbst versteht sich nicht als so radikal wirtschaftsliberal. Im Interview mit *Compact* wird diese Positionierung aber nicht groß verhandelt. Die Beziehung zu Höcke allerdings schon. Auf die Frage, ob die Medien versuchten, immer wieder einen »Spalt« zwischen ihm und Höcke herbeizuschreiben, antwortet Meuthen: »Jeden Tag, kann ich ihnen sagen.« Und wenn man ihn mit Aussagen von Höcke konfrontiere, würde er einfach mit ihm sprechen: »Wir telefonieren miteinander und lassen da keinen Keil zwischen uns treiben – so muss das sein.« Und ganz versöhnlich führt er weiter aus: »Mit einer Poggenburg-Linie hier in Baden-Württemberg wäre es problematisch geworden, und mit einer Meuthen-Linie in Sachsen-Anhalt vermutlich auch.« Die Strategie, sich moderat und gleichzeitig radikal zu inszenieren, hat Meuthen gleich nebenbei bestätigt und als geboten erklärt: »Das Vögelchen fliegt nicht nur mit einem Flügel«, sagt er in der *Compact*, um »im Bild zu bleiben.«

Von einer Distanz zu Gauland, der von Anbeginn die »Erfurter Resolution« um Höcke unterstützte, darf bei Meuthen ebenfalls schon länger nicht mehr ausgegangen werden. Im FAZ-Interview vom 25. April 2016 nimmt er Gauland in Schutz. Als die Redakteure wegen dessen Aussage, »die Engländer müssten sich nicht mit Auschwitz ›herumschlagen‹«, nachfragen, erklärt er: »Bei Äußerungen von Herrn Gauland wird mir nie mulmig. Ich kenne ihn ja doch gut. Der Ausdruck ist vielleicht ein wenig zu salopp.« Bei der 75. Geburtstagsfeier von Gauland im Krongut Bornstedt in Potsdam würdigte Meuthen seinen Gauland als »Pontifex maximus der Alternative für Deutschland« und nannte ihn einen »lieben Kollegen«, der das »fruchtbare Zusammenspiel von Liberalen und Konservativen« erst ermöglicht habe, er sei ein »intellektueller Brückenbauer«. Am 4. Juni ist Meuthen einer der Redner beim Kyffhäusertreffen des »Flügels«, nach Höcke und Gauland und vor Poggenburg und Tillschneider. Das Binnenverhältnis zwischen den sich moderat gebenden Kreisen um Meuthen und Gauland und den offenen radikaleren Kreisen um Höcke und Poggenburg ist gar nicht so angespannt wie oft angenommen.

Und Petry? Ihre Beziehung zu Meuthen, Gauland und Höcke ist belastet. Sie war nicht auf der Geburtstagsparty von Gauland, schreibt das *Handelsblatt* am 3. Juni. Sie trat auch nicht beim Kyffhäusertreffen als Rednerin auf. Eine Distanz, die aber Affinitäten nicht überdecken sollte. Bereits vor dem Bundesparteitag hat sie eine Personalentscheidung getroffen, die keine moderate Positionierung signalisiert. Nach der Medienposse und der Boulevardinszenierung trennte sich Petry von Lüth. Im März erklärte sie laut der FAZ vom 25. März 2016 auf einer Bundesvorstandssitzung, mit dem Pressesprecher nicht mehr zusammenarbeiten zu wollen. Er habe ihr nicht ordentlich zugearbeitet. Die weiteren Bundesvorstandsmitglieder folgten der Vorhaltung nicht und entschieden sich für eine weitere Zusammenarbeit mit Lüth. Ein Bruch, der erneut die Spannung zwischen Petry und der Partei offenbart. Zwei Männer gewinnt sie allerdings für die Zusammenarbeit: Markus Frohnmaier, Bundesvorsitzender der *Jungen Alternative,* und Michael Klonovsky, zuvor langjähriger Journalist beim *Focus.*

Die Benennung von Frohnmaier zu ihrem neuen Pressesprecher fand kaum medialen Widerhall. Er ist weniger bekannt als Klonovsky, der wegen seiner mehr als konservativen Positionen und seines provozierenden Stils große Resonanz erfährt. In der Partei hat er aber durch sein Engagement ein starkes Gewicht – am rechten Rand der Partei. Mit ihm holt sich Petry einen engen Mitstreiter der Höcke-Linie in ihr engstes Umfeld. Zusammen mit Pretzell war Frohnmaier am 15. April beim »Internationalen Jalta-Wirtschafts-Forum« auf der von Russland annektierten Krim. In der extrem rechten *Zuerst!* wird Frohnmaier in der Juniausgabe 2016 auf drei Seiten sehr persönlich vorgestellt. Chefredakteur Manuel Ochsenreiter merkt an, dass Frohnmaier der Grünen-Bundespolitikerin Claudia Roth nach den sexuellen Übergriffen in Köln vorhielt, »mittelbar mitvergewaltigt« zu haben, und berichtet, dass Petry die »erste Anruferin« war, nachdem ihm der Einzug in den Stuttgarter Landtag nicht gelang. »Sie weiß von der Enttäuschung und fängt den 25-jährigen Parteifreund auf. Frohnmaier und Petry duzen sich, sie kennt sein Talent als Organisator, Redner und Vortaster – im Prinzip eine Eier legende Wollmilchsau in der AfD«, schwärmt Ochsenreiter über die Beziehung der beiden und über Frohnmaiers Talente. In Erfurt zeigte Frohnmaier neben Höcke bei einer der AfD-Kundgebungen am Mittwoch, dem 28. Oktober 2015 sein Redetalent: »Ich sage diesen linken Gesinnungsterroristen, diesem Parteienfilz ganz klar: Wenn wir kommen, dann wird aufgeräumt, dann wird ausgemistet, dann wird wieder Politik für das Volk und nur für das Volk gemacht – denn wir sind das Volk.«

Mit Klonovsky gewinnt Petry einen Mitstreiter ohne internen Parteiliniengeruch, aber mit eindeutigen Positionierungen. »Ich bin auf Frau Petry, wie man sagt, zugegangen«, sagt er der taz am 1. Mai 2016: »So gehört es sich doch auch, oder? Der Herr dient sich der Dame an.« Der mit Preisen ausgezeichnete Journalist und Autor nahm nach über 24 Jahren Abschied vom Nachrichtenmagazin *Focus*. »Finito« stand in der Betreffzeile der E-Mail an seine Kollegen in München und Berlin. Das Gerücht, er ginge zur AfD, machte schnell die Runde, schreibt *Spiegel Online* am 28. April. Im Einvernehmen hätten sie sich getrennt. Ganz so harmonisch soll das Verhältnis der Redaktion zu ihrem Redakteur wegen seiner immer weiter nach rechts driftenden Positionen aber nicht mehr gewesen sein.

Über Jahre konnte der heute 53-Jährige im *Focus* schon seit 1995 die Bewegung der »political correctness« (pc) angreifen, die seiner Auffassung nach die Meinungsfreiheit einschränken wolle. »pc unterscheidet nicht nach wahr und falsch, sondern nach gut und böse. pc kennt weder Humor noch Ironie. pc will nivellieren, einen Einheitsbrei von Menschen mit Einheitsmeinungen schaffen, die sich dann gegenseitig Querdenker nennen.« 2010 schrieb er im *Focus*: »Die Tatsache, dass es unproduktive Unterschicht, Sozialschmarotzer, ja dass es Plebs gibt, findet der Gutmensch so skandalös, dass er jeden zum Schlechtmenschen erklärt, der darauf hinweist. Wenn es sich obendrein noch um Migranten handelt, kommt der hierzulande so beliebte Rassismus- und Ausländerfeindlichkeitsvorwurf mit derselben Sicherheit zur Anwendung, wie dessen Handhaber fernab von sozialen Brennpunkten siedeln. Dabei ist doch gerade die Einwanderung in das Sozialsystem eines anderen Landes, das Leben auf fremder Leute Kosten, eine enorme Ungerechtigkeit.« In der Phalanx der Maskulisten sah das Magazin *EMMA* in seiner Frühlingsausgabe 2012 Klonovsky als einen der »Herrenrechtler«. Der Feminismus ist für ihn auch ein »Luxusphänomen« und »die Männer« das »benachteiligte Geschlecht«. Unter dem Titel »Ein Glauben zum Fürchten« warnte er 2014 im *Focus*, dass »ein Teil des Islam« den Westen heute »als Feind« betrachte, den »Konflikt mit ihm« suche. Und er mahnt an: »Es ist nicht das erste Mal in der europäischen Geschichte, dass dies geschieht. Aber nie zuvor hat Europa angesichts der Herausforderung seine religiöse und kulturelle Identität verleugnet.« Nicht alles missfiel dem *Focus*.

Kopfschütteln soll aber zuletzt ein Eintrag von Klonovsky auf seinem privaten Blog ausgelöst haben, berichtet *Spiegel Online*. Am 23. Januar 2016 schreibt er bemüht ironisch in seinem Internet-Tagebuch »Acta diurna«: »Von ihrem Amt sowie ihrer Geschlechtslosigkeit abgesehen, schienen lange Zeit kaum Ähnlichkeiten oder gar Verbindungen zwischen A. Hitler und A. Merkel zu bestehen. Mittlerweile dämmert es vielen, dass es eine womöglich fundamentale, ins Metaphysische reichende Allianz zwischen den beiden geben könnte insofern, als die heutige Kanzlerin den letzten Willen des Führers, das Verschwinden der Deutschen, zwar nicht direkt exekutiert – das erledigen sie durch ihre Kinderwunscharmut allein –, aber immerhin kolossal beschleunigt.«

Bei diesen Positionen ist es nicht verwunderlich, dass er auch weit rechts publiziert. Seit Jahren veröffentlicht Klonovsky beim Magazin *eigentümlich.frei*. Seine letzten beiden Bücher *Bitte nach Ihnen* und *Die Liebe in Zeiten der Lückenpresse* erschienen 2015 und 2016 im rechten Verlag Manuscriptum. Ein Auszug des gerade erschienenen Werks *Die Liebe in Zeiten der Lückenpresse* kann in der *Compact*-Ausgabe 6/2016 gelesen werden. Merkel macht er als die »große Zerstörerin«, »die Verfassungsfeindin«, die »Überlinke« und die »Liquidatorin« aus und meint: »Längst regiert sie die Bundesrepublik wie ein postdemokratisches, postparlamentarisches Präsidialregime, was nur deswegen kaum auffällt, weil sie kein Deutsch kann und auf nahezu jede rhetorische Legitimierung ihres Handelns verzichtet.« Und »nie in der deutschen Geschichte, die bösen zwölf Jahre ausgenommen, war es zugleich in einem solchem Grade wie heute möglich, Normalmenschen zu diskreditieren, zu beschimpfen, zu beleidigen, kollektiv herabzuwürdigen, wie in der späten Ära Merkel, wo jeder, der die unkontrollierte Masseneinwanderung nicht besiegheilbrüllt, als Dunkeldeutscher zum multimedialen Angegröltwerden freigegeben ist, so wie zuvor jeder EU-Skeptiker als Eurohasser, jeder Konservative als Dumpfdeutscher diskreditiert wurde.«

Schon 2010 hatte er im *Focus* festgestellt, dass es »in Deutschland in den grundlegenden Fragen keine Opposition mehr« gebe und betont: »Nie war die Zeit für die Gründung einer konservativen Alternative zur CDU günstiger als heute. Während den Etablierten die Wähler weglaufen, kann sich jeder Fünfte vorstellen, eine solche Partei zu wählen.« 2016 ist er mit dabei. Ab dem 1. Juni ist er aber nicht als Pressesprecher der Partei dienlich, er tauge nicht zur »Sprechpuppe«, aber als »Spin-Doctor«.

Zum Dienstbeginn bei der AfD sprang er publizistisch gleich Gauland nach einem Mediengau bei. Knapp zwei Wochen vor Beginn der Fußball-Europameisterschaft in Frankreich hatte der AfD-Vize über den deutschen Nationalspieler Jérôme Boateng der *Frankfurter Allgemeinen Sonntagszeitung* gesagt: »Die Leute finden ihn als Fußballspieler gut. Aber sie wollen einen Boateng nicht als Nachbarn haben.« Gauland bestritt die Aussage zunächst, räumte später aber dann doch ein, sie getätigt zu haben. Petry twitterte am 29. Mai prompt: »Jérôme Boateng ist ein Klasse-Fußballer und zu Recht Teil der deutschen Nationalmannschaft. Ich freue mich auf die EM.« Mal wieder ein Angriff von ihr auf ihren Parteivorstandskollegen. Zur »Causa Gauland« meinte Klonovsky dann am 1. Juni in seinen »Acta diurna« zu einem Kommentar, dass ein »Exklusionswunsch« rassistisch sei: »Von mir aus nennen Sie den Exklusionswunsch bösartig, aber indem Sie auch dem defensiven Rassismus sein Daseinsrecht absprechen, nehmen Sie dem Begriff Rassismus die Trennschärfe und verwenden ihn im Sinne jener linksgrünen und migrantenlobbyistischen moralischen Erpresser, denen er einzig als Universalwaffe in ihrem rassistischen Kampf gegen die ›Herrschaft der weißen Männer‹ dient, deren schieren Selbstbehauptungswunsch sie für diskriminierend erklären.«

Nach Klonovskys Dienstantritt bei der Partei hat allerdings einer seiner Meinung nach den politischen Rubikon zu weit nach rechts überschritten: Wolfgang Gedeon. Am 28. Juli schreibt er: »Damit wir uns nicht falsch verstehen: Herr Gedeon [...] hat in keiner konservativ-freiheitlichen Partei etwas zu suchen [...]. Was an Gedeons Büchern antisemitisch ist und warum sich die AfD seiner Mitgliedschaft entledigen muss, hat der stellvertretende AfD-Sprecher von Baden-Württemberg, der Philosoph Marc Jongen, [...] ausführlich dargelegt; mehr ist dazu nicht zu sagen.« Klonovsky führt dann aber doch noch aus, dass in der AfD ein Mensch »namens« Gedeon ein »komplett unbeachtetes Buch« mit »inhärente[m] Antisemitismus« geschrieben und damit »die gesamte Partei mit dem übelsten politischen Gelichter in Verbindung« gebracht habe, obwohl in dieser ein Parteiausschluss angestrebt werde. »Aufgemerkt nun also und Trommelwirbel: Es betritt die erste Antisemitenpartei die Manege, die raffinierterweise Antisemiten ausschließen will«, spitzt er zu.

In der Überspitzung blendet der 54-Jährige jedoch aus, dass sich in der Fraktion die nötige Mehrheit für einen Fraktionsausschluss nicht finden konnte. Er selbst schiebt am 5. Juli in seinen »Acta diurna« nach: »In drei, vier Jahren, wenn hinreichend viele Wüstensöhne hierzulande willkommenskulturell fellationiert worden sind, werden uns Figuren wie Wolfgang Gedeon ziemlich exotisch vorkommen, weil sie ihren Antisemitismus noch theoretisch begründen zu müssen meinten.« Die pauschale Annahme, dass die Flüchtlinge durch ihre Einreise den Antisemitismus grundsätzlich verstärken würden, hätte auch differenzierter aufgeworfen werden können. Nicht aber beim »Spin-Doctor« der AfD. Gezielte Provokationen und vermeintliche Tabubrüche dürfte der politische Berater weiter spinnen und für Petry vordenken.

»Thymotische Sehnsüchte« und »Holocaust-Religion«

Die »Causa Gedeon« wurde aber nicht nur wegen des Machtkampfs von Meuthen und Petry so hart verhandelt. Sie birgt auch den internen Konflikt innerhalb »der Rechten«, inwieweit der Antisemitismus affirmativ oder distanziert virulent ist und der Holocaust als Tatsache anerkannt und reflektiert oder relativiert bis gar negiert wird. Zwei der idealtypischen Unterscheidungen zwischen rechtspopulistischen Parteien und rechtsextremen Bewegungen – und »Alter Rechten« und »Neuer Rechten«.

Eine Überraschung ist es insofern nicht, dass Meuthen bei den ersten kritischen Einwürfen noch meinte, dass die AfD mit der »Antisemitismuskeule« verunglimpft werden sollte, dann jedoch, als für ihn die Sache eindeutig war, zügig umschwenkte. Und es ist auch keine Überraschung, dass Marc Jongen, der »Philosoph« der Partei, in den Strukturen der Neuen Rechten die Distanz zum Antisemitismus und zur Relativierung und Negierung der Verbrechen des Nationalsozialismus postulierte. Nicht nur in der *Jungen Freiheit* – auch bei *Sezzion.net*. Auf dem Internetportal tauschten sich Jongen und Götz Kubitschek ausführlich über den »Fall Wolfgang Gedeon« aus. Mit dem Gespräch forcierte Jongen gleichzeitig weiter die Entgrenzung nach rechts. Unterstützt doch das Netzwerk um Kubitschek, anders als die *Junge Freiheit* von Stein, Höcke massiv. In dem am 30. Juni veröffentlichten Gespräch räumt Jongen ein: »Gedeon ist nicht irgendein Hinterbänkler ohne Einfluss und Bedeutung [...], sondern einer der theoretisch ambitioniertesten Köpfe, die mir in der AfD bekannt sind.« Kubitschek wirft ein: »Wir bewegen uns ja fraglos sofort in tabubewehrten Zonen, wenn wir über die weltgeschichtliche Bedeutung des Judentums, des Zionismus oder der Holocaustindustrie nachdenken und unsere Gedanken äußern. Man kann diese Tabus nun aufgrund der deutschen Geschichte als gerechtfertigt akzeptieren – das ist dann eine politische Entscheidung, sie ist im Bezug auf die Leugnung des Holocausts in Deutschland sogar juristisch abgesichert. Man kann die Tabus aus wissenschaftlicher Sicht aber auch ablehnen, und zwar ohne jede Prüfung der Sachverhalte, nämlich schlicht, weil es keine

Frage- und Forschungstabus geben sollte.« Die »Tabuzonen des deutschen hegemonialen Diskurses und die ›Holocaustindustrie‹« greift Jongen auf und bezieht sich dabei auf Kubitschek, der in der *Sezession* geschrieben hat, dass es »fatal« sei, »wenn Strukturen und Denkweisen der ›alten Rechten‹ in das Terrain eindrängen, das die AfD erschlossen hat«.

Klassische rechtsextreme Positionen sollen also vermieden werden, um die gesellschaftliche Mitte nicht zu verlieren. Jongen fragt dann Kubitschek als den »eminenten Vertreter der Neuen Rechten in Deutschland«, wie er die Positionen von Gedeon einschätze: »Ist er einer von denen, die, wie Sie schrieben, ›gut über das Land denken‹ und die man daher ins Widerstandsmilieu eingemeinden soll, oder ist, was ich behaupten möchte, ›gut gemeint‹ nicht manchmal auch das Gegenteil von gut?« Kubitschek antwortet, dass Gedeon zu jenen gehöre, »die das, was unserem und anderen Völkern widerfährt, für den Ausdruck eines Ringens machtvoller Akteure halten«. Dahinter stünde »das Bedürfnis, den vermeintlich zum straffen, mündigen und dienstbereiten Leben fähigen Menschen als Opfer sehr viel mächtigerer Kräfte zu beschreiben«. Doch Gedeons »grundsätzlich in die Irre gehende Welterklärung beweist, wie wenig er zum Politiker taugt«. Jongen vertieft diesen Gedanken: »Das Fatale an Leuten wie Gedeon ist, dass für solche denunziatorischen Interpretationen konservativen Denkens sie ideale Steilvorlagen liefern, und dass alles, was sie an teils richtigen politischen Forderungen in den Mund nehmen, vom Pesthauch der Judenfeindschaft vergiftet wird. Gäbe es sie nicht, das ›System‹ müsste sie glatt erfinden.« Einer der letzten »großen Angriffe der Diskurswächter« habe bekanntlich Martin Heidegger gegolten, »dem man aus einigen Bemerkungen in seinen ›Schwarzen Heften‹ endgültig den antisemitischen Strick zu drehen versuchte«.

Die Verteidigung von Heidegger folgt Jongens Kompass – gegen die Moderne. Der Philosoph bezieht sich nicht auf Denker einer kritischen Moderne als »unvollendetes Projekt« (Jürgen Habermas). Seine Bezugsgrößen sind Friedrich Nietzsche, Oswald Spengler und Carl Schmitt, wie Justus Bender und Reinhard Bingener in der FAZ am 15. Januar 2016 darlegen. Diesen Denkern sei gemein, dass sie von Vernunft und republikanischer Mäßigung wenig hielten, dafür umso mehr von scharfen historischen Brüchen. Sie operierten vorwiegend in geistigen Gefilden abseits der Vernunft, in Ausnahmezuständen und Seinsordnungen, Freund-Feind-Schemata und dionysischen Rauschzuständen. In diesem Zusammenhang steht auch Jongens These der »thymotischen Unterversorgung« in Deutschland, »einer Armut an Zorn und Wut«. Für Jongens ist Thymos neben Logos und Eros eine der »drei ›Seelenfakultäten‹«. In Europa genieße vor allem die Vernunft in Politik und Philosophie Ansehen, meint Jongens, und Thymos sei »zu Unrecht in Verruf geraten«. Mangelnder Zorn und Wut in unserer Kultur führten zur geringen Wehrhaftigkeit gegenüber anderen Kulturen – etwa dem Islamismus, der eine »hochgepushte thymotische Bewegung« sei. Die AfD unterscheide sich durch ihren positiven Bezug zum Thymos von allen anderen politischen Parteien. Einzig die AfD lege »Wert darauf«, »die Thymos-Spannung in unserer Gesellschaft wieder zu heben«, sagt Jongen den FAZ-Redakteuren. Was, wenn die Steigerung des Thymos die gesellschaftliche Grundordnung gefährde, fragen Bender und Bingener nach. Diese Gefahr will Jongen nicht leugnen, »diese Gefahr muss man aber auf sich nehmen, wenn man der existenziellen Großgefahr eines Verschwindens der deutschen Kultur begegnen will. Dann muss man mit diesen Dingen umgehen und leben.« Die Deutschen sollen also ihre Kultur dadurch verteidigen, dass sie ihre eigentlich sehr deutsche Mäßigung aufgeben. Um sich gegen »›thymotisierte‹ Islamisten zur Wehr zu setzen, müssten sie ihnen ähnlicher werden«, fassen Bender und Bingener Jongens Ansatz zusammen. Diese philosophische Position Jongens erklärt das politische Agieren mit Björn Höcke und mit Götz Kubitschek.

In seinem Werk *Die Zerstörung der Vernunft* setzte sich Georg Lukács 1960 mit Denkern auseinander, die auch zu den geistigen Vorgängern von Jongen und Kubitschek gehören, und schrieb, dass mit der Hinwendung zum Mythos, der »Stellungnahme pro oder contra Vernunft«, zugleich »über das Wesen einer Philosophie als Philosophie« entschieden werde. In jeder »philosophischen Regung des Irrationalismus« sei »die Möglichkeit einer faschistischen, einer aggressiv reaktionären Ideologie [...] sachlich erhalten«. Die Idealisierung der »totalen Mobilmachung«, die Glorifizierung des »heroischen Realismus«, die Propagierung des »männlichen Soldatischen« und die Vision von einem »barbarischen Sieg« denkt Lukács hier mit. Und er spielt auf Ernst Jüngers Vorhaltung 1932 in *Der Arbeiter* an, wonach »Geist und Vernunft« der »Hochverrat des Geistes« seien.

Diese Regungen des Irrationalen müssen nicht im Totalitären enden, sie treiben jedoch Ressentiments gegen emanzipatorische Hoffnungen und eine gruppenbezogene Menschenfeindlichkeit voran. Hochverräter wollen Jongen und Kubitschek nicht sein. Jongen schwebt auch ganz im Duktus der Neuen Rechten, wenn er im Gespräch mit Kubitschek die Motivation für die Akzeptanz des Holocaust ausführt: »Ich möchte weiterhin die heuchlerischen politischen Instrumentalisierungen des Holocaust kritisieren können, ich möchte nicht schweigen müssen, wenn unsere Bundeskanzlerin die Torheit begeht, die Verteidigung des Staates Israel zur Staatsraison Deutschlands zu erklären. Wie kann ich das noch glaubhaft tun mit einem Wolfgang Gedeon in der eigenen Partei, der uns kaum verklausuliert erklärt, dass ›die Juden unser Unglück sind‹?« Sie seien es den »ermordeten Juden und deren Nachfahren schuldig«, sich »gegen solche Tendenzen zu wenden«, sagt Jongens und ergänzt, »es auch uns selbst schuldig« zu sein. »Was wäre das für ein armseliges Selbstbild einer Nation, aus dem die bösen Aspekte ausgespart blieben? Und was wäre das für ein Stolz, der nur um den Preis der Ausblendung oder verharmlosenden Zurechtbiegung ›gewisser Schandtaten‹ zu haben wäre – um Gedeons Ausdruck zu verwenden?« Kubitschek widerspricht nicht: »In der Annahme des Ganzen unserer Geschichte« seien sie sich »einig«, sagt er.

Die Herren eine, das Offenkundige nicht zu leugnen, schreibt Lothar Müller in der *Süddeutschen Zeitung* am 7. Juli 2016. Mit der »Geste eines Aufklärers« möchten sie stattdessen die »›Zivilreligion des Holocaust‹ als Religion«, an die zu glauben uns das »Establishment« gebiete, hinterfragen, um »Nationalmasochismus und -neurose« sowie »Holocaust- und Kriegsschuldkomplex« vermeintlich zu entlarven. Schließt diese Strategie Antisemitismus grundsätzlich aus? Nein, darf mit Verweis auf Armin Pfahl-Traughber geantwortet werden, der auf dem Internetportal *Blick nach rechts* am 11. Juli an Martin Hohmann erinnert. 2016 trat der ehemalige CDU-Bundestagsabgeordnete in die AfD in Hessen ein und errang bei den Kommunalwahlen in Fulda ein Mandat für die Partei. 2003 hatte sich Hohmann in einer öffentlichen Rede auf Henry Fords antisemitische Auffassungen in dessen Buch *Der internationale Jude* gestützt und wurde aus der Bundestagsfraktion der CDU/CSU ausgeschlossen und später aus der Partei. »Und 2012«, so Pfahl-Traughber, »äußerte Hohmann in einem Interview: ›Offensichtlich möchten einflussreiche Juden dunkle Kapitel jüdischer Geschichte lieber im Dunkeln belassen ...‹, womit ähnliche Konspirationsvorstellungen wie die von Gedeon bedient werden.«

»Extremismus der Mitte« – Kritik in der Faschismus-Falle

Der harte Streit um Gedeon dürfte nicht zum schnellen Ende der AfD führen. Ebenso wenig der zwischen Petry und Meuthen ausgebrochene Machtkampf. Und auch kaum der anhaltende Rechtstrend. Die Partei hat längst die kritische Größe überschritten, um sich an einem großen Konflikt zu atomisieren. Dafür hat sie zu viele Mitglieder, ist parlamentarisch zu stark verankert und verfügt über zu große gesellschaftliche Akzeptanz. »Die AfD ist keine Eintagsfliege«, warnt Christoph Butterwegge im Rahmen eines Interviews beim *Deutschlandfunk* am 14. Mai 2016, dazu gehe sie zu professionell vor: »Wenn man sieht, wie sie aus diesem Anti-Eurokurs, der natürlich auch die Ängste davor [...] aufgegriffen hat, dass uns die Eurokrisenländer das Geld wegnehmen und den Wohlstand rauben, wenn man sieht, wie sie umgeschwenkt ist zur Anti-Flüchtlingspolitik und die Ängste [...] aufgegriffen hat vor Überfremdung, was ja auch bedeutet vor Überforderung, und wie sie dann jetzt zuletzt [...] umgeschwenkt ist auf einen Kurs gegen den Islam, weil das Flüchtlingsthema nicht mehr so trägt, wenn weniger Flüchtlinge kommen, dann sieht man, dass da ganz professionell Politik gemacht wird.«

Die Partei unterscheidet sich auch von allen bisherigen Bemühungen, rechts von der Union eine vermeintlich wählbare Alternative zu etablieren, darin, dass ein Gros ihres Personals politische Kompetenz, organisatorisches Know-how und persönliche Netzwerkerfahrung mitbringt. In Deutschland konnte sich die vermeintliche Alternative – trotz interner Richtungsstreitigkeiten und persönlicher Animositäten – binnen drei Jahren als rechtspopulistische Partei festsetzen. Mit der Entwicklung holte die soziale Bewegung von »überzeugten Patrioten« und christlichen Fundamentalisten über »Ich-bin-ja-kein-Rassist-aber« und den »Das-muss-man-doch-sagen-dürfen« bis Neuer Rechten und »Hooligans gegen Salafisten« die Entfaltung dieser rechten Parteiformationen in vielen europäischen Ländern nach. Ohne die Aktionen von Pegida auf den Straßen scheint der Einzug der AfD in die Parlamente kaum denkbar. Ohne die Entgrenzungen des Sagbaren durch Personen wie Thilo Sarrazin bis hin zu Akif Pirinçci, ohne das jahrzehntelange Agieren der Neuen Rechten im vor- und politischen Raum und ohne den Zuspruch aus der Mitte der Gesellschaft wäre diese Entwicklung nicht möglich gewesen.

Vor Jahren warnte Siegfried Jäger vor einem »Extremismus der Mitte«. Eine bewusste Zuspitzung, um darauf hinzuweisen, dass in Politik, Wissenschaft und Medien eine »politische ›Mitte‹« imaginiert werde, »die gut und schön« sei. Dieses »symbolische Gebilde« signalisiere »zugleich Normalität, so dass alle politischen Handlungen, die aus der ›Mitte‹ heraus geschehen, als normal erscheinen«, schrieb Jäger 1998 in *Über das Eindringen von Ideologemen des Völkischen Nationalismus in den öffentlichen Diskurs*. Diese »Mitte« immunisiere sich selbst, weil sie die »Mitte« sei, so auch gegen Kritik an rechten Ressentiments in ihrer Mitte. Die Vorstellung, dass auch »Politiker der ›Mitte‹« nicht gefeit seien, »in den Sog ›rechter‹ Ideologien zu geraten«, werde ausgeblendet.

Die These des Professors für Sprachwissenschaften und langjährigen Leiters des Duisburger Instituts für Sprach- und Sozialforschung (DISS) stieß nicht auf breiten gesellschaftlichen Zuspruch. Sie erklärt aber vielleicht, warum Pegida und der AfD anfänglich aus der »Mitte« so viel Verständnis entgegengebracht wurde. Mit dem Hinweis, das seien doch »normale Bürger«, wurde gleich ausgeschlossen, dass eine gruppenbezogene Menschenfeindlichkeit längst »normal« und in Deutschland allgegenwärtig sein könnte. Die Entgrenzungen erfolgten nicht erst in den vergangenen Jahren durch renommierte Publizisten à la Sarrazin, Pirinçci oder Klonovsky. Die erfolgreichen Diskursverschiebungen nach rechts aus der akzeptierten gesellschaftlichen Mitte begannen lange vorher. Eine von vielen Grenzverschiebungen: die Rede von Martin Walser vor fast zwanzig Jahren, am 11. Oktober 1998 bei der Verleihung des Friedenspreises des Deutschen Buchhandels in der Frankfurter Paulskirche. Damals wandte sich der Preisträger unter dem Titel »Versuch einer Sonntagsrede« gegen die »Instrumentalisierung des Holocausts« und meinte, die Überpräsenz der Bilder von Auschwitz würden ihn eher zum Wegsehen motivieren. Auschwitz dürfe nicht zur »Moralkeule« verkommen und die »Dauerpräsentation unserer Schande« werde von einigen Leuten dazu missbraucht, den Deutschen wehzutun oder gar politische Forderungen daraus abzuleiten. 2015 geht Walser zu sich selbst auf Distanz. Die Rede veröffentlichte die *Junge Freiheit* gleich nach der Preisverleihung, in weiten Teilen auf der Titelseite. Das Spektrum sprach nun mit Verweis auf den renommierten Schriftsteller von der »Auschwitz-Keule«.

Nicht ganz so weit zurück: Vor gut fünf Jahren, am 17. Juni 2011 forderte Alexander Kissler bei einer Veranstaltung im Münchner Kulturzentrum Gasteig die »Ausweitung der Formulierungszone«. Der damalige *Focus*-Redakteur und heutige Leiter Kulturressort beim Magazin *Cicero* stimmte da offensichtlich mit der Meinung eines weiteren Podiumsgastes – Götz Kubitschek – überein. Bei *eigentümlich frei* veröffentlicht Kissler auch.

Aus der »Mitte« kam am 28. Januar 2016 von Peter Sloterdijk via *Cicero* eine massive rechte Kritik an der Flüchtlingspolitik und -debatte. »Das Wort ›Lügenpresse‹ setzt mehr Harmlosigkeit voraus, als es in diesem Metier gibt«, sagt der Philosoph im Gespräch mit Kissler und Christoph Schwennicker über Journalismus und betont in Bezug auf die Politik: »Wer von Vertrauen redet, will dem habituellen Betrug Spielräume sichern. Der Lügenäther ist so dicht wie seit den Tagen des Kalten Krieges nicht mehr.« Unter Angela Merkel, so Sloterdijk weiter, habe die »deutsche Regierung« quasi durch das Öffnen der Grenzen »sich in einem Akt des Souveränitätsverzichts der Überrollung preisgegeben. Diese Abdankung geht Tag und Nacht weiter. Bis zum Ende unseres kurzen Gesprächs werden tausend Flüchtlinge mehr die Grenze überschritten haben.« Nun entscheide »der Flüchtling über den Ausnahmezustand«, und er mahnt: »Es gibt schließlich keine moralische Pflicht zur Selbstzerstörung.« Der Jargon der Kritik bewegt sich im rechten Diskurs.

Diese Affinität findet sich schon 1999 in Sloterdijks in *Der Zeit* veröffentlichtem Essay »Regeln für den Menschenpark«. Mit Bezug auf Nietzsche und Heidegger spielt er mit biopolitischen Interventionen. Die Geringschätzung der Masse mit ihrer Erhebung des »Uninteressanten in den Rang des Interessierten« greift Sloterdijk im Jahr 2000 in *Die Verachtung der Masse* auf. Sein »konkretes Ziel«, hält Volker Weiß 2011 in *Deutschlands Neue Rechte* fest, legte der sehr beachtete Philosoph in dem Essay »Revolution der gebenden Hand« 2009 in der FAZ dar. Hier schreibt Sloterdijk: »Wer eine gültige Sicht auf die Tätigkeiten der nehmenden Hand hätte entwickeln wollen, hätte vor allem die größte Nehmermacht der modernen Welt ins Auge fassen müssen, den aktualisierten Steuerstaat.« Binnen eines Jahrhunderts habe er sich »zu einem Geld saugenden und Geld speienden Ungeheuer von beispiellosen Dimensionen« ausgeformt. Dies sei ihm vor allem mittels einer »fabelhaften Ausweitung der Besteuerungszone [gelungen], nicht zuletzt durch die Einführung der progressiven Einkommensteuer, die in der Sache nicht weniger bedeutet als ein funktionales Äquivalent zur sozialistischen Enteignung«. Und er befürchtet, dass »es in der ökonomischen Moderne dahin kommen [kann], dass die Unproduktiven mittelbar auf Kosten der Produktiven leben – und dies zudem auf missverständliche Weise, nämlich so, dass sie gesagt bekommen und glauben, man tue ihnen unrecht und man schulde ihnen mehr.« Doch »niemand« riefe zum »fiskalischen Bürgerkrieg« auf. »Diese thymotische Umwälzung hätte zu zeigen, dass in dem ewigen Widerstreit zwischen Gier und Stolz zuweilen auch der Letztere die Oberhand gewinnen kann«, schreibt er. »Sloterdijk geriert sich in seinem Anti-Etatismus wie ein anarchisch gestimmter Kleinbürger, der am Tag seiner Steuererklärung von einem Ausbruch aus dem staatlichen Abgabengerüst träumt, aber verdrängt, dass er seine eigene gesellschaftliche Existenz nur vermittels der staatlichen Garantien erhalten kann«, pointiert Weiß.

Einstellungen und Schlussfolgerungen, die zu der Frage führen, wie nah bzw. wie fern sich der Doktorvater Sloterdijk und sein Schüler Jongen sind. Hat sich der Assistent gar von der thymotischen Sehnsucht des Meisters entflammen lassen? Als »Schüler« dürfe er sich »vielleicht« bezeichnen, »wenn er in seiner Assistentenzeit wenigstens ein einziges vorzeigbares Buch geschrieben hätte. So aber bleibt es nur bei falschen Zitaten«, grenzt sich Sloterdijk im Interview mit dem Züricher *Tagesanzeiger* vom 16. April 2016 von Jongen ab. Am 15. Juli sucht der Philosoph in einem Gastbeitrag im *Handelsblatt* über Europas Konsequenzen nach dem Brexit dann auch gleich die Distanz zur AfD. »Eine Unmöglichkeitspartei, der die Sympathien zahlloser Frustrierter zufliegen«, schreibt er. Die AfD mische sich neuerdings ins »gesamteuropäische Konzert der Unqualifizierten mit landeseigenen Tönen ein«.

Seine Kritiker kritisiert Sloterdijk gewohnt scharf. Bundesvize Sigmar Gabriel hatte ihn in einem Gastbeitrag im *Spiegel* als »rechten Ideologielieferanten« bezeichnet, aus dessen Seminaren erst rechte Denker wie Jongen hervorkämen. Sloterdijk konterte und bezeichnete ihn als »konturlos« und als einen »designierten Verlierer«. Von Jongen distanziert er sich erneut, möchte aber an seiner Wortschöpfung »Lügenäther« festhalten.

Sloterdijks abgestrittene Affinitäten zu rechten Positionen und die bekundete Distanz vom rechten Spektrum offenbaren ein anhaltendes Dilemma. Die Kritik an rechten Ressentiments steckt in der Faschismus-Falle. In der öffentliche Debatte in Politik, Wissenschaft und Medien zu rechten Positionen und Aktionen wird oft schnell eine gesellschaftliche Grenze bei Bezugnahmen auf den Nationalsozialismus und die Leugnung des Holocaust gezogen. Bei der deutschen Geschichte eine mehr als nachvollziehbare Position – die auch lange und immer wieder erstritten wurde und wird. Das Dilemma besteht aber darin, dass die reflexhafte Suche nach dem extrem Rechten mit nationalsozialistischem Kontext bei rechten Parteien und Bewegungen die Reflexion des moderaten Rechten oft außen vorlässt. Schon die völkische Bewegung ab 1871 war eine heterogene »Gegen- und Suchbewegung« (Uwe Puschner/Walter Schmitz/Justus H. Ulbricht). Bis heute überdecken Pauschalisierungen und Klischees die gebotene Wahrnehmung des politischen Phänomens in seiner ideologischen Vielfältigkeit. Ist der Bezug zum Nationalsozialismus gefunden und gebrandmarkt, tritt Entspannung ein. Ist dieser Bezug jedoch nicht gegeben, kommt oft erst gar keine Spannung auf.

Kein Grill mit Holocaust-Inschrift bei einem rechten Treffen – kein Medienbericht, kein »Sieg-Heil«-Gegröle auf einem Szeneseminar – keine Parlamentsnachfrage, kein »Die Juden sind unser Unglück«-Geschwafel – kein gesellschaftlicher Widerspruch. Eine Überspitzung? Ja und nein; die »Causa Gedeon« spiegelt dieses Dilemma wider.

In der breiten Öffentlichkeit galt Jörg Meuthen mit seinem Landesverband und der Landtagsfraktion bis zu dem Streit über Antisemitismus als politisch moderat. Dieses positive Image will Meuthen nicht gefährden, was mit ein Grund für seine energische Intervention war. Dass Meuthen mit seiner Position aber Höcke nicht ausgrenzt, dass der Landesverband gegen Lucke mitagierte und dass in der Landtagsfraktion mindestens zehn Mandatsträger aus dem rechten Parteiflügel um die »Erfurter Resolution« und dem »Pforzheimer Kreis« kamen, wurde vor dem Disput jenseits von Fachpublikationen kaum thematisiert.

Die Abgrenzung von eindeutigem Antisemitismus wird fast zu einem politischen Alibi für andere rechte Affinitäten und die »Ausweitung der Formulierungszone« kann damit weiter vorangetrieben werden. Mit der Distanzsuche zum Nationalsozialismus versucht die Neue Rechte, weiterhin ihre geistigen Ahnen von jeglicher ideologischen Beteiligung und kulturellen Verantwortung an der

Nationalisierung der Politik, der Demontage der Demokratie, der Entwertung des Humanismus, der Legitimierung des Totalitären und der Radikalisierung von Ressentiments freizusprechen. Dass die Konservativen Revolutionäre und italienischen Faschisten vor 1933 mit Feuer in den Herzen schrieben, streitet die Neue Rechte nicht ab, doch dass sie Brände auslösten, sehr wohl. In ›*Nationalismus*‹ *und Nationalismus* legte Ernst Jünger 1929 mit Bezug zum Antisemitismus dar, dass es »nicht etwa ein Hauptkennzeichen des Nationalismus« sei, »dass er schon zum Frühstück drei Juden verspeist – der Antisemitismus ist für ihn keine Fragestellung wesentlicher Art. Für den, der Formulierungen nicht entbehren kann, sei gesagt: Der Nationalismus, soweit er eine politische Erscheinung ist, strebt den nationalen, sozialen, wehrhaften und autoritativ gegliederten Staat aller Deutschen an.« Den Herrn der Konservativen Revolution hielt dies jedoch 1930 nicht ab, unter dem Titel *Über Nationalismus und Judenfrage* auszuführen: »Im gleichen Maße jedoch, in dem der deutsche Wille an Schärfe und Gestalt gewinnt, wird für den Juden auch der leiseste Wahn, in Deutschland Deutscher sein zu können, unvollziehbarer werden, und er wird sich vor seiner letzten Alternative sehen, die lautet: in Deutschland entweder Jude zu sein oder nicht zu sein.« Ein verbales Anheizen der politischen Atmosphäre.

Nicht nur die Neue Rechte relativiert in der Debatte um Jüngers Wirken und Werk diese politischen Impulse. Vom jungen Eifer, Jugendsünden eines mit 102 Jahren Verstorbenen wird da mal gesprochen. Mitte 30 war Jünger allerdings, als er diese Positionen publizierte. In *Elemente und Ursprünge totaler Herrschaft* hält Hannah Arendt 1951 der »geistigen und künstlerischen Elite« vor, in den 1920er und 1930er Jahren mit Sehnsucht und Leidenschaft politische Tabubrüche gesucht und antizivilisatorische Affekte gesetzt zu haben. In einem Bündnis von »Elite und Mob« hätten sie die »totalitäre Bewegung« mit etabliert. Ein Anwurf, der fast vergessen scheint. Die gebildeten »Ich-bin-ja-kein-Nazis-aber-Vertreter« weisen diesen Vorwurf, wenn er doch mal angeführt wird, empört zurück.

Die Strategie der Distanz und Relativierung der Neuen Rechten scheint langsam aufzugehen. Ein weiterer Terraingewinn ist durch ihre vermeintlich nicht so radikalen rechten Positionen wieder eine Option. Die subkutanen Angriffe der Neuen Rechten im vorpolitischen Raum auf das Wertgefüge einer offenen Gesellschaft – plural, emanzipatorisch und multikulturell – blieben lange außerhalb einer breiten kritischen Diskussion. Zu lange. Diese Kreise und Zirkel, ihre Zeitungen und Webportale, ihre Seminare und Tagungen wurden schnell als esoterisch und gar sektenartig in Medien und Politik belächelt. Rechte Intellektuelle, die rechte Diskussionen unter rechten Intellektuellen führten – wen interessiere das, wurde in den großen Medien und der hohen Politik in Besprechungen und Diskussionen oft gefragt. Weit vor dem Aufkommen von AfD und Pegida hätte die Neue Rechte von *Junge Freiheit* bis zum Institut für Staatspolitik mit ihren Positionen und Argumentationen kritisches Interesse finden müssen. »Man muss Sarrazin und Sloterdijk zusammendenken, um zu verstehen, was sie als Beeinflussung gesellschaftlicher Stimmungen erreicht haben«, schreibt Gunter Hofmann 2012 in *Deutsche Zustände*, Folge 10. Ähnlich wie Sloterdijk habe Sarrazin alle eingeladen, »die sich bislang nicht getraut hatten, ihre Ressentiments offen auszusprechen«, sich nun zu trauen. Sarrazin lud auch sogleich dazu ein, sich mit ihm zu identifizieren, da er, nur weil er seine Meinung kundgetan habe, nun von den vermeintlichen Regisseuren der öffentlichen Meinung angefeindet würde. Eine Chimäre. Denn hier wird bewusst eine vermeintliche Tabuisierung des Sagens, ein Denkverbot angeführt, wo es eigentlich um die Kritik am Gesagten geht.

So sehr im Internet auf breiter Ebene gesamtgesellschaftlich appelliert wird, gegen den offenen Hass vorzugehen, so wenig wird im Feuilleton die subtile Hetze gesellschaftlich hinterfragt. Die langsame Einflussnahme von Debatten und Appellen aus dem Spektrum der Neuen Rechten, die sich nicht von jetzt auf gleich, sondern von vorvorgestern auf irgendwann, sich erst vereinzelt und dann gebündelt auswirken, wird unterschätzt. Denn ihr Marsch durch die bundesdeutschen Debatten von Erinnerungs- und Gedenkkultur über

»Gutmenschentum« und »Political Correctness«, Einwanderungs-
und Flüchtlingspolitik bis zu »Islamisierungs-« und Identitätsvor-
stellungen bleibt nicht ohne Wirkung. 2013 löste die Idee der Grünen, bei der Bundestagswahl einen »Veggieday« vorzuschlagen, nicht
nur bei Rechten eine massive Kritik mit dem Tenor aus, dass die
»Gutmenschen« mit ihrer »Bevormundungspartei« nun einem auch
noch das Schnitzel auf dem Teller, das nicht einmal mehr »Zigeunerschnitzel« heißen dürfe, verbieten wollten. Eine Petitesse? Nein, hier
drückte sich aus, was später Meuthen und Pirinçci als »linksversifftes
68er-Deutschland« brandmarkten. Drei Jahre später, am 9. März
2016, sagt die einzige Frau mit Gewicht innerhalb der Neuen Rechten, Ellen Kositza, gelassen und selbstzufrieden in der »Kulturzeit«
von 3Sat: »Es ist ganz faszinierend für uns, wie die Zeit gerade kippt
und wie die Dinge in Bewegung geraten. Wenn man sich überlegt,
wie lange wir schon an all diesen Themen, die jetzt aufs Tablett kommen, sitzen und arbeiten. Es kommt einem ein bisschen so vor, als
ob man lange gesät, lange umgegraben hätte und jetzt werden die
Sachen fruchtbar.« Eine Selbstüberschätzung? Eine im Fernsehen
kolportierte Selbstinszenierung? Eine beruhigende Antwort sollte in
beunruhigenden Zeiten nicht gegeben werden.

»Elite und Mob« – Entkultivierung durch Neoliberalismus

Die Erosionen in der selbst ernannten bürgerlichen Mitte sind evi-
dent. Von einer »rohen Bürgerlichkeit« eines »entsicherten Bürgertums«, die von politischen Entscheidungen des Rückzugs aus der
Solidargemeinschaft befeuert werde, spricht Wilhelm Heitmeyer
schon länger. Diese »Entkultivierung des Bürgertums« würde im
»Auftreten seiner Angehörigen« doppelt sichtbar: einerseits in der
Härte der Versuche, die Ziele der eigenen sozialen Gruppe durchzusetzen, und anderseits in der Schärfe der Abwehr der Wünsche
der anderen, schwachen Gruppe. »Es mehren sich die Hinweise
darauf, dass die angebliche Liberalität der höheren Einkommens-
gruppen erodiert«, schreibt Heitmeyer 2012 zum Abschluss einer
zehnjährigen Langzeitstudie zur gruppenbezogenen Menschenfeindlichkeit in der Bundesrepublik in *Deutsche Zustände*, Folge

10. Die Forschungsgruppe um Heitmeyer fühlt sich denn auch in der Annahme bestätigt, dass eine »durchökonomisierte Gesellschaft zum Nährboden für eine elitär motivierte Menschenfeindlichkeit« werden kann, wie Hofmann es ausdrückt. Die ökonomischen Krisen in der Welt, die kriegerischen Auseinandersetzungen in vielen Ländern und der gesellschaftliche Wandel bis ins Alltägliche führten »in bürgerlichen Kreisen offensichtlich« zu Versuchen, die »privilegierten Positionen zu wahren und abzusichern«. Diese »Nervosität« ginge mit der »Beurteilung sozialer Gruppen an den Maßstäben der kapitalistischen Nützlichkeit, der Verwertung und Effizienz« einher, die »somit die Gleichwertigkeit von Menschen sowie ihre psychische wie physische Integrität antastbar macht«, führt Heitmeyer aus.

Von dieser Diskussion ausgehend fragten Eva Groß und Andreas Hövermann, ob ein solcher »marktförmiger Extremismus« ein »Phänomen der Mitte« sein könnte. Seit Mitte der 1980er Jahre findet in Deutschland eine neoliberale Wende in der Sozial- und Wirtschaftspolitik statt. Der Staat ziehe sich immer mehr aus der »sozialen Absicherung der Bürger« zurück, denen nun die Verantwortung selbst übertragen werde. »Die Individuen werden gleichzeitig durch das unternehmerische Selbst [...], ein politisch inszeniertes dominantes gesellschaftliches Leitbild, dazu angehalten, ihr Leben in einer ökonomisch, effizienten, eben unternehmerischen Weise zu führen«, schreiben sie in der von Andreas Zick und Anna Klein herausgegebenen Studie *Fragile Mitte – Feindselige Zustände*. Eine solche Wende hat Einfluss auf die Normen und Werte sowie Lebens- und Denkweisen der Menschen. Die Befürchtung, dass mit der eingeforderten Selbstoptimierung und der erklärten Wettbewerbsideologie die »Akzeptanz von gesellschaftlicher Solidarität« sinkt, untermauert ihre Erhebungen. In der Studie führen die Sozialwissenschaftler drei Datensätze über den Zeitraum von 2002 bis 2014 zusammen. Ihr Fazit: Das »Gesamtphänomen« eines »marktförmigen Extremismus ist kein dominantes Phänomen in der Mitte«. Jede sechste Person in der Mitte stimme diesem Extremismus voll zu, etwa 30 Prozent der unteren Schichten. Die Zustimmung bei jenen Befragten, die jedoch »ihren Lebensstandard und ihre Ersparnisse« bedroht sehen, sei aber mehr »als doppelt so stark«. Vor allem die »Selbstoptimierungsnorm« als eine Facette des »marktförmigen Extremismus« weise jedoch eine »deutliche Verbindung zur Mitte auf und öffnet dort damit Türen für die Abwertung und Ausgrenzung mit dem Argument mangelnder Nützlichkeit und Ineffizienz«.

Die Studie spiegelt zwei Entwicklungen im Zeitalter des Neoliberalismus wider. Menschen, die von den Veränderungen in der Wirtschafts- und Sozialpolitik bereits direkt betroffen sind, neigen stärker zu diesem Extremismus. Jene Menschen, die sich sorgen, betroffen sein zu können, wenden sich ebenso dem Extremismus zu. »Wenn selbst Teile der gehobenen Mittelschicht die Angst vor dem sozialen Abstieg oder Absturz ergreift«, erläutert Christoph Butterwegge, »wächst die Gefahr, dass sich Ausgrenzungsideologien wie Rassismus, Nationalismus und Sozialdarwinismus durchsetzen.«

Ob von einem »Wohlstand als narzisstische Plombe« gesprochen werden könne, überlegen Oliver Decker und Johannes Kiess. Der wirtschaftliche Aufschwung in Westdeutschland nach 1949 schloss die Lücke im Selbstwertgefühl der Deutschen im Westen, schreiben sie 2013 in *Rechtsextremismus der Mitte*. Statt Anerkennung und Aufarbeitung der kaum vergangenen Verbrechen habe der spätere bayrische Ministerpräsident Franz Josef Strauß seinen Anhängern versichert: »Ein Volk, das ein solches Wirtschaftswunder geschaffen hat, hat ein Recht, nicht ständig an Auschwitz erinnert zu werden.« Der tief verunsicherte »kollektive Narzissmus« – durch Verbrechen und Niederlage – wurde durch den Mythos des eigenständig geschaffenen Wirtschaftswunders neu wiederbelebt. »Das erleichterte zwar die Akzeptanz der Demokratie in der frühen Bundesrepublik«, schreiben Decker und Kiess, doch diese »Legitimation der Demokratie« habe eine »enorme Schwachstelle: Ökonomische Krisen führen zu Verwerfungen im Selbstverständnis der Gesellschaft.« Diese Plombe kann sich von innen langsam auflösen und/oder herausgesprengt werden.

»Was wir gerade an vielen Phänomen sehen, ist, dass 30 Jahre Neoliberalismus eine radikal zerstörende Bilanz hinterlassen«, sagt der Soziologe Harald Welzer im Interview mit der taz vom 6./7. Februar 2016, »alles was an unserer Gesellschaft problematisch ist, ist auch problematisch ohne die Flüchtlingsfrage.« Die vermeintliche Flüchtlingskrise, die eigentlich eine Krise der Politik ist, scheint ein Katalysator für die latenten Ressentiments zu sein. Ihre Legitimation kommt den Denkmodellen der Sinn- und Seinssuche, die das eigene Ich erheben und das gemeinsame Wir hervorheben, mehr als entgegen. Die Studie von Groß und Hövermann zeigt, dass von den Befragten, die als AfD-Sympathisanten eingestuft wurden, »sich mit 38,4 Prozent eine mehr als doppelt so starke Zustimmung zu marktförmigem Extremismus« ergab wie bei »den Befragten, die nicht mit der AfD sympathisierten«. Bezogen »auf alle Befragten in der Stichprobe zeigte sich deutlich: die Menschen, die marktförmigen Extremismus befürworten, tendieren auch dazu, die Aussagen zum Rechtsextremismus zu befürworten«.

Eine umfassende Sorge sucht nach totalen Antworten. Pauschale Vorschläge der Gegenwehr dürften nicht minder populistische Forderungen sein. Zu heterogen ist diese Bewegung, zu komplex ihre Motive, zu individuell ihre Motivation. Dieser Kulturkampf der sozialen Bewegung von rechts ist eine Herausforderung für die gesamte Gesellschaft. Wie wollen wir mit wem wie zusammenleben? Was soll uns ausmachen? Was wollen wir sein? Wo kommen wir her? Wo wollen wir hin? In der Politik, in den Debatten und den Wahlkämpfen sowie in den Medien, in den Nachrichten und Talkshows ist diese Bewegung omnipräsent, ihre Positionen virulent. Doch werden die Folgen dieser autoritären Revolte, ihre Forderungen und Aussagen immer deutlich aufgezeigt, wird das Welt- und Menschenbild sichtbar?

In der Auseinandersetzung dürften Vertreter des konservativen Milieus gefordert sein, deutlicher darzustellen, welche Positionen sie als konservativ miteinbeziehen und von welchen sie sich abgrenzen wollen. Auf den anhaltenden Vorwurf, die CDU verliere unter dem sogenannten Merkeltilismus ihr konservatives Profil und damit dessen politische Bindungskraft, sind bisher kaum Stimmen laut geworden, die öffentlich für einen modernen Konservatismus eintreten. Lauter sind nach den ersten Wahlerfolgen der AfD stattdessen jene Stimmen aus dem Milieu der Union geworden, die einen traditionelleren Konservatismus einfordern. Nicht nur der bayrische Ministerpräsident Horst Seehofer (CSU) will eine vehemente Kehrtwende in der Flüchtlingspolitik.

Die schon lange schwelende Krise des Konservatismus sollte aber nicht alleine für den anfänglich schleichenden Erfolg des Rechtspopulismus ausgemacht werden. Die Wahlbewegungen zeigen, dass auch dem sozialdemokratischen Milieu die Wähler nach rechts weglaufen – europaweit, wenn Rechtspopulisten kandidieren. Auf die hartnäckige Vorhaltung, durch die sogenannten Hartz IV-Reformen der rot-grünen Bundesregierung unter Gerhard Schröder habe die SPD ihr soziales Profil aufgeweicht und so auch ihre Bindungskraft geschwächt, sind nicht viele sozioökonomische Reformen breit verhandelt worden. Auch die Linkespartei schaffte es nicht mehr, mit ihren Antworten auf die soziale Frage im Osten ihre Klientel fest an sich zu binden bzw. im Westen breiter für sich zu gewinnen. Dem Rechtspopulismus gelingt es hingegen, durch den Populismus sozial Etablierte und sozial weniger Abgesicherte zu vereinen. Seine Vertreter greifen zwar den Sozialstaat als Ganzes an, wenden sich aber vor allem gegen Migranten als vermeintliche Sozialmissbraucher. Ein Thema des Sozialmissbrauchs wird bei ihnen aber selten verhandelt: der Sozialbetrug durch Steuerhinterziehung, den nur wenige begehen können.

»Populismus«, schreibt der Politikwissenschaftler Jan-Werner Müller 2016 in *Was ist Populismus?*, würde oft als »›nützliches Korrektiv‹, gar als ›Treibstoff‹ für eine liberale Demokratie« in der Politikwissenschaft verhandelt. Populisten würden »Probleme ansprechen, welche die Bürger wirklich beschäftigen«, die aber die »etablierten Parteien ›totschweigen‹«. Würden sich Politiker mit ihren eigenen Positionen auch in den Dialog mit den Bürgern begeben und streiten, könnten die Populisten als Korrektiv betrachtet werden. Doch ist dem so? Ist in der Politik nicht vielmehr die Tendenz zu beobachten, den rechten Ressentiments entgegenzukommen – statt sich gegen sie abzugrenzen? Die Gesellschaft rückt so mehr und mehr nach rechts.

In der Debatte um das Asylrecht beschloss die schon 1992 Bundesregierung von CDU/CSU und FDP, unterstützt von der SPD, nach massiven Protesten und militanten Anschlägen auf Flüchtlinge und Flüchtlingsunterkünfte einen Kompromiss, der das Asylrecht stark beschränkte. In der aktuellen Diskussion verhandelt die Regierungskoalition von CDU/CSU und SPD erneut die Beschränkung des Grundrechts auf Asyl. Diese Reaktion auf den Populismus kann sich auch in einem Fraktionsantrag im Landtag oder einer Debatte auf einer Regionalkonferenz widerspiegeln.

Im März 2016 wollte die CDU-Fraktion in Schleswig-Holstein die Landesregierung von SPD und Grünen auffordern, »sich dafür einzusetzen«, dass »insbesondere Schweinefleisch auch weiterhin im Nahrungsmittelangebot sowohl öffentlicher Kantinen als auch in Kitas und Schulen erhalten bleibt«. Landwirtschaftsminister Robert Habeck (Grüne) musste erklären, keinen staatlichen Handlungsbedarf zu sehen, und schob nach: »Schon gar nicht teile ich die Verkürzung unserer grundgesetzlichen Werte auf die Pflicht, Kotelett oder Hack zu essen.«

In Sachsen hoffte die CDU bei einer Regionalkonferenz in Dresden im Mai 2016, der rechten Konkurrenz mit einer wiederbelebten Patriotismusdebatte entgegentreten zu können. Der Landtagspräsident Matthias Rößler (CDU) versuchte im Deutschen Hygienemuseum, die Vaterlandsliebe zu erwecken. Mit zwölf Thesen geißelte er schon 2005 die von der »Kulturrevolte von 1968 verursachte Zerrüttung unserer Gesellschaft« und beklagte »die herrschende Deutungsdominanz der ›Achtundsechziger‹ in Medien, Wissenschaft und Schule und die damit verbundene Diskreditierung wertorientierter patriotischer Positionen«.

In der Reaktion auf populistische Bewegungen verschlimmert nicht allein das Aufgreifen der rechten Ressentiments die Entwicklung, sondern auch das Ausblenden dessen, dass Bildung nicht unbedingt ein Garant gegen Rechtspopulismus ist. »Letztlich basieren alle bisher diskutierten Populismus-Diagnosen auf der Modernisierungstheorie.« Der Populismus spreche »Modernisierungsverlierer« an, schreibt Müller, »für die alles irgendwie zu schnell geht, die bei Umbrüchen nicht mehr richtig mitkämen, die sich in eine einfachere, am liebsten vormoderne Welt flüchten wollten und deswegen auch anfällig seien für populistische Rattenfänger mit ihren einfachen Politikrezepten«. Die Begriffe »Rattenfänger«, »einfache Rezepte« deuten an, was Müller den »liberalen Eliten« vorhält: einen »herablassende[n] Gestus«, der die Bürger entmündigt und Schlichtheit als Beweggrund ausmacht.

In Hannah Arendts Kritik an den Eliten schwingt auch die Annahme mit, dass selbstständiges Denken an und für sich vor antizivilisatorischen Affekten bewahrt werden müsse. »Eine gefährliche Blindheit«, konstatiert Bettina Stangneth in der Reflexion zu Hannah Arendts These der »Banalität des Bösen«. Die Philosophin möchte im *Philosophie Magazin – Sonderausgabe Hannah Arendt* vom Juni 2016 die These nicht verwerfen, wirft aber ein: »Wir neigen ja auch nicht zufällig dazu, die Anhänger von AfD und Pegida für schlicht unterbelichtet zu halten, sodass etwas höhere Bildungsausgaben reichen würden, damit das Phänomen verschwindet.« Diese Annahme sei mehr als eine »intellektuelle Arroganz«, denn es gebe nicht »nur Unaufgeklärte«, es gebe auch »erklärte Gegner der Aufklärung, die sich offen für das Ressentiment und eine exklusive Gruppenmoral entschieden« haben, »weil sie schon das Nachdenken über Menschenrechte für einen Irrweg halten«. Und sie betont: »Wir müssen lernen, mit dieser Möglichkeit zu rechnen und den Unterschied zwischen zu wenig und zu viel Denken zu erkennen.« Die AfD vereint Protestwähler und Professoren.

Im Juli 2016 erklären Meuthen und Petry in einen offenen Brief den Machtkampf offiziell für beendet. »Persönliche und interne Belange« würden sie der »Sachpolitik« unterordnen. Sie versprechen, die AfD auch weiter »gemeinsam« zu führen. Die Überlegung, aufgrund der Konflikte einen Sonderparteitag einzuberufen, um eine neue Führung zu wählen, wird abgewendet. Am 14. August entscheidet in Kassel der einberufene Sonderkonvent der Partei »mit breiter Mehrheit«, keinen Sonderparteitag einzuberufen. Nur elf Teilnehmer hätten für die Einberufung gestimmt. Elf Stunden hatten die rund 50 Vertreter des Bundesvorstands und der Landesverbände hinter verschlossenen Türen beraten. In dem Beschluss wird mit festgelegt, dass »schnellstmöglichst« die Abgeordneten der zwei Fraktionen in Stuttgart wieder »in einer Fraktion zusammenarbeiten« sollen. Die Sorge, durch anhaltende Konflikte die kommenden Wahlen zu beeinträchtigen, dürfte mit zu den Entscheidungen geführt haben. Ruhe ist da geboten nach innen und außen. Versöhnliche Worte von Meuthen sollen geholfen haben.

Der Machtkampf dürfte nur vertagt sein. Auch eine neue Qualität einer Partei weit rechts von der Union. Pegida mag auf der Straße nicht mehr auflaufen. Die AfD wird über die Parlamente weiter agieren.

In den vergangenen zwei Jahren hat diese soziale Bewegung, unterstützt durch die Neue Rechten, die politische Atmosphäre nachhaltig verändert. Die Grenzen zu den rechten Spektren haben sie alle von AfD, über Pegida und *Compact* bis Neue Rechte selbst entgrenzt. Sie bilden die Falange der neuen Rechten in Deutschland. Ihr Kulturkampf ist nicht beendet. Diese Auseinandersetzung wird nicht nur in den Parlamenten geführt. Unterscheiden zu können, wo »zu wenig« und »wo zu viel gedacht« wird, dürfte auch bedeuten zu unterscheiden, wo sachliches Aufklären und wo inhaltliche Konfrontation geboten ist.

Literatur

Im Text werden Periodika, Zeitungen, Wochenzeitungen, Webseiten und Blogs direkt angegeben. Die rechten Publikationen und Internetauftritte: Blaue Narzisse, Compact – Magazin für Souveränität, Compact Spezial, Junge Freiheit, Neue Ordnung, Sezession, Sezession.net, Criticón, pi-news, und Zuerst! sowie Internet-Videos und Flugschriften werden ebenso dort benannt.

Adorno, Theodor W.: Minima Moralia. Frankfurt/M., 1993.

Ders./Horkheimer, Max: Dialektik der Aufklärung. Frankfurt/M., 1992.

Albrecht, Jan Philipp (Hg.): Europa Rechtsaußen. Brüssel, 2015.

Alternative für Deutschland – Die Bundesprogrammkommission – Der Bundesvorstand: Grundsatzprogramm der Alternative für Deutschland, Leitantrag der Bundesprogrammkommission und des Bundesvorstandes zum Bundesparteitag am 30.04.2016/ 01.05.2016, Stuttgart.

Alternative für Deutschland Baden-Württemberg: Für unser Land – für unsere Werte. Stuttgart (Wahlprogramm 2016).

Alternative für Deutschland Bundesprogrammkommission: Grundsatzprogrammentwurf. ohne Ort, 2016.

Alternative für Deutschland Bundesgeschäftsstelle: Der Vorstand der Alternative für Deutschland. Berlin, ohne Jahr.

Alternative für Deutschland Landesverband Sachsen-Anhalt: Die Stimme der Bürger – unser Programm. Magdeburg (Wahlprogramm 2016).

Alternative für Deutschland Rheinland-Pfalz: Mit Herz und Verstand für unser Land. Mainz (Wahlprogramm 2016).

Alternative für Deutschland Mecklenburg-Vorpommern: Wahlprogramm der Alternative für Deutschland Mecklenburg-Vorpommern zur Landtagswahl 2016. Schwerin, 2015.

Alternative für Deutschland Landesverband Hamburg: Wahlprogramm Bürgerschaftswahl 2015 (Entwurf). Hamburg, 2014.

Amadeu Antonio Stiftung (Hg.): »Geh sterben«. Umgang mit Hate Speech und Kommentaren im Internet. Berlin, 2015.

Baier, Lothar: Alte Klamotten und neue Fähnchen. In: Lohmann, Hans-Martin: Vom rechten Verständnis der Nation. Frankfurt/M., 1994.

Bax, Daniel: Angst ums Abendland. 2015, Frankfurt/M., 2015.

Becher, Phillip/Begass, Christian/Kraft, Josef: Der Aufstand des Abendlandes. Köln, 2015.

Beck, Ulrich: Die Neuvermessung der Ungleichheit unter den Menschen. Frankfurt/M., 2008.

Bednarz, Liane/Giesa, Christoph: Gefährliche Bürger. Die neue Rechte greift nach der Mitte. München, 2015.

Begrich, David/Begrich, Pascal (unterstützt von Beyer, Christoph und Hahnel, Thorsten): Volk – Nation – Identität. In: Miteinander e. V. (Hg.): Die AfD vor den Landtagswahlen. Miteinander e. V. Themenheft. Magdeburg, 02/2016.

Begrich, David: Pegida: ein genuin ostdeutsches Protestformat? In: Burschel, Friedrich (Hg.): Aufstand der »Wutbürger«. Berlin, 2014.

Ben-Itto, Hadassa: »Die Protokolle der Weisen von Zion«. Anatomie einer Fälschung. Berlin, 2001.

Benoist, Alain de: Aus rechter Sicht. Tübingen, 1983.

Ders.: Die entscheidenden Jahre. Tübingen, 1982.

Benz, Wolfgang/Graml, Hermann/Weiß, Hermann: Enzyklopädie des Nationalsozialismus. München, 1997.

Billmann, Lucie (Hg.): Unheilige Allianz. Berlin, 2015.

Bischoff, Joachim/Müller, Bernhard: Rechtspopulismus in der »Berliner Republik« und Europa. In: Häusler, Alexander/Virchow, Fabian (Hg.): Neue soziale Bewegung von rechts? Hamburg, 2016.

Bobbio, Norberto: Rechts und Links. Gründe und Bedeutungen einer politischen Unterscheidung. Berlin, 1994.

Botsch, Gideon/Kopke, Christoph/Lorenz, Alexander: Wie agiert die »Alternative für Deutschland« vor Ort. In: Zick, Andreas/Küpper, Beate Melzer; Ralf/Molthagen, Dietmar (Hg.): Wut, Verachtung, Abwertung. Rechtspopulismus in Deutschland. Berlin, 2015.

Braun, Stephan/Vogt, Ute (Hg.): Die Wochenzeitung »Junge Freiheit«. Wiesbaden, 2007.

Brauner-Orthen, Alice: Die Neue Rechte in Deutschland. Opladen, 2001.

Breuer, Stefan: Moderner Fundamentalismus. Berlin/Wien, 2002.

Ders.: Ordnungen der Ungleichen. Die deutsche Rechte im Widerstreit ihrer Ideen 1871–1945. Darmstadt, 2001.

Ders.: Ästhetischer Fundamentalismus. Stefan George und der deutsche Antimodernismus. Darmstadt, 1995.

Ders.: Anatomie der Konservativen Revolution. Darmstadt, 1993.

Brumlik, Micha: Das alte Denken der neuen Rechten. In: Blätter für deutsche und internationale Politik. Berlin, Heft 03/16.

Butterwege, Christoph/Lösch, Bettina/Ptak, Ralf: Kritik des Neoliberalismus. Wiesbaden, 2009.

Camus, Renaud: Revolte gegen den großen Austausch. Steigra, 2016.

Carini, Marco/Speit, Andreas: Der Rechtssprecher. Roland Schill. Hamburg, 2002.

Claus, Robert/Lehnert, Esther/Müller, Yves (Hg.): »Was ein rechter Mann ist ...«. Berlin, 2010.

Cremet, Jean/Krebs, Felix/Speit, Andreas: Jenseits des Nationalismus. Ideologische Grenzgänger der »Neuen Rechten«. Münster, 1999.

Culina, Kevin/Fedders, Jonas: Im Feindbild vereint. Zur Relevanz des Antisemitismus in der Querfront-Zeitschrift Compact. Münster, 2016.

Daphi, Priska/Kocyba, Piotr/Neuber, Michael/Roose, Jochen/ Rucht, Dieter (Koordinator)/Scholl/Franziska/Sommer, Moritz/Stuppert, Wolfgang/Zajak/ Sabrina: Protestforschung am Limit. Eine soziologische Annäherung an Pegida. Berlin, 2015.

Decker, Frank: Die Veränderung der Parteienlandschaft durch das Aufkommen der AfD – ein dauerhaftes Phänomen. In: Melzer, Ralf/Molthagen, Dietmar (Hg.): Zick, Andreas/Küpper, Beate: Wut, Verachtung, Abwertung. Rechtspopulismus in Deutschland. Berlin, 2015.

Ders.: Der neue Rechtspopulismus. Opladen, 2004.

Decker, Oliver/Kiess, Johannes/Brähler, Elmar: Die stabilisierte Mitte: Rechtsextreme Einstellung in Deutschland 2014. Leipzig, 2014.

Dies.: Rechtsextremismus der Mitte. Eine sozialpsychologische Gegenwartsdiagnose. Gießen, 2013.

Decker, Oliver/Kiess, Johannes: Moderne Zeiten. In: Ders./Ders./ Brähler, Elmar: Rechtsextremismus der Mitte. Eine sozialpsychologische Gegenwartsdiagnose. Gießen, 2013.

Di Cesare, Donatella: Heidegger, die Juden, die Shoah. Frankfurt/M., 2016.

Eco, Umberto: Vier moralische Schriften. München, 1998.

Edition Junge Freiheit (Hg.): Der Streit um Martin Walser. Berlin, 2002.

Evola, Julius: Cavalcare la Tigre. Engerda, 1997.

Ders.: Menschen inmitten von Ruinen (1953). Tübingen, 1991.

Ders.: Revolte gegen die Moderne (1934). Vilsbiburg, 1993.

Feit, Margret: Die »Neue Rechte« in der Bundesrepublik. Frankfurt/M./New York, 1987.

Friedrich-Ebert-Stiftung Landesbüro Thüringen (Hg.): »Erfurt ist schön deutsch – und schön deutsch soll Erfurt bleiben!«. Erfurt, 2015.

Friedrich, Sebastian: Der Aufstieg der AfD. Neonkonservative Mobilmachung in Deutschland. Berlin, 2015.

Gauland, Alexander: Anleitung zum Konservativsein. Stuttgart, 2002.

Gedeon, Wolfgang: Entwurf zu einer Grundsatzerklärung der AfD, Konstanzer Entwurf. (Konstanz), 2016.

Geiges, Lars/Marg, Stine/Walter, Franz: Pegida – die schmutzige Seite der Zivilgesellschaft. Bonn, 2015.

Gessenharter, Wolfgang: Kippt die Republik? München, 1994.

Ders./Pfeiffer, Thomas: Die Neue Rechte – eine Gefahr für die Demokratie. Wiesbaden, 2014.

Gießelmann, Bente/Heun, Robin/Kerst, Benjamin/Suermann, Lenard/Virchow, Fabian (Hg.): Handwörterbuch rechtsextremer Kampfbegriffe. Schwalbach/Ts., 2016.

Glösel, Kathrin/Strobl, Natascha/Bruns, Julian: Die Identitären. Handbuch zur Jugendbewegung der Neuen Rechten in Europa, 2. akt. und erw. Auflage. Münster, 2016.

Gramsci, Antonio: Zu Politik, Geschichte und Kultur. Leipzig, 1980.

Groß, Eva/Hövermann, Andreas: Marktförmiger Extremismus – ein Phänomen der Mitte? In: Zick, Andreas/Klein, Anna: Fragile Mitte – Feindselige Zustände. Rechtsextreme Einstellungen in Deutschland 2014. Berlin, 2014.

Habermas, Jürgen: Die Moderne – ein unvollendetes Projekt, 3. Auflage. Berlin, 1994.

Häusler, Alexander/Virchow, Fabian (Hg.): Neue soziale Bewegung von rechts? Hamburg, 2016.

Ders./Roeser, Rainer: Die rechten »Mut«-Bürger. Hamburg, 2015.

Heitmeyer, Wilhelm (Hg.): Deutsche Zustände, Folge 10. Frankfurt/M., 2012.

Ders. (Hg.): Deutsche Zustände, Folge 9. Frankfurt/M., 2010.

Ders. (Hg.): Deutsche Zustände, Folge 1. Frankfurt/M., 2002.

Hennig, Sebastian: Pegida – Spaziergänge über den Horizont. Eine Chronik. Neustadt an der Orla, 2015.

Hofmann, Gunter: Das Soziale und der Zeitgeist. In: Heitmeyer, Wilhelm (Hg.): Deutsche Zustände, Folge 10. Frankfurt/M., 2012.

Houellebecq, Michel: Unterwerfung. Köln, 2015.

Hund, Wulf D.: Negative Vergesellschaftung. Dimensionen der Rassismusanalyse. Münster, 2006.

Institut für Staatspolitik (Hg.): Der Bereicherungsmythos. Die Kosten der Einwanderung nach Deutschland, Wissenschaftliche Reihe. Schnellroda, 2015.

Dass. (Hg.): Die Flüchtlingsindustrie. Wer in Deutschland von der Masseneinwanderung profitiert, Wissenschaftliche Reihe. Schnellroda, 2015

Dass. (Hg.): Parteigründung von rechts. Wissenschaftliche Reihe. Schnellroda, 2007.

Jäger, Siegfried: Über das Eindringen von Ideologemen des Völkischen Nationalismus in den öffentlichen Diskurs. In: Ders./ Kretschmer, Dirk/Cleve, Gabriele/Griese, Birgit/Jäger, Margret/ Kellersohn, Helmut/Krüger, Coerw/Wichert, Frank: Der Spuk ist nicht vorbei. Völkisch-nationalistische Ideologeme im öffentlichen Diskurs der Gegenwart. Duisburg, 1998.

Jennerjahn, Miro: Eine ernüchternde Bilanz. Die AfD im Sächsischen Landtag. In: Miteinander e. V. (Hg.): Die AfD vor den Landtagswahlen, Miteinander e. V. Themenheft. Magdeburg, 02/2016.

Jung, Edgar Julius: Die Herrschaft der Minderwertigen (Nachdruck). Toppenstedt, 2013.

Jünger, Ernst: »Nationalismus« und Nationalismus. In: Ders.: Politische Publizistik. Stuttgart, 2001.

Jünger, Ernst: In Stahlgewittern. Stuttgart, 2014.

Jünger, Ernst: Das Wäldchen 125. Eine Chronik aus den Graben-kämpfen 1918. In: Ders.: Sämtliche Werke Band I. Stuttgart, 2009.

Jünger, Ernst: Über Nationalismus und Judenfrage. In: Ders.: Poli-tische Publizistik. Stuttgart, 2001.

Ders.: Der Waldgang. Stuttgart, 1995.

Ders.: Auf den Marmorklippen. Frankfurt/M./Berlin, 1992.

Ders.: Das abenteuerliche Herz. Stuttgart, 1987.

Ders.: Der Arbeiter. In: Ders.: Sämtliche Werke Band 8. Stuttgart, 1981.

Kellershohn, Helmut: AfD-Sondierungen (5). Duisburger Institut für Sprach- und Sozialforschung: http://www.diss-duisburg. de/2016/06/helmut-kellershohn-afd-sondierungen-5/ [15.8.2016].

Ders.: Widerstand und Provokation – Strategische Optionen im Umkreis des »Instituts für Staatspolitik«. In: Braun, Stephan/ Geisler, Alexander/Gerster, Martin (Hg.): Strategien der extre-men Rechten. Wiesbaden, 2009.

Ders.: Zwischen Wissenschaft und Mythos. In: Kauffmann, Heiko /Ders./Paul, Jobst (Hg.): Völkische Bande. Dekadenz und Wie-dergeburt. Analysen rechter Ideologie. Münster, 2005.

Ders. (Hg.): Das Plagiat. Der völkische Nationalismus der Jungen Freiheit. Duisburg, 1994.

Kemper, Andreas: Rechte Euro-Rebellion. Münster, 2013.

Kiesel, Helmuth: Ernst Jünger. Die Biographie. München, 2007.

Killguss, Hans-Peter/Häusler, Alexander (Hg.): Das Geschäft mit der Angst. Rechtspopulismus, Muslimfeindlichkeit und die extreme Rechte in Europa. Köln: NS Dokumentationszentrum, 2012.

Kleine-Hartlage, Manfred: »Die Sprache der BRD. 131 Unwörter und ihre politische Bedeutung«. Schnellroda, 2015.

Klemperer, Victor: LTI, 15. Auflage. Leipzig, 1996.

Korsch, Felix: Einmal den Zirkel um Dresden schlagen. In: Häusler, Alexander/Virchow, Fabian (Hg.): Neue soziale Bewegung von rechts? Hamburg, 2016.

Kositza, Ellen/Kubitschek, Götz: Tristesse Droite. Die Abende von Schnellroda. Schnellroda, 2015.

Krautkrämer, Felix: »Alternative für Deutschland«, 2. erweiterte Auflage. Berlin, 2014.

Ders.: Das linke Netz. Berlin, 2011.

Krebs, Pierre: Die europäische Wiedergeburt. Tübingen, 1982.

Kubitschek, Götz: Provokation. Schnellroda, 2007.

Ders./Felser, Peter: Raki am Igman. Dresden, 2001.

Langebach, Martin/Speit, Andreas: Europas radikale Rechte. Zürich, 2013.

Ders./Raabe, Jan: Die ›Neue Rechte‹ in der Bundesrepublik Deutschland. In: Virchow, Fabian/Langebach, Martin/Häusler,

Alexander (Hg.): Handbuch Rechtextremismus. Wiesbaden, 2016.

Lenk, Kurt: Rechts, wo die Mitte ist. Baden-Baden, 1994.

Ders.: Deutscher Konservativismus. Frankfurt/M./New York, 1989.

Ders./Meuter, Günter/Otten, Henrique Ricardo: Vordenker der Neuen Rechten. Frankfurt/M./New York, 1997.

Löwenthal, Leo: Falsche Propheten. Studien zum Autoritarismus. Frankfurt/M., 1990.

Lukács, Georg: Die Zerstörung der Vernunft, Band I. Darmstadt/ Neuwied, 1973.

Ders.: Die Zerstörung der Vernunft, Band II. Darmstadt/Neuwied, 1974.

Ders.: Die Zerstörung der Vernunft, Band III., Darmstadt/Neu-wied, 1974.

Maaß, Sebastian: Die Geschichte der Neuen Rechten. Kiel, 2014.

Magenau, Jörg: Brüder unterm Sternenzelt. Friedrich Georg und Ernst Jünger. Stuttgart, 2012.

Magnis, Constantin: »Als sie noch zur Schule gingen«. Berlin, 2016.

Mann, Thomas: Betrachtungen eines Unpolitischen. Frankfurt/M., 1995.

Melzer, Ralf/Molthagen, Dietmar (Hg.): Zick, Andreas/Küpper, Beate: Wut, Verachtung, Abwertung. Rechtspopulismus in Deutschland. Berlin, 2015.

Metz, Markus/Seeßlen, Georg: Kapitalismus als Spektakel. Berlin, 2011.

Moeller van den Bruck, Arthur: Das dritte Reich. Hamburg, 1931.

Mohler, Armin: Die Konservative Revolution in Deutschland 1918–1932. Darmstadt, 1994.

Müller, Jan-Werner: Was ist Populismus. Berlin, 2016.

Münkler, Herfried: Die Deutschen und ihre Mythen. Berlin, 2009.

Noll, Alfred J.: Der rechte Werkmeister. Martin Heidegger nach den »Schwarzen Heften«. Köln, 2016.

Patzelt, Werner J./Eichardt, Christian: Drei Monate nach dem Knall: Was wurde aus PEGIDA? Dresden, 2015.

Pfahl-Traughber, Armin: »Konservative Revolution« und »Neue Rechte«. Opladen, 1998.

Pirinçci, Akif: Umvolkung. Wie die Deutschen still und leise ausgetauscht werden. Schnellroda, 2016.

Ders.: Die große Verschwulung. Wenn aus Männern Frauen werden und aus Frauen keine Männer. Waltrop, 2015.

Ders.: Deutschland von Sinnen. Der irre Kult um Frauen, Homosexuelle und Zuwanderer. Waltrop, 2014.

Priester, Karin: Rechtspopulismus – ein umstrittenes theoretisches Problem. In: Virchow, Fabian/Langebach, Martin/Häusler, Alexander (Hg.): Handbuch Rechtextremismus. Wiesbaden, 2016.

Puschner, Uwe/Schmitz, Walter/Ulbricht, Justus H. (Hrsg.): Handbuch zur »Völkischen Bewegung«. München, 1996.

Renner, Martina/Wellsow, Paul: Roewers Gesellen. In: Ramelow, Bodo (Hg.): Made in Thüringen. Nazi-Terror und Verfassungsschutz-Skandal. Hamburg, 2012.

Röhl, Klaus-Rainer: Deutsches Phrasenlexikon. Berlin, 1995.

Ders.: Morgenthau und Antifa. In: Schwilk, Heimo/Schacht, Ulrich (Hg.): Die selbstbewusste Nation. Frankfurt/M./Berlin, 1994.

Röpke, Andrea/Speit, Andreas: Mädelsache. Frauen in der Neonaziszene. Freiburg im Breisgau, 2015.

Dies./Speit, Andreas: Blut und Ehre. Geschichte und Gegenwart rechter Gewalt in Deutschland. Berlin, 2013.

Salzborn, Samuel: Kampf der Idee. Baden-Baden, 2015.

Ders.: Rechtsextremismus. Baden-Baden, 2014.

Sanders, Elke/Jentsch, Ulli/Hansen, Felix: »Deutschland treibt sich ab«. Organisierter »Lebensschutz«, Christlicher Fundamentalismus, Antifeminismus. Münster, 2014.

Sarrazin, Thilo: Wunschdenken. München, 2016.

Ders.: Der neue Tugendterror. München, 2014.

Ders.: Deutschland schafft sich ab. München, 2010.

Schill, Ronald Barnabas: Der Provokateur. Autobiografie. Berlin, 2014.

Schmitt, Carl: Gespräche über den Raum. Berlin, 1994.

Ders.: Politische Theologie. Berlin, 1993.

Ders.: Der Begriff des Politischen. Berlin, 1991.

Schui, Herbert/Ptak, Ralf/Blankenburg, Stefanie/Bachmann, Günter/Kotzur, Dirk: Wollt ihr den totalen Markt? Der Neoliberalismus und die extreme Rechte. München, 1997.

Schwilk, Heimo/Schacht, Ulrich (Hg.): Die selbstbewusste Nation. Frankfurt/M./Berlin, 1994.

Siri, Jasmin/Lewandowsky, Marcel: Alternative für Frauen? Rollen, Netzwerke, geschlechterpolitische Positionen in der Alternative für Deutschland (AfD). Heinrich-Böll-Stiftung Sachsen. Dresden, 2015.

Speit, Andreas (Hg.): Ohne Juda, ohne Rom. Esoterik und Heidentum im subkulturellen Rechtsextremismus. Braunschweig, 2010.

Ders. (Hg.): Ästhetische Mobilmachung. Dark Wave, Neofolk und Industrial im Spannungsfeld rechter Ideologien. Hamburg/Münster, 2002.

Ders.: Jargon der Tabubrecher. Norman G. Finkelsteins Rezeption in der Jungen Freiheit. In: Surmann, Rolf (Hg.): Das Finkelstein-Alibi. »Holocaust-Industrie« und Tätergesellschaft. Köln, 2001.

Spengler, Oswald: Der Untergang des Abendlandes. Umrisse einer Morphologie der Weltgeschichte. München, 1959.

Stefanowitsch, Anatol: Was ist überhaupt Hate Speech? In: Amadeu Antonio Stiftung (Hg.): Umgang mit Hate Speech und Kommentaren im Internet. Berlin, 2015.

Stein, Dieter: Phantom »Neue Rechte«. Berlin, 2005.

Sternhell, Zeev: Faschistische Ideologie. Berlin, 2002.

Stöss, Richard: Rechtsextremismus im Wandel. Berlin, 2005.

Strauß, Botho: Die Fehler des Kopisten. München/Wien, 1997.

Ders.: Anschwellender Bocksgesang. In: Schwilk, Heimo/Schacht, Ulrich (Hg.): Die selbstbewusste Nation. Frankfurt/M./Berlin, 1994.

Teidelbaum, Lucius: »Kein Bildungsplan unter der Ideologie des Regenbogens«. In: Billmann, Lucie (Hg.): Unheilige Allianz. Berlin, 2015.

Theweleit, Klaus: Das Lachen der Täter: Breivik u. a. St. Pölten/Salzburg/Wien, 2015.

Ders.: Männerphantasien Band 1. München, 1995.

Ders.: Männerphantasien Band 2. München, 1995.

Virchow, Fabian: Protest und soziale Bewegungen von rechts. In: Häusler, Alexander/Ders. Hg.): Neue soziale Bewegung von rechts? Hamburg, 2016.

Vorländer, Hans/Herold, Maik/Schäller, Steven: Pegida. Wiesbaden, 2016.

Waldstein, Thor von: »Wir Deutsche sind das Volk«. In: Institut für Staatspolitik (Hg.): Wissenschaftliche Reihe. Schnellroda, 2016.

Ders.: Metapolitik. Theorie – Lage – Aktion. Schnellroda, 2015.

Weber, Max: Wirtschaft und Gesellschaft. Tübingen, 1980.

Weiß, Volker: Moderne Antimoderne. Arthur Moeller van den Bruck und der Wandel des Konservatismus. Paderborn, 2012.

Ders.: Deutschlands Neue Rechte. Angriff der Eliten – Von Spengler bis Sarrazin. Paderborn, 2011.

Weißmann, Karlheinz: Rubikon. Berlin, 2016.

Willinger, Markus: Die identitäre Generation. Eine Kriegserklärung an die 68er. London, 2013.

Wolfschlag, Claus-M. (Hg.): Bye-bye '68. Graz, 1998.

Wölk, Volkmar: Jenseits der »Lügenpresse«. In: Häusler, Alexander/ Virchow, Fabian (Hg.): Neue soziale Bewegung von rechts? Hamburg, 2016.

Zick, Andreas/Klein, Anna: Fragile Mitte – Feindselige Zustände. Rechtsextreme Einstellungen in Deutschland 2014. Berlin, 2014.

Ders./Küpper, Beate/Hövermann, Andreas: Die Abwertung der Anderen. Eine europäische Zustandsbeschreibung zu Intoleranz, Vorurteilen und Diskriminierung. Berlin: Friedrich-Ebert-Stiftung, 2011.

Danksagung

Kein Buch, das nicht von vielen inspiriert und getragen wird. Mein herzlicher Dank gilt:

- den Kolleginnen und Kollegen David Begrich, Gideon Botsch, Janine Clausen, Anne Jessen, Felix Krebs, Jan Raabe, Andrea Röpke, Paul Wellsow und Volker Weiß für ihre Anmerkungen und Einwürfe;
- den Initiativen und Opferberatungsstellen: Arbeitsstelle Rechtsextremismus und Gewalt in Niedersachsen, Antifaschistisches Presse-Archiv in Berlin, Mobile Beratung Thüringen, dem Verein Argumente & Kultur gegen Rechts in Bielefeld für Hinweise und Literatur;
- den Redaktionen von »Der Rechte Rand« und »tageszeitung« (taz) für Verständnis und Geduld;
- den Engagierten und Betroffenen vor Ort, wo Rechtspopulismus und Rechtsextremismus stark verankert sind, für ihr Vertrauen und ihre Offenheit;
- Stephan Meyer vom Orell Füssli Verlag, der zu dem Buch anregte, und Sigrid Weber, die das Lektorat übernahm;
- all jenen, die auf eigenen Wunsch nicht namentlich erwähnt werden möchten, die aber mit mir eng verbunden sind und die langjährigen Recherchen begleiten.